下册

大变局

十六国的分裂与融合

左文宁　灵犀无翼　著

中国出版集团　现代出版社

目录 / Contents

第六章

统一之战：被歼灭的三个国家

前秦建元七年（371），苻坚灭掉了前仇池，置南秦州。建元十二年（376），苻坚又灭掉了前凉、代国。三个国家的大小规格、强弱程度各有不同，也都有一些值得讲述的历史往事。

6年后，苻坚命氐人吕光进占西域。终于，中原地区尽归苻坚之手，前秦的版图一度"东极沧海，西并龟兹，南包襄阳，北尽沙漠"，唯东晋之地与其相峙。于是，统一南北的战争，即将被苻坚提上议事日程。

——引言

第一节　杨氏割据陇南

抓住时机，建立仇池政权

消灭前燕，苻坚并不满足，他把目光投向了前仇池国。

前仇池的国主为杨氏，与苻坚同属氐人，但不是同一支。如前所述（见第一章），《后汉书·西南夷传》中所说的"白马氐"，是苻氏、吕氏、杨氏的祖先。若以综合实力来看，杨茂搜、杨难敌时代和杨盛、杨难当时代，为前仇池的盛时。

尽管如此，相比前凉、代国而言，前仇池的国力、疆土和影响力都要逊色几分，因此它没能跻身十六国之列。为了完成统一大业，苻坚准备先挑软柿子下手。

翻开地图，可以看到仇池在四川省北部陕西省南部附近，紧邻梁州（汉中地区）、益州（巴蜀地区），是南方政权与北方在巴蜀战场上的一块缓冲地带。

《资治通鉴》对仇池的地势有着这样的描述："地方百顷，其旁平地二十余里，四面斗绝而高，为羊肠蟠道三十六回而上"，极为险峻；物产"有丰水泉，煮土成盐"，虽说不上丰富，但不失为一宜居之地。

在战略部署上，仇池是屏蔽梁、益的一道重要防线，并且仇池杨氏的存亡向背，常常直接影响到陇右一带少数民族政权的政治取向。在军事方面，苻坚想要入川，必须先打通仇池，所以他对前仇池采取军事行动，也不仅仅是因为这个国家好欺负。

那么，前仇池有怎样的建国史、怎样的传奇故事呢？让我们先从杨氏的起源开始回溯吧。

据传，约莫在汉献帝建安（196—219）年间，居住在渭水上游略阳（今陕西汉中）的清水氐首领杨腾率众北迁，占领了仇池（今甘肃省成县西）一带，因此，杨腾被视为仇池的奠基人。如《魏书》等史书中，称杨腾这个部落大帅，"勇建多计略"，是个出色的人物。

由于史源不同，《资治通鉴》等书中于此无载，因此前仇池的记载，是从杨腾的儿子杨驹开始的。私以为，若杨腾北迁之事确凿无疑，他才是前仇池的奠基者。

到了建安十八年（213），凉州马超、韩遂、杨秋和兴国（今甘肃一带）氐王阿贵一起反抗曹操。杨腾之孙杨千万也起兵响应马超。曹操派夏侯渊等将领征讨。隔年，杨千万被打得无力还击，遂领着部分将领投奔了蜀汉，而他大多数的部众，则被曹操迁到了扶风、天水一带。至于兴国，则遭遇了夏侯渊的大屠杀。

原本曹操将附从的杨千万封为百顷王，而今双方关系恶化，也只能一拍两散了。

逃到蜀地之后，杨千万的记录便稀见于史载中了，等到他的孙子杨飞龙出现在历史舞台上时，曹魏政权已经不复存在了，晋武帝见杨飞龙的势力势大，有心加以羁縻，便予之假平西将军（假、临时、代理）的称号，又迁往清水（今甘肃清水）。

经过数十年的发展，杨飞龙的事业也越做越大，但他犹有一大遗憾——没有子嗣。考虑再三，他以外甥兼养子令狐茂搜为继承人，并改姓为杨。这情形，与后周开国皇帝郭威将江山社稷托付给外甥兼养子柴荣的事也差不多。当然了，郭威之所以如此，是因为他的亲儿子都被后汉隐帝刘承祐给杀了，这与杨飞龙的际遇不一样。

到了晋惠帝元康六年（296），杨茂搜成为新一任首领。

八王之乱时期，关陇地区爆发了以齐万年为首的起义，杨茂搜趁乱率四千户民重新回到仇池，并以此为据地，又进占了武都、阴平两郡，自号为辅国将军、右贤王。由于杨茂搜不断地接纳避乱的流民，他的势力也得以进一步壮大。

西晋诸王相互大打出手，无暇顾及这个偏远的角落。及至晋愍帝时期，西晋已经自顾不暇，为了拉拢这股势力，又封杨茂搜为骠骑将军、左贤王。此时，南阳王司马保在上邽县驻军，他将杨茂搜的长子杨难敌封为征南将军。双方关系倒也密切。

最终，杨茂搜还是成为一方割据势力的主人，称为仇池公，将都城定于清水，其国土的辖域，大致在今天甘肃省的西和县、成县、文县这一带。

为了与杨定建立的政权相区别，史称杨茂搜所建之国为前仇池。

投降成汉，其心不诚

建兴五年（317），杨茂搜病逝，杨难敌按次继位，称左贤王。

杨茂搜的次子杨坚头却对此表示不满，遂与哥哥撕破了脸，其后，前者屯驻在下辩（今甘肃省成县）；后者则针锋相对地自称为右贤王，驻军于河池（今甘肃省徽县）。

从这时起，前仇池陷入了分裂之中。总的来说，他俩控制了陇南地区的大部，然而，兄弟内争不止，前仇池的国力再难恢复如初。这在强敌环伺的情况下，是极为危险的。

这个强敌，自然不是指的东晋。

前赵、成汉、前凉，都是较为强大的国家或割据势力，前二者还与它交界；同时，在山西西部到甘肃东部这一带，分布着许多西晋的残余势力——所谓的行台（见第一卷）；此外，诸如陈安等从西晋独立出来的势力，也对杨难敌、杨坚头虎视眈眈。

为了在犬牙差互的势力圈内谋求发展，杨难敌曾与秦州刺史陈安结盟，又在连续的两年时间内（322—323）向前赵、成汉称藩。

向前赵称藩实属无奈。前赵光初五年（322），刘曜攻败杨难敌，退保仇池之后，当地有大量氐、羌百姓向刘曜投降。依刘曜之意，应该是想直接灭掉仇池的，他先从陇西迁走了一万户人口去长安，然后再次进攻仇池。但事与愿违，刘曜军中忽遇大疫，连他自己也被染上了，他便萌生了退兵之意，派人去游说杨难敌投降称藩。

杨难敌心知自己也不是刘曜的对手，只能点头应允。随后，刘曜封杨难敌为假黄钺、都督益、宁、南秦、凉、梁、巴六州、武都王等。

同一年，秦州刺史陈安自号为凉王。只得意了一年，陈安便被赵军袭杀了。作为陈安曾经的盟友，杨难敌背上冷汗涔涔，他和杨坚头都选择了南逃汉中。此时的汉中，掌控在成汉手里。

前面，是杨氏兄弟拼命逃难的身影；后面，是前赵的镇西将军刘厚跨马急追的英姿。最后，刘厚也没能抓到他们，但却缴获了不少物资，也算一大收获。刘厚退军后，刘曜命大鸿胪田崧为益州刺史，据守仇池。

话说，杨难敌兄弟俩南逃汉中，为的只是避难，这就决定了他们的叛附是无常的。

刚安定下来，杨难敌便悄悄贿赂了成汉的安北将军李稚，李稚便答应了他，没把杨难敌往成都送。杨难敌松了一口气，然后才派出儿子当人质，向成汉国主李雄请降。

李雄正在打造自己宽待附民的形象，也没多想就接受了杨难敌的"投诚"，还让李稚好生地抚慰他们，没有限制他们的自由。岂知，前赵军队前脚一走，杨难敌回到了武都，便翻脸不认人了。他的凭靠，正是那十分险固的地势。

没想到，因为自己的一时贪念，竟给国家带来了这么大的麻烦。李稚悔不当初，数次请兵征讨杨难敌。李雄答应了他，并派出了中领军李玙（与李稚皆为李荡之子）等人一起作战。此战遭到了群臣的反对，但李雄却一意孤行，没有收回成命。直到数日后，他收到了李玙、李稚的丧讯，才悔痛不已，为此绝食数日，只一味流泪。

原来，杨难敌先是诱敌深入，再是派兵切断了李氏兄弟的后路，对他们施展了包围战术。因为后援被断绝了，李玙、李稚命丧当场，从死者亦以数千人计。

杨难敌打赢这一仗，重新捡回了自信。前赵光初八年（325），杨难敌从前赵手上夺回了大本营——仇池。看到阶下囚田崧，杨难敌心里那叫一个舒坦。

岂知这个田崧，也是一个硬骨头，当左右侍从命他向杨难敌下跪时，他只怒目圆睁，厉声骂道："氐狗！哪有身为天子大臣，却向叛贼跪伏的！"

杨难敌不仅没生气，反倒劝他与自己一同建功立业。田崧却接着骂道："氐贼，你就是个奴才，还谈什么大业！老子宁做赵鬼，也不做你的臣属。"说罢，田崧夺剑行刺，失败后为杨难敌所杀。

内讧不断，向谁称藩？

仇池得而复失，刘曜心里也很硌硬。

两年后（327），刘曜命武卫将军刘朗率三万兵士袭扰杨难敌，刘朗虽未打下仇池，但却掳走了三千户民，也算给了刘曜一个交代。

关于要不要再打仇池，刘曜也很纠结，因为眼下他的敌人是后赵，兵力最好不要太过分散。前赵光初十一年（328）七月间，石勒以石虎为将，发兵四万攻击前赵的地盘——河东，他们从轵关（今河南济源西北）西进，沿途收降了50多个县。志得意满的石虎，又准备进攻蒲阪（今山西永济）。

眼见蒲阪危在旦夕，刘曜忙御驾亲征，兵援蒲阪。不日后，数万人从卫关北渡黄河，带给石虎巨大的压力。石虎见势不妙，方才退兵。刘曜急追不止，最终大挫石虎、阵斩石瞻、杀人盈野。刘曜缴获上亿军资后，又攻击了驻守在金墉城的石生，进占了汲郡、河内。后赵损失极大。

临走之前，他还不忘派河间王刘述屯兵于秦州，以防张骏、杨难敌乘隙而入。值得注意的是，刘述所领之兵，是氐人和羌人，也许正是当年（322）攻败杨难敌时接收的氐、羌之民。

后来的事，第一卷已经讲过了。刘曜虽然打赢了石虎，但在同年十一月，却因疏于防范，而在半醉半醒之间为石堪所俘，成为石勒的俘虏。第二年，前赵灭亡。

在未来的日子里，要与杨难敌打交道的人，从刘曜变成了石勒，以及之前的旧怨——成汉李雄。

成汉玉衡二十一年（331）秋，成汉大将军李寿发兵攻打阴平、武都，杨难敌力所不及，投降保命。三年后（东晋咸和九年，334），杨难敌因病去世，长子杨毅继位，自称为左贤王、龙骧将军、下辨公。随后，杨毅又任命叔父杨坚头的儿子（一说，孙）杨盘（亦作磐）为右贤王、冠军将军、河池公。

杨毅上台以后，一心想和所谓的正统王朝搞好关系，等到第二年（335），他便遣使去向建国近二十年的东晋称藩。此时，在位的皇帝是晋成帝司马衍，东晋旋后拜杨毅为征南将军，杨盘为征东将军。

应该说，杨毅称藩于晋的决定，是很明智的。环顾周遭，前赵虽势大，但却如昙花一现；而成汉、后赵的命运又将如何，尚未可知。连前凉都得打出崇晋的旗帜，而以杨毅所占之地，又怎能与大国抗衡呢？

然而，杨毅的打算再好，也没能成为前仇池史上的有为之君，此后仇池国内又出了变故。杨毅继位的第三年（337），杨坚头的长子杨初为了争权，毫不顾惜亲情，竟然对他挥刀以向。

事后，杨初取而代之，兼并了杨毅的部众，他又自立为仇池公，抛弃了称藩东晋的国策，转而向后赵称臣示好。

那么杨初能坐稳他的权力宝座吗？你别说，杨初还挺会经营的，因为史料阙载，不知他采用了什么办法，总之在王位上安坐了十年，直到东晋永和三年（347），才派使者去向东晋称藩。随后，晋穆帝司马聃下诏册封杨初为使持节、仇池公、征南将军、雍州刺史。

不仅是在外交上毫无亏损，杨初在军事上也有所收获。两年后，他拿下了后赵国的西城。很显然，后赵、前仇池之前的关系，已经开始紧张起来了。

也不仅仅是后赵，翻检史书，还可以看到，东晋永和九年（353）六月间，杨初打败前秦苻飞的记录。不难看出，至少从这时起，前秦、前仇池的领土之争，已经开始了。

第二节 消灭前仇池，夺取梁、益二州

绝交，不是谁都能玩的

永和十一年（355）春，正置身于年节气氛中的杨初被人刺杀了。刺杀他的人，并不令人意外，与他当年刺杀的杨毅有关。怎么说呢？出来混总是要还的！

原来，杨毅有个弟弟叫杨宋奴。酝酿多年后，杨宋奴派他姑姑的儿子梁式王趁杨初不备，夺其性命，为哥哥报了仇。只是冤冤相报何时了？杨宋奴、梁式王的噩运也接踵而至，杨初的儿子杨国又干掉了他俩。为父报仇后，杨国自立为仇池公。

不知是杨国先与桓温取得了联系，还是桓温有意拉拢杨国，随后，桓温表奏其为镇北将军、秦州刺史。杨国还没高兴多久，隔年又被他的叔父杨俊除掉了。

按照惯例，东晋朝廷转又册封杨俊为仇池公。

混乱之中，杨国的儿子杨安火速逃奔前秦，被苻坚收容了。

杨俊在位五年，死后由儿子杨世继承王位。碍于国内外的形势，杨世既称藩于东晋，得封为秦州刺史；也向前秦称臣，担任南秦州刺史。

这不是典型的首鼠两端吗？儿子杨纂表示嗤之以鼻。

东晋太和五年（370），杨世去世，杨纂终于继位了。这么多年来，他一直鄙视他父王，心说：大丈夫在世，同时对两个政权低声下气，凭什么？绝交，必须绝交一个。鉴于我们仇池和东晋一直有着友好的往来，那就和前秦断绝往来吧。此外，前秦正与前燕打得热火朝天，暂时不会对我们构成威胁吧。

这么想，对不对呢？笔者以为，杨纂对大局把握得不够。

回看前仇池的建国史，也算得上是奇迹，这个国家土地狭小、资源有限，对外扩张十分困难，国内又屡屡发生内讧与政变，怎么能活到现在呢？问题的答案有二，地势险固、不断称藩。险固，则外敌不易入；称藩，则争取了较为和平的氛围。

至于说向谁称藩，能不能同时向几个政权称藩，这都不是问题。毕竟，在大多数时候，节操这种东西，比起国之存续来说真的不算什么。

此外，杨纂对秦燕之战的判断也不够准确。其实只要认真分析，就不难得出结论：前燕的败局已定，灭亡不过迟早而已。试问，前秦除掉前燕之后，谁会成为他的下一个"猎杀"对象？

退一万步说，即使真的只能向一个政权称藩，也应该是选择与东晋断交。从

总体的气质上来看，东晋的执政者们都偏于保守，他们并不像苻坚、王猛那样，有强烈的扩张欲望。倘若得罪了东晋，杨纂所遭受的报复程度，也会轻得多。

综上所述，杨纂讨好东晋的意义不大，得罪前秦的问题很大。不过杨纂已经没有心思去改变决定了，此时他正和叔父杨统打得不可开交呢。

不知道是对杨纂的外交政策不满，还是看不起杨纂的资历太低——杨统在杨世执政时曾担任武都太守。这时杨统起兵造了杨纂的反，仇池再次陷入内讧之中。

另一头，苻坚也对杨纂的断交极为不满，心道：你有多大能耐，敢和我断交？上一个和我断交的人是什么下场，你不知道吗？

消灭前仇池，妥善安置三杨

消灭前燕之后，趁仇池内部还在混战，苻坚遂于前秦建元七年（371）三月发兵七万，大举进攻仇池。这一次，苻坚是铁了心要灭掉前仇池的，因此他安排了一个很豪华的阵容。

西县侯苻雅、杨安、王统、徐成、羽林左监朱彤、扬武将军姚苌。想必，眼尖的读者在这个名单中看到了一个人：杨安。对于杨安来说，这一仗他期待已久，可谓是耿耿于怀。

呵，谁让杨俊要杀掉杨国呢？谁让杨世要继承王位呢？谁让杨纂不仅继承了王位，还招惹了苻坚呢？这叫什么？这叫"君子报仇，十年不晚"！不用说，杨安必是这灭国军团中的灵魂人物。

杨纂见苻坚来势汹汹，心里也很害怕，迅速集合了五万兵力积极备战。藩属国有难，东晋怎能袖手旁观呢？东晋也急派梁州兵加以增援。

战争的过程不算太复杂，因为杨纂很快就投降了。

四月里，前秦军队进抵鹫峡，杨纂出兵迎战。恰好东晋梁州刺史杨亮赶来支援，他便命督护郭宝、卜靖领千名骑兵相助杨纂。三方在峡中作战，仇池军大败，死掉了十之三四；援将郭宝等人也力战而死。形势严峻，杨纂连忙领着残兵紧急撤回，退守险塞。

余勇可贾，苻雅趁势攻打仇池。处在内斗中的杨统，这下子也不作妖了，赶紧领着武都之民投降了苻雅。如此一来，杨纂毂觫不安，只能束手而降。

苻雅将杨纂送至都城长安，苻坚饶他不死，又把他和领民迁到关中去定居。依苻坚的性格，杨纂活命应该是没什么问题的，只是此后他在历史上再无记载，大约是过着平平淡淡的生活吧。

对于另外两个杨姓人的处置，更反映出符坚极高的领导艺术。

一方面，他任命杨统为南秦州刺史；另一方面，他又任命杨安为都督南秦州诸军事，镇守仇池。为什么我说符坚的领导艺术很高呢？且看刺史和都督 × 州诸军事（或者"都督 ×× 等州诸军事"）二职的关系。

魏晋之后，刺史有领兵和单车（不领兵，有的能得到"假节都督 ×× 等州诸军事"之称）这两种类型。一般来说，领兵的刺史之前，要加上将军号，其中职重者，还要被兼任使持节都督 ×× 等州诸军事。也就是说，一州之刺史，往往还要都督数州的军事。

所以，南秦州的兵权到底在杨统还是杨安的手中，不是太明显了吗？这个安排颇有意思。杨统新附，信任度有限；而杨安避难于秦，时日已久，自然更值得信任。

当初（367），王猛在枹罕攻打前凉王张天锡，俘获了将领阴据，一直没有送还回去。阴据在长安，一待就是三四年。等到符坚平定了杨篡，他便开恩让阴据返回凉州。王猛还写信警告张天锡要识时务。

看样子，仇池灭亡之事对张天锡的态度也有所影响，他很快便谢罪称藩了。

至于前凉亡国前后之事，详见本章第三节至第六节。

蜀道难乎？不难也

消灭仇池，只是符坚的第一步计划，他的真正目的还是要出兵巴蜀，夺取梁益。

谁都知道，"蜀道之难，难于上青天"，符坚为何要急着入蜀呢？

第一，东晋对梁州、益州的统治很薄弱。桓温消灭成汉，将巴蜀纳入了东晋的版图，但桓温夺取蜀地的目的只是为了专制朝廷，并没有心思去经营、治理巴蜀。其精力都放在了夺取兖州、徐州、豫州的军事控制权上。所以，桓温仅在成都停留了一个月，就马不停蹄地回到了江陵。两年之后，隗文、邓定等成汉残余势力开始叛乱，成功攻占成都。又花了整整两年时间，东晋才将此次叛乱镇压下去。尽管如此，益州的叛乱仍然此起彼伏，巴蜀地区从未真正平静下来。此外，梁州地区也发生过地方长官司马勋企图割据独立之事。

第二，梁益地区对于双方都很重要。桓温北伐前秦，自己作为主力从江陵北上，令司马勋从梁州出兵，实现东西两路夹击关中的战略。前秦也意识到了东晋据梁的威胁性。从进攻的角度看，符坚想要灭东晋，需要一个突破口。面对长江下游以及淮河战线，短时间难以取得优势，但若是夺取了位处长江上游的梁、益，无形中可以对下游的荆、扬造成巨大的压力。回顾中国历史上北方战胜南方的战争，基本都是在北方政权拥有长江上游后，才一举消灭南方政权，实现统一。而今，东晋亦然，丢失梁益则意味着失去长江天险的最西端，损失不可计算。

对此，周一良先生在《东晋南朝地理形势与政治》一文中有过精彩的论述："论东晋南朝之地理形势，不能置益州不顾。保有益州乃立国江南之根本保障。北方政权若据有巴蜀，顺流而下，则江南受极大威胁。周瑜在刘备入蜀之前，早已规取益州，实为卓识，惜其志不果。'王浚楼船下益州'，则'金陵王气黯然收'。东晋宋齐梁立足江南，与据有巴蜀有关。陈之灭亡，不仅由于北方失去长淮，划江而守，亦由于上游巴蜀已入北朝也。"

东晋宁康元年（373），东晋梁州刺史杨亮主动出击，派兵袭击仇池。前秦梁州刺史杨安大胜，晋军损失惨重，沮水一带的部队全部弃城而逃。就此，梁州西境门户大开，秦军乘胜攻克汉川。

机不可失，苻坚马上增兵进攻梁益。王统、朱彤率两万人为先锋部队，毛当、徐成率三万人进攻剑阁。东晋明显准备不足，或者说根本就没有准备！前秦两路部队跟玩一样就攻克了汉中和剑阁。

如果说汉中被攻陷情有可原，剑阁这么快被攻克就令人无语了。蜀道剑门无寸土，雄关险峻，横亘于崇山断壁之间，高耸陡立、直插云霄，可谓天险中的天险，无论是谁到这里，一眼望去，就会心生畏怯，失去进攻的欲望。然而就是这座"一夫当关，万夫莫开"的剑门关，却让徐成轻易攻破了……

再看看东晋梓潼太守周虓。他人在守着涪城，心思却用在了别的地方：把自己手底下为数不多的兵力分出几千人去护送他母亲妻子离开四川，逃往江陵。但很遗憾，这一小撮护送队，还是被前秦杨安截住俘获了。

眼见家人被俘，周虓直接投降了。虽说投降后的周虓不愿出仕前秦，并多次当面辱骂苻坚，大义凛然视死如归，看上去不失"气节"。但他从始至终，都是以自己的"家"为大，却不顾自己的"国"。

大敌当前，一门心思为自己的家人考虑，可能很多人都认为，周虓缺乏一些保卫国家的担当。但其实，我们不必用现代人的眼光去苛责周虓，毕竟他所生活的那个时代，在文化伦理上与宋朝以后有很大的差异。

三国时期有这么一则故事：曹丕还是太子的时候，举办了一个宴会，邀请了百余位宾客。

曹丕问："如果君王和父亲都生病，现在只有一颗药丸，只能救活一个人，应该救谁？"这大概就是历史上最早版本的"妈妈和老婆同时掉进水里，只能救一个人，你会救谁？"这个问题令无数当今男士头痛不已……

面对曹丕提出的问题，宾客们有说救君王的，有说救父亲的，说法不一。只有邴原一直在坐着，不与其他人讨论。曹丕见状，就去咨询邴原的意见，邴原非常不高兴地说："救父亲！"

魏晋以降，"君父"与"国家"发生冲突时，或者说，当"忠孝不能两全"时，士人往往并不以国家为先。在当时的观念里，臣子并没有以身殉国的道德义务，这与明清时期举家殉难的场景迥然有异。也就是说，从魏晋以来士族社会的延长线上来加以观察，这种"忠"的义务是有局限的。对此，唐长孺在《魏晋南朝的君父先后论》中、仇鹿鸣在《长安与河北之间》都对这个问题有详尽的阐述。

厘清这一观念，周虓的举动也就不难理解了。

益州刺史周仲孙驻守绵竹，在做着最后的抵抗。绵竹这个地方大家应该不会陌生，当年诸葛亮之子诸葛瞻迎战邓艾，就是殒命于此。绵竹后面就是成都，过了绵竹，成都则无险可守。就在周仲孙顽抗之际，前秦的毛当率领军队从剑门关一路直插成都。眼见大势已去，周仲孙放弃绵竹，向南撤离。梁州、益州尽落前秦之手。

东晋为何不派兵救援呢？原来，在前秦出兵之前，桓温刚刚病故，东晋再次陷入了权力的重新分配与洗牌之中，无暇顾及西线战场。荆州桓豁象征性地派兵救援，援兵走到半路，听说局势不利，就返回了。

此战过后，前秦完全控制了仇池以及梁州和益州。接下来，苻坚把视线转移到了张天锡所统治的前凉。

第三节　张祚夺位，天怒人怨

动乱的开始

在第一卷中，笔者曾经详细地写过前凉政权在八王之乱到后赵灭亡前的事迹，其统治者，分别是张轨、张寔、张茂、张骏、张重华。

接下来，我们再来聊聊前凉逐渐崩坏的历史。所谓"冰冻三尺，非一日之寒"，前凉的问题，肯定不是在短时间内产生的。因此，不妨先从前凉官员索孚的一段话说起。

"射之为法，犹人主之治天下也。射者弓有强弱，矢有铢两，弓不合度，矢不端直，主虽逢蒙，不能以中。才不称官，万务荒怠，虽以尧舜之君，亦无以治。"

索孚长于箭术，据说十箭能中八九，引得人们称羡不已。

有一次，有人问他射箭是否有诀窍。索孚便做出了自己的回答。以他之见，射箭之道与治天下的道理是一致的，若是国主重用才具不足之人，便很难达到天下大治的目的。

索孚这番话，无疑是有弦外之音的。这之前，他由参军被贬为伊吾都尉，心中着实不满，因此他才借射箭之道，来针砭时弊，讥刺那些懒政之官。

当时，张骏议治石田，索孚便出面谏阻道："凡为治者，动不逆天机，作不破地德。昔后稷之播百谷，不垦磐石，禹决江河，不逆流势。今欲徙石为田，运土植谷，计所损用，亩盈百石，所收不过三石而已，窃所未安。"张骏听得气怒难当，索孚就此遭贬。

仔细品味其言，不难发现，在那懒政现象的背后，是整个统治集团的庸怠之风。

如第一卷所言，如张骏这类比较有作为的国主，身上也沾染着荒慢政事的习气，由是，上行下效也成为必然之理。

不过前凉真正意义上的动乱，应该从张祚废张耀灵算起。

自晋惠帝永宁元年（301）起，五位统治者，经过五十多年的努力，将前凉推上了良性发展的轨道。然而，随着幼主张耀灵的上台，前凉便走上了不可挽回的没落之路。

当然，我们不能对这个年仅十岁的小孩过于苛责，放眼中国千年历史，他也称得上是排名靠前的"最惨君王"。

建兴四十一年（353，前凉依然沿用并不存在的西晋的年号）十月，张重华重病卧床，遂命左长史马岌册立幼子张耀灵为太子。

下一月，张重华撒手而去，张耀灵旋即继位，自称为大司马、凉州牧、西平公、校尉、刺史。

这么小的一个君王，自然需要辅政大臣，张重华在临终前想以张祚为周公。从身份上来说，长宁侯张祚是张重华的庶兄，亦即张耀灵的大伯；从能力上来说，张祚性格果毅刚猛、颇具才干，他应该能弥补幼主当政的弊端。

所以对于辅政大臣的人选，张重华不做他想，但为他所不知的是，张祚的优点固然鲜明，而他的缺点却很致命。此人十分狡黠，是个长袖善舞之辈，因此都尉常据便提出了把张祚调离朝廷的意见。

对此张重华不以为然。

笔者以为，张重华之所以被张祚蒙蔽多年，主要还是因为张祚与右长史赵长、尉缉等人早结为了异性兄弟。而这几人，恰是张重华的宠臣。人说枕头风厉害，其实也不尽然，有的时候，宠臣的话更具有欺瞒性。

不过，张重华最终并未以张祚为辅臣，可能也是因为常据的话对他有所触动。不知道，张重华是否想起了二十年前发生在后赵的一件事呢。公元333年，石勒以石虎为辅臣，希望他能尽周公之职，成为一代贤相。可结果如何？

虽说石虎是石虎，张祚是张祚，但他俩都与新主有着类似的关系，身在相似的位置啊。

当然，这只是笔者的揣测罢了。张重华到底作何想，只有他自己才知道。我们只知道，临死之前，张重华写下了以谢艾为辅臣的手诏。此时，谢艾身为酒泉太守，他曾秘密上疏，也提出了和常据相似的建议——驱逐张祚、赵长等人。谢艾还说，他愿回武威为君分忧。

第一卷中，我们说过，因为枹罕之战的杰出表现，谢艾成为张重华跟前的大红人，惹得一干大臣都红了眼。张重华大概是不想把谢艾放在火上烤，便把他调到酒泉去任职。在短短的几年时间里，谢艾不躁不馁，恪尽本职，很受百姓拥护。他还修建了酒泉钟鼓楼，用以巡逻、报时、示警。

张重华将对谢艾的信任，保持到了最后一刻，他要任命谢艾担任卫将军、监察中外诸军事，并参辅政务。这无疑是一个明智的决定，只可惜，张重华病入膏肓，他的手令是否能下达到谢艾的手中，还是个问题。

废黜张耀灵，僭号称帝

眼见煮熟的鸭子飞了，张祚心里极为不满，遂与赵长等人秘藏手令，禁其外传。等到张重华去世，太子张耀灵继位之时，赵长等人便假传遗令，以张祚为使持节、都督中外诸军事、抚军大将军，并辅佐朝政。

看看这份所谓的"遗令"，便不难得知张祚的胃口有多大。首先说，使持节，意味着张祚拥有一定范围内的生杀予夺之权。然后，这个都督中外诸军事，则表示张祚拥有了前凉的最高兵权。

咱们不妨来侃侃这个威重一时的武职。

都督中外诸军事，是曹魏时期设置的官职，意为都督中军和外军（州郡兵这样的地方兵不在其管辖范围），因为此职位高权重，关涉京城防务，所以基本上都由亲信大将来担任。曹真、司马昭等人就曾担任过都督中外诸军事。

到了两晋时期，由于四护军对外军的分权，都督中外诸军事的职权较以往略有缩小，但仍是一般武将可望而不可即的职位。这是因为其担任者或为亲信大臣，或为宗室重臣。

以东晋为例，王导便担任过一段时间的都督中外诸军事。

至于南北朝时期，此职变为了权臣篡位前的砝码。它虽为虚衔，但却是权臣不得不"尊重"的惯例。南朝的几个开国皇帝，如刘裕、萧道成，都给自己加戴过都督中外诸军事的帽子。侯景甚至还给自己加封"都督六合诸军事"。（六合指六个方向，即上下左右天地）

说回到张祚这里。

当重权在握之后，张祚便开始擅作威福了。仅仅过了一个月的时间，张祚便将侄儿张耀灵贬作了凉宁侯（一作宁凉侯），与此同时，又诛杀了谢艾。

说白了，张祚篡位了。为了让自己的即位显得名正言顺，张祚策划了臣子建言（赵长、尉缉等以年长者方能平灾难为由）和王祖母纳谏的两出好戏。

可能大家有些好奇吧，这王祖母马氏为何要听纳赵长、尉缉之言呢？说来也很毁三观，原来，马氏与张祚曾暗通款曲，两人间的关系那叫一个蜜里调油。情到浓时，孙儿的君位，也是可以拿来牺牲的。

就这样，张祚被拥立为前凉的新主。

两年后（355），张祚又派人杀害了凉宁侯张耀灵。个中原因不难明白，宗室张瓘传檄州郡（后文会详细说明），要废黜张祚，让张耀灵复辟。事情到了这个份儿上，张祚当然容不下十二岁的侄儿，八月间，他命杨秋胡把张耀灵领到东苑去，而后施以"拉杀"之刑。张耀灵当即毙命。

所谓"拉杀"，是指扳断腰肢再杀害。虐杀这样一个毫无还手之力的孩子，这不是丧心病狂吗？这不禁令人想起，南朝宋时被哥哥刘子业虐杀的刘子鸾。年仅九岁的刘子鸾，在临死前曾说："愿身不复生帝王家。"何其惨痛，又何其无辜。

张耀灵的尸体，被埋在了沙坑之中，张祚给他上谥号为哀公。

从杀害张耀灵一事看来，张祚的行事非常大胆。他的大胆不仅体现于此，还反映在他对帝位的渴望上。建兴四十二年（354），张祚在尉缉、赵长等人的鼓动下，做出了祖辈都不敢做的一件事——僭号称帝。

如果说，在这之前，诸位凉主都怀着一种"犹抱琵琶半遮面"的态度，不敢宣布独立，那么张祚则是那个敢于砸破琵琶的人，或者说，是不要脸的一个人。

或许，在他看来，唯有称帝一途才能真正提高他的身价、巩固他的君位。

称帝之后，张祚改建兴四十二年为和平元年，大赦天下。他张祚设立了宗庙、设置了百官，并享用天子才能使用的八佾之舞。宗庙里，供奉着被他追尊的武王张轨、昭王张寔、成王张茂、文王张骏、明王张重华。

墙有茨，不可埽也

张祚的确是个大胆之人，但他也不是没有一丝顾虑，为了证明自己称帝的合法性，他还费心炮制了一封诏书，称他之所以称帝，是因为"今中原丧乱，华裔无主，群后佥以九州之望无所依归，神祇岳渎罔所凭系，逼孤摄行大统，以一四海之心"，他还说，他将会在"扫秽二京，荡清周魏"之后，"迎帝旧都，谢罪天阙"。

话倒是说得冠冕堂皇，但谁都知道，这不过是托词罢了。

人都不信，何况鬼神——若鬼神真的存在。

史载，就在那几日里，都城里屡现灾异。先是在他即位当晚，有闪电划过，其形如车盖，其声如雷霆，把整个城邑的人都惊住了；再是第二日狂风凌虐，把城中树木连根拔起。

这是生生地打张祚的脸啊！

但凡正常的皇帝，都畏惧于天象。这也不难理解，毕竟皇帝都自诩为天子，所以哪有天老子发脾气，儿子还稳坐不慌的道理呢？可张祚就是胆大，不仅不有所收敛，反而更加凶虐残暴。

其实，张祚刚夺位之时，便没想树立什么好形象。看看他做了些什么？之前烝祖母都不算啥，而今他把年轻的裴太后及后妃和张骏、张重华的待嫁女儿都瞄上了。在这些女子里面，即便有与他没有直接血缘关系的，但在名分上，都不是他该沾染的对象。然而，张祚肆无忌惮、色心大炽，竟然无所不为。

除此以外，张祚为君极为暴戾，国人深为不齿，竟道路以目，吟起《墙有茨》一诗。《墙有茨》是《诗经·墉风》中的一篇，诗曰："墙有茨，不可埽也。中冓之言，不可道也。所可道也，言之丑也。"据诗解，这是国人用以讽刺公子顽与宣姜私通之事而作的。故此，此诗后来专为"闺门淫乱"之语。

总之，张祚即位之后，连样子也不想装一下。而今，天象屡现灾异，张祚也不以为意，执意将残暴事业进行到底。五十年的基业，若毁于张祚之手，岂不可惜？朝廷中还是有不少明事理又敢于进言的臣子。

不过，尚书马岌、郎中丁琪切谏之后，都被张祚惩戒了。前者，免官为民，被踢得远远的；后者则更可怜，因激怒了张祚而伏斩于阙下。

被激怒的张祚，并不知道被他激怒的士民有多少。

想想看，五十年来，前凉五主多有作为，但他们都不敢闹独立，如今张祚功业全无、劣迹斑斑，还僭号称帝，怎么可能慑服河西百姓呢？

很快地，张祚就惹上了不该招惹的人——王擢。

王擢先后投靠过几个政权，此事已见前述。但是，在我看来，王擢是真的很想在前凉栖身至老。因为，张重华确实很对得起他。

但是，王擢与张祚之间，没有多少信任度可言。信任这种东西，就好比是做乘法，如果一方为零，则结果为零。何况，这对君臣谁也不相信谁。这也难怪。首先是张祚得位不正，王擢心里大为不满；然后是张祚见"不倒翁"王擢势大，也对他不放心。

于是，君臣之间的矛盾，终因东晋桓温北伐前秦之事而爆发开来。

原来，此时王擢正镇守于陇西。他怀疑桓温可能不只是要攻打前秦。因此王擢急遣使者告知张祚。张祚的反应很奇怪，他担心的不只是桓温，还有王擢。我估计，张祚琢磨的是，王擢万一打输了，保不齐会复投东晋。

张祚需要给他出主意的人，便令马岌复职，与他谋划论议。最后，他们拿出了刺杀王擢的方案。公允地说，马岌是忠臣，但他这个主意着实算不得高明。一般来说，在安内、攘外的两难选择中，没几个人会选择先安内。再说了，王擢并未流露出反意，所以张祚未免疑之过早。

同样疑之过早的还有王擢。史书说王擢因发现了刺客的踪迹，而免于灾祸，这可以被视作是他警铃大作的一个表现。试想，他若信任张祚，哪能轻易躲开刺客？

事败之后，张祚恐惧殊甚，随即举兵说要东征，实则是自壮声势，想向西进兵，据守敦煌。适逢桓温回兵，张祚才松了一口气，转而命平东将军秦州刺史牛霸、司兵张芳率兵攻打王擢。

既然君臣俩已经撕破了脸，这一仗迟早是要打的。王擢心里也很清楚。3千兵将来势汹汹，王擢势单力薄、兵败如山倒，把心一横投奔了苻健。

在前秦，王擢混了个尚书来当，但在第二年就去世了，不知是否因战败受伤之故。

第四节 矛盾升级，内讧不断

张祚，你死定了！

因为王擢投秦事件的发生，张祚的疑心病越来越重。他压根儿不会认为，是自己逼走了王擢，反倒一直用他阴鸷的双眼紧盯着臣子们。到了第二年（355）七月，他便盯上了宗室张瓘。张祚以为，张瓘也是个危险分子。

史载，自张骏分州以后，张瓘便成为镇守一方的大将，手握重兵。建兴三十二年（344）时，他曾与王擢（时任职于后赵）厮杀于三交城，并取得胜绩。及至张祚在位，张瓘担任了征东将军、河州刺史，镇守于枹罕（今甘肃临夏一带）。

史书上并未说明，张瓘的什么举动刺激了张祚的神经，唯见"祚恶其强"几字。总之，张祚下定了决心，非除去张瓘不可。

首先，张祚派张掖太守索孚，去取代张瓘镇守枹罕。然后，他又派张瓘去讨伐境内叛乱的少数民族；与此同时，张祚派出了万余步骑兵，由易揣、张玲率领，负责袭击张瓘。

好一出釜底抽薪！一旦离开自己的守地，对方的实力就会被削弱几分，这时再令人从旁袭击，其成功的概率大为增加。

当然，这只是理论上的成功概率。战场上形势千变万化，谁也说不好最后的结果。

不过，彼时却有一个擅长阴阳占卜之术的人，对张祚说了一番听起来很晦气的话。这个人叫作王鸾，是张掖人。王鸾认为，这支"奇兵"必是有出无还，凉国将会陷入危乱之中。不止于此，王鸾为了达到劝谏的效果，还历数了此举之三不义。

只可惜，对于行事大胆的张祚来说，这些话也非但起不来谏阻的作用，反而会激起他的怒意。张祚雷霆大怒，当即决定以妖言惑众之名斩杀王鸾。临刑之前，王鸾继续发扬擅长阴阳占卜之术的特长，对张祚进行了一番"神预测"。

预测了什么呢？

《晋书》中说："我死不二十日，军必败。"《资治通鉴》则曰："我死，军败于外，王死于内，必矣。"不管哪个版本最接近历史第一现场，意思还是同一个：张祚，你死定了！

以张祚的暴脾气，哪里容得下王鸾的咒骂，于是王鸾的整个家族都遭了殃。

写至此，笔者很想说，王鸾因过嘴瘾而祸及家人，真是很不值当。他又不是不知道张祚可以凶暴到什么程度。

另一头，由于张祚斩杀王鸾闹出了很大的动静，张瓘也很快得到了消息。他也是个狠人，他本想着容忍一番，遵从帝命，但事已至此，他还让个什么贤呢？张瓘立马杀掉了索孚，就地起兵，宣布要攻打这个无道之君。

臣伐君，须先以檄文为器。张瓘急忙传檄于各州郡。面对易揣、张玲的军队，张瓘也没客气，对方才渡过了黄河，就被打得落花流水、惨不忍睹。

对于张祚来说，屋漏更遭连夜雨的时刻，即将来临。

就在张瓘追撵败军、逼近都城之时，宋混又反了。宋混是开国勋臣宋配的后人，家族实力也很大。宋混的哥哥宋修与张祚素有矛盾，到了这个关键时候，宋混也害怕张祚迁怒自己。他先是和弟弟宋澄往西面逃去，而后又趁着张瓘造反之际，掉过头来对抗张祚。一则在逃亡的过程当中，宋混聚集了几万人，实力足够强大；二则墙倒众人推的道理谁都懂。

简言之，宋混是在策应张瓘。

这两波势力来势汹汹，张祚当即决定斩除后患，杀掉张耀灵。

闰六月间，宋混的兵将抵达姑臧，张祚怒不可遏，准备捕杀张瓘的弟弟张琚和他的儿子张嵩，这俩倒是命大心细，立马让几百名老百姓充当"人型传声筒"，高声呼喊道："张祚无道，诛贼大军已至城东，敢有反抗者夷三族。"

张祚本来就不得人心，一听这话，他的手下更无反抗之心，纷纷望风而逃。张琚和张嵩便打开西门，让宋混的军队进去。仓促之间，张祚连忙逃到了飞鸾观（一说，神雀观）。

张琚、张嵩心下大喜，忙杀死张祚的守卒，往殿内冲去。

事情恶化到了这个程度，不是你死，就是我亡。看眼前的情形，张祚这堵墙必然会崩塌，赵长等人平时就对张祚阿谀奉承，此时当然担心反攻倒算。为了弥补罪过，赵长忙进宫让马太后登堂升殿，改立张玄靓为国主。凉武侯张玄靓，是张耀灵的庶弟。

得知此事，易揣等人攻入殿中，又把赵长给杀了。可是，这不能改变张祚的命运。此时的张祚，成了孤家寡人，战败身死已是必然。宋混等人早就对他恨之入骨，遂将其头颅割下示众，又让他曝尸路边，发泄愤懑。

一时之间，国人都高呼万岁，大大地出了一口恶气。

末了，宋混等人以平民的规格将张祚草草埋葬，为绝后患，又杀了他的两个儿子。

至此，王鸾的预言，全都应验。

谁来坐第一把交椅？

张祚已死，谁来做一国之主呢？

宋混、张琚都认为，张玄靓是符合法统的，只不过，他应该去掉王号，称藩于东晋。二人商议一番，便上书朝廷，请立年仅七岁的张玄靓做大将军、凉州牧、西平公。

为了表示臣服之意，又将辖区内的纪年方式，恢复为晋之年号。不过这个晋，还是西晋。于是，自张玄靓登位起，前凉的年号变成了建兴四十三年。

这是一个很值得玩味的举动，似乎是为自己留了后手。

等到张瓘抵达姑臧之后，国内的形势又为之一变。张瓘为了强调前凉的独立性，又以张玄靓为凉王。至于他自己，则为使持节，又兼任了尚书令、都督中外诸军事、凉州牧、张掖郡公。

这一举动，无疑是把主要的权力都揽到了自己的手中。当然，他也担心宋混会对他不满。要知道，他来得比较晚，张祚的头颅可不是他砍下来的。

张瓘遂以宋混为尚书仆射，分给了他一块蛋糕。

虽说张瓘、宋混除掉了暴君，但是这个新的政权组织，也没有得到所有人的认可。比如说，陇西人李俨就不听从他们号令。这也难怪，自打王擢降秦之后，陇右就已经失控了。

建兴四十三年（355）九月，李俨杀了大姓彭姚，据守陇西郡，自立为王。为了争取民众的支持，他使用了东晋的年号。这一招果然有效，短时间内，不少的民众都归附了他。

张瓘见势不妙，便派将领牛霸前去讨伐李俨，哪知在途经西平郡的时候，遇到了另外一股反对势力。原来，西平人卫缉也据地而叛，实力颇为雄厚。

牛霸的兵将遭遇突然袭击，仓促以对，最终溃不成军、落荒而逃。

张瓘又派弟弟张琚去攻杀卫缉。西平人田旋和酒泉太守马基相约起兵响应卫缉。奈何张瓘的司马张姚、王国不好对付，二人双双命丧当场。卫缉也被斩杀了。

为什么这么多人会支持卫缉呢？表面上看来，是因为西平人郭勋懂得天文，他曾预言张氏将衰、卫氏将兴。实际上，这与张氏在河西地区的威望大有关系。想当初，曾有多少人觊觎张轨的势力，他花费了多少心力，才在这里扎稳了根。

遗憾的是，前凉最后几任国主，要么年弱力薄，要么无德无才。

最要命的是，国主的股肱之臣，也有不少野心勃勃之辈。这不，张瓘兄弟，仗着自己势力强大，于国有功，便生出了篡位之心。

张瓘猜忌成性、待人苛刻，面对郎中殷郇的谏言，张瓘不以为意，回道："老虎生下来不过几天，自己就会吃肉，无须别人教导。"这个比喻，显然是在说自己天生就是治国之材，不需要别人来指手画脚。

这话一宣扬出去，大家都懂了——这不就是个独断专行的家伙吗？

罢了，罢了，惹不起我还躲不起吗？离他远点就是了。

这么着，张瓘这个"治国之材"的身边，没人敢再对他"指手画脚"。宋混也不敢。

不过，由于宋混生性忠鲠，民心归附，张瓘又担心宋混会取代自己的地位。渐渐地，两人看对方的眼神，都有些复杂。似是为了呼应人事一般，就在张、宋内讧之时，河西地区天灾不断，老百姓的生活困苦不已，益发难过。

到了建兴四十七年（359），张耀灵的东苑大坟又突然发生了坍塌。张瓘觉得很不吉利，执法御史杜逸说出了一个禳除灾异的办法，是将其"移之他族"。这是在暗示应该拿宋氏家族开刀。

张瓘深以为然，他知道，一山不能藏二虎，一把交椅也不能由两个人来坐。这个世界上，只有死人才不会与他相争。不仅是宋混，他的弟弟宋澄也该被列在死亡名单里。

至于凉王张玄靓，一并废黜了吧。

呵，一个小娃娃，凭什么当国主？谁的拳头硬，谁就是国主。

宋氏家族的反杀之战

张瓘的想法很简单，很直接。

不日后，张瓘集结了数万兵马，想要发动政变。宋混急中生智，与弟弟宋澄联合四十多位兵将潜入城南。他们想干什么呢？由于兵少将寡，要想反击成功，只能智取。兄弟俩先是来到军营前面，宣布张瓘叛乱，自己是奉太后之令来擒杀他的。

这一招的确很妙。既为自己正名（有没有得到太后之令，不得而知，很可能是假传懿旨），又能以此召集兵众。果然，不多时，宋混手下就聚起了两千兵将。

最终，张瓘败于宋混之手。他不想死得太难看，便和弟弟张琚一起自杀了。

别看宋混平日里待人如和风细雨，但他对付敌人，也有"秋风扫落叶"的狠辣劲。所以，张瓘的宗族，一个都没跑掉。

事后，张玄靓以宋混为使持节、都督中外诸军事、骠骑大将军、酒泉郡侯，相当于是取代了张瓘的地位。从这时起，宋混掌握了前凉的实权。

按照宋混的政治主张，张玄靓不应该称王。于是，在宋混主政以后，张玄靓又去掉了王号，恢复了凉州牧的称呼。

与以往一样，宋混很懂得拉拢人心。

在先前与张瓘的作战中，其手下玄胪曾刺击宋混，好在宋混的铠甲够硬，玄胪才没有得手。现下，宋混对玄胪说："我幸而未伤，如今你该害怕、后悔了吧？"

玄胪不卑不亢地回道："我是张瓘的手下，蒙受了他的恩惠，自然要为他办事。我只恨当时刺得不够深，有负所托。我的内心全无畏惧！"

听了这话，宋混认为玄胪胸怀大义，便把他引为心腹加以培养。

自从宋混当政以后，前凉的内讧事件暂时告一段落，张玄靓虽然处于"虚坐"的状态，但宋混本人却一如既往地忠直奉君，不像张瓘那样作威作福，因此前凉的政治环境宽松了不少。

不过，宋混本人虽没得说，他的家族里却也有一些"猪队友"，做出了一些令人不齿的事情来。就拿右将军宋熙来说吧，他把姑臧城内的天龟观改为了私宅，在当时可引起了不小的轰动。

大家都知道，唐朝的时候，有些官员为了表示虔诚的向佛之心，甚至把私宅捐出来建造寺院。反过来说，宋熙把宗教场地占为己有，确实极为不妥。即便他没有宗教信仰，也不应该伤害百姓的信仰。

幸好宋混本人是个道德标杆，在前凉的人缘够好，否则在他的统治下，恐怕也会冒出陇西李俨、西平卫綝那样的叛军来。

不过好景不长，宋混在位一年有余（361年四月），就缠绵病榻，无法起身了。

张玄靓和祖母马氏流着泪，对宋混说："万一将军不幸，我们可以依靠谁呢？您的儿子宋林宗可以吗？"宋混以宋林宗年幼为由，推荐弟弟宋澄继掌其位。可是，他又提醒道："宋澄施政办事的能力比我强，但他亦有迁缓迟钝的缺点，应变力不够强。殿下应该对他多加鞭策鼓励。"

而后，宋混又告诫宋澄和宋氏子弟，说："我们宋家蒙受国恩日久，当以死相报，你们切不可倚仗势位傲慢待人。"

说了这些，宋混犹不放心，他又会见了朝中大臣，告诫他们要对主上竭尽忠诚。

交代完了大小事务，宋混终于咽下了气。他过世之后，老百姓都十分伤感，当街而泣。

关于宋混之死，一些文人笔记中，有一些特别的说法。譬如北齐颜之推在《还冤记》中就写道："混书寝，见瑾从屋而下奋入柱中，其柱状若火，烧掘之则无所见，乃大惊怖，因而寝疾。"这是说，张瑾自己觉得死得冤枉，前来向宋混索命了。

实际上，无论宋混骤亡的原因是什么，张瑾可是死得一点都不冤啊！不然，为何大家对张瑾之死无动于衷，而于宋混则"行路之人为之流涕"呢？

再说了，张瑾试图废君自立，这在封建社会里是天大的罪行。

总之，宋氏家族的反杀之战势在必行，他们的行为并无值得指摘之处。

第五节 "年轻有为"的张天锡

宋澄之死，前凉之殇

建兴四十九年（361）四月，宋混去世，张玄靓以宋澄为领军将军，入辅朝政。

五个月后，右司马张邕起兵杀了宋澄，并诛灭宋氏家族。

关于宋澄之死有很多种说法。我们来一一捋一遍。

第一种说法，是载于正史中的，原来宋澄政治才能不如其兄，也很少提防反对势力，因此在张邕发动宫变时，宋澄猝不及防。

第二种说法，主要见于野史之中，是说宋氏家族之祸，早有预兆。宋澄执政之前，前凉暴雨不断，给百姓造成了深重的灾害。奇怪的是，待他辅政之时，却遭遇了难得一见的旱情。

宋澄心忧百姓，打算到带石山去祈雨。他的身边有人说："世人云登此山者，家破身亡。"宋澄以为这是无稽之谈，遂"策马登之"，岂知却遭遇"马倒伤足，御史房屋柱自燃燋折"的险况。这事一出，已经有人为宋澄预测将有大祸发生，让他小心提防。

过了一阵子，宋澄所乘的五疋马，又在厩中发生了匪夷所思的变故。这马呢，也没吃坏也没劳累，但却在一夜之间髦尾尽秃。这情形，就跟孙悟空悄悄剔了玉华州国王的头发一样，可吓死人了。有人又忧心忡忡地说道："尾之为字也，上尸下毛，髦尾尽秃，毛去尸存，绝灭之征也。"

对此，宋澄没有太过在意，只淡淡道："吉凶在天，知可如何。"

之后，还有很多不祥的征兆出现，直至宋澄丧命为止。

第三种说法，则应与第二种说法配合起来看。据说，民间早有谣谶传开，词曰："灭宋者田土子。"到后来，果然是张邕（张邕一名为野）干掉了他。

言至此，我们可以分析一下，后两种说法到底可信吗？私以为，可信度不大。

我们可以从敦煌宋氏的发展与贡献方面来看。

一开始，宋配就是张轨时期的首席股肱，若不是他镇压了若罗拔能，平定了张越之乱，铲除了曹祛的势力，前凉的历史说不定还会改写。宋配以武起家，奠定了家族武力强宗的地位。由始至终，敦煌宋氏都在前凉军界占有重要的席位。

不仅如此，敦煌宋氏中也有一定比例的文士，到了前凉后期，家族中浸染儒风的后人逐渐增多，颇有与时俱进的特点。从后事看来，家风的多样性，既是一种扩大家族影响力的做法，也在无形之中增强了家族传承的可能性。为何这么说呢？自古以来，武将因功高盖主而遭逢横祸的为数不少，但文臣却很少因文采逼人或是决策失误而为君主所忌。

这么一分析，第二、第三种说法的问题就出来了。

试想，在宋氏兄弟轮流掌权的情况下，敦煌宋氏的地位可谓稳固如磐，怎么可能有人来轻易撼动？除非……借用一句歌词，"一切都是天意，一切都是命运，终究已注定"。

简言之，这些近乎荒谬的故事，不过是为张邕灭宋寻找一个合理的理由，仿佛张邕是顺应天意的正义者。

但事实上，敦煌宋氏并未被团灭，因为家族中的一些士人身在外地，故此便为家族保留了一些后续力量。后来，在西凉、北凉时期出镜率很高的官员宋繇，便是宋氏后裔中的佼佼者。

思及祖辈，宋繇曾伤感而坚定地说："门户倾覆，负荷在宋繇，不衔胆自厉，何以继承先业！"不难看出，家族遭遇了这样的惨剧，带给了他怎样的创痛。且不说别的，宋繇的父亲宋僚就是在这场变故当中丧命的。这对于小小的孤儿来说，是一辈子的噩梦。

更要命的是，敦煌宋氏退出前凉的政治中心之后，再也没人能担起治世的重担来。前凉在张玄靓和最后一位国主的治理下，终于滑向了覆灭的深渊。

最后一次内讧，诞生了最后一个赢家

前凉最后一位国主，叫作张天锡。

与其他八位国主（暂且算上张轨）相比，张天锡大概算是最文艺最有口才的一位。这里边的"趣事"咱们稍后再说。现在先来说说，他是怎么在前凉的最后一次内讧中，赢得巨大胜利的。

宋澄受诛之后，张玄靓屁都不敢放一个——毕竟只是一个十来岁的孩子。他只能让张邕上位，担任中护军。同时，又以叔父张天锡为中领军，与之一同处理政务。

所谓的最后一次内讧，就发生在张邕、张天锡的身上。

二人虽然都姓张，但并非同宗。可能是考虑到自己不具备张天锡的天然优势，张邕便想尽了办法，非得让自己沾染一下王室的贵气不可。这方式十分特别，乃是想办法勾住马氏的魂。

哪个马氏？当然是张玄靓的祖母马氏。

先前，马氏与张祚有染，现在又和张邕亲近，私人生活倒也是精彩得很。不过，换个角度想，马氏之举也不全是为了排遣寂寞，为求自保的可能性也很大。咱们说，此时的前凉，已经从根子上烂了，这从马氏对实权人物的逢迎之上，也可见一斑。

张邕掌有实权，但他上台之后却淫虐放纵、结党营私，又独断专行、擅杀臣民，因此口碑极差。

一时之间，国人无不怨声载道，巴不得他立刻下台。张天锡对他也十分不满，但并未立刻产生铲除他的念头，直到他的亲信刘肃对他进言说，国事未平，张邕一如当年的长宁侯张祚，不除不可。

刘肃还说："我就是那个铲除他的人！"

张天锡认可他的说法，不过也多少有些疑虑：这个年轻人还不到二十岁，让他独自去太过冒险。刘肃便又推荐赵白驹做帮手。

由于张邕本来就是靠政变上位，他的防范之心远远高于宋澄。因此，张天锡必须要挑选一个绝佳的时机，确保一击即中。

还是在建兴四十九年（361）这一年。十一月里的某一日，张天锡和张邕像平常一样一同入朝。在张天锡的身后，跟随着他的亲信刘素和赵白驹。一切都与往常一样，张邕也没发现任何异状。

忽然间，刘肃一跃而起，举刀砍击张邕。张邕闪得很快，刘肃并未击中。旋即，赵白驹又砍向张邕。张邕也非等闲人物，轻捷地躲过了杀招。

转眼间，这几人都冲进了宫中。张邕侥幸逃脱，立马率领三百甲士去攻打宫门。

在这种紧急关头，张天锡当机立断，攀上屋顶高声疾呼："张邕凶逆无道，即灭宋氏，又欲倾覆我家。汝将士世为凉臣，何忍以兵相向邪！今所取者，止张邕耳，他无所问！"

这些话，既指出了张邕的罪状，表露了自己的目的，还谴责了正面对峙的甲士，声明自己不追究责任的态度。可以说，张天锡完全站在了正义的立场上。

听他这么一说，那些甲士怎么可能再为张邕卖命呢？

顷刻之间，甲兵全都四散而逃。张邕见大势已去，当即自杀。同时，他的家族也遭遇了像宋澄一样的命运——族灭。不唯如此，张邕的同党也被尽数诛灭。

面对这一两年内发生的一切，国主张玄靓欲哭无泪，他只是一个小小少年，也想安生度日。可是人心的悖逆、朝政的混乱，却似永无休止之日。

为今之计，他也只能如从前一般，以胜利者为第一权臣。张天锡随后被封为使持节、冠军大将军、都督中外诸军事。不过一夜之间，军政大权便落入了张天锡的手中。

等到这年的最后一个月，前凉以东晋的年号——升平——为纪年，丢弃了建兴那个并不存在的年号。从这时起，建兴四十九年不复存在，这无疑释放出了一个政治信号——前凉要尊奉东晋为正朔。

前凉升平十三年错金泥筩，赵培摄于陕西历史博物馆

笔者按："升平"这个年号东晋只用了五年，但前凉地区出现了这样的铭文泥筩，也许是信息沟通不畅或是工匠失误所致

对此，东晋朝廷当然十分欢喜，赶紧下诏，以张玄靓为大都督、西平公、凉州刺史、督陇右诸军事、护羌校尉。

这些头衔，一如当年张轨的封号。

那么，张玄靓在位时，是否以前凉版图归附东晋了呢？并没有。

最悲情而又最壮烈的代表

两年后，即升平七年（363）八月。（此时东晋已经改年号为"兴宁"，前凉仍然用"升平"年号。下文还会说到"升平"年号，也是同样的道理，不再赘述。）那个与两度权臣搅在一起的马氏过世了，张玄靓又以庶母郭氏为太妃。郭氏与马氏的性情可不一样，没有隐忍的耐性，她不愿张玄靓再受制于人，遂与信臣张钦等人计划除掉张天锡。

岂知，这个计划尚未得以执行便败露了。张钦等人因此而死。淋漓的鲜血，吓坏了张玄靓，身为别人手中的牵线木偶，多年来担惊受怕，他也着实累了。张玄靓便打算将王位让给张天锡，可是对方并不接受，他便只能继续煎熬着。

煎熬的时间，很快便到了头，闰八月间，张天锡让他的狗腿子刘肃等人夜闯王宫，杀死了张玄靓。对外则说张玄靓是暴毙而亡，故此上谥号为冲公。

其实，张玄靓的这个结局也是必然的，这从张钦等人的遭遇上就不难看出。对于张天锡而言，张玄靓只要还在那个位置上，就有可能会有另一个张钦出现。

防得了一次，还能防得了一辈子吗？

刘肃等人也作此想，同时也想挣一个"从龙之功"，便极力劝说张天锡取代张玄靓，自立为王。这么着，前凉历史上的第二个小国主也死于非命。

张玄靓死的时候，也才十四岁，未及成年。不过，夺他性命的张天锡年龄也不大，不过十八岁。这就是说，张天锡干掉张邕这根老油条的时候才十六岁。

不难看出，张天锡是个敢想敢干的少年。

如今，这个国家已经落入张天锡的手中了，他自封为使持节、西平公、凉州牧、大都督、大将军，又千方百计与东晋搞好关系，想要得到他们的承认。为此，张天锡立刻派司马纶骞持奏章去建康请旨。与此同时，张天锡还令御史俞归东返建康。

这个人名看着很眼熟吧？他正是咱们在第一卷中提到的东晋使臣。那还是东晋永和三年（347）时的事了。那一年，俞归前来向张重华传诏，要授予他凉州刺史、西平公等职位，不想对方不仅不奉诏，还以慕容皝被封燕王为由，向东晋伸手要王位。

彼时，俞归不敢答应他什么，只能道："'公'在三代（夏商周）时期，是最尊贵的爵位。周室衰微之后，吴、楚便僭越称王。当时，为何其他诸侯国不指责他们呢？这是因为，在诸侯国的眼中，吴、楚不过蛮夷而已。再说汉高祖刘邦，他曾封韩信、彭越为王，旋后又诛灭了他们，这便说明封王不过权宜之计，并非厚待之为。由此可见，而今，圣主因主公竭尽忠志而赐以公爵，这正是授你以重任、殊宠的表现啊。这样的待遇，岂是那鲜卑夷狄可以比拟的？"

乍一听，俞归说得好像很有道理，但是所谓"华夷之别"的话，也只是一个借口罢了，不然，西晋册封的宗室王，又算怎么回事呢？张重华之所以没辩驳他，主要还是因为时机不成熟。

这件事还没算完。不知出于怎样的考虑，俞归一直被扣在前凉，没能回京。从他来到前凉宣旨算起，他已经在这里生活了十六年了。

十六年是什么样的概念？

苏武牧羊于匈奴，十九年内人事全非；于什门关押于北燕，二十四年内衣不蔽体。

北魏明元帝时，于什门去向冯跋传旨，不屈不挠，虽虮子满身而拒绝嗟来之"衣"。归国后，太武帝授以御史之职，并褒奖其忠义，把他与苏武并举。

他们堪称使臣中最心酸而又最壮烈的代表。

相对来说，俞归的遭遇应该要好一些，史书上并未留下他受虐的记载。只不过，每当日升月移之时，他的心底必会涌起浓浓的乡思。是啊，有国而不能归，有家而不能还，这是一种怎样的折磨！

更何况，他目睹着前凉从兴盛走向衰败，想来会对兴衰无常的人事，有着更深刻的体会吧。

第六节　虽称藩受位，然臣道未纯

干啥啥不行，扯淡第一名

张天锡即位之后，也不仅仅是向东晋表示臣服。

二面称臣、首鼠两端，向来是前凉君主的"拿手好戏"。就在张天锡尊奉东晋的第二年（364）六月，他接受了苻坚所授予的大将军、凉州牧、西平公封号。

在外交方面，张天锡无疑是圆滑的，而在内部，他也设法解除潜在的危机。危机主要来自李俨。

之前提过，在公元 355 年九月，趁着前凉对陇右失去了控制力，陇西人李俨据地而叛。张瓘本让将领牛霸前去讨伐李俨，哪知却又卷入了西平人卫绰的叛乱当中。

这几年来，李俨保持了很久的独立状态，后来他又率全郡投降了前秦。不知张天锡采用了何种策略，随后李俨又和他保持了交往。虽说不是臣服吧，但至少保持了比较和平稳定的关系。

在稳定了政权之后，张天锡也十分自得，自以为自己的高光时刻到了，时常在花园、游泳池大举豪宴，过上了纵情声色的生活，以至于"政事颇废"。这样下去，国家命运堪忧，荡难将军、校书祭酒索商遂上疏劝谏，希望国主张天锡能少事游乐、勤于政务。

一般的皇帝或者国主，听到这样的言辞会有什么样的反应呢？他们可能会勃然大怒，问罪于前；他们可能会愧怍不已，有过必改；他们也有可能会表面采纳，而依然我行我素……

但我们很少看到能像张天锡这样的扯淡派。

他是怎么扯淡的呢？来看看《晋书》当中的记载："天锡答曰：'吾非好行，行有得也。观朝荣，则敬才秀之士；玩芝兰，则爱德行之臣；睹松竹，则思贞操之贤；临清流，则贵廉洁之行；览蔓草，则贱贪秽之吏；逢飙风，则恶凶狡之徒。若引而申之，触类而长之，庶无遗漏矣。'"

呈现原文，为的是让大家看看他的扯淡水平。现在咱们再来看看大白话版本。

听得索商的谏言，张天锡脸不红气不喘，一出口便是华章一篇："你们以为我是一个喜好玩乐的人吗？其实吧，你们都不懂个中真意啊！在玩乐之中，其实可以领悟到很多的人生哲理。不信？听我说——看着晨花开，我能悟出敬重才华俊秀之士的真意；赏玩着芝兰，我能悟出爱慕德行高洁之臣的真意；目睹着松竹，我能悟出思慕忠贞节操之才的真意；面对着清流，我能悟出褒奖廉洁之官的真意；观览着蔓草，我能悟出鄙弃贪秽之吏的真意；承迎着疾风，我能悟出憎恶奸狡之徒的真意。如果咱们能把这些表面上的玩乐之道引申出去，那么定然能触类旁通，成为一个完人，在为人的操守上也没啥遗漏的了。"

怎么说？这口才，厉害不厉害？既把消极怠政的事儿说得那么"清新脱俗"，还一个劲地往脸上贴金，说自己是个完人。可惜那个时候没有脱口秀比赛，不然张天锡一定能拔得头筹，抱回一座大奖杯。

要说起观自然而悟真谛之事，过去自是有的，譬如陶渊明说，"此中有真意，欲辨已忘言"。短短的两句，好像什么都没有说，又好像什么都说了。它感染着、影响着中国的历代文人。无言而有意，这才是真意，这才是大道。

如张天锡这般粉饰自己，只能算是巧言令色之行、恬不知耻之举。

想来，索商听了张天锡的脱口秀，一定惊诧得无言以对，此后史书上再无索商进言的记录。

也不仅仅是索商，其他人也很少向张天锡进谏。毕竟人家都说他自己差不多是个完人了，再不济，也是走在了修炼成完人的路上。所以啊，这些俗不可耐的臣子，难道还想指摘他不成？谁给你的勇气？

自欺欺人，人必欺之

向东晋称臣两年后，张天锡在东晋升平十年（366）十月，遣使往前秦边境，传达与前秦断交的意思。

由于史料记载不详，这个突然的举动，不知是因何故。

当时东晋在位的皇帝是司马奕（后被废为西海公）。在张天锡绝秦之前，东晋武将朱序、周楚擒获了企图割据称王的司马勋，大司马桓温旋即命人将其斩首示众，传首于建康。

这件事算是给东晋长了志气，兴许对张天锡的外交思想有所影响。否则，前秦在这一年丝毫也不输阵（继续接受代王拓跋什翼犍的朝贡、进攻荆州掳掠了万户民众），张天锡又是因何与前秦断交呢？着实令人费解。

有意思的是，断交这事儿是一茬接着一茬。这不，张天锡刚和前秦断交没多久，两个月后，李俨又单方面宣布，与前秦、前凉绝交了。这下子，张天锡可不依了。客观地说，他虽然既耽于享乐，又臭不要脸，但这个东线防务还得管，外交、军事上的事还是不可轻怠的。

于是，在东晋升平十一年（367），张天锡亲自征讨李俨。最终，张天锡被王猛劝退了，将领阴据和五千甲士受俘，李俨也被押送到了长安（详见第二章）。

回国不久后，张天锡立儿子张大怀为世子。

经过枹罕之战，凉军的损失特别惨重，而更要命的还不是这一点，这次战争拉开了前秦对前凉用兵的序幕。因为前秦在占据枹罕之后，势力便已深入了陇西、河南这一地带，这就是说，张天锡整顿东部防线的计划不仅落空，还遭遇了更为惨烈的现实——防线退缩，以及前秦的骚扰战。

如《晋书》中所言，苻坚对张天锡"每攻之，兵无宁岁"。按说，谁都该懂得这个"入则无法家拂士，出则无敌国外患者，国恒亡"的道理吧？可这位脱口秀大王，在接下来的三年里依旧荒怠政务、纵情享乐、不图进取。实在是令人无语。

直到前秦建元七年（371），苻坚平定杨纂（详见本章第二节），遣使传书之后，张天锡才有所动作。原来，这个使臣正是四年前被俘虏的阴据，此外，前秦的著作郎梁殊、阎负也随行。

其信曰："过去你的先公向刘、石称藩，只因考虑了双方力量的强弱。而今，论凉国的实力吧，不如以前；而我们大秦的德威，亦非前后二赵可比。所以，将军您要跟我们绝交，是想闹哪样呢？这恐怕不是您家祖先的福分吧？以咱们秦国的威势，但凡有所行动必然无人能阻，其势可让弱水东流，长江、黄河西回。现下，关东已平，吾等将移师黄河以西，届时恐怕不是你这区区六郡所能抵挡的。以前，刘表想借汉水以南来自保，如今将军您想凭黄河以西来自保，不是很搞笑吗？凶吉祸福系于你一人之身，前车之鉴也不遥远。您自己好好想想吧！可不要让张氏家族六代人经营的大业毁于旦暮之间！"

说白了，这封恐吓信，就是要张天锡谢罪称藩。

联想到这三四年来，前秦发动的一些战事，张天锡吓得冷汗涔涔，哪有不应之理？不日后，苻坚便授予张天锡以使持节、都督河右诸军事、骠骑大将军、开府仪同三司、凉州刺史的称号。

就这样，前凉再次称藩于前秦，但前秦对藩属国并不怎么友善，先是命河州刺史李辩兼了兴晋太守之职，镇守枹罕；再是把凉州的治所迁至金城。

张天锡琢磨来琢磨去，认为前秦只怕是想兼并他，不禁自问：怎么办？

奋发图强，励精图治？不，这对他来说太难了。有没有比较简单的办法或者捷径可走？

当然有。前凉常年使用东晋年号，向东晋称臣纳贡。利用东晋出兵去牵制住前秦，确实不失为上策。为此他多次派使者联系东晋，与朝廷三公盟誓，并寄信给桓温，约定于公元373年夏天一起出兵。

苻坚对此事也有所耳闻，就在建元七年（371），前秦出兵消灭仇池后，苻坚担心张天锡"不老实"，于是就有了刚才所说的那封恐吓信。

张天锡自知暴露，慌忙向苻坚谢罪称藩。

当时苻坚的重心还在梁益，并且刚刚灭掉前燕与仇池，关东地区的统治暂时还不稳固，自然不会贸然用兵前凉。顺水推舟，给了张天锡使持节，都督河右诸军事等一长串的官衔。

经过这么一次恐吓，张天锡唯有借酒消愁、郁郁寡欢。约好的夏天同时出兵的计划也成了泡影。并且此时桓温有"更重要"的事情要做，也没那闲工夫去搭理张天锡和苻坚。这个后文还会提及。

自作孽，竟可活

太元元年（376）八月，苻坚再无顾虑，正式把矛头指向前凉。

虽然王猛已死，但苻坚扩张的步伐仍然无法阻止。

这次出兵绝非之前那样一般性的骚扰，从发动的兵力数量就可以看出苻坚灭凉的决心：十三万！这个数字是王猛灭燕的两倍多。而张天锡却不可能像前燕那样，动员三十万以上的军队去迎战。这注定是一场兵力悬殊的战争。

再看苻坚发下的诏书。"张天锡虽称藩受位，然臣道未纯，可遣使持节、武卫将军苟苌、左将军毛盛、中书令梁熙、步兵校尉姚苌等将兵临西河；尚书郎阎负、梁殊奉诏征天锡入朝，若有违王命，即进师扑讨。"

诏书不长，但意思却很明确，你张天锡"臣道未纯"，不打你打谁！

总之，挟着诏书的威烈之气，前秦的军队带着必胜的信心，浩浩荡荡出征了。

那么，此时的前凉，发展到了什么程度了呢？约莫在三个月前，即五月间，张天锡废掉了世子张大怀，改立张大豫为世子。这个张大豫，是张天锡的爱妾焦氏的儿子。在抬举张大豫的同时，焦氏也一跃成为左夫人。

张大怀无辜被废，时人心中都极为不满。张天锡的堂弟张宪时任从事中郎，他深以为患，遂决定死谏张天锡，可张天锡看了看他车拉的棺材，也没有听从他的意见。

这也难怪。这五年来，张天锡益发沉湎酒色、不问政事，早就丧失了政治家应有的判断力。他那浑浑噩噩的状态，也不只是反应在废立世子这件事上，我们从他宠信刘肃等事上也能看出一丝端倪。

原来，刘肃等人因在剪除张邕势力时出了大力气，因此便被张天锡赐以张姓，随后以义子一般的身份，干涉朝政。这些人其实并没有什么过人的本领，让他们参政，无疑是荒唐之举。

到了这个时候，前凉的政治腐败如斯，已如朽木烂柯，而前秦却已是北方的唯一大国。前凉的命运，已是岌岌可危。

回说到前秦这头。请问，这仗可不可以不打？当然可以，苻坚给张天锡指明了一条出路：亲自来长安，朕早就给你建好了宅邸。

张天锡召集大家商议。去长安恐怕是永远回不来了，不去的话，秦军就要打过来，为之奈何？群下意见纷纷，有主和的，有主战的。最终主战派的声音压过了主和派。张天锡也被主战派慷慨激昂的言辞激励得热血沸腾，撸起袖子，提高嗓门，决定要与前秦大干一场。（"天锡攘袂大言曰：'孤计决矣，言降者斩！'"）

打定主意后，张天锡把前秦派来的使臣阎负、梁殊都杀了。不仅杀，还是辱杀。史载："天锡怒，缚之军门，命军士交射之，曰：'射而不中，不与我同心者也。'"

他母亲严氏都看不下去了，哭道："秦主以一州之地，横制天下，东平鲜卑，南取巴、蜀，兵不留行，所向无敌。汝若降之，犹可延数年之命。今以蕞尔一隅，抗衡大国，又杀其使者，亡无日矣！"

奈何，张天锡不听。

听闻张天锡犯下如此恶行，秦军攻灭前凉的决心更坚定了。

其实，双方的战斗力本就不在一个档次上。刚一交战，前凉就溃不成军，随后屡战屡败，前凉的将领死的死、降的降。张天锡原想亲自出城迎战，哪知城内又发生了叛变。

后院失火，张天锡狼狈逃回姑臧。

当前秦军队抵达姑臧时，张天锡乖乖地反绑双手，白马拉着棺材，出城投降。

东晋听说前凉被打，立即分兵三路进攻前秦，趁机北伐，声援前凉。无奈前秦只用了一个月就结束了战斗，可见张天锡统治的凉州是有多么的腐败与无能。得知张天锡投降后，东晋也不得不停止了军事行动。

张天锡被封为归义侯——李俨也曾获得这个封号，但他的故事还没有结束，这位脱口秀大王，还有着无限宽广的秀场，等待他去"施展抱负"。至于曾经的世子张大豫，也有很精彩的后续故事。（详见第三卷）

是役，前秦尽有河西走廊。不仅扫除了西线的威胁，还为六年后的西域之战奠定了基础。

第七节　宽和仁爱，经略高远

吾兄居长，自应继位

灭掉前凉后，苻坚迫不及待地举兵北伐代国。

这两节，我们来聊聊代国的最后一位统治者拓跋什翼犍。

第一卷的附章中，咱们讲到，在拓跋郁律的苦心经营下，拓跋部的部落联盟一度复苏，控弦百万之众，他本人的功业直追猗㐌、猗卢，亦为代国史上的有为之君。

只可惜，因为前有石勒的明枪，后有惟氏的暗箭，拓跋郁律终于命丧敌手。

然后代国陷入了极度的混乱之中，惠帝拓跋贺傉、炀帝拓跋纥那、烈帝拓跋翳槐逐一登上历史前台，炀帝、烈帝更是各自复辟一次。

政权最终回到了拓跋翳槐的手中。临终前（338），他立下了继承人——他的弟弟拓跋什翼犍。

此时的拓跋什翼犍还在后赵当人质，他能顺利回来继位吗？这个得从拓跋什翼犍十岁那年说起。

那一年，拓跋翳槐赶走了拓跋纥那，这标志着平文帝这一支又重新得到了王位。

彼时，对于拓跋翳槐来说，当务之急，是要寻求一个强国的庇护，以免逃奔到宇文部的拓跋纥那再度卷土重来。于是，拓跋翳槐决定向石勒请和。为了表示诚意，他把二弟拓跋什翼犍送去襄国当人质，随行的还有五千家牧民。

在之后的九年时光里，拓跋什翼犍都生活在襄国、邺城。

如果参考力微把沙漠汗送去洛阳的旧事，不难明白，从那时起，拓跋翳槐应该就有培养什翼犍为接班人的打算。过去沙漠汗之所以遭遇不测，是因为卫瑾和部落大人作恶，否则，若沙漠汗能顺利继位，完全有可能早些将代国带到一个更高的社会层次上去。

而今拓跋什翼犍面临的情况与之不无相似之处：他在重视文教的襄国、邺城，学到了很多在代国不可能学到的东西；同时，他也必须承受一双双不怀好意的眼睛的窥伺。与以往一样，这些人，依然是代国的保守势力。

《魏书》中说，部落大人梁盖等人，认为拓跋什翼犍未必愿意回来，即便是回来，也有可能会生出变故，因此他们便违背了拓跋翳槐的遗命，共推拓跋孤为王。

这个拓跋孤，是拓跋翳槐的四弟，四兄弟中还有个老三拓跋屈。拓跋屈为人刚猛诡诈，起兵作乱，试图染指王位，被梁盖等人当场诛杀。

王位唾手可得，然而拓跋孤却拒绝道："吾兄居长，自应即位，我安可越次而处大业。"说完这话，拓跋孤又自行赶赴邺城，准备替换哥哥为人质。现在的后赵皇帝石虎，被拓跋孤的这种精神所感动，当即将二人释回。

就在这年十一月间，拓跋什翼犍在北返途中，即位于繁畤（今陕西浑源北），定年号为建国——代国史上的第一个年号，他又将一半国土分给了四弟拓跋孤。

史载很翔实，也很感人，但却遭到了一些学者的质疑。

譬如，当代学者张金龙等人便考证说，在拓跋什翼犍继位之前，石虎曾对代国发动过一次战争，并获得胜利——当然也不可能失利，这很有可能是因为他要帮助拓跋什翼犍争夺王位。再者，拓跋什翼犍的母亲王氏，是广宁乌桓人，也颇有手段，因此她很有可能与后赵取得了联系，要为儿子寻求军事援助。所以，拓跋孤所谓的主动放弃王位，恐怕是出自著史者的美饰。

这种推论不无道理。否则，很难解释石虎为何会在这种时候出兵代国，也很难解释拓跋什翼犍为何要分割国土给拓跋孤。

若说拓跋什翼犍没有能力治理全国，这肯定不靠谱，因为他面临的形势不如拓跋禄官时期严峻，非得将部落联盟一分为三；而且，拓跋什翼犍在位三十九年，他的治国水平有目共睹。

还有一个疑点。拓跋孤虽未走上他三哥拓跋屈那条路，但他的儿子拓跋斤，却在二十八年后挑起了谋害拓跋什翼犍的祸乱。试问，若是拓跋什翼犍与拓跋孤真的那么兄友弟恭，这件事又怎么解释呢？

我猜，当初，兄弟间应该是达成某种协定，所以才免于石虎的军事威胁。但不管怎么说，拓跋什翼犍终于继位了，他成为代国史上另一位优秀的君王。

复兴代国，先从内政抓起

刚一继位，拓跋什翼犍便采取了整套复兴代国的举措。

要说这读过书的人，他就是不一样。受到汉文化的影响，拓跋什翼犍对中原的典章制度颇有一番心得体会，他的种种举措，无一不是为了达到建立国家机构、确立国家体制的目的。

首先，拓跋什翼犍在建国二年（339）春，开始设置百官，分掌众职。他令代郡汉人燕凤担任长史，许谦担任郎中令，其他的官员名号，有些也与晋制一般无二。当然，要想一步完成大的跳跃，也是不可能的事，所以拓跋什翼犍把归附的四方诸部和汉人统称为“乌桓”——所谓“东自濊貊，西及破洛那，莫不款附”，则沿用以往的部落制管理方式加以统辖。

值得一提的是，拓跋什翼犍还从中选拔了百位子弟作为近侍，在禁中值守。这样既能密切他与诸部大人的联系；又能以之为质子，起到制约诸部大人的作用。

然后，拓跋什翼犍又制定了国家的法律。“当死者，听其家献金马以赎；犯大逆者，亲族男女无少长皆斩；男女不以礼交，皆死；人相杀者，听与死家牛马四十九头及送葬器物以平之；无系讯连逮之坐；盗官物，一备五，私则备十。法令明白，百姓晏然。”这段出自《魏书·刑法志》的文字浅显易懂，一看就知道，拓跋什翼犍对大逆、奸淫、杀人、盗窃等罪行各有定义，但大逆、奸淫之罪不可赦。

比较有意思的是，关于"赔命价"这个概念。这不禁令人想起拓跋猗卢在位时的情形。由于拓跋部政令宽松、民不知法，拓跋猗卢就打算来点狠的，用法极为严峻，甚至出现了"国人犯法者，或举部就诛"的情形。当时，有不明真相的观众见到"老幼相携而行"的情形，问他们去哪里，他们便说"往就死"。想想看，这确实是有些过头了。

相比而言，拓跋什翼犍弄出了"赔命价"这个概念，具有"以罚代刑"的赎罪性质，称得上是一种进步。在国外，古代也有类似的习俗规定。比如《阿奎利亚法》《撒克利法》。

应该说，拓跋什翼犍做出这样的规定，与他本人的宽容性格不无关系。比如说，许谦曾因盗绢之事被告发（365），拓跋什翼犍却担心对方会惭愧自戕，便宽谅了他的过错。再比如，建国四年（341）时，拓跋什翼犍在战中被射伤了眼睛，但他后来也原谅了刘虎部落的那个射箭人，说他只是各为其主，没有做错。

接下来，拓跋什翼犍又准备定都之事。当年五月，他在参合陂与诸部大人开会讨论，迟而未决。彼时，一些大人认为应该定都灅源川，并"筑城郭，起宫室"。这是个不容易做出的决定，因为唯有定都才能形成稳定的政治中心，然而在惠帝、炀帝时期，拓跋本部一直迁徙无定所，谓之"行国"。

尽管定都的必要性很大，但因母后王氏表示反对——基业不固则筑城反而受累，拓跋什翼犍只能暂时取消定都的计划，并在建国三年（340）迁回了云中的盛乐宫（今内蒙古呼和浩特西南），但他心中很是不甘，下一年又在盛乐宫南八里处修筑了新盛乐城。请注意"南"这个方位，拓跋什翼犍南下逐鹿的心愿，也在这个举动中隐约体现出来。

最后，拓跋什翼犍还在建国五年（342）改革了军队建制。此前的部落兵，看起来跟杂牌军似的，很少经过严格规范的训练。拓跋什翼犍便把诸部集中起来，专门设置练兵场所，还时常开展讲武驰射的规范训练。自此以后，代国的军队逐渐正规化。

为了方便管理，拓跋什翼犍还把所谓的"乌桓人"分作两个部落，四弟拓跋孤、儿子拓跋寔君分别以大人的身份，负责监察北、南两部。

除了内政上的革新，拓跋什翼犍在外交上也十分用心，一方面，他继续对后赵进行朝贡；另一方面，他也不断尝试与前燕建交。

建交之事，先从联姻开始。在建国二年（339），建国四年（341），建国七年（344），拓跋什翼犍先后三次娶了慕容皝的妹妹以及宗室之女，建国六年（343）又把拓跋翳槐之女嫁给慕容皝，可谓亲上加亲。就此，两国在后来的十年当中，保持了和平的外交关系，这为代国的内政建设争取了宝贵的时间。

总之，设置百官、制定法律、南向定都、改革军制、致力外交，这是一个成熟的政治家在继位前十年值得称道的作为。在君臣的经营下，代国的百姓得以安居乐业，代国数年间人口升至数十万的规模。当实力积蓄到了一定程度，拓跋什翼犍必然想有更大的作为：南下逐鹿。

从巡行到出征

代国建国十三年（350），当拓跋什翼犍看见冉魏篡赵、中原板荡的乱局时，慨然道："石胡衰灭，冉闵肆祸，中州纷梗，莫有匡救。吾将亲率六军，廓定四海！"

随即，他号令诸部集结兵马，准备乘势进据中原，像前燕一样去瓜分那块大蛋糕。

然而理想很丰满，现实却很骨感。拓跋什翼犍很快被诸部大人泼了大大的一盆冷水。他们纷纷表示，对那块蛋糕没有兴趣。拓跋什翼犍不得不放弃这个理想。

他深知包括他母后在内的代国人，是多么的保守，他们只对膘肥体壮的马牛羊感兴趣，而这些却只是他自己生命中的一部分。可悲的是，尽管他可以利用汉人来建设国家，但在军事上、经济上，他却必须依赖诸部大人。至于那些"乌桓人"，他们的确在农业上有所发展，但改变不了代国以畜牧业为基础的经济格局。

巨大的孤独感，一层一层地裹覆了他，但他很不甘心。他告诉自己，既然无法一步到位，那就一步一步地走，先将近处的外敌打垮。

外敌有二：一是高车，二是匈奴铁弗部（作战过程见下节）。

高车又名敕勒，是北朝人对活跃在中国北部、西北部的一些游牧民族的泛称，因为"敕勒川，阴山下，天似穹庐，笼盖四野"的歌吟，很多人对于后一个称谓可能更为熟悉。其实，高车的得名更有趣，史称其族之车，"车轮高大，辐数至多"，这画面还挺拉风的。

高车的另一个别称，叫丁零，一般认为是南朝人给起的名儿。至于人家自称的狄历等名，反而湮没无闻。

高车人的原居地，在今天贝加尔湖一带，他们往往趁着匈奴、鲜卑迁徙或是势衰之时，进据草原。这也无可厚非，谁不想为本民族谋发展呢？

代国与高车相隔不远，拓跋什翼犍想谋求发展，必然要对他们发动攻势。说是攻势，但也不能过于急躁，小规模的惊扰是必要的，但大规模的作战，则要相时而动。

为了远征高车和匈奴铁弗部，跋什翼犍准备了十余年。

原来，就在拓跋什翼犍不得不放弃南下之意后，在接下来的十五年里，他时常以出巡的方式，一边震慑敌人，一边巩固内政。值得一提的是，拓跋什翼犍曾两度巡行平城（今山西大同）。显然，这是有的放矢。后来，拓跋珪建都于平城，应该也是参考了前人的主意。

远征高车的两次军事行动，分别发生在建国二十六年（363）冬和建国三十三年（370）冬，其间间隔七年。第一次，拓跋什翼犍掠得了万余生口（俘虏的奴隶）、百余万牛羊。第二次，亦是收获颇丰。

这还只是个开头，自打拓跋什翼犍远征高车之后，数十年间，北魏的皇帝们也对高车展开过数次掠夺之战。比较有名的是，天兴二年（399）时拓跋珪发动的战争。那一次，仅是魏军的主力，就破敌三十余部、俘虏七万余人、三十余万匹马、一百四十万余头牛羊。这还没算上卫王拓跋仪的战果。

在首次远征高车后的第二年，拓跋什翼犍还攻灭了没歌部，俘获了数百头牲畜。从此没歌消失于史载。

最近一些年来，代国和前燕依然保持着通婚关系。比如建国二十六年（363），拓跋什翼犍再次迎娶慕容氏为妻，并且把自己的女儿嫁给了慕容晖。

但是双方并非一点摩擦都没有。

建国三十年（367）秋，代国、前燕之间爆发了一次战争。

当年春日，前燕军远征高车，行经代国，踩踏了一些稻田，引得拓跋什翼犍大动肝火。等到秋日，慕容厉等人俘获了数万牛马，拓跋什翼犍则进攻戍守在云中（今内蒙古托克托东北）的燕军，最终打走了平北将军慕舆垃，杀死了振威将军慕舆贺辛。

这些战绩，是代国军事史上极为辉煌的一笔。

这么看来，燕凤评价主上，是一个"宽和仁爱，经略高远"的雄主，确非虚夸。

第八节 灭顶之灾，猝然而至

那些年，与铁弗部的爱恨情仇

除了远征高车、攻灭没歌、袭击前燕之外，拓跋什翼犍在军事上的另一个大动作，是对付匈奴铁弗部。

地理位置上的相邻、生活资源上的争夺，固然是代国与匈奴铁弗部产生矛盾的原因，而彼此之间多年来的积怨，才是他们无法共荣互存的主因。

早在拓跋猗卢时期，代国便与铁弗部的首领刘虎产生了矛盾，刘虎于永嘉三年（309）即位，居于虑虒之北。一开始，他附从于晋朝，不几日又举兵而反。次年，晋朝并州刺史刘琨便邀请拓跋猗卢一起讨伐刘虎。拓跋猗卢二话没说，便派出侄子拓跋郁律相助刘琨。

那一仗，把刘虎打得那叫一个惨。梁子就是在那个时候结下的。

刘虎欲哭无泪，带着满头是包的残兵败将西渡黄河，暂驻于朔方的肆卢川，又去抱前赵皇帝刘聪的大腿。虽然此刘非彼刘——不是同一支匈奴，刘聪还是把刘虎封作了宗室。摇身一变，刘虎便成了楼烦公。

实力稍微恢复了些，刘虎便产生了复仇的想法；同时，他也眼红于拓跋部的财势，因此便时不时跑来抢掠骚扰一番。

你敢抢，我就敢打！拓跋郁律几乎把刘虎揍成了刘病猫。刘虎被逼逃至塞外。更令他气愤的是，他的堂弟刘路孤，竟然率众投降了。341年十月，刘虎再次进攻代国，又被拓跋什翼犍击败，不知刘虎是否在作战时负伤，总之他打完仗没多久就去世了。

刘虎去世后，其子刘务桓即位，主动对拓跋什翼犍服了软。有道是"冤家宜解不宜结"，拓跋什翼犍不仅答应了他的求和之请，还把女儿嫁给了他。

刘务桓在位十五年，双方多年相安无事，然而，刘务桓病故（356）后，其弟刘阏头即位，他不愿臣服于代，搞出了不少幺蛾子，但终因力不能及而两度降代。

建国二十二年（359），刘务桓的儿子刘卫辰取刘阏头而代之，成为铁弗匈奴新一任领袖。

这个刘卫辰，在本书里绝对可以称得上一个合格的配角。他光荣地继承了他爷爷刘虎好战狂躁的基因。屡屡挑衅于各个政权或部落之间。他的军事水平烂到了家，在他三十多年的"戎马生涯"中，可谓一胜难求。然而就是这样一个看似跳梁小丑般的人物，却能够在这变幻莫测的乱世生存三十多年，不得不说是一个奇迹。

我们先看一下刘卫辰的履历——

建国二十二年（359），刘卫辰即位后，立刻对苻坚投降，并请求迁徙到塞内耕种农田。

建国二十三年（360），刘卫辰向拓跋什翼犍求婚，拓跋什翼犍把女儿嫁给了刘卫辰。

建国二十四年（361），刘卫辰掠夺前秦边境50人充作奴婢，进献给苻坚，但却遭到了苻坚的斥责。刘卫辰越想越气，火大，索性背叛前秦，依附于拓跋什翼犍。

建国二十八年（365），不知出于什么原因，刘卫辰又反叛了，他准备东渡黄河进攻代国。在被拓跋什翼犍击败之后，无家可归的刘卫辰再次投降前秦。

同年秋天，刘卫辰又一次背叛前秦。这次，他还拉上了匈奴右贤王曹毂一起叛变。苻坚亲自领兵平叛，降服曹毂，并巡查朔方，安抚匈奴部众。

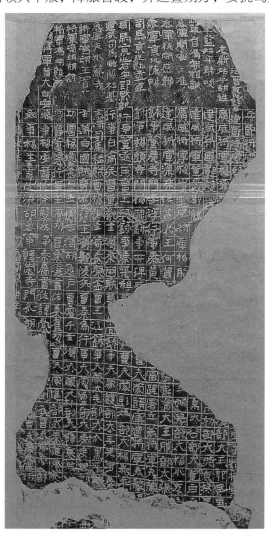

《〈广武将军碑〉拓片》局部

现如今，前秦仅存于世的两座石碑《广武将军碑》《邓太尉碑》正是在符坚巡查朔方的历史背景下所刻录（两座石碑现收藏于西安碑林博物馆第三室）。刘卫辰则被邓羌擒于木根山。

宅心仁厚的符坚封刘卫辰为夏阳公，继续让他统领他自己的部众。

也就是这次事件后，前秦与代国开始有了来往，互派使节加以窥探。

得，你就吹吧

建国二十八年（365），符坚遣使访代，借机窥伺。第二年，拓跋什翼犍派遣燕凤回访前秦，没说几句，符坚便问起代王为人。

燕凤心知符坚有意试探，便道："宽和仁爱，经略高远，一时之雄主，常有并吞天下之志。"这是给了拓跋什翼犍很高的评价了，从事实上看也算不上吹嘘。毕竟，"有并吞天下之志"，和"有并吞天下之力"，就不是一个概念。

岂知，符坚却将这个"志"理解成了"力"，内心毫无波动，甚至还想笑，便问："你们北人，没有坚固的甲胄、锋锐的兵器，凡遇敌弱便进击，敌强又后退，就这样还能并吞天下？"

好吧，既然符坚都这么理解了，燕凤只能把牛皮吹起来。于是，便有了如下对话——

"大王，你有所不知，我们北人身体强壮、彪悍无比，上马的时候，纵然手持三种兵器还能飞跑起来。我们的国君那就更厉害了，他雄俊超迈，征服了北地的部众。如今，咱们已拥有百万规模的雄兵、规整统一的部队。由于没有辎重、粮草的负累，我们打起仗来，那叫一个迅疾如飞啊！我们能将敌人的种种资财占为己有，这大概就是南兵疲敝而北军常胜的原因吧。"

"那么，你们代国有多少人马呢？"

"精卒几十万，战马百万匹。"

"人数差不离，战马数嘛……夸张了吧。"

"大王，此言差矣。咱们云中川可大了：从东山到西河，长逾二百里；从北山至南山，宽达一百多里。每年一入秋，马匹都群聚于此，它们差不多塞满了全川。要是按这种情况来估算的话，恐怕我刚刚还说少了呢。"

燕凤的口才的确很好，符坚也没再刁难他，但符坚却并不相信燕凤的说辞。这也难怪。他志在天下，誓要灭诸国而成霸业，岂能因为一套不知真假的说辞而断绝灭代之念呢？

燕凤回代之日，符坚赠给他许多礼物。

熟读《三国演义》的朋友们，应该会觉得，燕凤吹嘘代王的做法有些熟悉，咱们可以来看看这段——

曹丕笑曰："此欲退蜀兵故也。"即令召入。（赵）咨拜伏于丹墀。丕览表毕，遂问咨曰："吴侯乃何如主也？"咨曰："聪明、仁智、雄略之主也。"丕笑曰："卿褒奖毋乃太甚？"咨曰："臣非过誉也。吴侯纳鲁肃于凡品，是其聪也；拔吕蒙于行阵，是其明也；获于禁而不害，是其仁也；取荆州兵不血刃，是其智也；据三江虎视天下，是其雄也；屈身于陛下，是其略也：以此论之，岂不为聪明、仁智、雄略之主乎？"丕又问曰："吴主颇知学乎？"咨曰："吴主浮江万艘，带甲百万，任贤使能，志存经略；少有余闲，博览书传，历观史籍，采其大旨，不效书生寻章摘句而已。"丕曰："朕欲伐吴，可乎？"咨曰："大国有征伐之兵，小国有御备之策。"丕曰："吴畏魏乎？"咨曰："带甲百万，江汉为池，何畏之有？"丕曰："东吴如大夫者几人？"咨曰："聪明特达者八九十人；如臣之辈，车载斗量，不可胜数。"丕叹曰："使于四方，不辱君命，卿可以当之矣。"于是当即降诏，命太常卿邢贞赍册封孙权为吴王，加九锡。赵咨谢恩出城。

老实说，孙权手下的中大夫赵咨，确实是舌灿莲花之辈，但其真实用意，也早被曹丕窥得了，因此他才说"此欲退蜀兵故也"。

那么问题来了，燕凤吹嘘拓跋什翼犍，是否也有虚张声势之意呢？显而易见，是有的。

自打成为拓跋什翼犍的首席参谋，燕凤已经将整颗心都奉献给了这个国家——尽管起初他是那么嫌弃代国。

这话说来也很有趣，燕凤之于拓跋什翼犍，有些像是"霸道总裁爱上我"的倾城之恋。

且说，代郡人燕凤年少时就博览经史，长于阴阳、谶纬之学。拓跋什翼犍早闻其名，知道这是个"宝藏少年"，便遣人以礼相邀，奈何燕凤不给面子，死活不肯受聘。基本上可以肯定，他是抱着"华夷之别"心态的传统读书人。

这事儿严重地挫伤了拓跋什翼犍的自尊心，他便下令包围代郡，放言道："若是燕凤再不受聘，我就要屠城了！"

没办法，这位"霸道总裁"实在强势，代郡人都怕得要死，很快就把燕凤交了出来。

先礼，后兵，而后礼。见燕凤来了，拓跋什翼犍不禁喜逐颜开，对着燕凤就是一顿推心置腹。也就是在这个时候，燕凤被这个所谓的蛮人打动了，他先是做了什翼犍的左长史，参决国事；后来，又悉心教授太子拓跋寔。

就这样，在拓跋什翼犍的争取下，燕凤成为代国的首席谋士，数十年后，他还成为延续国祚的关键人物。这对君臣的故事，亦称得上是人间佳话。

苻坚灭代的不同版本

如前所述，建国三十年（367）八月间，拓跋什翼犍取得了袭燕的战果。修整两个月后，他又出兵去收拾刘卫辰。

当时，要想从盛乐出击朔方，必须渡过黄河。冬日里，黄河之冰四散开来，渡河是个难题。但聪明的代王就是有办法，他先派兵把苇子编成粗绳，用以控制水流速度、阻挡散流的冰块。考虑到重新连接的冰块仍然不够坚固，拓跋什翼犍又命人将苇子混合冰块，结成了冰桥。

这样一来，代得以顺利渡河，神不知鬼不觉地出现在刘卫辰面前。

刘卫辰吃了好大一惊，由于没做好迎战准备，他也不敢轻易交战，只能率领部众一路西逃。仓促之中，过半的部众都被抛下了，他们都为拓跋什翼犍所获，成为代民。

旋后，拓跋什翼犍志得意满地返回代国，刘卫辰再度逃到了前秦，苻坚看他可怜兮兮的，遂决定帮帮这个反复无常的小人，先是将他护送回了朔方，再派秦军戍守于此，给他壮胆。

或许有人要问了，像苻坚这样的人物，怎么可能只因恻隐之心，便会相助于刘卫辰呢？没错，实情肯定不会那么简单。苻坚仁爱不假，但他不停地扶持着刘卫辰，让他恢复力量，实则是想借此牵制拓跋什翼犍。因为，苻坚还要平定前凉，他可不希望看到代国乘隙而动、举兵南下的一幕。

诚然，朝秦暮楚的刘卫辰不是代国的对手，但他可以极大地分散代国的注意力，为苻坚争取时间。从这个意义上说，到底是苻坚庇护了刘卫辰，还是刘卫辰充当了苻坚的打手，还不一定呢。

上天似乎也十分眷顾苻坚。七年之后，即代国建国三十四年（371），拓跋什翼犍突然遭遇了巨大的危机。这对于苻坚来说，是一个利好消息，就在头一年，他灭掉了前燕，今年又谋划着西征前仇池。此时代国生乱，真是再好不过了。

那本是一个万物复苏的融融春日，拓跋什翼犍与诸部大人们正在开会。

不承想，帝室十姓（《官氏志》记载，献帝以纥骨氏、普氏、拔拔氏、达奚氏、伊娄氏、丘敦氏、侯氏、乙旃氏、车焜氏，加上帝室为十姓，"百世不通婚"）之一的长孙斤（即拔拔氏），蓦地起身行刺拓跋什翼犍。太子拓跋寔急忙上前保护父亲。激战之后，长孙斤当场毙命，但拓跋寔也受了重伤，不治而亡。

这件事，可以说明代国统治层内，已经出现了很大的矛盾，他们并非铁板一块。

建国三十七年（374）、建国三十九年（376），拓跋什翼犍两度攻打刘卫辰，刘卫辰频频南逃，一再向苻坚求援。

公元376年八月，苻坚刚刚消灭前凉，见到刘卫辰求救，苻坚毫不犹豫地答应。十月里，苻坚以大司马苻洛为主帅，领着二十万大军逼犯代国南境，与此同时，俱难、邓羌、赵迁、李柔、朱肜、张蚝、郭庆等人也承担了分路进击的任务。

且不说各路将领的豪华阵容，仅仅从作战人数上来看，都充溢着满满的杀气。

拓跋什翼犍身经百战，倒也不畏怯，他很快派出了鲜卑白部和独孤部在桑干河迎战。哪里知道，二部作战失利，节节败退。拓跋什翼犍又令派南部统帅刘库仁（刘路孤之子，什翼犍的外甥）率领十万大军在石子岭迎击秦军。

天不遂人愿，刘库仁也败了。

尚在病中的拓跋什翼犍这才意识到，秦军虽然才对前凉发动了灭国之战，耗损了一些兵力，但依然保持着强劲的战斗力，代国从未遇到过如此彪悍的对手。

眼见秦军长驱直入，代国的军队根本无力抵抗。拓跋什翼犍陷入了沉思中。以往，他身体强健之时，总是亲自领军作战，而今他身体出了状况，不能上前线，为今之计，只能带领部众退回阴山之北。身为大丈夫，就是要能屈能伸。

可问题是，屋漏更遭连夜雨，原先臣服的高车部各族全都反叛了。也不能说这是落井下石，毕竟他们也是被拓跋什翼犍武力征服过来的，又不是真心臣服于他的。

到了这个田地，拓跋什翼犍陷入前所未有的窘境中，只能选择继续向漠南深处迁移。直到秦军不久后回兵，才试探着返回。

十二月里，拓跋什翼犍刚刚抵达云中郡，计划着对前秦展开反攻战。岂知，危险正在向他步步逼近。十二天后，他的儿子拓跋寔君趁他不备，将其残忍弑杀。

这一年，拓跋什翼犍年仅五十七岁。

写到这里，突然感觉难以下笔，因为后面的故事有两个版本。

《魏书》《北史》《资治通鉴》称：拓跋什翼犍的庶长子拓跋寔君受到谗言，他被告知继承人的归属已经给了其他人，轮不到他拓跋寔君了。拓跋寔君信以为真，直接杀掉了他的几个弟弟。一不做二不休，他索性又杀死自己的父亲拓跋什翼犍！

这一瞠目结舌的举动立刻引起了代国内乱。秦军立刻突进，代国被灭。

拓跋寔君被抓到了长安，五马分尸……

苻坚采纳代国燕凤的建议，把代国一分为二，分别由刘卫辰和独孤部刘库仁统领。二人素有深仇，势同水火，互相牵制，必然不会一家独大，同时又有保全代王子孙的恩德。所以说，燕凤有意保存了拓跋氏的王脉，他算得上是代国乃至北魏的大恩人。

年仅六岁的拓跋珪，在母亲的带领下，投奔了刘库仁，受到了优厚的待遇。

这是有关苻坚灭代细节的第一个版本，也是最为普遍的一种说法。

但是，《晋书》《宋书》《南齐书》中却言之凿凿地说，压根儿就没有拓跋寔君这个人的存在。拓跋什翼犍是被自己的儿子拓跋珪（实为孙子，因为拓跋什翼犍娶了拓跋寔的亡妻贺兰氏，贺兰氏已怀有遗腹子）绑架了。其后，拓跋什翼犍被抓去了长安。在《晋书·苻坚载记》，还有一段苻坚和拓跋什翼犍的对话。至于卖"父"求荣的拓跋珪，则被流放到了蜀地，并非一直都在塞北。

因受到后来"国史之狱"事件的影响，史臣不敢直笔记载，导致北魏早期的历史一直扑朔迷离，甚至有些地方存在着掩饰、歪曲的现象。

关于拓跋珪的早期经历，史载含混不清，他的出身也一直饱受争议（尤其是他妈与他爷爷之间）。由于本卷的重点不在于他，因此不便多费笔墨。

无论拓跋什翼犍死亡的细节有什么出入，前秦灭掉代国可是板上钉钉的事实。北方已再无强大的势力能够威胁到前秦。

老实说，拓跋珪也不容易。

不管他是一个饱经忧患的孩子也好，卖"父"求荣的逆子也罢，他的传奇人生才刚刚启幕，还有许多的路要走。

至此，仇池、前凉、代国，以及长江上游的梁州、益州都已纳入了前秦的版图。前秦统一北方的大业，取得了完全的胜利，苻坚环看四周，除了南方偏安一隅的东晋还没臣服之外，再无对手。他也将终极目标提上了议事日程：打过长江去，统一南北方！

第七章

改变中国格局的淝水之战

淝水之战，成就了谢安的盛名，击垮了苻坚的理想，也改变了有可能出现的大一统的格局。中国北方再次陷入了四分五裂的局面，从某种程度上来说这并不是什么好事。

前者，赢得了当时后世的齐声赞誉，譬如诗仙李白就颂之为"安石在东山，无心济天下。一起振横流，功成复潇洒"；后者，则受到了无数人的否定、讥嘲乃至恶评，譬如宋人金朋说就贬之为"南国山河不易力，凤鞭欲使断江流。骄兵百万填淝水，狼狈归来国已休"。

但是，如果我们回到历史现场，一点一点地复盘当日的情形，分析战争成败的偶然性和必然性，或许会对这场战争和苻坚这个人有更多的认识。

——引言

第一节　谁能走上秦晋战场

既不能流芳后世，不足复遗臭万载

正当苻坚准备对东晋用兵时，东晋内部的权力分配发生了根本性的变化。

前文说到，桓温北伐失败后，把责任推给了袁真，将其逼反。

不久，袁真病亡，儿子袁瑾继续对抗桓温。在击退前燕和前秦的救援后，桓温最终攻克寿春，将袁瑾及其宗族全部送到建康斩首，至于府上的其他数百人，男的全部活埋，女的全部充当军妓。

桓温狠狠地出了一口恶气，加上之前打败了前秦的援军，他不无得意地问郗超："足以雪枋头之耻乎？"

面对桓温这自欺欺人的问题，郗超冷冷地回答："不能。"

外战被人欺负，回来打自家人算啥本事？而且还要用这么残酷的手段处置他们。

那如何才能一雪前耻？再北伐一次吗？

不，绝对不行。此时的桓温已经再也没有那股拼劲，也没有收复河山的雄心壮志了。况且，北方的形势已经发生了天翻地覆的变化：前秦已消灭了前燕，实力今非昔比。而桓温枋头败北，已无资本去和前秦对抗。

并且，桓温还有一个让他不得不去重视的问题：他的年龄。

东晋太和六年（371），桓温已经六十岁了。搁今天，这年龄未必能退休，可在一千六百年前却算是"高龄"了。也就是说，留给桓温的时间已经不多了。他必须尽快向自己的目标前进。

那么，他的目标既然不是北伐，又会是什么呢？

《世说新语·尤悔》记载了这么一则故事："桓公卧语曰：'作此寂寂，将为文、景所笑！'既而屈起坐曰：'既不能流芳后世，亦不足复遗臭万载邪？'"

即使不能流芳后世，也要遗臭万年！这个遗臭万年的事情，说得直白些，就是篡位。

其实，桓温所谓的北伐，尤其是最后一次北伐，只不过是桓温谋取帝王之位的垫脚石。要知道，北伐是为篡位服务的，既然北伐失败了，自己也老了，桓温就不拐弯抹角，开始直奔主题了。

桓温认为，既然北伐的难度太大，那就换一个人生目标吧？

老桓啊老桓，你要知道，在没有战功的情况下，想要谋篡皇位到底有多难！

桓温枋头失败后，《晋书》说他"既逢覆败，名实顿减"。自身的势力削弱了不说，他的声望也在国内大打折扣。想要来硬的吧，恐怕不仅没几个人支持，反倒会成为众矢之的、全民公敌。王敦的例子近在眼前！

说到王敦，尽管桓温认为自己的才能要强于他，但还是很欣赏对方的，他曾经对着王敦的墓，说"可人，可人"。《晋书》甚至干脆把王敦和桓温两人放在了同一个传里面。

那该怎么办？篡位可是大逆不道的事情。找不靠谱的人商量，一旦走漏了风声，可就被动了。还记得温峤是怎么借着酒劲金蝉脱壳，向朝廷戳穿王敦阴谋的吗？

此时，依然是郗超，点破了桓温的心思，成功帮他打破了僵局。

当伊尹、霍光？这事可以有

一天晚上，郗超没有回去，他独自留宿在桓温的家。

夜深人静、旁无外人的时候，郗超打开了话匣子："明公啊，你这辈子就不再考虑什么了吗？"桓温知道郗超有话要说，便让他继续往下讲。

郗超说："明公当天下重任，今以六十之年，败于大举，不建不世之勋，不足以镇惬民望！"翻译成白话就是，你已经老了，趁着还活着的时候，赶紧干票大的！

桓温仍然在装糊涂——那该怎么办？

郗超脱口而出："当一次伊尹、霍光啊！"

伊尹放逐太甲，霍光废黜刘贺，皆非人臣之举，谁都明白这句话的意思。

桓温深以为然。

可是，要想废黜皇帝，桓温有这个资格吗？

桓温已经位极人臣，虽然遭遇了枋头之败，但却夺取了徐州和豫州的控制权（之前为郗愔、袁真所控制），他所管辖的范围已经逼近建康，这是东晋建国以来未有之事，朝廷势单力孤、皇权式微的情形越发严重了。

在这种情形下，桓温虽无法直接篡位，但却有把握废黜皇帝。顺便，还可以试探各个大族的心意。桓温处事风格一向谨慎，他不会去冒险一步到位。他的计划是皇帝"主动"把位置让给他。因此，废立皇帝，是他的第一步。

只是，无论是伊尹还是霍光，废黜皇帝都是事出有因的。比如，刘贺在二十七天的皇帝生涯里，不停地向全国各地征调物资，总共有一千一百二十七起。这个数字可能有些夸张，但好歹也非空穴来风吧。

看看桓温这头，他有废黜皇帝的理由吗？他和郗超仔细一想，还真没有。

当时东晋的皇帝叫司马奕，三十岁左右。与他同时代或者不同时代的暴君比起来，司马奕不嗜酒、不打猎、不淫乱、不怠政、不杀人、不折腾、不暴政……典型的乖乖男啊。

这可让桓温犯了难。司马奕没有明显的缺点，怎么办？

既然没有事实依据，那就干脆去捏造好了！

欲加之罪何患无辞？经过苦思冥想，桓温、郗超终于找到了突破口。于是，一则非常八卦的谣言在市井传播开来："帝早有痿疾，嬖人相龙、计好、朱灵宝等，参侍内寝，二美人田氏、孟氏生三男，将建储立王，倾移皇基。"

这谣言太刺激、太毁三观了。大意是说，我们当今的皇帝啊，那方面早就不行了。宠臣相龙、计好、朱灵宝等人受到信任，皇帝每次的夜生活都和他们在一起玩。至于田氏、孟氏两位美人生下的三个儿子，是谁的种都还未可知，皇帝还想把他们其中一个立为太子，可惜哟，大晋江山的血脉就要断了。

所谓宫掖事秘，莫能辨也。越神秘，越说不清楚的事情，老百姓越好奇，越喜闻乐见。

"一传十，十传百"，很快，全国上下无人不知无人不晓。自然，谣言也"传"到了始作俑者的耳朵里。于是，"义愤填膺"的桓温立刻从广陵来到建康，向褚太后委婉表达了废黜司马奕的想法。这位褚太后，就是之前我们说过的国丈褚裒的女儿，她在一生之中，三度临朝听政，经历了东晋六代皇帝。面对强势的桓温，褚太后不得不低头，同意他的请求。

这皇帝说废就废了……

令笔者百思不得其解的是，事情从头到尾，没有见到司马奕说过一句话，也没有见到他做出任何异议与反抗的举动。这可是再明显不过的诬陷啊，他就眼睁睁地看着自己被废黜掉？是因为惧怕桓温的权势？即便如此，但也不能接受这种折辱人的理由吧？

随后，桓温召集百官，举行废立仪式。

东晋从未有过这样的事情，大家都不知道流程该怎么操作。不得已，现场有人拿出《汉书·霍光传》，参照对西汉的记载，才完成了应该有的礼仪，迎接新的皇帝。

悲催的司马奕，被降为东海王，后又被降为海西公；会稽王司马昱则上任为新皇帝，史称东晋简文帝。简文帝也算是司马氏的核心宗室成员，是东晋开国皇帝司马睿的小儿子，此时已年过半百了。他和桓温也打过多年的交道，算是老熟人。

在司马昱短短八个月的皇帝生涯里，无时无刻不处在忧惧之中。他害怕自己会成为第二个司马奕，被桓温废掉。于是，司马昱只能低调行事，一任生杀大权落入桓温之手，徒有皇帝的名头。《晋书》对这对君臣关系评价为："政由桓氏，祭则寡人。"

来看看桓温到底是怎么作威作福的——

武陵王司马晞，喜好习武练兵。桓温不希望看到勇武的宗室，便打算将其废黜。他找到了王彪之商量这个事。王彪之的态度很明确：人家又没犯什么明显的过错，凭什么废人家？眼见得不到支持，桓温就自己上表，诬陷司马晞参与袁真之乱，往后也有可能会造反，所以应将免职，令他以王的身份返回藩地。简文帝表示"同意"，全照桓温说的去做。司马晞的世子司马综也因此受到了牵连。

殷浩的儿子殷涓和司马晞关系密切，出于父辈的恩怨，他一向不喜欢桓温。桓温对此心知肚明。他又与广州刺史庾蕴素有隔阂。为了对付殷涓、庾蕴等人，桓温仍以谋反为由逮捕了他们。旋即，庾蕴服毒而死，他的弟弟庾倩、庾柔以及殷涓、曹秀、刘强等人，全部满门抄斩。司马奕的三个儿子以及他们的母亲也被杀害，新蔡王司马晃被贬为庶人，徙至衡阳……

末了，桓温还是不放心司马晞，请求将其杀死。简文帝实在是看不下去了，表示这事以后再商量。桓温仍不放弃，多次上表，坚持要诛杀司马晞，言辞异常激烈。简文帝无奈之下，向桓温摊牌："若晋祚灵长，公便宜奉行前诏。如其大运去矣，请避贤路。"

如果大晋的国运还能维持下去，你就照我之前下发的诏书去做。如果大晋江山气数已尽，那我这个皇帝也就不当了，给贤者让路。说得直白一点，那就是：既然我司马昱还是皇帝，就按我说的来；如果你非要杀司马晞，那这皇帝我就不干了，爱谁谁。

简文帝突然的强硬姿态，令桓温无所适从，不禁流汗变色，不敢再继续威逼。最终，双方互相妥协：司马晞和他的儿子遭贬，迁去衡阳——好歹保住了性命。

桓温权势熏天，无以复加，明眼人都能看出他有篡位之心。就在桓温行将篡位的关键时刻，王、谢大族以非武装的方式掣肘桓温，把其计划全盘打乱，再次夺回了政治上的主动权。

安石东山三十春，傲然携伎出风尘

说起谢安，大家或多或少都知道，江左风流宰相嘛！

在历史上，谢安以从容不迫、处变不惊著称。其实，谢安除了具有一切符合名士的条件外，他的个人政治取向、行事作风，也是他扬名后世的原因之一。

谢安，字安石，是谢尚的族弟。出身名门的谢安，年轻时就享有较高的声誉。东晋朝廷曾经多次征召，谢安却以生病之由百般推辞。

累辞不就的谢安，为了避免这种"骚扰"，索性回到会稽郡的东山隐居起来，与王羲之、许询、支遁等名士一起云游名胜、寄情翰墨，顺便当当家庭教师，侄女谢道韫就是他的"得意门生"。

等一下，这个套路是不是有点眼熟？殷浩当年也是玩隐居，一开始也是怎么召都不出来，最终还是答应了会稽王司马昱（当时还没有当皇帝）的邀请。

有了成功邀请出殷浩的经验，司马昱一点也不担心谢安会一直高卧东山。谢安每次出游，都会偕同歌伎一起，司马昱就是看破了这一点，对别人说道："安石既与人同乐，必不得不与人同忧，召之必至。"

确实，谢安并非对政务完全没有兴趣。他对自己的定位有着清晰的认识，知道什么时候该逍遥事外、什么时候该挺身而出。

陈郡谢氏一门，曾以谢尚为核心人物。谢尚在永和元年（345）出镇豫州刺史，谢尚死后，谢奕、谢万先后继任。谢万为人，颇有殷浩风范，一袭书生气质、恃才傲物。在升平三年（359）受任北伐时，明明自己不懂军事，还瞧不起自己手下的兵将，导致将帅离心离德，失败也在情理之中。

桓温抓住把柄，把谢万废为庶人，谢氏家族从此结束了在豫州的统治。

家族没落？不，决不允许。此时的谢家，需要有人站出来主持大局，需要有人担当朝廷重任。谢安就是在这样的背景下，开始了他东山再起之路。

此时的谢安，已经四十多岁了。

但他不在乎，既然出山了，他也没打算一上来就平步青云。心平气和从头开始，方才显出谢安的禀赋。他的第一个官职，只不过是个小小的司马，并且还是担任桓温的司马。

谢安这是要抱桓温的大腿吗？绝非如此。去投桓温帐下，只是想缓和下桓家与谢家的紧张关系。他还是希望自己的弟弟谢万能够被起用。

两年后，朝廷果真任命谢万为散骑常侍，可惜谢万适好病逝。谢安以奔丧为由，离开了桓温。不久之后，谢安担任吴兴太守，随即被征召入朝担任侍中，又转任吏部尚书、中护军。

这就是谢安登上权力顶峰前的生平。

在桓温最为嚣张的时候，谢安并非独自一个人在与之对抗。

简单说说谢安的搭档——王坦之。王坦之，字文度，弱冠之时就与郗超齐名，所谓"盛德绝伦郗嘉宾，江东独步王文度"，便是当时人们对他们的评价。

王坦之出身太原王氏，其父王述就很瞧不起桓温。王坦之做桓温长史的时候，桓温替自家儿子求婚，王坦之表示要与父亲王述商量一下。

回家后，王坦之像往常一样坐在父亲王述的腿上（王述疼爱儿子，总喜欢抱着王坦之坐在自己的腿上，王坦之长大成人后亦如此），顺便说起了桓温求婚之事。王述听后大怒，一把把宝贝儿子从自己的腿上推开，对他说："你现在是傻了吧，竟然害怕桓温了？"（"文度已复痴，畏桓温面？"）

树犹如此，人何以堪

每天过着提心吊胆的日子并不好受，简文帝仅仅即位了八个月，就病倒了。

他急忙召桓温入朝，一日一夜下发四次诏令。此时桓温不在建康，却推辞不来。简文帝只好立下遗诏：大司马桓温依据周公的旧例，代理皇帝摄政。至于他年轻的儿子司马曜，可以辅佐就辅佐；如果不能辅佐，君可自取。

侍中王坦之看到遗诏后，非常不满。他立刻面见简文帝，当面把遗诏撕毁了。压抑许久的简文帝，也不差再受这一口窝囊气了，遂让王坦之自己修改。最终，诏书改为：宗族国家的事，一概听命于大司马桓温，就像诸葛亮、王导辅政时的做法一样。

那一天，人心惶惶，因为惧怕桓温，朝臣都不知该怎么办。简文帝虽有子嗣，但一直未确立太子。立太子、写遗诏、简文帝驾崩，这三件事均在同一天发生，可见朝廷内部多么仓促。

就在这种情况下，仍然有朝臣不敢迎立太子司马曜。王彪之（王导的堂侄）力排众议，方才令孝武帝司马曜成功即位。畏于桓温的威势，褚太后本拟下诏让他依据周公摄政的旧例行事，但是在王彪之的阻挠下，诏书没能成功下发出去。

得悉此事后，桓温怒了。他本希望简文帝能禅位给自己，或者至少让自己入朝摄政。可结果却仅仅是像王导、诸葛亮那样辅政。这大大出乎了桓温的意料。他立刻猜到是谢安、王坦之等人在从中作梗。

次年（373）二月，桓温入朝。孝武帝派谢安、王坦之率领百官去新亭迎接。

此时大家纷纷传言桓温要杀死谢安、王坦之，进行篡位，建康城人心浮动，惶恐不安。王坦之这次是真的害怕了，忙问谢安该怎么办，谢安却神色不变："晋祚存亡，决于此行。"

谣言似乎并非空穴来风。桓温带领着众多士兵会见文武百官，气氛瞬间紧张起来。有名望的大臣们无不惊慌失措，王坦之汗流浃背，甚至连手版都拿倒了。唯有谢安从容镇定，举止如常。

入座后，依然只见谢安能与桓温谈笑风生，丝毫不见畏惧之色。过了一会儿，谢安又突然问道："明公为何在墙后安排这么多守卫？"既然被看到了，桓温也不好发作了，只好命他暗藏的守卫们退下。一场危机就这么被化解掉了。

但是桓温仍然不甘心，他还是想更进一步。

一个月后，桓温突然病倒了。他暗示朝廷，给他以加九赐，并多次催促朝廷抓紧时间。在第一卷中，咱们说过，所谓的九锡，是大臣的最高礼遇。之前谁有过这种待遇呢？王莽、曹操、司马懿、司马昭、司马伦。不是篡位者，就是行将篡位者。

面对桓温赤裸裸的要求，谢安与王坦之的应对只有一个字——拖。因为他们知道桓温撑不了多久了，便采取拖延战术，直到把桓温活活拖死。

到了七月，桓温终于闭眼了，东晋上下都松了一口气。"树犹如此，人何以堪"，很多时候，人确不如树。

如何评价桓温这一生？

晋书对桓温的评价可谓是功过各半。

其一，赞扬了他消灭成汉、收复洛阳的功劳，打到长安、提升东晋士气的贡献。

其二，对他晚年的行为予以严厉的批评："逮乎石门路阻，襄邑兵摧，怼谋略之乖违，耻师徒之挠败，迁怒于朝廷，委罪于偏裨，废主以立威，杀人以逞欲，曾弗知宝命不可以求得，神器不可以力征。岂不悖哉！"从襄邑兵败，怪罪袁真袁瑾，废立皇帝，杀害殷涓等人，最后谋求篡位，这些行为都是封建统治者所不愿见到的。

这也不奇怪，《晋书》为唐朝官方修撰，桓温得到差评也在情理之中。

桓温性格复杂，兼有平易近人、冷酷无情的特点。他有时豪迈不羁，如同性情中人；有时城府深沉，令人捉摸不透。从他复杂多变的性格中，我们还是能找到一个足以概括他一生的词儿：稳慎。

桓温做事持重谨慎，打成汉和洛阳的时候带着必胜的把握。但是，在北伐秦、燕时，因无绝对把握，不敢冒进，反而因此错失良机。可以说，成也稳慎，败也稳慎。

在国内，桓温觊觎皇位，分明大权在握，却也不敢贸然行事，更不敢直接改朝换代。他太顾及自己的名声，太在意后世对他的评价。不足复遗臭万载？不，这也就说说而已，桓温没有这个勇气去做那样的事。当然，这也和他枋头战败、实力受损有很大的关系。

桓温病重期间，弟弟桓冲询问他怎么安排谢安、王坦之的职位。桓温摇摇头说："他们由不得你去安排。"

桓温的意思也很明白：自己活着的时候，王、谢不敢公开和桓家抗衡；自己死了以后，则不是桓冲所能控制的，如果谋害了他们，对桓冲和整个龙亢桓氏都没有好处。太原王氏、琅邪王氏、陈郡谢氏都不是吃素的。

笔者所见的桓温，始终是稳慎行事、顾及身后之名的人。在强烈的欲望面前，他一直保持着一定程度的克制。在临终之际，他选择顾全大局，是值得肯定的。

第二节　大战前的热身

违众举亲，明也

桓温死后，其弟桓冲继任桓温所有的职位。

与桓温不同，桓冲对皇位并无非分之想，他只想保全桓家门户，当一名本本分分的封疆大吏。虽然他表面上不如桓温锋芒毕露，但内在的持重稳慎却很像桓温。并且，桓冲跟随桓温打拼多年，在东晋的政坛上也算是见多识广，桓温把后事付与桓冲，也算放心。

当然还有一点必须说明。桓温的儿子们的各方面能力实在是太差劲了，桓温也只能把希望托付给弟弟桓冲了。要问他们到底有多差劲？举个例子，桓温还没死的时候，他们就开始谋划杀桓冲、夺大权！桓温能放心这堆儿子才怪！

毋庸置疑，桓温的死令东晋失去了一位非常优秀的将军，在前秦日趋强大的情况下，人们不得不去担忧，两国的差距会越拉越大，呈此消彼长之势。

但实际并非如此。失去了桓温的东晋，实力不仅没下降，反而上升了。

笔者在第一卷里提到过，东晋自从建国以来，"荆扬之争"从未间断过，中央与地方之间的矛盾一直非常尖锐，从没有见到过缓和的征兆。

然而，就在桓温死后，东晋的内部居然奇迹般团结了起来。这是东晋建国以来，从未出现过的众志成城！

原因不外两点。

一则与以往相比，中国北方已经统一，面对空前强盛的前秦，东晋面临着前所未有的军事压力。执政者不得不暂时放下隔阂，一致对外。

二则长江上游的桓冲性格沉稳，也愿意接受王、谢的合理调度。而与世无争的谢安，却是缓和矛盾、整合内部关系、重新分配门阀资源的一把好手。因此，他做出的许多决定，都能使双方接受。

这里也有一段小插曲：桓冲对谢安在江州刺史的任命感到不满，甚至自己亲自去争夺。这说明他们仍未能完全消除士族门户的矛盾，但总的来说，双方还是愿意同心协作、顾全大局。

在前秦的压力下，朝廷寻求能够抗衡北方的良将，谢安举荐了自己哥哥的儿子谢玄。这个举动让一向看不惯谢安的郗超也不得不感慨谢安的贤能："安违众举亲，明也。玄必不负举，才也。"

推举自己的亲朋好友，难免会被人说三道四。可谢安就敢于这么做，他不在乎什么避嫌不避嫌的，只有他觉得有才能，他就会任用。这做法，与祁黄羊"内举不避亲，外举不避仇"的做法如出一辙。

谢玄，字幼度，自幼聪明伶俐。

《世说新语·言语》记载了一则非常有名的故事：谢安对他的子侄小辈们说："我们家的后辈们并不需要出来参与国家的政事，为什么还要你们每个人都有才能呢？"众人都不知道该如何回答。此时谢玄回应说："这就好比芝兰玉树，总想使它们生长在自家的庭院中。"谢安对他的回答非常满意。

后来，人们把"芝兰玉树"这个成语，用以比喻德才兼备有出息的子弟。在千古名文《滕王阁序》中，"非谢家之宝树，接孟氏之芳邻"即为王勃自谦之语。

在谢安的举荐下，朝廷任命谢玄为建武将军、兖州刺史、领广陵相、监江北诸军事。

谢玄到了广陵，开始招募军队。在短时间内，他居然组建了一支战斗力非常强悍的军队——北府兵。这支军队大多原为郗鉴镇京口时组建的兵力，也就是京口兵的前身。他们基本都是由流民组成，对北方政权天生充满着仇恨，所表现出来的战斗力甚至已经超过了京口兵。另外，还有许多优秀将领也应召入伍。刘牢之、何谦、诸葛侃、高衡、刘轨、田洛、孙无终等一批骁勇之将都是在此时加入了北府兵的队伍。

北府兵用得好，会是一把无比锋利的撒手锏；若用得不好，也会成为自断经脉的双刃剑。

苻坚面对的就是这么一个对手。

笔者若是苻坚，肯定会抓狂！以前你们都搞内斗，为啥偏在这个时候团结起来？不仅团结了，还多出来一支精锐到令人恐惧的北府兵。这是几个意思？

历史真的给苻坚开了一个莫大的玩笑，虽然苻坚本人觉得这个玩笑一点都不好笑。

襄阳保卫战

前秦建元十四年（378）四月，苻坚终于发动了对东晋的战争。这一次，他把矛头对准了襄阳。

中国地理上有三道天然的防线：长江、黄河、秦岭——淮河一线。长江和黄河自不必多说，而襄阳，就夹在秦岭淮河的中间的盆地地带。从襄阳出发，向东可直驱随州，到达义阳三关；向南可抵达荆州，广袤的江汉平原无险可守，直接进入长江沿线，切断四川与江南的联系，顺江而下、威胁下游；向北则进入中原，不远处就是许昌、洛阳，东晋南朝北伐，很多时候都是以襄阳作为桥头堡；向西可达汉中、长安。

湖北省号称九省通衢，而襄阳正是进入湖北的必经之路。

当年，关羽水淹七军，吓得曹操准备迁都；后来，蒙元与南宋在襄阳死磕六年，无论付出多大代价，都要拿下这个兵家必争之地。如今，若据有襄阳，既能解除东晋对河洛之地的威胁，又能依靠长江威胁下游的首都建康，像曹操那样"破荆州，下江陵，顺流而东也，舳舻千里，旌旗蔽空，酾酒临江，横槊赋诗"……

想想就很美。所以占据襄阳，是消灭南方的必要条件，苻坚胸有定见、极为重视，他不惜派出十七万兵力，可谓志在必得。

苻坚任命长子苻丕为征南大将军、都督征讨诸军事，担任这场战争的总指挥。前秦分兵四路：第一路，符丕与苟苌率主力七万军队直扑襄阳；第二路，石越率一万精锐骑兵为东路，兵出鲁阳关；第三路，慕容垂与姚苌率五万军队为西路，兵出南乡；第四路，苟池、毛当等人率领四万为西路，兵出武当。四路人马约期会师于汉水北岸，共同进攻襄阳。

此时东晋在襄阳的守将叫朱序。鼙鼓震天，四路十七万军队浩荡而来，但朱序认为，前秦没有船只，无法越过汉水，因此压根儿没去准备。

秦军确实没有船，但办法总是人想出来的，石越到达汉水北岸后，也不把汉水放在眼里，直接下令：游过去！没错，游……过……去……

没多久，他的五千骑兵就战胜了这道所谓的天险。

到了这时，朱序终于慌了，仓促间部署军队去守襄阳的中城。秦军则已顺利攻克了襄阳的外城，缴获了数百只船。有了船，前秦的主力部队得以渡过汉水，围攻襄阳中城。西路的慕容垂也顺利攻克了南阳，与符丕会师。

朱序只有不到两万守军，心里慌得要死，赶紧向桓冲求救。桓冲拥众七万，走到上明（今湖北松滋西北）后，就不敢再向前走了。在朝廷的多次催促下，桓冲令刘波率领八千人火速支援襄阳。但刘波也不傻，你桓冲不敢去，让我去当炮灰送死？于是，刘波也按兵不动。

没有任何援兵，襄阳成了一座孤城，只能靠朱序自己了。

以及他的母亲。

大敌当前，所有人的注意力都集中在前秦军队的攻势下，朱序的母亲也没闲着，她亲自登城巡视，发现西北处年久失修、防御薄弱，并不坚固。想起将士们在前方激战，人手不足，她就带领了数百名妇女儿童，在里面又修筑了一道二十多丈高的城墙。后来，人们将这道城墙称为"夫人墙"。

前秦的军队也发现了这个破绽，费了九牛二虎之力，终于攻克。正准备往里冲锋时，却发现里面居然还有一道城墙！之前防守的晋军，也全部撤到了这道新的城墙继续防守。

襄阳城内的军民备受鼓舞，同仇敌忾，誓与襄阳共存亡。正当大家的斗志被点燃后，城外的前秦军队却突然停止了进攻。是被这道"夫人墙"所威慑到了吗？当然不是。

符丕可是手握十七万军队的将帅，岂能瞧得起这道仓促竣工的城墙？

原来，正当他准备火力全开，摧毁这道城墙时，苟苌给他出了一个不折不扣的馊主意。他说："我们的兵力是襄阳守军的十倍，粮食储备堆积如山，只要断绝他们的援军即可，还怕抓不到他们吗？何必牺牲众将士的生命，让他们白白送死？"

苟苌的思路，与慕容恪的战术颇为相像，无论是困广固，还是打野王，皆是如此。但是，人家慕容恪可是在具体情况具体分析，这套战略，可不是让你随便复制粘贴的啊！且不说别的，当时慕容恪可没有十七万军队。设想一下，慕容恪成天看着大量粮食被消耗，不知该有多心疼。所以，这苟苌是真的拿着豆包不当干粮啊！

此外，朱序一门都是东晋的忠臣，与段龛、吕护半道投降的人比不了，加上桓冲的七万人还在观望，谁能保证他们不会突然杀过来？明明襄阳城已经快撑不住了，非要给敌方喘息的时间让他们去准备？这脑子是怎么想的？

但是，苻丕不那么想，他有他自己的打算。

父亲苻坚让他来打襄阳，是摆明了要给他机会立功。如今襄阳唾手可得，唯一值得考虑的是，用什么样的方式拿下襄阳。是猛冲猛打，还是不战而屈人之兵？

换句话说，在前秦朝廷眼里，苻丕用十七万兵力拿下不到两万人的襄阳，是理所应当的事，没什么可值得大书特书的。但是，如果不折损部队，以和平的方式取得胜利，前秦的文武百官甚至是苻坚本人，会不会对苻丕另眼相看呢？

这非常符合苻坚一贯坚持的德治主义啊。

想到这儿，苻丕心动了，他似乎看到了不久的未来，他的父亲当众嘉奖他的场景。

就这样，襄阳城被秦军困得水泄不通，但却围而不攻。一转眼，大半年就这么过去了。

到了年底，前秦朝廷中出现了不和谐的声音："长乐公（苻）丕等拥众十万，攻围小城，日费万金，久而无效，请征下廷尉。"面对御史中丞李柔的弹劾，苻坚也觉得，苻丕的不作为确实有些说不过去，但这人是他自己选的，还是他的长子，总不能打自己的脸吧。

想了想，苻坚回道："苻丕确实有罪，但已经打到了这个地步，不能半途而废，现在特别宽恕苻丕一次，让他将功赎罪。"在压下质疑的声音后，苻坚又派人给苻丕送去一把剑，顺带着捎去一句话。

苻丕本以为是号令四方的"尚方宝剑"，不禁喜上眉梢，但在听完使者转述完苻坚的话（"来春不捷，汝可自裁，勿复持面见吾也！"）后，脸色乍变。

什么？明春再打不下来，就用这把剑自裁？这下轮到苻丕慌了。本以为可以花式取胜，到头来却成了花式作死。啥也不用想了，赶快猛攻吧！

然而，在这半年时间里，襄阳守军已经缓过气来了，他们不仅多次顶住了前秦的疯狂进攻，朱序还主动出城袭击秦军，取得小规模胜利。苻丕不得不把战线后撤，思考破敌之策。

机会说来就来，襄阳的守军内部出现了叛徒，督护李伯护暗中派他的儿子去表示忠诚。有了内应的帮助，苻丕再次发起进攻，前秦终于成功攻克襄阳，抓获朱序。

事后，苻坚认为，朱序能坚守气节，遂授官度支尚书；但李伯护通敌叛国，理应斩首。

苻坚的这个决定，笔者着实看不懂。李伯护主动向你投诚，并且立下功劳，你把人杀了，以后谁还敢卖主求荣，向你投降？朱序负隅顽抗，兵败被俘，不见得真心投降，你不仅不杀，还予以褒奖。苻坚本意自不如此，但却给了晋军一种错觉：谁投降前秦，谁就是死路一条；谁敢对抗前秦，谁就会获得高官厚禄，并且谁抵抗的时间越久，杀死的前秦士卒越多，苻坚就越欣赏谁……

北府兵：屠龙出鞘，谁与争锋

就在苻丕围困襄阳的时候，前秦兖州刺史彭超主动请缨。

按他的打算，是要去攻打淮北彭城以及淮河南岸的城镇，以此来吸引东晋的注意力，减轻苻丕在襄阳的压力。苻坚同意了彭超的请求，让他担任督东讨诸军事，负责东线战场的总指挥，俱难、毛盛、邵保率领七万步、骑兵进攻淮阳、盱眙。

对于这个战略设想，笔者只想说，彭超的胃口有点大。

彭城就是现在的江苏省徐州市。常年在外出差的朋友都知道，徐州是北方一个重要的交通枢纽，地理位置极为重要，但凡经过江苏省的火车，大多会在徐州停靠，因此徐州素有"五省通衢"之称。

在古代，彭城的重要性不减当今，它处在泗水与汴水的交汇口。前文所说的桓温的第三次北伐，原本就打算依靠泗水进行漕运，同时让袁真开通汴水航道。至于说，后来刘裕的义熙北伐，也是按照这个战略思路，一战而功成。当然，要部署这样的战略，首先要保证彭城被牢牢控制在自己的手里。

不仅水路方便，彭城在陆路的优势也很明显。如《读史方舆纪要》所言，徐州"南临大淮，左右清汴，表里京甸（建康），捍接边境"。几十年后，宋明帝刘彧逼反薛安都，彭城一度落入北魏之手。仅仅不过两年，相当于今天的山东之地，完全被北魏攻陷，丢失彭城的刘宋毫无回援之力。在南北对峙期间，彭城作为淮北重镇，其战略地位自不待言。

受到重用的彭超，很快便包围了彭城。东晋方面也很积极，急忙派出谢玄率领万余军队前去救援，驻扎在泗口（泗水入淮之口）。暂时来说，他们没能突破前秦的封锁。

就在这时，谢玄的手下田泓自告奋勇，潜水去彭城通知守军，不承想在半路被抓。彭超对这个人质极为重视，他用重金贿赂田泓，想将其收买，让他告诉彭城守军，东晋援军已败，打击他们的士气。

田泓表面答应，到了城下却喊出了实情："援军快要到达了，我独自前来报告，被敌人抓获，你们多努力吧！"旋即，田泓英勇就义。

眼见彭城无力防守，谢玄不得不改变策略：保住彭城的有生力量，不执着于一城一池的得失，留得青山在，不怕没柴烧嘛。

而后谢玄命何谦佯攻留城（今江苏沛县东南）。之所以如此，是因为在围困彭城之前，彭超把粮草辎重都囤积在留城。彭超得悉后火速撤退，解除对彭城的围困——他可不想让官渡之战再重演一次。

眼见彭超中计，何谦立刻改变行军方向，径直往彭城进发。彭城守将戴遁成功与何谦会合，他们放弃了彭城，一同投奔了谢玄。彭城就这样为前秦所据。

彭超成功拿下彭城后，并没有停下脚步。这支前秦军队立刻向淮南进发，其中，彭超、俱难分别负责攻打盱眙、淮阴。没过多久，俱难成功攻克淮阴，令邵保留守，自己则亲自带兵去会彭超。

听说东线有战果后，符坚赶紧调遣毛当和王显率两万人从襄阳东进，支援淮南战场。

仅仅一个月的时间，彭超、俱难成功攻克了盱眙，生擒东晋高密内史毛璪之。不得不说，前秦这两哥们还是有一定能力的。作为淮南重镇，盱眙城绝不是能轻易攻得下来的。远的不说，在北魏太平真君十二年（451）的瓜步之战中，太武帝拓跋焘手握数十倍的兵力优势，昼夜攻打，阵亡的军队数以万计，堆积的尸体几乎与城墙齐平，盱眙城依旧岿然不动。最终，拓跋焘不得不放弃对盱眙的围攻，向北撤退……

现如今，彭超、俱难居然在短时间内攻克了盱眙。

彭超仍不满足，他亲率六万军队继续东进，包围了三阿（今江苏金湖），此地距离江防重镇广陵仅百余里。

所谓守江必守淮，彭超能够突破淮河防线攻克盱眙，已经算是奇迹了。他还要准备拿下三阿，进而进攻广陵以及京口……

这都打到人家家门口了，东晋岂能任你随心所欲，予求予取？除非他们活腻了。

三阿被围，广陵告急。面对得寸进尺的彭超，东晋满朝震荡，赶紧在沿江布防。谢安急调其弟谢石率领水军驻扎在涂中（今安徽当涂附近），毛安之等人驻扎堂邑（今南京六合区）。彭超派遣毛当、毛盛等人率兵2万袭击堂邑，毛安之不战自溃，前秦的军队已经看到了长江。

关键时刻，东晋祭出了他们的撒手锏——谢玄的北府兵。

谢玄火速支援三阿，在半路遭到了俱难部下都颜的阻击，谢玄阵斩都颜。晋军乘胜驰援三阿，并再次获胜，成功解除其险境。战败后的彭超、俱难暂时撤回到盱眙。

谢玄趁势进军盱眙，气势如虎。还没缓过神来的彭超、俱难再次战败，不得不再次放弃盱眙，退守淮阴。已经杀红眼的谢玄急追而去，在淮阴再次击败秦军，斩杀邵保。无奈之下，彭超、俱难退回淮河北岸驻军。

谢玄与何谦、戴逯再次挑衅秦军，在君川一战，前秦几乎全军覆没，彭超、俱难仅以身免、向北逃命。简要概括下：盱眙、淮阴、淮北，彭超和俱难一路撤退，着实狼狈。

看看！这就是北府兵的威力，之前屡战屡胜的彭超、俱难，在北府兵面前，居然也相形见绌。这一次，前秦的精锐彻底被他们打怕了，俱难甚至不知自己是怎么输的。

遭受如此惨败，是前秦建国未有之事，不由得苻坚不怒。俱难把责任推给了彭超，苻坚令人用囚车征召彭超，要将他送交廷尉。最后，彭超畏罪自杀；俱难也被削爵，成为庶人。

来做个小结：彭超、俱难并不弱，他们只是遇到了更厉害的对手罢了。而这仅仅是开始，在未来的几十年，还有更大的舞台等着北府兵去展示雄风！

第三节　战耶？和耶？前秦大辩论

苻坚舌战群臣

前秦建元十五年（379）夏，秦军在淮南战场以失败告终，但最终的结果也能勉强接受。虽然淮南的盱眙、淮阴都丢失了，淮北却是实打实地被前秦占领了，两国的国界再次南移，进入秦岭淮河一线。对于徐州、湖陆、下邳等重地，苻坚都派去大将镇守。

在往后的两年时间内，前秦发生了苻洛造反，氐户外迁、王皮造反等事件。在清理完这些不稳定因素后，苻坚于382年十月，在长安太极殿召集文武百官，向他们吐露自己酝酿已久的计划——征调九十七万兵力发动灭晋之战。

是否要打这场战争？他让大家畅所欲言，进行辩论，言之有理即可。对于这场辩论会，史书一改惜墨如金的常态，对其内容记载得非常翔实。

首先，苻坚做开场白，发表辩题内容："朕即位二十多年了，四方之地，大致平定，只有东南一隅，还未接受王化。每当我想到天下还未统一，就无以下咽。现在朕想去讨伐他们，粗略算了下，可以征调九十七万的兵力，我将御驾亲征，不知诸位意下如何？"

秘书监朱肜表示赞同："陛下奉行上天的惩罚，如果出兵百万，必定不会发生战斗，晋帝不是畏惧投降，就是仓皇逃窜。届时所有的士人与百姓可以返回故土，让他们恢复家园，陛下再回车东巡，封禅于泰山，这是千载难逢的时机。"

苻坚听后非常高兴："吾之志也！"

左仆射权翼表示反对："臣认为晋不可伐！当年纣王无道，八百诸侯不期而至。周武王仍然因为微子、箕子、比干三位仁人在朝而回师，不予讨伐。如今晋朝虽然衰微，但没听说有何大罪，并且桓冲、谢安都是才识卓越的人杰，如今他们君臣和睦、上下同心，我们不能去征讨他们。"这意思很明确，人家本本分分的没有过错，你凭什么去打它？

苻坚沉默良久，说："其他人有意见尽管说。"

石越越众而出，发表了看法，他也认为不能打东晋，理由有二：一是从天象来看，对东晋有利，"镇星守斗牛，福德有吴"，打东晋会让国家遭殃；二是东晋据有长江之险，且朝中没有出现不和谐的因素，攻伐的时机不成熟。

这显然说服不了苻坚。

对于第一条理由，苻坚驳斥道："吾闻武王伐纣，逆岁犯星。天道幽远，未可知也。"这话说得没错，你一个常年在外带兵打仗的武将，不从军事角度分析问题，反倒说起了天象，易地而处，笔者也不会认同。

至于第二条理由，苻坚也不以为然："昔夫差威陵上国，而为勾践所灭。仲谋泽洽全吴，孙皓因三代之业，龙骧一呼，君臣面缚，虽有长江，其能固乎！以吾之众旅，投鞭于江，足断其流。"

长江又怎么了？难道一定不可逾越吗？我人多势众，每个人把鞭子扔到长江里，都足以让它断流，有什么可怕的？"投鞭断流"这个成语，即出于此。

石越不服，对苻坚举出的事例加以反驳："纣王是无道昏君，天下患之。夫差淫虐，孙皓昏暴，众叛亲离，所以他们才会失败。如今东晋虽无德行，但亦无大恶，我们还是应该按兵不动，等着他们出现灾祸。"

群臣议论纷纷，有说该打的，有说不该打的，讨论许久仍然不能拿出一致的意见。苻坚便说："正所谓'如彼筑室于道谋，是用不溃于成'（在道路旁边修筑屋舍，就没有建成的时候）。我要自我决断了！"

"如彼筑室于道谋，是用不溃于成"这句话出自《诗经·小雅·小旻》。苻坚用这句话，是在表示人多嘴杂、意见不一，是办不成事情的，他要独断纲乾。

拿死人的话，堵活人的嘴

群臣走后，苻坚单独留下了他最为倚重的弟弟——阳平公苻融。苻坚要与苻融单独讨论，他希望能得到对方的支持。

苻坚说："自古参与决策大事的人，不过是一两个大臣而已。如今众说纷纭，只能扰乱人心，我要与你来决定此事。"

可令苻坚失望的是，苻融也表示反对，他列举了三个理由：第一，岁镇在斗牛，天象对南方有利；第二，东晋团结，朝中有人，自身无祸；第三，我们最近几年战争频繁，士兵疲乏，百姓怀有畏敌之心。同时，他还指出，之前不赞同战争的人都是忠臣，希望苻坚能够信任他们，听他们的劝言。

苻融的这些话，看上去并没有什么新意，基本上是对权翼、石越的观点进行重复。也就是说，苻融并没有什么主见，不过是人云亦云罢了。苻坚的脸色逐渐难看，他没想到好弟弟也会拿这种他不认可的理由去搪塞他。

苻坚加快了语气，说道："你也是如此，天下大事，我还能去找谁商议呢？咱们现有强兵百万，资财兵器堆积如山；我虽然不是完美的君主，但也不是昏庸之辈。乘着捷报频传之势，攻击垂死挣扎之国，还怕攻不下来吗？怎可再留下这些残敌，使他们成为国家的忧患！"

看到苻坚向自己摊牌，苻融也不打算有任何保留了，他终于说出了自己最为担忧的事情："东晋无法灭掉，是显而易见的事。如今大规模地出动疲兵，未必能保万无一失。我所担心的，并不仅仅如此。陛下宠信鲜卑人、羌人、羯人布满京师，而我们族人却都散布在外。要是我们倾国而去，万一遇到变故，该怎么办？想想看，太子一人与数万赢兵留守京师，而鲜卑人、羌人、羯人攒聚如林，这些都是国家的隐患、我们的仇人。我担心有不测之变出现在心腹地区，届时将后悔不及。"

又是前面提到过的老问题，苻融担心，大军出动后关中空虚。

看到苻坚一脸不耐烦的样子，苻融抛出了一个让苻坚无法反驳、无法回避的事情："我头脑愚笨，所说的话诚然不值得参考；王猛可是奇才，陛下每次都拿他和孔明相比，其临终之言不可忘也。"

苻融的头脑也挺灵活的，他竟然拿王猛的遗言去堵苻坚。

王猛的遗言，前已详析，在此我们简单梳理一下他的观点：第一，不以晋为图；第二，鲜卑、羌虏才是祸患，应逐渐清除他们。

搬出了王猛，苻坚无力反驳，但他又固执己见，只能选择拂袖走人。

宗室及后宫中，对南伐之事持何种态度呢？基本上不赞同。比如，太子苻宏以天象不利之由，反对；张夫人以最近出现的不祥之兆为由，反对；小儿子苻诜以苻坚不用贤明之故，还是反对。

相比而言，高僧释道安的劝辞比较温和点，他以东南气候不好为由，劝苻坚不必御驾亲征，只需在洛阳指挥。

但是，苻坚知道，释道安并不支持他。对于这些与自己意见相左的声音，苻坚通通予以反驳。那个虚心纳谏的雄主，突然变得一意孤行、刚愎自用了。

那么，有没有人支持苻坚打这场仗呢？

还是有人的。

谁将是真正的赢家

此时，慕容垂坚定地站在了苻坚这边，成为为数不多的主战派。

慕容垂劝苻坚打，苻坚很爱听。不仅仅是他们的意见相吻合，更在于慕容垂的说话水平很高，几乎句句都说到了苻坚的心坎里。

我们来看一下慕容垂的这番劝言。

慕容垂先肯定了强弱关系：我强敌弱。

慕容垂认为：小不敌大，弱不御强，此理古今皆然，况且我有雄师百万，满朝良将，绝无失败之可能。所以，怎能把这些残寇遗留给子孙呢？

这几句话既满足了苻坚的自尊，更与苻坚的意志相合。苻坚曾单独与苻融说："岂可复留此残寇，使长为国家之忧哉！"慕容垂现在对苻坚说："岂可复留之以遗子孙哉！"这不挺相似的吗！

紧接着，慕容垂用这场战争和西晋灭吴的战争做对比："孙氏跨僭江东，终并于晋，其势然也……晋武平吴，所仗者张、杜二三臣而已。"

这几句话非常贴合实际。苻坚发动这场战争，需要拿以前的历史去参考。距离此时最近的北方消灭南方的成功案例，就是公元280年的西晋灭吴之战。先前，苻坚在与石越辩论时，也举出了孙皓被灭的事例。

两相对比，淝水之战与西晋灭亡之战，确实有不少相似之处。都是处在北强南弱，北方已取得长江上游地区，以及襄阳和淮北地区的情况下。二者不同的是，之前晋朝在北方，现在却颠倒了过来，成为南方政权。

并且，慕容垂这句"晋武平吴，所仗者张、杜二三臣而已"与苻坚的"自古定大事者，不过一二臣而已"完全契合。

要知道，那可是苻坚与苻融之间密谈的内容啊，慕容垂居然也作此想，难怪会说到苻坚心坎里去。

这个巧合，可以被视作不谋而合，或者英雄所见略同，但都建立在一个基础上——慕容垂察人于微。

有一个问题值得思考：慕容垂为何要支持苻坚发动战争？他是真心实意想帮苻坚打天下吗？

可以肯定的是，发动这场战争，对慕容垂百利而无一害。一则，苻坚需要慕容垂这样的优秀的将军，如此一来，他就可以凭军功博取高官厚禄，对他的整个家族都有好处；二则，若是打输了，前秦势必元气大损，届时他就可以趁乱起兵，完成自己的复国大业……

所以说，无论苻坚是输是赢，慕容垂都是赢家。

当苻坚决定要南征后，慕容楷、慕容绍立刻提醒慕容垂："主上已经非常骄傲，叔父建立中兴大业，就在此行！"慕容垂内心当然明白，便对两个侄子说："对。除了你们，谁能和我一起成就大业呢？"看看，若说慕容垂没有一点想法，怎会说出这样的话？

毕竟苻坚是铁了心要打这一仗，即使苻融、石越等人上书面谏数次也是枉然。

果然，慕容垂算计得没错，一旦两国开战，苻坚必会用他。这不，苻坚不久后就派苻睿和慕容垂去保卫襄阳了。

原来，仗还没开始打，东晋那头便主动来挑衅了。次年（383）五月，桓冲发动十万人马攻打襄阳，令刘波去打沔北诸城，杨亮则进攻巴蜀地区。连克五城后，晋军又进击涪城。

襄阳绝不能丢。苻坚连忙派苻睿和慕容垂二人带五万兵马去救援襄阳，姚苌和张蚝去救援涪城。

看到前秦救援部队赶来，桓冲退回到沔水以南驻扎。到达沔水后，慕容垂在晚上让每人手持十个火把，光照数十里……

公元 979 年爆发的宋辽高梁河之战，辽国耶律休哥也曾用了这个战术来威慑宋军，最终将宋军击败。

史书没有记载桓冲是否经历过枋头之战，但从他参与了桓温的前两次北伐来看，桓冲参与枋头之战应该是大概率事件。那一战，他不会忘记，慕容垂把他们杀得几乎全军覆没……

所以，慕容垂对桓冲展开了心理战，他拿捏得非常到位，用的虽只是虚张声势的小伎俩，却愣是把桓冲吓跑了。此役中，东晋除了劫掠两千户之外，收获不大。

多说无益，慕容垂用兵变幻莫测、奇正兼备，他用实际行动向苻坚证明，他是一名值得信任的常胜将军。

第四节　从投鞭断流，到草木皆兵

安排得明明白白的

桓冲退兵后，苻坚开始在民间招募士兵，每十个年轻人中选派一人充军，凡良家子弟中，年龄在二十岁以下的，又勇气过人的，全都授官羽林郎。

十丁取一，算是合理范围的征兵，并不过分。至于给良家子弟授官羽林郎（禁军官名，八品），更是让这些年轻小伙看到了入仕的机会，他们纷纷报名参军，很快组成了一支三万多人的队伍。

仅凭当兵就能升官，这在王猛执政时期是不可想象的。

苻融看出了弊端，他告诉苻坚，这些所谓的良家子弟，都是些富二代。他们不熟悉军事，根本没有什么战斗力。让他们去充当御林军，后患无穷。

到了战前，苻坚已经刹不住车了。然而，不仅是苻融，而且绝大多数臣子都希望苻坚收回成命，只有慕容垂、姚苌，以及这些良家子弟劝苻坚去打这一仗。

那么问题来了，这些良家子弟就不怕死吗？他们都是要官不要命的赌徒吗？

答案毋庸置疑，他们当然怕，你见过哪个富二代不怕死？甚至说，他们比平常人更怕死。那为何他们会这么积极地响应呢？

因为在他们看来，去了战场也不会有什么危险。

首先，前秦兵力远超于东晋，胜利属于大概率事件；其次，他们作为御林军，只是负责保卫苻坚的安全，不需要他们去一线拼杀，而苻坚本人会受到东晋的袭击吗？可能会，但更是个小概率事件！

我们再来看下苻坚战前的动员宣誓：任命司马昌明（当时的东晋皇帝司马

曜）为尚书左仆射，谢安为吏部尚书，桓冲为侍中。以此形势来看，凯旋之日亦不远矣，可以提前给他们建造府邸了。

仗还没开打，就觉得自己已经赢定了，这心理是有多膨胀啊？须知，古往今来，在阴沟里翻船的人多了去了！科幻小说《三体》中就说了，"弱小和无知不是生存的障碍，傲慢才是"。

问题不止于此，苻坚的姿态，还给军队尤其是那帮良家子弟一个错觉：这仗玩着都能赢。与其说是去打仗，不如说是一趟公款旅游。

当年八月，苻坚发动步兵六十万，骑兵二十七万，总共八十七万军队，浩浩荡荡向东晋进发，前后千里，旗鼓相望。他任命苻融为征南大将军，担任前线总指挥，率领张蚝、慕容垂以及步骑二十五万人为先锋。

大家注意到了吗？既然苻融没有带兵打仗的经历，战前的反对声又最大，苻坚为何会让他担负重任呢？换言之，苻坚放心吗？

应该说，苻坚对此并不担心。苻融虽然没有从军经历，但他却有较强的政治能力，绝非殷浩、谢万所能比及。他不太会可能会做出冒进之举，并且苻融一直认为东晋君臣和睦、军队战斗力强，那他肯定更会小心谨慎，不致轻敌。加之二十五万的优势兵力、张蚝等人的辅助，前锋部队也不至于惨败。退一万步讲，就算打输了，后继还有苻坚的六十万军队压阵呢。

这想法看起来不错，但却有个前提，苻融必须要和东晋打得旗鼓相当，才会谨慎行事。然而，苻融是没有军事经验的，万一打得太过顺利，会不会被胜利冲昏了头脑呢？这是很难预料的。

其实，苻坚的部署还算全面。在安排了主要兵力之后，他又任命姚苌为龙骧将军、都督梁益二州诸军事，率领水师从四川顺江而下，以牵制东晋荆州的兵力。

姚苌是少数的主战派之一，苻坚对他信任有加，殷切道："过去我靠龙骧将军的官位建立了大业，从未轻易地把这个官位授予别人，你努力干吧！"

左将军窦冲听到后，说了句不中听的话："君无戏言，这话很不吉利！"苻坚沉默不语。

殊不知，那一语，竟一语成谶！

每临大事有静气

苻坚优势很大，苻坚杀了过来。

听说八十七万秦军踏尘杀来，东晋朝廷任命谢玄为前线总指挥，与谢石、桓伊、胡彬、刘牢之等人率领八万北府兵前去应敌。

相信诸位一定跟笔者一样,在初看这段历史时,产生了困惑:为什么只派了八万人,就不能再增加一些兵力吗?

仔细分析了下,还真的不能。谢安是东晋的主心骨没错,但他手头能调动的兵力也只有这些了。这是"赶鸭子上架"啊,可是没办法,谢玄必须硬着头皮用这八万人对抗苻坚的八十七万人。

听说这样悬殊的兵力差距,整个东晋都慌了。朝臣们不禁面面相觑,心说,这八万人能防得了秦军的进攻吗?现在局面是否已经失控了?

谢安微微一笑:可防可控。

谢玄压力山大,忙向谢安请教破敌之策。但见叔父神色不变,看不出有任何恐惧之象,只说了四个字:"已别有旨。"这话说了等于没说,再看谢安时,他已经不说话了。谢玄也不敢再去多问了。

可是谢玄心里还是很慌,他又派张玄再次去请示谢安,得到了相同的结果。

看到大家人心惶惶,谢安便召集亲朋好友,一起驾车去郊外的庄园。是要去商讨破敌良策吗?不,谢安从头到尾就没有什么高招,他把大家聚到一起,只有一个目的:玩。

怎么个玩法呢?他让谢玄与自己下围棋,并且还要赌上一套别墅("安遂命驾出山墅,亲朋毕集,方与玄围棋赌别墅")。谢玄听到对弈的邀请后,估计已经到了心理崩溃的边缘了:叔啊!父啊!神啊!苻坚都快杀过来了啊,您还有心情去下棋?您难道不知道,这是有史以来,兵力最为悬殊的战争吗?

昆阳之战,一万七千打四十三万;赤壁之战,五万打二十万;潞川之战,六万打四十万;这次战争,八万打八十七万,接近八十万兵力的差距……

这是什么概念?

此时,谢玄的心思全在前线战场上,哪还有心思去下棋?本来他的棋艺比谢安强,这次却心不在焉输了棋局。谢安一高兴,又把赢来的别墅给了他的外甥羊昙。

棋局之后,谢安是不是该说点什么了?并没有,他继续带大家游山玩水,直至夜色四合……

回去后,在深更半夜,谢安终于做了一件正事:指授将帅,各当其任。仅此而已。至于如何去破敌,那就看诸位将军各凭本事了。

这就是谢安。一个"每临大事有静气"的人。

在聚光灯下,所有人都在注视着他。他不可能不紧张,但他能凭借自己出色的心理素质，从容不迫、临危不乱，缓和众人慌乱的心理。是的，别人都可以慌乱，唯独他不能。如同平时，好像什么事都没发生过一样，这绝不是一般人能够做到的。

史书中没有任何记载说，谢安有多大的军事能力，包括"熟读兵书"这类字眼也无法找到。"运筹帷幄之中，决胜千里之外"，这不是他能够做出的事，也不需要他去做。谢安需要做的，就是稳定后方、团结内部、部署人员、调动军队。

那么，当谢安做完该做的事之后，心里有底吗？也没有。就是换成萧何、张良过来，面对那么悬殊的兵力差距，也很难说什么胸中有丘壑的话。

但是谢安不一样，在别人眼里，他总是做出一副胸有成竹的样子，丝毫看不出任何的紧迫感。有人说，谢安很"装"，也许是这样的，但这种"装"，确实能将"静气"传递给他所有身边人。毕竟，稳定军心、镇抚朝野才是重中之重啊！

不过，这种"静气"显然没能成功地传递给每一个人。譬如说，镇守荆州的桓冲，就没感受到谢安那种指挥若定的气度。

这个时候，桓冲无法离开本职，但又对建康的形势忧心不已，便做出了挑选三千精兵去保卫建康的打算。没承想被谢安毫不犹豫地拒绝："我这边士兵武器都不缺乏，你管好你那边的防区就行。"

桓冲对此悲观不已，发牢骚说："谢安有身居朝廷的气量，但不熟悉带兵打仗的方法。如今大敌临头，竟然尽情游玩，高谈阔论不止；还派未经战事的年轻人前去抵抗；再加上兵力数量不如对手，天下的结局已定，我们日后大概要穿左衽了！"

所谓左衽，指的是少数民族的服饰，用以代指少数民族。桓冲的意思很明确：晋军必败无疑。

那么，这场战争究竟是如何发展的，真的会像桓冲说的那样"天下事已可知，吾其左衽矣"吗？

史上最惨的踩踏事件

且说，苻融亲自率领主力部队渡过淮河，没多久就攻克了淮南重镇寿阳（原先的寿春，避简文帝妃郑阿春的讳），生擒东晋平虏将军徐元细和安丰太守王先。

西路那头，慕容垂攻克了郧城（今湖北安陆），斩杀晋将王太丘。

东晋胡彬率领水师沿着淮河逆流而上，支援寿阳。半路上，他听说寿阳失陷后，就临近驻扎于硖石。硖石位于硖石山上，三面环水，山峡两岸岩壁高耸，是一道天然的淮水要塞。

得悉此事后，苻融立刻将硖石包围，并派遣梁成、王显等人率领五万人到下游的洛涧屯兵，此举既能阻止东晋的援兵，还能切断胡彬的归路。

这招果然有奇效，谢玄、谢石、桓伊、谢琰等人，率领主力七万部队陆续赶来，被梁成多次击败。这个梁成，以前是跟着王猛混的，长年带兵打仗，立下不少功劳。年轻的谢玄是碰到钉子了，驻扎于洛涧二十五里处，不敢向前。

此时，胡彬的水师只有五千人，并且粮食马上就吃完了。怎么办呢？思虑一番，胡彬令人将沙子当作米，称量时高呼重量，以此来迷惑秦军，表示自己粮食充足。四十五年后，檀道济上演了一出"唱筹量沙"，吓走了北魏军。这两人的做法如出一辙。

眼下，秦军暂时被迷惑住了，但这毕竟不是长久之计，胡彬又赶紧写了一封求救信："今贼盛粮尽，恐不复见大军。"

从后事看来，就是这封信，改变了战局的形势。其实，笔者还想给这句话后面再添4个字——胡彬绝笔。

从内容上看，与其说这是封求救信，不如说这是封交代遗言的绝命书。胡彬自度凶多吉少，才会这么去说。结果事与愿违，他派去的送信人半路被秦军截获了！

苻融看到这封信后乐了，心态也发生了变化，他想到了之前自己劝谏苻坚的话：什么天道不顺啊，什么东晋君臣和睦啊，什么我方厌战啊，通通都是屁话！经过实践后，他看到晋军根本就是不堪一击。总结为三个字：想多了！

于是乎，苻融立刻写信给苻坚汇报："贼少易擒，但恐逃去，宜速赴之！"

翻译过来，可归纳为六个字：人傻，钱多，速来。

这下可好了！苻坚本来就大意轻敌，而今，连谨慎的苻融也开始有了轻敌的思想。这可不是个好苗头啊！

闻讯后，苻坚非常高兴，他担心谢石等人逃走，于是舍弃大军，迫不及待地率领八千人，日夜兼程地赶到了寿阳。

见到苻融后，苻坚仍然自信满满："如果对方知道我亲自来了，肯定就吓跑了，回去死守长江。到时我们的百万大军也拿他们没办法。今天我悄咪咪地来，他们不知道，在此肯定会有一战，如果消灭了他们的主力，他们连长江也守不住，我们就大功告成了。"

看看，一个比一个轻敌！

既然行动是"悄咪咪"的，苻坚也下了保密的死命令：谁敢说我到了前线，就拔掉他的舌头！

灵光一闪之间，苻坚突然又想到了朱序——之前打襄阳时的俘虏。他忙派朱序去晋军大营劝降，告诉他们：如今强弱悬殊，早点投降，苻天王是不会亏待你们的！

但是，朱序这个人，我们一早就说过，他并非真心实意归顺苻坚，而是身在曹营心在汉。本来苦无机会回国，现在机会送到眼前，简直是完美！

好！令人窒息的操作开始了！朱序背着苻坚，玩起了全套无间道。

朱序见到谢石后，偷偷说："如果秦国的百万兵众全部抵达，确实难以与他们抗衡。如今他们各路军队尚未会集，我们应该迅速攻击他们。只要击败了他们先头部队，打击他们的士气，就有取胜的机会。"

当然，苻坚到达前线的消息，也被朱序透露给了谢石。

不得不说，苻坚的到来，还是有那么一点点震慑力的。谢石知道后，十分害怕，一心想固守不战，拖垮秦军。在谢琰的劝说下，谢石才改变主意，决定执行朱序提出的建议。

想击败这支秦军，首先要解决掉眼前的拦路虎——屯兵洛涧的梁成。

晋军转守为攻。谢玄派刘牢之带着五千北府兵渡河袭击秦军，梁成扼守山涧，严阵以待。之前屡屡得胜的秦军突然哑火，梁成、王咏当场阵亡。刘牢之断绝秦兵的归路，秦兵全线崩溃，只能强渡淮河逃命。这一战，刘牢之斩获一万五千人，武器军粮全部被缴。

晋军士气大涨，水陆并进，乘胜向寿阳城逼近。

得到消息的苻坚，与苻融一起登上寿阳城远眺，看见晋军布阵严整、士兵精锐。苻坚有些吃惊，转而北望八公山，看到山上的草木，也都误以为都是晋兵。

他回头对苻融说："这可是强敌啊，怎么能说弱？"脸上已然浮现出恐惧的表情。（"坚与阳平公融登寿阳城望之，见晋兵部阵严整，又望八公山上草木皆以为晋兵，顾谓融曰：'此亦敌，何谓弱也！'忧然始有惧色。"）

苻坚，他开始害怕了。本以为随便打都能赢的仗，似乎在一夜之间变了。此消彼长，东晋这一头，则从毫无希望，变成信心大增了。

这种微妙的心理变化，对两军的士气产生了极大的影响。尽管晋军兵力远少于苻坚，但他们也敢于主动求战了。想那苻坚不是担心他们逃跑，不敢应战吗？来，战个痛快！

秦军紧逼淝水布阵，东晋的军队无法渡过。就在这个时候，谢玄写信给苻坚说，希望秦军后撤一些，让他们渡过淝水，再一决雌雄。

秦军的将领都反对对手的提议，认为敌寡我众，只要不让他们过河，就可保万无一失。但是苻坚不想拒绝，他觉得后退一些没有问题，完全可以趁着晋军过河的时候，"半渡而击之"，一举击溃晋军。

苻融也同意苻坚的这个想法，他挥舞旗帜，指挥士兵后退。可殊不知，这一退，就一发不可收拾，根本停不下来。由于军队过于庞大，战线拉得太长，导致传令不畅，后军不知前方发生了何事，惶然莫知其可。

北府兵渡过淝水，乘势掩杀，势不可当。慌乱之下，秦军根本无力反击！

苻融想组织集结部队，结果战马倒地，为晋军所杀。充当卧底的朱序适时高喊"秦军败了"，更加重了将卒的恐慌情绪，场面混乱不已，史上最惨的踩踏事件发生了……

不算阵亡之人，因自相践踏而死的人就不计其数。风声伴着鹤唳，一道道灌入耳中，秦军都以为是晋军杀来了（"其走者闻风声鹤唳，皆以为晋兵且至"）。

逃命！逃命！逃命！他们拿出极限速度，昼夜不敢停歇，冻饿交加之中，死亡之士竟有十之七八。就连被护卫保护得严严实实的苻坚也中了箭，不得不落荒而逃。

写到这里，不得不再多说一句。我们通常用的成语"风声鹤唳，草木皆兵"，容易让我们产生错觉，实则"草木皆兵"发生在前，"风声鹤唳"发生在后。

东晋顺利收复寿阳，立马向朝廷告捷。

当战报送到时，谢安仍旧在做着他平

明代《围棋报捷图》，画家尤求

时最喜欢的事——下棋。

看完战报后，他一句话也没说，继续下棋，神色与动作与往常一样从容，看不出有任何变化。客人也猜到了这是战报，忍不住问了下。

谢安很淡定地说："小孩子们已经成功破敌了。"等到客人走后，谢安终于抑制不住自己内心的喜悦了。他手舞足蹈，跨过门槛时，连木屐的屐齿被折断都没发现。通过谢安的表现，也可以侧面反映出他战前并非表面上那么胸有成竹。木屐被折断都没发现，这是有多兴奋啊！

在别人面前保持"镇定"，独自一人偷偷疯狂庆祝，这也真够"装"的。但是，没有这份"装"，东晋将士的底气又在哪里呢？透过千年之前的文字，我们仍能看到他优雅的风姿与泰然的气度。

第五节　战后反思，令人唏嘘

淝水之战的性质

淝水之战，可以说是史学界的热点话题，许多人对此津津乐道。

因为这不仅仅是一场以少胜多的经典战例，更是一次改变了中国格局的交锋。原本统一的北方，再次变得混乱不堪。相对团结的南方，又"捡回"了门阀政治的腐朽特质，中国的统一仍然遥遥无期。

我们不禁要问：苻坚为什么会打输？如果苻坚打赢了，那么他能统一天下吗？

笔者看到不少人，以及科普性质的读物说，这场仗苻坚是必败的，东晋是必胜的。理由无外乎这三点：一、苻坚是侵略者，所发动战争是非正义的战争，所以必败；二、前秦内部民族矛盾太尖锐；三、苻坚骄傲自满。

对于这类说法，笔者无法苟同。

苻坚骄傲，这确实是失败的一个原因，无可辩驳。前秦内部确实存在着民族矛盾，但这并不是战败的原因，二者之间没有必然的关系。反过来说，假如苻坚能打赢，这事儿根本就不算事。苻坚战败之后，前秦帝国的大厦轰然瓦解，这倒是与民族矛盾有着莫大的关联。

至于说，苻坚是侵略者，此战是非正义的，这纯粹是事后诸葛亮，拿着结果来推过程，忽悠初学者的语调。什么是非正义？什么是侵略？苻坚追求仁义道德、礼贤下士、心胸宽广，是标准的中国式贤主，在修身、齐家、治国方面都做得很好，最后，他想要平天下，带给天下百姓以太平盛世，有错吗？

此外，所谓的非正义的战争，就一定会失败吗？

所以说，拿着"正义"与"非正义"去衡量历史，定性战争成败的主要原因，其做法却是荒谬的，那是对历史的亵渎。

那么问题来了，淝水之战到底是个什么性质的战争？

学术界的主流观点是：既有统一战争的性质，又有民族侵略战争的性质。

也就是说，淝水之战具有双重性质，并且民族侵略的成分要大于统一的成分。田余庆、蒋福亚等学者都持有此观点。

为何这么说呢？

此时，庞大的前秦帝国内部矛盾重重，民族融合也处在初始阶段，各民族间还存在着很深的隔阂。因此，中国北方的统治依然不稳定，北方统一南方的时机还不成熟，要想完全消弭民族矛盾，解决南北之间的隔阂，尚需时日。

但这并不等于"苻坚必败论"。

青年学者李硕在其著作《南北战争三百年》中说道："影响战争胜负的因素有无限多，战争与棋类游戏的不同，就是不可能用数学方法进行全面模拟。时间、地点、兵力、兵种、后勤、情报、疫病、将士的素养、士气、后方政务，乃至投诚、叛变等无穷多的变量，都对战事产生着实际影响。"

不仅如此，战争也常常会有一些偶然性的因素发生，这些因素有时也能产生不小的甚至是决定性的作用。淝水之战就是一例。

即便没有这些偶然因素，苻坚的运气变得好些，拿下了淝水之战，成功消灭了东晋，取得了统一，那也不过是把北方的民族运动带到了南方。最终，他很可能会像西晋那样，实现短暂的大一统，并不会长久稳定。

其后，当前秦内部矛盾再次爆发之时（比如苻坚去世、诸子争权），短暂的统一则有可能会再次破碎……

当然，历史没有如果。苻坚还是败了，并且败得很彻底。笔者以上的分析，也只是停留在理论阶段，并不能完全解释苻坚失败的原因。

下面，我们可以换个方式，重新复盘这场战争——从头到尾、系统性地还原一下，看看究竟有哪些偶然因素导致了苻坚的失败，而他又做出了哪些错误的反应。我们抛开理论性的分析，单纯地从战争和军事的视角，重新解构一下淝水之战。

胜负有凭

先说观点：淝水之战是一场军事上的失败，与民族矛盾关系不大。

战前辩论会上，群臣说了很多不能打的理由，什么天象不利啊，长安有不祥之兆啊，都是在胡扯。至于说东晋君臣和睦，没有灾祸，倒是有一定道理，但也不是说一定不能打。

不过，符融说"我方连年征战，士兵和百姓有畏敌厌战之心"，这话确实说到点子上了。虽说前秦国力强大，打仗不差钱，但老百姓实在有点吃不消了。

为了解释前秦败亡的原因，司马光举了一个例子——

魏文侯问李克吴国灭亡的原因，李克回答说："数战数胜。"魏文侯不明白，问："打仗一直赢，这是国家的福分，为什么灭亡了呢？"李克解释说："经常征战则民众疲惫，经常胜利则主上骄傲，以骄傲的君主统治疲惫的民众，没有不灭亡的道理。"

符坚确实骄傲了，从一开始的动员宣誓词就能看出来，还没开始打，就告诉大家要给谢安、桓冲等人封什么官，提前给他们建造宅邸，给人一种准备出门旅游的感觉。军队接受这样的思想，怎么可能会去重视对手！没有对比就没有伤害，看看王猛在潞川之战前对将士们所说的话（详见第四章），在那番激情澎湃的演讲后，秦军士气猛涨，不战不休。

说完士气，再说战斗力。符坚的八十七万军队仅仅集结了一个月，就陆陆续续走向战场，大部分是临时拼凑出来的军队。将士的数量虽多，但战斗力实在不敢恭维，有点乌合之众的味道。对此，符融也提出过质疑，他认为那些良家子弟组成的御林军，就是一群蹭饭的主。

这些因素都被符坚无视了。

符融充当前线总指挥，这看上去也没问题。他是符坚最信任的人，没有之一。与符坚的骄傲轻敌不同，符融在战前一直保持着谨慎的态度。符坚对他一万个放心。

但很不巧，谨慎的符融也出现了问题。

符融的问题，出现在战争初期。彼时，东晋在淮南最重要的城市寿阳（比盱眙还要重要），被符融轻松拿下。跟着，秦军又包围硖石，把胡彬打到弹尽粮绝，还截获了他发出的求救信。由于胡彬的求救信写得很绝望，符融看后很兴奋，所以放松了警觉，连带着符坚也更为膨胀了，竟然一溜烟跑到了寿阳城……

截获了求救信，继而"诱"来了一国之君，这就是前文所说的偶然因素之一。

偶然因素之二是什么呢？

符坚派朱序去劝降，是走得非常臭的一步棋。符坚的逻辑很理想化：我对你好，用实际行动来感化你，你也应该对我忠诚。这是他多年以来的一贯作风。但他不去站在朱序的角度去想问题，人家凭什么帮你？

电视剧或者电影里往往会有这样的场景：日本兵派出汉奸去劝降我们的八路军战士，结果会怎么样？遇到脾气好的红军，会把汉奸劈头盖脸骂一顿，让他滚回去，同时捎话给日本兵头目，想送死就赶紧来；遇到脾气不好的红军，干脆直接一枪把汉奸毙掉……

这个比喻可能有些不太恰当，但的确符合朱序的处境。除了对东晋有割舍不掉的情愫之外，他也怕被谢玄斩了啊。为此，对他最有利的做法，就是把苻坚给卖了，泄露秦军的军情，告诉晋军取胜的策略。正因如此，谢玄、谢石才下定决心要与前秦一战。东晋真正的主力北府兵这才开始投入战场。

洛涧一战，刘牢之斩获一万五千人，梁成被杀。五千人就能杀一万五千人，是什么概念？按 1：3 的杀敌率来看，现在北府兵总共有八万人，对手（前锋部队）也"只不过"二十五万，有何可惧？

小结一下，派朱序去劝降，是苻坚失败的第二个偶然因素。

接下来，在二苻登上寿阳城后，由于苻坚长期心心念念于灭晋，精神出现恍惚，草木皆兵，可谓偶然。后面他说的话，却出了大问题：他承认了对手是劲敌，并非像苻融说得那么孱弱，苻坚的脸上忽然流露出了恐惧的表情。

作为政治家，喜怒不形于色是平时最基本的准则之一。尤其是一国元首，不能让或者不能轻易让臣子揣测自己的心思。苻坚害怕的消息，很快会在军中传播：主帅都怕了，那我们怎么办？本以为是去江南旅游，这下要真刀实枪地干了，这些人——尤其是良家子弟——能不害怕吗？

不得不说，在这方面，苻坚做得太差劲了。咱不说王猛，就看看在家下棋的谢安。当取胜的消息传来后，他都跟没事人一样。在别人面前，他永远都是一副表情，喜怒哀乐不形于色。

苻坚失败的第三个偶然因素，是他战前的畏敌情绪。

说罢了偶然因素，再来说说必然因素。

在作战过程中，谢玄希望前秦退几步，好让他们过河打一仗。前秦的将领们都不同意后退，认为我们现在军队人数比对方多，不如不和他们打，就可以万无一失。（秦诸将皆曰："我众彼寡，不如遏之，使不得上，可以万全。"）

眼尖的读者可能已经觉察到矛盾点了。

这番话存在两个问题。

第一，逻辑上有问题。通常来说，在敌众我寡的情况下，避战不失为一种合理的选择。但现在秦军是处于“我众彼寡”的优势局面——数量是晋军的 3 倍左右，为何不想和晋军打？

第二，缺乏应有的进取心。什么叫“可以万全”？这是典型的“不求有功但求无过”混日子的思想。上了战场，当以立功为荣，这是再简单不过的道理。如果秦军是防守方倒也罢了，守住就是胜利；可是你们是主动进攻方啊，你们的目的是要打败对手、夺取地盘啊！

更可怕的是，这番话的主语是“诸将”。倘若只有一两个㞞包提出这样的建议也就罢了，不足为意，可前秦的将领都这么说，就不免令人深思，这是因为他们军事经验不足，还是因为他们本是懦夫，又被苻坚的畏敌情绪给影响到了？细思极恐。

由于史书无载，我们不知秦军将领的具体名单，现在只能确定两点：第一，慕容垂不在，之前派他打郧城去了；第二，张蚝是一直簇护在苻坚身边的，之前他还击败过谢石一次。

那么，张蚝是一个什么样的将领呢？

早年，张蚝效力于他的养父张平，他曾与邓羌对峙十余日，谁都赢不了谁。被擒后，秦人都称邓羌、张蚝是万人敌。张蚝虽然不是一个“健全”的男人，但仍然力大无比，身体也很矫健，备受苻坚的重用。

我们再来看一下张蚝的带兵履历。在四公之乱中，张蚝击败苻廋；在东征前燕时，张蚝带着几百名敢死队从地道里潜入晋阳，冲破关卡，斩断城门，成功攻克晋阳；在潞川之战中，张蚝与邓羌大破燕军，当时前秦以六万人对抗前燕四十万人，却没见到他说敌众我寡的丧气话；桓温围困寿春时，张蚝又去支援袁瑾，不幸的是，他败在了八公山上……

后来的北伐代国以及防守桓冲的反击，包括这次淝水之战，张蚝都有参与。他为前秦出生入死、南征北战二十多年，无论是军事经验还是个人勇武，以及忠诚度，都经得住考验，与慕容垂、姚苌等人不同，张蚝没有理由去“希望”己方战败，但他为何在此时说出了不合逻辑的话呢？

只有一种解释：他感觉到不对劲了，他不敢放晋军过来打。久经沙场的前秦老将，这次害怕了。

早在四年前的淮南战场，彭超、俱难的突然崩盘，就已经是一个令前秦困扰的问题。梁成刚刚被东晋五千人斩杀，侥幸逃回的士兵，必然将北府兵描述成了阎罗一般的人物。

张蚝虽在淝水南岸击败了谢石，但是看到谢玄的北府兵到来，也主动退回了北岸。再加上苻坚看到北府兵后的恐惧表情，使得张蚝以及其他将领都做出了判断：这支北府兵战斗力非比寻常，当前环境下，不宜与之交战。

这，便是常年征战沙场的经验所得出的结论。想想看，身经百战的张蚝，什么场面没见过啊！但是，这么强的对手，他还真是第一次见。

如果说，敌强我强，倒也可以一战，但关键是，秦军的状态是什么样的？散乱、无序、畏敌、系统庞大臃肿……就这？凭什么去打人家的北府兵？

可苻坚不这么认为，他仍然觉得可以一战。兵法云："知彼知己百战不殆；不知己而不知彼，每战必殆。"苻坚就是后者。

结果呢？秦军稍一撤退，局面就变得不可收拾。这不是没原因的。

主帅苻融的阵亡，可以被算作第四个偶然因素，但我确信，即使他一直健在也很难凭一己之力挽回败局。因为与种种偶然因素相比，相对拙劣的兵将素质，才是秦军的硬伤，或者说是失败的必然因素。至于从中作梗、大叫大嚷的朱序，确实起到一个催化剂的作用。但是，如若秦军素质较高——参考岳家军，军中也没那么容易产生踩踏事件吧？

当所有的偶然性的、必然性的负面因素，在瞬间累加到一起，才产生了秦军前锋部队全面崩溃的结局。单说淝水之战的失败，与正义和非正义、民族矛盾，根本没有一丁点儿关系。苻坚的失策、秦军的失败，是纯纯粹粹的、完完全全的军事上的失败。

失败的结局，是苻坚自己导致的。他错了，错不该傲慢自大，还跑到前线瞎指挥；错不该自以为是地"重用"朱序；错不该在战前流露出畏怯的神色……

若无苻坚的一系列"神操作"，秦军何至于惨淡收场，苻坚何至于留下"风声鹤唳，草木皆兵"的千古笑柄，令人无限唏嘘？

匹夫犹不食言，况万乘乎

战败后的苻坚单骑逃回淮北。饥寒交迫下，有百姓给他提供食物。

饱餐一顿的苻坚赏赐他十匹布帛、十斤绵。这位百姓对这赏赐并不感冒，他直接予以拒绝："陛下厌倦苦难、安于享乐、自取危难。我算是陛下的儿子，陛下算是我的父亲，哪里有儿子给父亲饭吃，还求取报偿的呢？"对赏赐的东西，看都不看就离开了。

苻坚也明白，这场仗失败的代价太大了。饭可以给你吃，但是不满一定要表达出来！念及此，苻坚对张夫人泣道："吾今复何面目治天下乎！"

或许有人要问了，苻坚难道长着玻璃心吗？他为何会如此说？不就是受到一些挫折，至于说出这么丧气的话吗？

回顾苻坚的前期统治，可谓风调雨顺，还没遇到太大的挫折，他的膨胀与骄傲也正源于此。通过苻坚的这句话，我们可以看出，他在逆境中的抗压能力并不强——今天我们管这个叫逆商，或者说，他还没有做好面对困境的准备。

这让我想到了隋炀帝杨广。诚然，贤明的苻坚远非昏暴的杨广所能比，两人的治国理念、性格禀赋也迥然而异，但他们却有一个相同的弱点：对逆风局没有清晰的认识，导致昏着儿不断：杨广在雁门关被围后，哭得如同小孩子一般，后来直接干脆放弃北方，跑到江都继续醉生梦死……

"人恒过然后能改，困于心衡于虑而后作，征于色发于声而后喻"，苻坚熟读儒家经典，难道连这个道理都不懂吗？鼓起勇气、坦然面对，重新振作、从头开始，有何不可？

苏格拉底也说："患难及困苦，是磨炼人格的最高学府。"不扯远的，同时代里，慕容垂的前半生都是在与逆境作斗争。当他熬过种种磨难后，才迎来了人生的转折点。

就在苻坚一蹶不振之时，前秦的各路人马四散而溃，只有慕容垂的三万兵众未受到影响。苻坚听说后，也没多想什么，就带领千余骑投奔慕容垂去了。做出这一举动，不是因为苻坚勇气惊人，而是他有足够的自信。他相信这些年来，他对慕容垂不断加恩，足以使对方感恩戴德、忠心耿耿。

可是，慕容垂和他的手下是这么想的吗？

从苻坚走入慕容垂大营的第一步起，就有人开始兴奋了。他们迫不及待地劝说慕容垂杀死苻坚，复兴燕国。

慕容垂的世子慕容宝说："自从我们国家被灭亡后，天命与人心全都归于父王身上，只是运势一直没来，我们不得不韬光养晦。现在秦国战败，这是上天赐给我们复国的机会，一定要好好把握，不可错过这个时机！"

他担心慕容垂下不了决心，又说："立大功者不顾小节，行大仁者不念小惠。希望父亲不要以小恩小惠的义气，而忘记国家的江山社稷。"

这话，颇有些鸿门宴上樊哙所说的"大行不顾细谨，大礼不辞小让"的意思。但不同的是，现在是"人为鱼肉，我为刀俎，何怜为？"

轮到慕容垂选择了。是杀，还是不杀？

杀死苻坚，可能会遭受千夫所指，但必能引发前秦大乱，复国立业将不是梦想；不杀死苻坚，则能博得美名，成为道德标杆，但苻坚也可以重整旗鼓、休养生息，没准还能重新恢复统治基础，届时自己就再无复国之望了。

看看自己的白发，慕容垂沉默了。他当然知道，自己快六十岁了，已不再是那个十三岁的意气风发、勇冠三军的慕容霸了。但是，脑中天人交战一番后，他选择不杀。

笔者相信，此时的慕容垂，脑海中一定浮现出了他的伯父——慕容翰的身影。当年，慕容翰偷马从宇文部逃回，面对追兵，他只是把箭射向了刀环……

人生在世，须活得有底线。慕容垂这个人，从未放弃过复国的梦想，但他也绝不做落井下石、有悖良知之事。从前如此，而今亦复如是。

慕容垂回答说："你说得很有道理，但苻坚以赤诚之心把安全交给了我，我们为何要伤害他呢？假若上天要抛弃他，我们不用担心他不灭亡。而今，不如先保他于危难之间，送他回北方，以此来报其恩德；再慢慢等待他的灾祸，伺机图谋。如此，既不会违背往日的心愿，又可以凭以道义来征服天下。"

听到慕容垂也开始玩起苻坚那套"道义论"时，六弟慕容德急了，他对慕容垂说："邻国互相吞并，自古以来都是如此。秦国强大的时候消灭了燕国，秦国衰弱的时候我们去图谋它，这是报仇雪恨，怎么能说是违背往日心愿呢？当年邓祁侯不听三甥的话，最终被楚国消灭。吴王夫差违背伍子胥之谏，取祸于勾践。前事不忘，后事之师。我们就应该趁着它土崩瓦解之际，斩除氏人、复兴宗庙，可不能丧失这大好的机会啊！如果，咱们放弃数万兵众而受制于人，这是在违背天时，不是一个好的选择。当断不断，反受其乱。希望兄长不要再有疑惑。"

慕容德说的道理，慕容垂都明白，可他实在不忍心对付苻坚。

末了，慕容垂长叹一声，说："过去，太傅慕容评容不下我，我无处安身，才逃到了秦国。秦主苻坚以国士之礼对我，恩义备至。后来我又被王猛所陷害，无法自辩，又是秦主明察秋毫，保全了我，这样的恩情怎能忘记呢？如果说，秦国气数已尽，天命归我，还怕没有杀他的机会吗？关西之地，本来就不是我的。自然有人会去和他争夺，之后我就可以拱手而定关东。君子不乘人之灾祸而取利，也不做灾难的带头人，暂且先观察下形势吧！"

参军赵秋说："明公应当继承光复燕国的责任，图谶上已经表现得很明显了。如今天时已到，还要等什么！如果杀了苻坚，我们占据邺城后击鼓向西而去，三秦之地也都不会归苻氏所有了！"听了这话，慕容垂的党羽和亲信们大多都劝他杀掉苻坚，慕容垂一概没有听从。

不仅不杀苻坚，慕容垂还把军队的指挥权交给了他。

慕容德气得捶胸顿足，说不定还要大骂"竖子不可与谋"。

气急败坏下，慕容德居然跑去找慕容暐商量，希望他起兵复国。所谓病急乱投医，作为前燕的亡国之君，慕容暐是什么水平，难道慕容德还不知道？不说别的，就看看他这次战争的表现吧：他本来驻扎于郧城（郧城还是慕容垂打下来的），听到苻坚失败的消息后，抛弃他的军队，独自逃跑。就这点魄力，你还指望他去复国？搞笑吧？

且说，苻坚在归途中，一路收拢逃散的兵众，行至洛阳时已聚集了十余万众了。苻坚心里踏实了很多，心说：平安回到关中，应该不是什么问题了。

但并不是所有的人想回关中。当部队走到渑池（今河南三门峡）时，慕容垂请求去东方平叛，顺便回邺城拜谒陵庙。

苻坚也没多想就同意了。

权翼立刻表示反对："我们刚刚战败，统治根基大为动摇，现在应该集合将领，让他们去留守京城。慕容垂乃关东豪杰，他是因为政治避难才投奔我们的，试问，他难道只想当一名冠军将军（三品）吗？就比如养育苍鹰，它饿的时候会依附于人；但每听到狂风骤起，就有飞越云霄的志向。我们应该紧闭笼子，岂能放纵它为所欲为！"

还记得王景略说过的话吗？在慕容垂刚刚投奔过来时，王猛提醒苻坚："慕容垂父子，譬如猛虎，非可驯之物，若借以风云，将不可复制，不如早除之！"

若借以风云，将不可复制！

苻坚也承认权翼说得对，但是呢，他已经答应慕容垂了啊！

苻坚只能回答道："匹夫犹不食言，况万乘乎！"他可不想自食其言，招人话柄。

权翼一脸黑线，又说："陛下重视小的信誉，而轻视国家的安危，不可。依我看来，慕容垂一定去而不返，关东之乱从此就要开始了。"苻坚仍然不听。

见苻坚执意如此，权翼也管不了那么多了，他决定越俎代庖，替苻坚或者说替前秦杀人。这可是当年王猛都没去做的事情。尽管王猛非常想杀慕容垂，但也因苻坚的反对而作罢。

那么，如果此时把权翼换成王猛，王猛会对即将离开的慕容垂下手吗？笔者认为会。王猛不可能坐视前秦的安危于不顾。至于苻坚不杀慕容垂，以及之前慕容垂不杀苻坚这样的事，在王猛、权翼、慕容德、慕容宝眼里，不过都是小恩小惠、妇人之仁罢了。

原来，为苻坚、慕容垂所重的道义、人品，在那个乱世里，真的一文不值。

权翼用的方法还是老套路，与慕容垂来一次深情告别。对，王猛当年就是用的这招。慕容垂已经吃过一次亏了，岂能在同一个地方再次摔倒？

饯别之所，就在河桥南边的空仓房中。慕容垂便用草绳编结成筏子渡过黄河，找了个替身穿着自己的衣服，纵马而去。果然，替身遭遇了伏兵的袭击，他忙策马飞奔。权翼这才发现来的并不是慕容垂本人，就没再追击。

就这样，慕容垂成功地摆脱了苻坚的控制，回到了他熟悉的关东地区。

不日后，轰轰烈烈的复国大业正式拉开序幕。

第六节　关中烽火连角起

慕容泓盘踞不去

且说，苻坚回到长安后，痛悼苻融，给他定谥号为哀公，实行大赦，免除本次战争死者家属的税赋。

慕容垂到关东后，立刻起兵，斩杀苻飞龙——他可不是慕容垂的恩人，又聚众二十万人，攻打苻丕把守的邺城。（关于慕容垂的故事，详见第三卷）

受到慕容垂的影响，慕容暐的弟弟慕容泓也聚众造反。考虑到数量众多的鲜卑人被强制迁到了关中，慕容泓打算号召关中的鲜卑人一起响应他。这个想法确实很妙。

消息很快传到了长安，慕容暐立刻派他的弟弟和宗族与之联系，鲜卑人纷纷前来归附。苻坚派出强永去平叛，旋被慕容泓击败。慕容泓自信满满，自称使持节、大都督陕西诸军事、大将军、雍州牧、济北王，并推举慕容垂为丞相、都督陕东诸军事、领大司马、冀州牧、吴王。

看这官衔，是准备自己统治关中，让慕容垂统治关东了。

与此同时，慕容暐的另一个弟弟慕容冲也聚兵两万攻打蒲阪。对，就是曾被苻坚宠幸过的美男子。这时他已长成大人了。

要问，慕容泓带的兵战斗力强吗？并不强。充其量只是一帮打家劫舍的强盗土匪。他们最大的特点，就是无组织无纪律。苻坚此时面对的就是这么一个对手。

对苻坚来说，要解决慕容泓应该不是难事，但对方毕竟是他在眼皮底下造反，一旦处理不好，危害性就很大了。

念及此，苻坚便问权翼："朕没有听从你的劝言，以致鲜卑人打了过来。关东之地，朕已不再想去和他们争了，眼下该拿这个慕容泓怎么办呢？"

权翼回道："绝对不能助长贼寇的气势。慕容垂如今正在关东作乱，一时半会儿不可能来侵扰。至于慕容晹，他的宗族都在京师，很多鲜卑人也都在长安附近，这可是国家实际的忧患，应该派重将讨伐。"

可能是因为苻坚的平叛经历太丰富了，加之他认为这些鲜卑人成不了什么气候，便就让钜鹿公苻睿和姚苌去对付慕容泓，窦冲去对付慕容冲。事实证明，这是一个极其随意的决定。

苻睿之前唯一参加的军事行动，是在淝水之战前。

当时，桓冲反攻襄阳，苻坚派苻睿和慕容垂去防守。慕容垂用火炬吓跑了桓冲，苻睿根本无事可做。所以这次讨伐慕容泓，是苻睿第一次以主帅的身份参加军事行动。鉴于苻睿没有实际的作战经验，苻坚又派出姚苌这个老江湖，去给他保驾护航。

姚苌当然明白，这次军事行动的最终目的只是驱遣，但是他说的话不顶用，苻睿一心想要多拿人头。作为皇子，他首先盘算的，是要利用这次带兵的机会捞取军功，最好是把慕容泓的头颅献上去。

当听闻秦军来袭后，慕容泓十分害怕，他准备率兵逃奔关东。苻睿哪会让他轻易逃跑，下令在半道上截断他们的归路。

姚苌以为不妥，赶紧劝说道："鲜卑人都有思乡之情，想返回关东，所以才会起兵作乱，我们应该驱逐他们出关，千万不要阻截。抓住了鼹鼠的尾巴，它还能反咬人一口。把他们逼到穷途末路，必将与我们拼命，万一失利，后悔莫及。只要击鼓紧追他们的后面，他们肯定全力溃逃。"

姚苌的话言简意赅：把这些鲜卑人驱逐出境即可，不需要也没必要把他们赶尽杀绝。

只要给对方留下一条活路，就能完美地完成这次任务。毕竟，狗急了还会跳墙，天知道，这帮强盗被逼急了能爆发出多大的能量。姚苌的看法是有道理的，这与《百战奇略》中所说的"围其四面，须开一角"有些相似。

苻睿摇摇头，不听。什么当前国家的形势，敌方心理的状态，都与他无关。他只想着怎么去杀慕容泓，怎么赚军功。于是，姚苌担心的事情还是发生了：前秦战败，苻睿阵亡。

慕容泓志得意满，索性不走了，留在这里继续扩充实力。

麻烦大了！

权翼只恨自己不是王猛。若是王猛在世，在这关键节骨眼儿上，肯定是自己带兵就上了，哪还会用苻睿这种愣头儿青？

一错再错，颓势已现

符睿死了，姚苌感觉很难向符坚交代。

他没亲自回去，而是派了一个人向符坚报告了事情的原委。痛失爱子的符坚一怒之下，便把这个报信的人杀了。符坚认为，对付慕容泓这种小毛贼都能失败，完全是姚苌的责任。很显然，冷静自持、宽仁爱人的符坚，已经变了。近来，他所受的打击太大了。

得知消息后，姚苌非常害怕，立刻向渭水北岸的牧场逃跑。他知道符坚对他恨得牙痒，他在前秦已经混不下去了。那么，现在该怎么办呢？

造反，或许是唯一的生路。

这个时候，天水人尹纬、尹详、南安庞演等人四处煽风点火，组织附近的羌人来支持姚苌独立。很快地，五万多户都归附了姚苌，以之为盟主。姚苌趁势自称为大将军、大单于、万年秦王，实行大赦，改年号为白雀。史学界通常把姚苌所建立的政权称为"后秦"。

姚苌的独立，很大程度上得益于尹纬的相助。

原来，天水尹氏与姚氏家族往来密切。尹赤曾是姚襄帐下的一员谋士。符坚即位后，下令禁锢他们，所有尹氏家族的成员一律不得入仕。所以，对于尹纬来说，前秦的存在，使他一直没有出头之日。唯恐天下不乱的他，巴不得前秦灭亡。姚苌的造反，使他欣喜若狂。

对于姚苌这个历史人物，笔者对他没有什么好感。看历史的时候，每个人都会遇到个别不喜欢的人物，这很正常，笔者也不例外。

但是咱们有一说一，就拿姚苌造反这个事来说，这完全是符坚咎由自取，怨不得别人。虽说符坚以前有恩于姚苌，甚至授予他龙骧将军，可当符坚不分青红皂白，要与姚苌算账时，姚苌有什么理由上去挨刀子？姚苌，是被符坚逼反的。

再者，符坚这个做法，是极为愚蠢的。须知，慕容泓已经被符坚养成了心腹大患，这下子，自己的力量被削弱了不说，还又多了一个敌人。团结一切可团结的力量，才是当务之急。

前秦建元二十年（384）五月，姚苌进驻北地（今陕西耀州区），此时已有十多万户羌人归附，姚苌实力大增。符坚无法坐视不管，唯能御驾亲征，一举消灭这个他认为的"白眼狼"。

虽说符坚频出昏着儿，但不得不承认，这一战他还是打得挺漂亮的，距离成功只差那么一点点。

符坚先派杨壁断了姚苌的归路，再让徐成、窦冲、毛当持续攻击。后秦屡吃败仗，被前秦所围困。

接下来，符坚又来了招狠的。他干脆阻截上游，筑起大坝，断绝了后秦军队的水源，打算渴死姚苌。这人嘛，三天不吃饭还能撑住，三天不喝水，试试？就说明朝遭遇的土木堡之围吧。正是因为也先占据了土木堡南面的水源，明军饥渴难耐，这才轻易地相信也先求和的谎言，以至于移营就水，惨遭偷袭。

说回到眼下，占据频阳的游钦忙派人给后秦军送来水、粮，不想却在半路被杨壁截获了。

姚苌没有更好的办法，只能让他的弟弟姚尹买带领两万精兵袭击大坝，放开水源。符坚岂能让他轻易得逞？窦冲已等候多时。此战中，后秦大败，损失一万三千人，姚尹买为窦冲所杀。

姚苌彻底绝望了，军中不断地有人渴死，再过几天，这支军队只怕会全军覆没。

对符坚来说，用"流年不利"这个词来形容，真的是不为过。似乎他的运气在之前全被用光了。就在姚苌行将渴死之际，蓦然间天降大雨，营中水涨三尺。与之形成对比的是，军营百步以外，积水仅寸深而已。这是……天助姚苌？

偶然因素，有时真的能改变战局。

后秦士气大涨，姚苌亲自率领七万人开始反击，一举击败符坚，俘获毛盛、杨壁、徐成等数十名将领。面对曾经的同僚，姚苌也没为难他们，不仅以礼相待，还全都放回去了。

做人留一线，日后好相见。说不定哪天，会有人投奔我呢。姚苌的目光还是比较长远的。

后秦诸将纷纷表示乘胜追击符坚，夺取长安。姚苌认为不用着急，他说："鲜卑人只是想回家才起兵造反，如果他们赢了，肯定要往东边走，岂能常驻于秦川之地？我们只需积累物资，等待他们血拼，就可以兵不血刃地拿下长安！"

姚苌是看透了鲜卑人的本质。之前他对符睿怎么说，现在就对他的手下怎么说。这也可证明当时他确无反心，并没有坑符睿的想法，这只能怪符坚不明察事理。

战败后的符坚也不想和姚苌纠缠了，鲜卑人马上就要杀到长安。长安是符坚的底线，若长安再失守，符坚可真就无路可退了。

和解？不存在的

在慕容泓击杀苻睿的同时，前秦的窦冲却打败了慕容冲。

慕容冲带领着八千骑兵投奔了慕容泓。很快，慕容泓聚兵十万。他觉得他已经有了足够多的资本去叫板苻坚，要回他哥哥慕容暐。

对，他真实的目的是要回慕容暐，迎接慕容暐回家，并非真想和苻坚拼个你死我活。

为此，他给苻坚写了一封信，信上说："秦国无道，灭我社稷。今天秦国兵败，我将兴复大燕。吴王慕容垂已经平定关东，你们赶快奉送家兄慕容暐皇帝和宗室功臣之家。我慕容泓自当带领关中燕国人，返回邺城，与秦国以虎牢关为界，平分天下，永远结为友邻。钜鹿公苻睿冒进，被乱兵所害，这并不是我的过错。"

趾高气扬间，隐隐透着几分不自信，像是担心苻坚向他索命似的。

又轮到苻坚选择了，是委曲求全答应慕容泓的要求，还是大义凛然地拒绝？

答应慕容泓提出的条件，会有一个很负面的影响：降低自己的身价。想他苻坚统治前秦二十余年，基本完成了北方的统一，现在却要向一个二十来岁的鲜卑娃娃屈服，他的手下会怎么想？这是一个让苻坚难以接受的设想。

反过来看，答应慕容泓，也不是完全不可行，至少可以解决掉燃眉之急。慕容泓走后，苻坚可以把留在关东的守军全部调回来，集中力量收拾姚苌、稳住关中，等着吕光从西域回归（吕光平定西域之事，详见第三卷），再做其他打算。届时，前秦的领土，至少不会比即位时的小，起码凉州还在控制之中。

另外，答应慕容泓还有一个好处。

按慕容泓的打算，是要把慕容暐迎回去当皇帝，到时候又置慕容垂于何地？要知道，慕容暐系与慕容垂系，在前燕的时候就不对付，慕容垂一直忍让，不得已才来前秦避难。后来，国家没了，他自己也差点被王猛害死，慕容暐如今还想当皇帝，慕容垂能答应吗？就算慕容垂肯答应，他的手下呢？这一次，可不是杀不杀苻坚这么简单的事了，而是关乎往日的宿怨和以后的生存与发展。

最大的可能性，是慕容垂和慕容暐以及他的兄弟们彻底翻脸，双方殊死一战，苻坚只需坐收渔利即可。倘如此，苻坚就有希望收拾残局、再度统治北方、重树威信。前秦，依然还是中国北方最强大的国家。

所以，答应慕容泓的好处那么多，苻坚还在犹豫什么呢？也许他是在思考一个问题：

万一他把慕容暐放走后，慕容泓又自毁信约，岂非受人愚弄？

这个问题，其实也不难解决。苻坚可以玩一个"先退兵再交货"，等到鲜卑人出关之后，再放人也不迟。并且，还须注意一点，从慕容泓前后的表现来看，他对关中并没多大兴趣，心心念念地要回邺城，因此不必担心他去而复返。

这么看来，如果不答应慕容泓的条件，也未尝不可。苻坚现在手里还握有一张王牌——慕容暐。如果能利用好这个人质，能办不少事情！

比如说，派个嗓门大的人，跑去慕容泓的军前喊话，说大燕皇帝慕容暐命令你们撤兵，趁慕容垂还没攻下邺城，赶紧回去抢先拿下邺城。你们胆敢再往前走一步，慕容暐的小命就没了，到时候你们就是大燕国的千古罪人，慕容泓逼死了他亲哥啊……

威逼加利诱，迫使慕容泓走人，这套办法绝对能奏效。

总而言之，对于慕容泓提出的"和解方案"，无论答应与否，都具有可操作性。答应的话，操作起来相对简单无脑；不答应的话，需要处理得更谨慎一些，才能化被动为主动。

最终，苻坚选择了后者。他抬起骄傲的头颅，心道，无论自己处境如何，气场都不能输。这也无可厚非，可就在这关键时刻，他又犯了一个大错。

这个错误，将蔓生出更多的错误，紧紧地缠缚住他的余生，直至夺去他的生机。

第七节　岂不哀哉！岂不谬哉！

被理想击垮的男人

苻坚认为慕容泓是在挑衅他，在做出决定后，便立刻把慕容暐叫来，对其痛加责叱。慕容暐吓得抖如筛糠，不停地叩头谢罪，以致头都被磕破流血了。

过了许久，苻坚消了气，才说："这些坏事都是慕容泓、慕容冲、慕容垂干的，父子兄弟罪不相及，我知道你是忠臣，都是这三个人的过错，与你无关。"而后，苻坚待他如初，又让他写信给慕容泓等人，劝他们善良。

但是，慕容暐却背地里派人告诉慕容泓："我是笼中之人，没有逃脱的希望了，不值得你们再去顾念。你们要努力建立大业。如果听到我的死讯后，直接称帝即可。"

得到"遗诏"的慕容泓，再也没有什么顾虑，他直接杀到了长安。同时改年号为燕兴。为了与另外四个燕国加以区分，史学界把慕容泓、慕容冲所建的政权称为"西燕"。

这剧情是否有点眼熟？

对比一下两赵的洛阳之战。刘曜战败被俘后，石勒也曾让刘曜劝太子投降，刘曜也搞出了阳奉阴违的把戏。以史为鉴，笔者实在不明白，为何到了这个节骨眼儿上，苻坚还会这般"信任"慕容暐。既然是人质，就应该严格控制起来，有必要待他如初吗？这真是，疑心病重的皇帝让人怕，没疑心病的皇帝让人忧。这不，慕容暐想干吗就干吗，甚至密谋杀苻坚。

有一日，慕容暐以儿子结婚为由，请苻坚到他家喝酒，他提前埋伏好了刀斧手，打算趁机杀苻坚。恰逢大雨，苻坚没能去成。可这个阴谋很快遭到泄露，苻坚气愤不已，立马召见慕容暐、慕容肃等人。

苻坚掏心窝子地问："我对你们如何？你们为何这样对我？"慕容暐支支吾吾，没法给苻坚一个解释。慕容肃是慕容恪的儿子，他的回答，给了苻坚一记响亮的耳光："家国事重，何论意气！"

呵呵呵！这就是苻坚奉行仁义的回报。与宗族、家国之事比起来，小恩小惠算个啥？

笔者相信，此时的苻坚，内心是绝望的。无论是谁，每当自己的理想，被血淋淋的现实锤击得破碎不堪时，除了绝望，还会有什么感觉呢？

德治主义？呵呵，有用吗？被朱序出卖也就算了，连姚苌、慕容垂、慕容泓都要造反，慕容暐都要起杀意……这就是苻坚应该得到的回报吗？他这么多年的真心付出，全都喂了狗吗？

毫无疑问，这简简单单的八个字，彻底否定了苻坚的民族政策，苻坚不得不向眼前的鲜卑人低头：原来，他的努力、他的理想，都是失败的，并且是那么的不堪一击！

绝望往往会让人产生轻生的念头，但苻坚现在还不能死，他有更重要的事情去做——发泄。他能感觉到，内心那头猛兽，已在胸腔拱动不息，唯有一泄愤怒，才能让它停下动作。"天子一怒，伏尸百万"，没错，就是这样——尽管这会否定他的曾经。

否定自己又怎样？反正他已承认了自己的失败！一切都结束了。

苻坚下令，将慕容暐、慕容肃以及长安城剩余的鲜卑人，不论男女老幼，统统戮杀，一个活口都不留！原本，为了理想，苻坚迎风而行；如今，因为理想，他又变得万念俱灰。他，是一个被理想击垮的人！

一霎时，身在长安，却仿佛又回到了后赵末年的邺城，又是冉闵的那套民族仇杀。这是轮回吗？无论一开始是怎样的，最终都只能用鲜血来结束吗？

城内的鲜卑人，很快被解决掉了，接下来就该解决城外的了。

当然，反过来看，苻坚也有可能会被鲜卑人解决掉。

血色长安，仇恨的海洋

慕容泓杀向长安后，没几天就被自己的手下干掉了。

原因无外乎他想约束手下的行为，强调军纪，管理稍微严格了些。可是，这些人向往自由，无法忍受束缚，转头就弑君了。这是西燕第一次内讧，以后他们的内讧还会愈演愈烈。

可叹，慕容泓也就这点水平，连自己的手下都镇不住，但苻坚居然对他无能为力……

接班的人是慕容泓的弟弟慕容冲。如果还像之前一样约束他们，那么慕容冲的下场也不会有多好。慕容冲大概是明白这一点，在管理方面的要求也就不那么严格。

与慕容泓相比，慕容冲更为暴虐，对苻坚的仇恨值也更大。前燕亡国，他与姐姐清河公主一起被苻坚纳入后宫，成为苻坚的娈童。后来，因王猛的极力反对，慕容冲才获得了自由。本来是前燕的大司马，转眼间成了苻坚床上的玩物。回想起来，那段时光是慕容冲一生中最黑暗、最屈辱的岁月。

他想抹掉这段记忆，他对苻坚充满了恨意。

此时，苻晖率七万人马从洛阳返回长安，为苻坚注入了一剂强心针。父亲有难，能及时回来救援，单凭这一点，苻坚也要重用苻晖。随后，苻坚以苻晖为都督中外诸军事、车骑大将军、录尚书事，给他五万人对抗慕容冲，又让前将军姜宇与小儿子河间公苻琳领三万人作为苻晖的后继。

论忠孝，苻晖是没有问题的；但他的能力，是真的不敢恭维。

那一头，慕容冲让女人骑牛骑马，举杆为旗，用来助战。他专门给这支队伍起了一个名：班队。在郑西（今陕西华州区）一战，班队就发挥了作用。两军交战没多久，慕容冲高喊一声："班队何在？"班队立刻出动，摇旗呐喊、扬起尘土，虚张声势。

秦军一时不知对方到底有多少人马，不禁慌不择路……慕容冲大胜苻晖。

其后，慕容冲在灞上再次击败前秦守军，导致姜宇被斩，苻琳中箭而死。慕容冲旋即占据阿房城。然后，是不是要进攻长安，杀死苻坚，报仇雪恨？

站在长安城上，看到黑压压的鲜卑人，苻坚无比感慨："此虏何从出也？其强若斯！"他派人送给慕容冲一套锦袍，希望慕容冲能够看在他俩往昔的"情谊"上，能够退兵。

这简直是个昏着儿！难道符坚认为，慕容冲从前过得很快乐吗？非要哪壶不开提哪壶！无解。事实上，符坚此举恰恰戳中了慕容冲的痛处，慕容冲不仅不"领情"，还直接拒绝了符坚，并宣称符坚最好早点放弃抵抗！

符坚怒了，他没想到慕容冲居然如此"绝情"，不禁悔叹道："吾不用王景略、阳平公（符融）之言，使白虏敢至于此。"白虏，是符坚对鲜卑人的蔑称。

一场血战在所难免。

从384年九月，到385年五月，双方在长安城下进行了长达九个月的对峙。这期间，符坚与慕容冲互有胜负，僵持不下。

符坚面临的最大的问题，是被围困在长安，没有粮食，因此渐落下风。但慕容冲则不同，关中本就不是他的地盘，此时他也没有长期驻足的打算。故而，他放纵自己的军队，对关中的老百姓残暴掠夺，史称"（慕容）冲毒暴关中，人皆流散，道路断绝，千里无烟"……

尽管太子符宏有斩获三万人这样的大胜，符坚有把慕容冲赶回阿房城这样的成果，杨定可以俘获万余人……但这并非决定性的胜利，无法动摇其根本。面对慕容冲的一次次反击，符坚都亲自督战，被乱箭射得遍体鳞伤、鲜血淋漓，战况惨烈至极。

前秦大将苟池与西燕军争夺小麦，在骊山一战阵亡，备受符坚器重的符晖更是屡战屡败。

期望越大，失望也越大，符坚严厉地斥责符晖道："你是我最有才能的儿子，带领众多军队与白虏小孩子作战，反而屡屡失败，活着还有什么用？"

符晖羞愧不已，冲动自杀了。这是符坚始料未及的。他本来只是想激励孩子……

现下，符坚还有希望吗？本来还有。

此时，关中坞堡纷纷开始支持符坚，他们联合起来，冒死为符坚送粮食，并主动告诉符坚，要去偷袭西燕的大营。结果很不幸，送粮的人被劫，人都被西燕军所杀。偷袭军营的人放起了大火，转眼间，风向反转，最终只有十分之二三的人得以幸存。

没有粮食怎么办？那就吃人！西燕高盖夜袭长安，窦冲、李辩将其击败，斩首一千八百人。尸体全被分而食之。这都是因为恨意吗？不，吃人是为了生存，为了填饱肚子，因为符坚几乎弹尽粮绝了，他已经没有别的办法了。

当然，恨意肯定也是有的，比如杨定俘获的万余鲜卑人，就被符坚活埋了。

这一仗，也使得杨定成为慕容冲畏惧的极少数的前秦将军之一。

魂断新平，傲骨犹存

杨定，出身于仇池杨氏，是苻坚的女婿，以骁勇善战著称。在苻坚最艰难的时刻，他成了苻坚身边最为信任、最为倚重的大将。往后，他在历史舞台上还有一番精彩表演。（详见第三卷）

秦、燕之战的转折点，发生在长安城西一战。这一次，杨定战败，为西燕军所擒。此事对苻坚造成了致命的打击。该怎么办呢？还有谁能抗衡慕容冲？

在这绝望之际，苻坚开始相信图谶了。

这也不难理解，从他一出生时，带有"艹付"二字，蒲洪听信谶语，就改姓为苻。苻生在位时，"东海大鱼化为龙，男便为王女为公。问在何所洛门东"的谶言，则暗示了苻坚会做天王。在最重要的时刻，谶语都"发挥"过作用。

此时有本叫《古符传贾录》的古书，记载了"帝出五将久长得"的话。赌一下运气吧，苻坚对此深信不疑，他告诫太子苻宏："这大概是上天想引我外出吧，你好好守城，不要与贼人争锋，我去给你弄粮食。"

385年五月，苻坚带领数百骑，以及张夫人、苻诜及两个女儿苻宝、苻锦，按照图谶的指示奔往五将山，并向各州郡公开宣布，约定在孟冬之时救援长安。

孟冬是指每年冬天的第一个月，也就是农历十月。意思是要让苻宏在极其困难的条件下守半年（385年还有闰五月），这有点太难为他了。所以没过多久，苻宏带领数千骑兵与母亲、妻子、宗室亲属弃城而逃。慕容冲进入长安，纵兵大掠，城中被杀死的人不计其数。

对这一切，苻坚并不知悉，他正忙着赶赴五将山。很不凑巧的是，当他来到目的地时，才知此处已为姚苌所控制。没几日，后秦军包围了五将山，逮捕了苻坚，将他送到新平幽禁起来。

穷途末路的苻坚，依然保持着帝王应有的骨气。

姚苌向苻坚索要传国玉玺，被苻坚毫不犹豫地拒绝："小羌乃敢干逼天子，岂以传国玺授汝羌也，图纬符命，何所依据？五胡次序，无汝羌名。违天不祥，其能久乎！玺已送晋，不可得也！"

北方少数民族当中就没你羌族，你是个什么东西？还想要玉玺！况说玉玺已经送到东晋了，小羌姚苌休想得到。当然，这只是苻坚的气话而已。北方少数民族当中，当然包括羌族。

姚苌仍不甘心，他让尹纬说服苻坚，求他做尧舜禅代之事。苻坚怒斥道：

"禅让，是圣贤之间的事情，姚苌是叛贼，怎可让他继位？"

苻坚不仅拒绝姚苌的要求，并不停地破口大骂，只求一死。他担心女儿会在他死后受辱，就先杀死了苻宝和苻锦。眼见苻坚不肯屈服，无法利用，姚苌就派人把苻坚吊死在新平的佛寺，卒年四十八岁。随即，张夫人与苻诜也双双自杀。后秦的将士也为他们悲痛。

后来苻丕称帝后，追谥苻坚为宣昭皇帝。

我们来试着评价一下苻坚吧。

与桓温相类，《晋书》对苻坚的评价可谓是功过各半："永固（苻坚字永固）雅量瑰姿，变夷众夏，叶鱼龙之谣咏，挺草付之休征，克翦奸回，篡承伪历，遵明王之德教，阐先圣之儒风，抚育黎元，忧勤庶政。王猛以宏材纬军国，苻融以懿戚赞经纶，权薛以谅直进规谟，邓、张以忠勇恢威略，俊贤效足，杞梓呈才，文武兼施，德刑具举。乃平燕定蜀，擒代吞凉，跨三分之二，居九州之七，遐荒慕义，幽险宅心，因止马而献歌，托栖鸾以成颂，因以功侔曩烈，岂直化洽当年！虽五胡之盛，莫之比也。"

无须译成白话，通读一遍，就能体会到这灼灼的赞美之词。

翻遍《晋书》，笔者没见到比这段话更高的帝王评价，哪怕是两晋的皇帝亦是如此。史者不吝溢美之词，对苻坚宽广的胸怀、建立的功业、用人的策略、教育事业的兴隆、国家的繁荣昌盛、百姓的安居乐业都予以了充分的肯定。

在赞美完苻坚后，史书笔锋一转，开始批评苻坚的穷兵黩武、傲慢自负："既而足己夸世，愎谏违谋，轻敌怒邻，穷兵黩武。怼三正之未叶，耻五运之犹乖，倾率土之师，起滔天之寇，负其犬羊之力，肆其吞噬之能。自谓战必胜，攻必取，便欲鸣鸾禹穴，驻跸疑山，疏爵以候楚材，筑馆以须归命。曾弗知人道助顺，神理害盈，虽矜涿野之强，终致昆阳之败。遂使凶渠候隙，狡寇伺间，步摇启其祸先，烧当乘其乱极，宗社迁于他族，身首馨于贼臣，贻戒将来，取笑天下，岂不哀哉！岂不谬哉！"

总之，苻坚贸然发动淝水之战，才导致身死国灭的下场。

两段评价反差极大，恰能说明前秦帝国崩溃的原因。

历史风云变幻，潮起潮落，人生如海，苻坚的悲剧留给后世无尽的反思。

关于苻坚，笔者还是想多说两句。苻坚是一个优秀的君王，这点是没有什么疑问的。纵观他一生的执政，确实有很多可圈可点之处。然而，他的个人资质，算得上拔尖吗？

笔者认为算不上。苻坚绝对称不上是雄才大略。他自己评价自己说："吾虽未为令主，亦非暗劣。"他说，他即使不算是雄主，但也绝非昏庸之辈。他对自己还是有清楚的认识的。

但这不要紧，《韩非子》曾说："世之治者不绝于中，吾所以为言势者，中也。中者，上不及尧、舜，而下亦不为桀、纣。抱法处势则治，背法去势则乱。今废势背法而待尧、舜，尧、舜至乃治，是千世乱而一治也。抱法处势而待桀、纣，桀、纣至乃乱，是千世治而一乱也。"

简言之，大部分的君王都是"上不及尧、舜，而下亦不为桀、纣"的"中者"，人们大可不必，因自己未能逢上尧舜一般的皇帝而恼恨，这些"中者"只要能运用好所遇之"势"，便有可能以此裨补阙漏，使自己成为"上人"。

那么，苻坚有没有运用好自己的势呢？答案是肯定的。

实际上，苻坚的成功，很大程度上是因为他在正确的时间里，遇到了正确的人。诚然，王猛不是完人，但他刚好能弥补苻坚的缺陷。当王猛去世后，本来鼓满风帆、高速航行的前秦，猝然间抛锚了。

从公元383年淝水之战前的鼎盛时期，到公元385年苻坚走投无路被姚苌弑杀，之间不过两年而已。前秦崩溃之迅速令人瞠目结舌。其中，民族矛盾是个很关键的原因。

之前在分析淝水之战战败的原因时，笔者曾说过，战争的失败与前秦的民族矛盾无关，但是战后前秦迅速崩溃，却与民族矛盾有着莫大的关系。

前秦民族问题之复杂，远非我们所想象。前文提到苻坚在巡视朔方时，立了一块"广武将军碑"。不妨来看看这上面刻录的文字吧，它们多少能说明这个问题。

"上郡夫施黑羌、白羌；高凉西羌；卢水、白虏、支胡、粟特。苦水杂户七千，夷类十二种……"看看这些民族吧，有些在当时都叫不上名。

要知道，想让这些不同信仰不同风俗的民族在短时间内真正稳定下来、融为一体，在短时间内是很难办到的。此外，苻坚发动淝水之战，没有一个稳定的后方，一旦失败，便会触发多米诺骨牌的机关。只要一个部族造反，其他部族也会接连跟风，崩溃的局面势不可挽。

写完苻坚的一生，笔者的内心多少有些沉重。

以苻坚的性格、能力以及他所在的时代来看，或许他很难统一天下，但他绝不应得到这样的下场。他是个好人，当他含恨闭目的那一刻，他无愧于任何人，除了在淝水之战中牺牲的将士……

以及，用尽一生心血去辅佐他的王景略。

附章

高句丽简史

亦须值得关注的，是在十六国时期，与中原政权往来频密的高句丽政权。它的故事也十分精彩。为了保持叙述的完整性，《高句丽简史》部分将讲述它在十六国时期及其之后百年内的治乱兴亡。

这个国家数次濒临灭国边缘，但总能在大片的废墟中崛起，屹立在中国的东北方。不安现状、不言放弃，是他们的民族根魂。仅凭此，这个国家都值得我们尊重。

——引言

第一节　从西汉到十六国南北朝

好了伤疤忘了疼

高句丽，又名高句骊（依《后汉书》的说法），它是中国东北一个古老的民族，其地理位置，是在西汉时玄菟郡高句丽县（今辽宁新宾境内）。这也是高句丽得名的原因。

咱们在讲高句丽的简史之前，有两个必须厘清的概念，其一，高句丽原属中国，并不是外邦，约莫在5世纪前后，高句丽开始被省称为"高丽"（其君主也被中国皇帝册封为"高丽王"）；其二，在高句丽灭亡二百多年后，朝鲜半岛上出现了一个王氏高丽，但二者风马牛不相及，王氏高丽并不是高句丽的继承国。

高句丽的建国者叫作高朱蒙。

相传，高朱蒙的母亲被禁闭在扶余国的宫中。一天，阳光照到了她的身上，有些晃眼，她便起身换了一个位置，没承想这道阳光形影不离地跟随着她。

后来呢？根据帝王出生"法则"，后来的事大家都能猜到了吧。有了这样的奇遇，高朱蒙的母亲"理所当然"地就怀孕了，生下了朱蒙——又是一个知母而不知父的神话传说。

再后来，扶余人想要除掉高朱蒙，他侥幸逃脱，一气跑到扶余以南，建立了高句丽国。这一年，是汉元帝建昭二年（公元前37）。

建国伊始，高句丽就遭到扶余和鲜卑人的围击，被迫迁往国内城（吉林集安）。这个地儿虽然不大，但他们却能凭借险要的地势和密集的山林，来抵抗外族的入侵。这一招确实有效。因此，在强敌环伺的恶劣条件下，高句丽人成功度过了他们的第一个坎。

经过了近两个世纪的发展，到了东汉末年，高句丽本想趁着中原军阀混战，向西拓展疆界，但它遭受了割据辽东的公孙氏的迎头痛击。随后，公孙康攻破国内城，将这座建设多年的城池破坏得一地狼藉。

高句丽人的心理素质也很强大，不久后又在丸都山上建了一座新城，这就是著名的丸都山城。此城居高临下，较之国内城更为易守难攻。

没过多久，公孙氏政权被司马懿所灭。这可乐坏了高句丽人！

正是应了"好了伤疤忘了疼"的理，高句丽人心里又打起了盘算。而正当他们以为苦主不在，攻取辽东的时机已经成熟之时，却不知他们会遇到更大的苦主——毌丘俭。

毌丘俭捋起袖子，两伐高句丽，把它打得找不着北。

痼疾，毌丘俭的心里在呵呵冷笑：你家的丸都山城不是难打吗？老子打的就是你！

最终，丸都山城被屠，高句丽国王带着老婆孩子单骑逃跑……

这个打击是巨大的。伤痕累累的高句丽人，这次记着了教训，再也不敢轻易地主动进攻了。

好汉不吃眼前亏

不过，高句丽人也明白，老是蜷缩在一角，这国家的发展也不能跃上一个台阶。所以，他们不会死心，也不能死心。在重建丸都山城的同时，他们的眼睛也一直窥伺着中原的动向。

接下来，西晋王朝陷入了八王之乱的纷争中，高句丽也准备出来大展拳脚。永嘉年间，高句丽袭取了辽东西安平、乐浪、玄菟，这些军事行动，成功地阻截了朝鲜半岛通往辽东的水道，且赢得了对朝鲜半岛北部的统治权。

不得不说，高句丽人扩张势力的时机选得很好，如今中原对辽东的控制力开始下降，这样的机会哪儿找去！但……容许笔者先做一个悲伤的表情。尽管高句丽人赢得了一些战果，但他们若想要入主中原，却绝非易事，这一次，他们又遇到了上升期的慕容鲜卑。

起初，高句丽还能和慕容廆打得有来有回，平分秋色；但不久之后，悍将慕容翰便来到了辽东，这位铁人大哥威猛过人，打得高句丽有些吃不消，他们不得不暂时避开慕容翰。

说多了都是泪啊！打吧，自己是打不过了，但如果能拉几个盟友一起打呢？是不是就能收拾那个阎王爷？——高句丽人不禁作此想。此时，在位的高句丽王是高钊。

晋太兴二年（319），崔毖挑唆段氏、宇文氏、高句丽三家共同出兵，攻打

慕容廆。高句丽满口答应，企图瓜分慕容氏的地盘，最终慕容廆成功化解危机。（详见第一卷）

迫至慕容皝统治时期，高句丽再次遭受重创。慕容翰采用避实就虚的计策，成功避开了高句丽的主力部队，轻松攻破丸都山城。

这一次，高钊吓得躲进山林不肯出来。慕容皝大笑三声，旋即命人挖去他亡父的尸骨，抓了他健在的老母。然后，慕容氏焚烧宫室、掠夺人口、拿走财宝，一点没跟高钊客气。毫无疑问，这对高句丽人来说，几乎是毁灭性的打击。

面对一片废墟，这个民族却没有自暴自弃。他们凭借自己强大的毅力和耐力，开始了三十年的卧薪尝胆之旅，生动地诠释了"天将降大任于斯人"的精神内涵。

正所谓"好汉不吃眼前亏"，高钊心知自己打不过慕容皝，便摆出了能屈能伸的姿态——投降。

在进贡了无数珍宝之后，高钊终于得到了慕容皝的谅解。不过，为了防止高句丽人叛变，慕容皝只归还了高钊父亲的尸骨，至于那位老母亲，则一直被扣留在国中。这么做似乎有些不厚道，但大家只要想想日后隋炀帝的遭遇——高句丽对他降了又叛，便会觉得慕容皝的做法是明智的。

那么，后来慕容氏有没有归还人质呢？有，那得等到慕容儁称帝中原之后。

稳定统一才是王道

且说，慕容氏逐鹿中原，与前秦、东晋形成了三国鼎立的局面，暂时无暇顾及高句丽。

高句丽也一改之前的国策，不再穷兵黩武对外扩张，转而注重国内经济的发展和人才的培养。此后，即便慕容氏所建立的前燕为前秦所灭，高句丽也不为所动，继续坚守休民保境的原则，不轻易对外发动战争。

晋太元八年（383）时，秦、晋间发生了淝水之战。战后，中原大地再次乱成了一锅粥。如前所述，慕容垂趁乱复国，建立了后燕。

想想那些年的国仇家恨，高句丽有些意气难平，忍不住要出手对付慕容氏。当然，这只是一方面的原因罢了，韬光养晦这么多年了，他们也有扩张的需求。于是，不愿坐失良机的高句丽人，展开了一次尝试性的进攻。

原本抱着试水的心态，没想却一举拿下了辽东、玄菟二郡。对于他们来说，这算得上历史性的突破。尽管二郡很快就被后燕收复了，但这依然带给高句丽人极大的信心。

也是高句丽运气好，一度强大的后燕并没有坐稳老大的席位。自打慕容垂死后，后燕的国力便一度滑坡，急遽衰落。高句丽王高安再次夺取了辽东，并多次击败慕容熙的反击。受到挫折的慕容熙，没过多久就被高云所杀，随后，北燕取代了后燕。

至此，高句丽完全占据了辽东地区。

北燕审时度势，与高句丽建立了良好的外交关系，故此高句丽始终没对辽西动过念头。但扩张这事儿，是越做越有瘾，完全停不下来，他们便把目光转移到了南方的朝鲜半岛，开始与新罗、百济玩起了三国杀。

高安是高句丽第十九代王广开土王。在他执政期间，高句丽占领了整个玄菟、乐浪，这意味着辽水以东的大片土地，都进入了高句丽的版图。某一次，在与扶余的战役中，高句丽攻克了对方六十四个城池、一千四百个村庄。雄兵过境，无不是惊哭之声。

高安在位四十余年，可被视为高句丽的鼎盛时期。

而后，小兽林王高琏继位。一个国家，如果空有版图，而不兴文教，迟早是要玩完的。高琏深谙此理，遂开始着手加强国内的稳定统一。他先后出台了新法、引入了佛教、建立了太学、改革了军制。

后来，在高琏的努力下，高句丽稳定发展，成为颇有实力的一个割据政权。后来的继承者们，也都较为称职。因此，高句丽始终保持着发展态势。

到了南北朝时期，面对强盛的北魏，高句丽遣使称藩，每年进贡。看到高句丽变得"安分守己"，北魏也乐于与其和平往来。学者王仲荦曾转述过一段史料："北魏在举行大朝会款待外国使团的时候，将高句丽排在了第二位，其位次仅低于南朝使团。高句丽绝对称得上当时东北亚各国中国力最强盛、文化最发达的一个国家。"

在整个南北朝，高句丽一直与中原王朝维持着和平的关系，故此他们在中原舞台上的戏份儿并不多。这种情形一直维持到杨坚篡国建隋。

第二节　隋炀帝三征高句丽

一伐高句丽：百万雄师，顿兵坚城

从史料中看来，杨坚对待高句丽的态度一贯不友好。

反过来，高句丽人也明白隋朝迟早会打过来。于是，高句丽提前开始训练士兵，囤积粮食，进入备战状态。可是等了很久，也不见隋军过来。他们不禁有些困惑：难道说，之前白准备了？

不，既然已经准备好了，怎么着也该打打辽西吧？这一打不要紧，没拿下辽西还不算，反倒是彻底激怒了杨坚：我当了十八年的皇帝，还没人敢来叫板，你凭什么和我打？

盛怒之下，杨坚以汉王杨谅、王世积为主帅，统领水陆三十万大军征讨高句丽。

先说陆军，隋军走出临渝关（山海关附近）后，遇到了连绵大雨。由于准备不充分，粮食无法及时运到，部队里恰好又染上了瘟疫，军士们苦不堪言。

再说水军，船队遇到大风，大量船只沉没海底……

眼看这仗没法打了，隋军被迫返回。因为杨谅知道，再继续往前面走，只有死路一条。

这个结果令人哭笑不得。高句丽连人影还没看到，隋军已经"死者什八九"。不过高句丽王高元还是被隋军的阵势震慑了，赶紧遣使谢罪，总算是给了杨坚一个台阶。

隋代李静训宝石项链，赵培摄于中国国家博物馆

隋炀帝即位后，穷奢极欲。建东都，挖运河，下江南，造宫室……无时无刻不在搞大工程，搞得全天下老百姓怨声载道。于是，在大业七年（611）时，就发生了王薄、刘霸道、窦建德为代表的农民起义。自此之后，义军蜂拥而起，不可胜数。杨广下令各个郡县的长官随捕随杀，但仍然无法禁绝。

然而，在严重的社会危机下，杨广居然对高句丽发起了战争。

大业八年（612），杨广御驾亲征，志在必得。史称隋朝的总兵力达到了一百一十三万三千八百人，号称二百万。运送粮草的劳工更是两倍以上，所谓"近古出师之盛，未之有也"。

出动这么大规模的军队去打人家，总要有个理由或者借口吧？古人讲究师出有名，才能无往不利。隋炀帝给出的理由是：高句丽不服王化，对隋朝傲慢无礼，没有臣子的礼节；并且，高元罪孽深重，天理不容。

都有哪些罪孽呢？杨广一一列举：法令严苛、赋税严重、战争不断、徭役无期，总之，老百姓生活在水深火热之中；另外，朝中由权臣豪族把持朝政，以至于贿赂成风，高元本人又拒谏饰非，导致灾情不断……

高元看到后，又好气又好笑：杨广大哥，你确定你说的是我，不是说的你自己吗？你自己的老百姓有多惨你看不到吗？"我性不欲人谏"不是你的原话吗？怎么这也成了我的错？

借用孔乙己的话，"你怎么这样凭空污人清白？"

污人清白这种事，杨广本来就没少干，也不差你一个高元了。他才不管是非黑白！战争，比的是谁拳头硬，你高句丽就是他的眼中钉、肉中刺，说什么也要灭掉你！

就这样，百万军队浩浩荡荡地杀向了东北。高句丽据守于辽水。

面对湍急的河流，杨广使用最常规的办法：造浮桥。不妙的是，宇文恺造的浮桥短了 1 丈多的距离（隋朝改过度量衡，607 年后，1 丈 =2.355 米），这直接导致了隋军大败。

首战受挫并没有影响杨广的信心，他认为这是工程师的失误而已，非战之罪。两天后，浮桥被接长了，隋军再次发动进攻。他们在河对岸与高句丽展开殊死搏杀。损失数万人后，高句丽开始溃败。隋军一路追击，包围了辽东城（今辽宁辽阳）。

随后，杨广率领大部队渡过辽水。第一回合，隋军大获全胜。

从数量上说，隋军占有碾压性的优势，攻克城池只是时间问题。就在这关键时刻，一个人站了出来。他凭借一己之力，"力挽狂澜"，帮高句丽人顽强地守住了城池。

这个人不是别人，正是杨广本人。

此战中，杨广把自己的瞎指挥的水平发挥到了极致。

他选择了最保守，也最没有攻击性的战术：不能孤军独斗，深入敌境。要三路并进，互相配合。凡是军事行动，都必须上报，不能擅自行动。

这方案真是令人"拍案叫绝"。谁都懂得，兵贵神速，以快取胜。往往克敌取胜的时机转瞬即逝，此皆有赖于在场指挥者的临时判断与抉择。毕竟，那时又没有无线电通信设备。不然呢？等到上报回去，再由杨广下达命令传到战场，黄花菜都凉了。

这还不算完，还有一个更令人窒息的操作：如果高句丽人投降，一律停止进攻，要安抚他们、接纳他们，并及时通知皇帝本人……

无法可想，背着这么多条条框框，隋军还是攻城了。

隋军很勇猛，咱们得承认。高句丽人很快就顶不住了，只好举起了白旗。

就在这个关键时刻，隋军不敢抓住时机一举攻克，而是先奏报杨广。趁着这个间隙，高句丽人争分夺秒，与时间赛跑，急忙修补城池、修筑防御工事。终于，等到杨广的命令传来，高句丽人已经完工了，他们又开始坚守城池……

这天算是白忙活了。

第二天，隋军发动更猛烈的攻势，誓要消灭这些"言而无信"的高句丽人。高句丽人依然使用相同的办法：举白旗。

而后，自然是，一、强行进入中场休息阶段；二、隋军依然奏报杨广，高句丽加固城池；三、双方展开下半场的攻势；四、隋军攻之不下……

第三天，还是熟悉的配方、熟悉的味道，以及神一般熟悉的操作。

隋军精疲力竭，高句丽屡试不爽。

这仗都打到了这个地步了，隋炀帝居然还没有明白问题出在了哪里。反倒是对着诸将喷口水，认为他们不尽力。为此，杨广住到了距离辽东城几里外的地方，可以方便督战。

即便如此，辽东城依然无法攻克。

战争结果：贪功冒进，全军覆没

隋炀帝的主力部队在辽东城卡了壳。

另一路兵马，则由宇文述率领，他绕过了辽东城，深入敌境。这时，突然有一个叫乙支文德的人来到隋军的大本营。

这个乙支文德很有来头。如果说高句丽王高元是隋朝的头号通缉犯，那么乙支文德就是二号通缉犯。名义上，他是要投降，实则是为了探查隋军的虚实。搞清楚状况后，乙支文德溜之大吉。这让隋军高级将领非常不安。因为出征之前，杨广下令，遇到乙支文德必须抓住他。

怎么办？宇文述想撤退，因为粮食已经吃完了，再往前走过于冒险；可于仲文不同意。他认为，只要继续追击乙支文德，定能立功，若是退兵反倒会遭受责罚。

因为杨广特别的信任，于仲文才是这支军队的最高指挥，宇文述也十分无奈。他很清楚，于仲文只是一个热衷于军功的人，至于其他人的死活，根本不在他的考虑之中。

在这里，有必要说一下于仲文这个人。

于仲文，是一个精致的利己主义者。在他的眼里，没有比他个人利益更重的东西了。他是北周名将于谨的孙子，他们一家都受到了北周崇高的礼遇。可是，就在北周政权遭到威胁时，他们毫不犹豫地选择了叛国。

叛国自然会付出代价。北周名将尉迟迥去讨伐他。

在最危险的时刻，于仲文不想和大家同仇敌忾守城，而是做着逃命的打算。

估计，那时他是这么想的：只要保住了自己的小命，老婆死了可以再娶，孩子死了可以再生，部下死了可以再分配……对，就这么办。

于是，于仲文只带着六十多骑精锐弃城而逃，老婆孩子都死于尉迟迥之手。

后来，高智慧在江南叛乱，于仲文以行军总管的身份去平叛。

当时军队缺乏粮食，米价飞涨，于仲文便打起了发国难财的主意。他开始贩卖为数不多的军食。他的腰包是很快鼓起来了，但将士们不满的情绪，也跟着如同指数函数般往上增。最后，连杨坚都看不下去了，对其进行了惩罚——虽然是象征性的。

面对这么一个自私自利的人，宇文述是真的不愿再继续往前追，但没办法，谁让于仲文是总指挥呢？然后，硬着头皮，将卒们渡过了鸭绿江。

乙支文德心知隋军无粮，故意骄敌，佯装打不过。宇文述遂能在一日之内七战七捷。这给了于仲文虚妄的信心：既然一直都在赢，那就更没有理由撤退了。

隋军继续渡过萨水，一路杀到了平壤城。

攻城吗？没吃的，拿什么攻？宇文述再次要求撤军。估计是看到了严峻的形势，这回没人反对了。但是，高句丽人会这么轻易放宇文述回去吗？以为这儿是你家的后花园，想来就来，想走就走？

撤军是个技术活，稍有不慎就会满盘皆输，前文所说的桓温就吃过大亏。忽然间，高句丽人从不同方向发起围攻。宇文述是个老经验，并没有自乱阵脚，他把部队列成方阵，且战且走。

面对如同刺猬般的宇文述，高句丽一时之间没找到突破口。

但是，回去的路并不是只靠走的。来的时候渡过了萨水，回去的时候也一样。这一过萨水，就出了大问题。过河，最怕的就是半渡而击，高句丽深谙此理。面对高句丽的背后一击，隋军瞬间崩溃了，无数士兵淹死在萨水中。

高句丽乘胜掩杀，宇文述无法组织起有效的阻击战。

求生的欲望，驱使着士兵四处逃窜。隋军饥肠辘辘，又怎能跑过高句丽的精锐部队？仅仅一日一夜的时间，隋军就跑到了450里外的鸭绿江。（"于是诸军俱溃，不可禁止，将士奔还，一日一夜至鸭绿水，行四百五十里。"）（笔者按：607年隋朝改过度量衡，此前，1里=0.5312km；此后，1里=0.4239km。）

一开始，宇文述有30万兵力。回到辽东城下，却只带回来2700人。数以万计的兵器军资丢失殆尽，都成了对手的战利品。隋炀帝勃然大怒，将宇文述等人枷锁拘押，下令撤军。

宇文述全军覆没，宣告了一征高句丽的彻底失败。

二伐高句丽：后院失火，匆忙班师

战后，该总结的要总结，该反思的要反思。

反思的主题是——为什么打败仗？谁来负这个责？

群臣面面相觑，不知该如何解释，他们也没指望皇帝会自我检讨一番。惶恐不安间，于仲文突然进入了大家的视野。就这样，一个人带头，其他人纷纷附和：都怪于仲文，明知没有粮食了，非要贪功冒进，渡过萨水，遭到失利。

好，既然首要责任人已经找到，那就把于仲文除名为民，关押起来！

于仲文冤吗？不冤。杨广的主力是被困在坚城之下，损失也很大，但不至于溃败。于仲文私心太重，不顾实际情况冒险追击，才为最后的失败埋下伏笔。

这个败仗，对隋朝的打击是巨大的。

前文说过，隋朝在战前已暴露出很深的社会危机。在大业元年（605）挖通济渠和大业四年（608）挖永济渠的时候，杨广甚至动用了女人充当劳动力。可见男性的劳动力已出现了短缺。在这样的形势下，杨广发动了百余万军队以及后勤200万人，可说是倾国之力。

因此，战争失败之后，社会矛盾必然会进一步激化，当务之急，自然是尽力化解社会矛盾。可奇怪的是，隋炀帝仍然不管不顾，他决定要再次进攻高句丽。

目的何在？一雪前耻呗。

隔年，隋炀帝率军再次渡过辽水，进攻辽东城。

这一次，杨广吸取了教训，他不再插手具体的军事行动，让大家放开手脚，便宜行事。隋军动用了飞楼、橦车、云梯、地道等多种攻城手段，四面攻城，昼夜不息。高句丽见招拆招，顽强抵抗。打了二十多天，双方损失都很惨重。

比战损，高句丽耗不起啊。

隋军继续增加更为科学的攻城方式，比如，制造百万个装满土的布袋，堆成一个坡道，让士兵沿着坡道登城；又制作八轮楼车，楼车高于城墙，以便于车上的人射杀城内的守军……

这谁顶得住啊！高句丽军慌了。再这么打下去，隋军攻陷辽东城只是时间问题，杨广已经看到了胜利的曙光。可就在这个节骨眼儿上，一场意外的变故，让杨广不得不放弃唾手可得的辽东城，被迫撤军。

后院失火，杨玄感造反！

杨玄感何人？他是隋朝名将杨素的长子。此时，杨玄感在黎阳起兵，一呼百应。很快，十万之众纷纷响应这位名门子弟的号召，一起攻打东都洛阳。

隋炀帝仓促撤军，用时两个月，方平定了杨玄感之乱。

树欲静而风不止，一个杨玄感倒下了，成千上万个杨玄感走上了反隋的道路。

三伐高句丽：疲惫之师，草草收场

大业十年（614），杨广三征高句丽。此时，对方已无力抵抗，高元忙不迭向隋炀帝称臣谢罪，把隋朝的叛臣斛思政返还。杨广大为高兴，就此罢兵。

这算是隋朝胜利了吗？

恐怕不算，一则，找回脸面而已，不能说是什么大收获；二则，高元回头就不认了。且说，杨广回到长安后，征召高元入朝觐见。高元却只翻了个白眼，心说：我就不去，你奈我何？有本事你再来打我？

可，杨广还能去吗？不能了。隋朝已经病入膏肓，无力再次去征讨高句丽。4年后，隋炀帝被宇文化及所弑杀，隋朝灭亡。

总结一下：高句丽顽强地顶住了隋朝的攻击，以弱胜强，凭的是什么？

除了之前说的隋炀帝瞎指挥、于仲文自私自利、杨玄感造反等隋朝自身的原因之外，高句丽那偏远的地理位置，也是一个很重要的因素。

中原军队若想打过去，只有一条道路，运输与补给就变得十分困难。

在杨玄感造反之前，谋主李密给他提出了上中下三策："天子出征，远在辽外，去幽州犹隔千里。南有巨海，北有强胡，中间一道，理极艰危。公拥兵出其不意，长驱入蓟，据临渝之险，扼其咽喉。归路既绝，高丽闻之，必蹑其后，不过旬月，资粮皆尽，其众不降则溃，可不战而擒，此上计也。"

其中的上策就提到了可以利用这点，占据临渝关，掐断杨广的归路，与高句丽前后夹击隋军。除此以外，高句丽的气候条件较为恶劣，中原军队在高句丽的主场作战，很难发挥出自身应有的战斗力。

第三节　夕阳余晖，故国留痕

御驾亲征，高句丽举国震惊

就在隋朝灭亡的同一年，高句丽王高元也倒了下去，其弟高建武即位。

此时，中原战火纷飞，王世充、窦建德等人割据一方，但高建武还是很识相，接连向唐朝朝贡，想要修复与中原的关系。唐高祖李渊也乐于接受对方抛出的橄榄枝，遣送了一大批扣留在中原的高句丽人。

礼尚往来，高建武也返还了数以万计的中原百姓，并摧毁了他们引以为傲的"京观"。所谓的"京观"，是指把敌国战死的尸体，堆积在道路的两侧用土夯实，形成金字塔形状的土堆，以此来炫耀战果、羞辱敌国。

双方的关系有了短暂的缓和。高句丽连续11次遣使进贡，甚至派太子亲自去长安觐见唐太宗李世民。

但高建武仍不放心。他始终担心，有一天唐军会打过来。那该怎么办呢？他也开始学习中原的办法：修长城。数年后，在与唐朝的边境线上，赫然出现了长达千里的长城。

贞观十六年（642），大臣泉盖苏文弑杀高建武，立高建武的侄子为王。自此而始，泉盖苏文大权独揽，专制国政，高句丽人叫苦不迭。

而唐朝呢？已经消灭了东突厥，国力强势。要想讨伐泉盖苏文，只差一个正当的借口。

借口说来就来，由于高句丽和百济联手攻取了新罗国的四十多个城，还断绝了向唐朝进贡的道路，新罗国忙向唐朝遣使求救。这种事，唐朝可不会容忍，但人家素来以包容著称，不愿担上穷兵黩武的名声，只能选择"先礼后兵"的策略。

　　李世民便派司农丞相里玄奖出使高句丽，对两国的关系进行调和，但泉盖苏文不听。

　　好，既然你这么无视我，就别怪我对你不客气了。

　　贞观十八年（644），李世民不顾群臣反对，出动十余万军队，亲征高句丽。次年四月，李勣（徐世勣）虚张声势，渡过辽水，到达玄菟。高句丽先前没有设防，此时不得不被动防守。很快，唐军打到了辽东城下。

　　泉盖苏文坐不住了，立马派出四万军队救辽东城。

　　辽东城的守军对援军翘首以盼，但可惜的是，等来的却是援军被李勣杀退的消息……

　　半城烟沙，兵临城下。李世民御驾亲征，连续进攻半个多月，一举拿下辽东城，杀敌1万，俘获无算。

　　何曾想到，这座有着铜墙铁壁、金城汤池的辽东城，在经历了无数风雨飘摇的夜晚，终于被李世民带领的中原军队踩在了脚下！

　　唐军士气高涨，乘胜进军，白岩城、牟盖城相继被攻克。主力部队继续向安市城进发。高句丽人知道安市城的重要性，赶紧再次派出援军。唐军依然坚持围点打援的策略，准备先解决掉援军，再安心攻城。

　　李勣依山为阵，李世民亲自领军在山顶等待突击，长孙无忌则偷偷地从峡谷一侧绕到了高句丽援军的后方。然而，援军统帅高延寿对此毫无察觉。正当他准备进攻李勣时，后方扬起了漫天黄沙。

　　李世民知道，这是长孙无忌已经就位的标志，遂直接下令冲击高句丽援军。高延寿不知其因，已经军心动摇，哪里能挡得住唐军正面的冲击？突如其来的倾盆大雨，伴着雷电之声，渲染了唐军的威势，高延寿完全组织不起像样的抵抗。

　　溃败后的高延寿，还是选择了依山固守，他还想做最后的抵抗。长孙无忌则在后方拆了所有的桥梁，断了援军的归路。这下子，高延寿彻底绝望了，什么叫"叫天天不应，叫地地不灵"？这就是了。要想活命，只能投降。

　　高延寿放下了武器，走进了唐军的军营大门。其后，高句丽人跪着爬到了唐李世民面前磕头谢罪。（"入军门，膝行而前，拜伏请命。"）李世民盛气凌人，质问他们："今后还敢再和大唐天子交战吗？"高延寿等人都不敢答话。（"自今复敢与天子战乎？皆伏地不能对。"）

　　三万降军，大部分都放回去了。高句丽举国震惊。

　　接下来挨打的，是安市城。李世民力求稳健，没有采纳奇袭平壤的策略。面对唐军的猛烈攻击，安市城的守军异常顽强，唐军久攻不下。时值九月深秋，唐太宗担心气候变冷，军队难以适应，且存粮将罄，遂下令班师回朝。

在这次战争中，唐军虽未完全达到战略目的，但也拿下了十城，重创了高句丽的有生力量，俘斩数万军队，为后来的灭国之战打下了基础。

内忧外困，彻底覆灭

回京之后，李世民开始反思——这又是隋炀帝、唐太宗的一大区别。

他在想，这么兴师动众、劳民伤财去打高句丽，值得吗？下次再发动同规模的战争，就一定有把握彻底消灭高句丽吗？魏徵要是还活着，他一定会阻止我的吧！

李世民一再摇头。高句丽位置偏远，且军民意志顽强，想要吞并他们非在一朝一夕。

那该怎么办？

有人建议，用偏师骚扰。不断地骚扰，打击他们的农业与经济，使之疲于应付，数年后高句丽自然瓦解。说得好！既然一口气吃不成胖子，那就多吃几口，虽说这个办法会比较慢，但总归不至于伤筋动骨。

正所谓"风物长宜放眼量"，这一招确实不错。在贞观二十一年（647）和下一年里，唐军连续两次打击高句丽，效果奇佳，打得高句丽王不得不让儿子来长安谢罪。

值得注意的是，这两次战争，一改隋朝以来御驾亲征高句丽的传统，第一次用偏师出征。

唐高宗李治即位后，继续贯彻这一策略。在长期的拉锯战中，高句丽连吃败仗。公元661年，盟国百济也被唐军消灭，高句丽顿时处于孤立无援之境。唐灭高丽，开始进入倒计时。

次年，唐朝继续出兵，一度围困住了高句丽的国都平壤。然而，恶劣的气候，使得唐军不得不放弃这次机会。但是，高句丽已然处于内忧外困之中，就在这时，其统治高层又发生了内讧。

原来，权臣泉盖苏文去世，他的儿子泉男生继承了父亲的职位。泉男生出巡时，让弟弟泉男建处理国内事务。这一走不要紧，泉男建直接大权独揽，把哥哥给"开除"了。

为了保证"革命果实"，泉男建又出动军队讨伐泉男生。泉男生无奈至极，转而降唐朝。

毫无疑问，高句丽的内讧，进一步削弱了自身的实力。泉男生的归降，更使得唐朝对高句丽内部的情况了如指掌。667年，李治开始发动对高句丽的全面总攻。

就在泉男建一筹莫展的时候，一篇唐人写的檄文出现在他的眼前，给了他一丝灵光。

出师之前，李勣让他的总管记室元万顷写一篇檄文，这个元万顷，是个绝好的笔杆子，但却过于喜欢卖弄文笔，且不分场合。

在檄文中，元万顷嘲笑泉男建没有军事素养，说他"不知守鸭绿之险"，居然连鸭绿江的天险都不知派兵把守。当泉男建看到此处时，不禁一拍脑门："对啊！我怎么就没想到！"随后，他赶紧遣兵去驻守鸭绿江，并派人对李勣说："谨闻命矣。"

本以为，可以雄赳赳、气昂昂，轻松地跨过鸭绿江。这下好了，因为这篇檄文，唐军短时间真还过不去。唐高宗闻听后龙颜大怒，直接把元万顷流放到了岭南……

经历了开局的不顺利后，唐军逐渐进入状态。

李勣一口气拿下十六座城，次年与薛仁贵、泉男生会师。

大厦将倾，非人力可挽。无论高句丽如何阻挠，等待他们的仍然是失败的结局。高句丽节节败退，唐军再一次打到了平壤城下。

仅仅围困了个把月，高句丽王高臧，便带领着九十八名高官贵族举白旗投降。偌大的城中，只剩泉建男一人在做最后的挣扎。挣扎注定是徒劳的。僧人信诚偷偷打开城门，唐军蜂拥而入，自杀未遂的泉男建被俘，宣告历时706年（公元前37—公元668）的高句丽政权寿终正寝。

这是一个令人钦佩的民族。

放眼望去，问鼎中原的王朝，没有谁能够立国七百年之久。他们并不安于现状，时刻准备着扩张，曾几何时，他们遭受了毁灭性的打击，但依然能在废墟中崛起。纵是隋唐王朝倾国而出，亦不能将其吓倒。

这个民族，最大的特点就是"不抛弃、不放弃"。

这种精神，是他们能屹立七百年而不倒的民族根魂。

高丽，还是高句丽？

末了，还是想再次强调一下，高丽与高句丽的区别。因为这两个概念特别容易混淆。

最先，"高句丽"是以三个字的形式出现在史书中的。发展到了南北朝和隋唐时期，不知因何故，史者将"高句丽"简写成了"高丽"。（或许时人也称其为高丽）为与二百年后的那个高丽政权相区别，我们把隋唐时期的高丽（高句丽）政权称为高氏高丽。

也就是说，高氏高丽与高句丽之间，是可以画等号的。两者实际上是同一个政权，只是叫法不一样。本书所写的，全部都是高氏高丽（高句丽）的内容。

把高句丽简称为高丽，这本来也没什么。问题就在于，高句丽灭亡二百年后，在公元918年（此时中国已进入五代十国时期），一个叫王建的人在朝鲜半岛上建立了一个新生的政权，取名为高丽。我们把这个政权称为王氏高丽。

那么，王氏高丽与高氏高丽之间有什么关系呢？

除了名字很像，国土有部分重叠外，二者没有半毛钱关系。

高氏高丽（高句丽）自古以来就属于中国，而这个王氏高丽则是朝鲜王朝的前身，与我国就没有多大的关系了。

第三卷　混一戎华

各政权部分人物表

【东晋】

皇帝：司马曜、司马德宗、司马德文

宗室、臣子、外戚：司马道子、司马元显、谢安、谢玄、刘牢之、张虮、滕恬之、张愿

【刘宋】

皇帝：刘裕、刘义符、刘义隆、刘劭

宗室、臣子、外戚：刘义真、刘义康、徐羡之、傅亮、谢晦、檀道济、到彦之、朱修之、朱龄石、王镇恶、姚耸夫、沈庆之、徐湛之、江湛、刘康祖、沈田子、毛修之

【前秦】

皇帝：苻丕、苻登、苻崇

宗室、臣子、外戚：苻宁、苻飞龙、苻同成、苻纂、苻师奴、苻洛、毛当、石越、姜让、王腾、卫平、王永、王旅、兰犊、徐嵩、胡空、窦冲、梁熙、梁胤、杨翰、张统、宋皓、索泮

【后秦】

皇帝：姚苌、姚兴、姚泓

宗室、臣子、外戚：姚硕德、姚绪、姚当成、姚汉、姚旻、姚晃、姚大目、姚崇、姚弼、姚邕、姚显、姚佛念、敛成、尹纬、雷恶地、郭质、吴忠、苟曜、王统、毛盛、徐成、狄伯支、鸠摩罗什、焦朗、齐难、王尚、韦宗

【西秦】

秦王：乞伏国仁、乞伏乾归、乞伏炽磐、乞伏暮末

先世：乞伏纥干、乞伏祐邻、乞伏结权、乞伏利那、乞伏祁埋、乞伏述延、乞伏傉大寒、乞伏司繁

宗室、臣子、外戚：乞伏益州、乞伏公府、乞伏智达、乞伏木奕干、乞伏阿柴、乞伏元基、乞伏谦屯、乞伏千年、乞伏吉毗、乞伏什寅、乞伏殊罗、段晖、叱卢乌孤跋、彭奚念、边芮、秘宜、翟瑥、麹景、慕兀、罗敦

【后燕】

皇帝：慕容垂、慕容宝、慕容盛、慕容熙

宗室、臣子、外戚：慕容隆、慕容凤、慕容麟、慕容楷、慕容绍、慕容农、慕容隆、慕容详、慕容会、慕容策、慕容崇、慕容元、慕容渊、赵秋、鲁利、张骧、毕聪、赵谦、慕舆嵩、支昙猛、高霸、程同、仇尼归、段速骨、宋赤眉、慕舆腾、兰汗、兰加难、兰提、兰穆、李旱、张真、丁信

【南燕】

皇帝：慕容德、慕容超

宗室、臣子、外戚：慕容钟、慕容法、慕容镇、段宏、公孙五楼、潘聪、竺朗、鲁遂、韩范、封孚、封嵩

【北燕】

皇帝：高云、冯跋、冯弘

宗室、臣子、外戚：冯素弗、冯万泥、冯乳、冯朗、冯邈、冯崇、冯王仁、离班和、桃仁、郭渊

【西燕】

皇帝：慕容泓、慕容冲、段随、慕容颛、慕容瑶、慕容永

宗室、臣子、外戚：大逸豆归、小逸豆归、刁云

【后凉】

皇帝：吕光、吕绍、吕纂、吕隆

宗室、臣子、外戚：吕宝、吕他、吕绍、吕方、吕宝、吕延、吕弘、吕超、吕纬、吕纬、王宝、彭晃、杜进、姜飞、姜纪、彭晃、徐灵、石聪、沮渠罗仇、沮渠麹粥、郭黁、王桢、王祥、王回、王儒、杨桓、杨颖、房晷、焦辨

【北凉】

皇帝： 段业、沮渠蒙逊、沮渠牧犍

父祖： 沮渠晖、沮渠遮、沮渠祁复延、沮渠法弘

宗室、臣子、外戚： 沮渠男成、沮渠百年、沮渠政德、沮渠兴国、沮渠无讳、沮渠安周、王德、孟敏、臧莫孩、马权、索嗣、田昂、梁中庸、王丰孙

【南凉】

凉王： 秃发乌孤、秃发利鹿孤、秃发傉檀

先祖： 秃发树机能、秃发务丸、秃发推斤、秃发思复鞬

宗室、臣子、外戚： 秃发安周、秃发染干、秃发虎台、杨轨、赵振、麹梁明、史暠、田玄冲、赵诞、宗敞、关尚、孟祎、伊力延侯、赵晁、郭幸、俱延、敬归、景保、成公绪、阴利鹿

【西凉】

皇帝： 李暠、李歆

宗室、臣子、外戚： 宋繇、张邈、唐瑶、郭谦、索仙、尹建兴、张体顺、张谡、刘昞、张显、

【胡夏】

皇帝： 赫连勃勃、赫连昌、赫连定

父祖： 刘库仁、刘眷、刘显

宗室、臣子、外戚： 赫连璝、赫连伦、赫连满、赫连安、王买德、叱干阿利、刘延

【北魏】

皇帝： 拓跋珪、拓跋嗣、拓跋焘

宗室、臣子、外戚： 拓跋仪、拓跋觚、拓跋烈、拓跋窟咄、拓跋虔、拓跋绍、拓跋丕、拓跋齐、拓跋健、拓跋丕、拓跋仁、拓跋建、拓跋那、燕凤、王洛儿、车路头、奚斤、长孙嵩、长孙真、崔宏、崔浩、安同、拓跋屈、叔孙建、安同、安颉、奚斤、王建、贺多罗

【翟魏】

魏王：翟辽、翟钊

其他：翟斌、翟檀、翟敏、翟真、翟成、郭通

【柔然】

可汗：郁久闾社仑、郁久闾斛律、郁久闾大檀、郁久闾吴提、郁久闾丑奴、郁久闾阿那瓌、郁久闾婆罗门、郁久闾铁伐、郁久闾庵罗辰、郁久闾邓叔子

父祖：郁久闾木骨闾、郁久闾匹候跋、郁久闾缊纥提

其他：郁久闾示发

【后仇池】

仇池公：杨定、杨盛、杨玄、杨保宗、杨难当

其他：杨佛奴、杨难敌、杨佛狗、杨文香

【吐谷浑】

吐谷浑王：慕容吐谷浑、慕容吐延、吐谷浑叶延、吐谷浑碎奚、吐谷浑视连、吐谷浑视罴、吐谷浑乌纥提、吐谷浑树洛干、吐谷浑阿豺、吐谷浑慕璝、吐谷浑慕利延、吐谷浑拾寅、吐谷浑度易侯、吐谷浑伏连筹、吐谷浑呵罗真、吐谷浑佛辅、吐谷浑可沓振、吐谷浑夸吕、吐谷浑世伏、慕容伏允、慕容融、慕容顺、慕容诺曷钵、慕容忠、慕容宣超、慕容曦光、慕容兆、慕容曦轮、慕容政、慕容复

【其他】

魏褐飞、王超、没奕于、姜乳、弥寶、休密驮、帛纯、张天锡、张大豫、焦松、齐肃、张济、王穆、郭瑀、索嘏、康宁、成七儿、刘库仁、刘卫辰、贺兰染干、孙恩、卢循、桓玄

第一章

前秦、后秦之战

前秦建元十九年（383），苻坚败于淝水，前秦面临崩盘的局势。此后，后仇池（不在十六国之列）、二秦（后秦、西秦）、四凉（后凉、南凉、北凉、西凉）、四燕（后燕、南燕、西燕、北燕）、胡夏、北魏等国，先后瓜分了前秦。

偌大的帝国，崩为数块。每个政权都在为扩大地盘、巩固政权而主动或被动地展开对外战争。毫不夸张地说，这是十六国时期最为混乱的一个阶段。然而，混乱中孕育着秩序，动荡里呼唤着新生。公元439年，这个乱世迎来了它的终结者。

为了叙述方便，在本卷中，笔者将诸国依地域分为三个板块，一是位于陇西、陇东、关西一带的三秦、胡夏；二是位于河西走廊的四凉；三是位于关东一带的四燕、北魏，以期让读者获得更为明晰的历史印象。

——引言

第一节 错失良机，纵虎归山

好存小仁，不顾天下大计

在第二卷中，咱们讲到，383年，苻坚兵败淝水，走进了慕容垂的军营。慕容垂不仅不愿杀苻坚，反而还将部队的指挥权给了苻坚，一路护送他回归。到了渑池，苻坚答应了慕容垂回邺城拜谒陵庙的请求。

十二月，慕容垂到达安阳后，先写信告知苻丕诸事因由。苻丕此时镇守于邺城。得知消息后，他心里犹豫不决，担心慕容垂来者不善、借机造反。到时该如何应对呢？打呢，估计是打不过；但也不好把他晾着……

思前想后，苻丕还是决定面见慕容垂，但却不许他进城，临时安置在邺城以西。就在这时，慕容垂的手下赵秋建议慕容垂在酒席中杀害苻丕，趁机拿下邺城。慕容垂没有采纳这条建议。

看看，双方都各怀鬼胎，互不信任，只暂时未对对方下手罢了。

当然，慕容垂也没歇下，在这些日子里，他设法联系前燕旧臣，积极筹备着复国大业。恰在此时，丁零（又称"敕勒""高车"，北方的一个民族）人翟斌造反，进攻由苻晖把守的洛阳。于是，刚回长安的苻坚给了慕容垂一个任务——去洛阳平定翟斌。

慕容垂没理由拒绝。

前秦大将石越并不认为这是个英明的决策，他劝说苻丕，绝不能遵从君命，给慕容垂以兵权。不过苻丕的政治经验太少了，对于石越的建议他不以为意。

他的想法很天真，一心以为，将慕容垂留在邺城附近易生事端，而若是去攻打翟斌，则能远离邺城，不致产生肘腋之变。此外，要是慕容垂和翟斌两败俱伤，那么，这便是最好的结局了……

想得倒是挺美的，但问题是，慕容垂和翟斌真会傻到打得你死我活吗？别的且不说，你得首先搞清楚一点，慕容垂本人与翟斌有什么矛盾吗？并没有。

抱着坐收渔利的想法，苻丕只给了慕容垂两千老弱残兵和破旧的铠甲，又派苻飞龙带千余骑兵与之同去。很显然，苻飞龙名为协助，实则负责监视，有机会的话最好直接解决掉慕容垂。

临出发前，慕容垂请求进邺城拜谒慕容氏的陵庙。

讲道理，慕容垂的这个请求再正常不过了。之前慕容垂就是以这个理由离开苻坚的。可是苻丕太过小心了！他绝不允许慕容垂踏入邺城一步！没办法，慕容垂只好乔装打扮进城。这画面着实有些滑稽。

下一刻，滑稽的画面转为悲剧。守卫宗庙的官吏一把拦住慕容垂，死活不让他进去。慕容垂一怒之下杀死了对方，又一把火烧了庙亭。

其实，从慕容垂的举动来看，他是真的想去祭拜一下祖先，但没想到却处处受阻。这使他意识到，苻丕防他跟防贼似的。慕容垂心里很不是滋味，暗道：好吧，既然你都给我贴了这么个标签，我要是不反秦，都对不起你的"期待"。

笔者认为，慕容垂反秦是没有问题，毕竟他已仁至义尽，但是杀官吏、烧庙亭，却没什么必要，这只会留下"罪证"、坐实反状。

这不，石越就想拿这事来做文章，他认为，他们可以顺水推舟，借口除掉慕容垂，遂对苻丕说："慕容垂轻视侮辱一方长官，杀害了官吏，烧毁了庙亭，反叛之象已经很明显了，可以此为由除去他。"

苻丕摇摇头，道："淝水战败之时，慕容垂对主上鞍前马后地护持，这功劳不该忘记。"

石越又劝道："慕容垂对燕国尚且不忠，怎么能对我们尽忠？错过了今天就没办法抓他了，日后他必将成为大患。"苻丕听了这话，依然固执己见。

石越憋了一肚子气，离开苻丕后，对周边的人抱怨说："公父子好存小仁，不顾天下大计，吾属终当为鲜卑虏矣。"这话看着是否有些眼熟？在鸿门宴上，项羽纵走了刘邦，亚父范增就说过："竖子不足与谋。夺项王天下者，必沛公也。吾属今为之虏矣。"

"妇人之仁"是很多人的弱点，项羽如此，苻坚如此，就连苻丕也继承了其父的这种性情。

事实上，苻丕的这种性情，反倒助长了慕容垂的野心。

随后，慕容垂带着老弱残兵以及苻飞龙骑兵向西出发了。可别以为苻丕已经还慕容垂自由了，他本人是去打仗的，当然可以走，但他的儿子慕容农、三个侄子（慕容楷、慕容绍和慕容宙）却必须留在邺城。说白了，就是拿他们当人质。

走到半路，慕容垂的心腹闵亮、李毗从邺城赶来，告诉了他苻丕、苻飞龙的计划，慕容垂决定将计就计，以此来煽动士兵的情绪，表现出一副不得不反的样子。

笔者极度怀疑这是慕容垂故意安排好的戏码，只是演技还没有练到后世高欢造反时那么炉火纯青。那么，高欢是怎么操作的呢？

北魏末年，高欢打算起兵征讨祸乱朝政的尔朱氏家族，便假借尔朱兆的名义炮制了一封信。他又对士兵宣称尔朱兆要把士兵们配给契胡当部曲，还伪造了一张并州来的符令，说要征调他的部队讨伐步落稽。

眼见兵众都忧惧万分，孙腾、都督尉景等人请求宽限五天。煎熬的五天过后，尉景等人又再次请求宽限五天。高欢窃喜不已，心知自己已经成功了。流泪送别时，将士们痛哭不已，悲伤的情绪渲染到了极致。

高欢见已煽动起了人心，便问："与尔俱为失乡客，义同一家，不意在上征发乃尔！今直西向，已当死，后军期，又当死，配国人，又当死，奈何？"

众人齐声回道："唯有反耳！"

要说演技，高欢可以算是高手中的高手了。

说回到慕容垂身上。此时，他借口兵力不足，就逗留在河内，并趁机招兵买马，不过一旬，就招募了八千人马。这可比苻丕给他的"破烂"强多了。

洛阳这头，前秦大将毛当阵亡，这可急坏了苻晖。他很郁闷：说好的救兵呢？

他赶忙派人去责备慕容垂，督促他赶快进兵。慕容垂这才慢悠悠地上路，但暗地里却与儿子慕容宝、慕容隆约定好计划，以击鼓为号，前后夹击苻飞龙的部众。

苻飞龙就这么不明就里地死了。

既然把苻飞龙都杀死了，那慕容垂还会去打翟斌、救洛阳吗？

当然不会！人家翟斌就没想过要和慕容垂打。

听说慕容垂渡过黄河后，翟斌直接派人迎奉慕容垂为盟主。慕容垂不知真伪，没有答应。到了洛阳后，苻晖得知苻飞龙的死讯，于是紧闭大门，把慕容垂拒之门外。

翟斌再一次派长史郭通前去与慕容垂沟通。郭通的话言简意赅，希望慕容垂不要嫌弃他们这帮丁零人，应该把这股力量利用起来，完成他的复国大业。这话戳中了慕容垂的心思，他终于答应与之联合。

但这不代表慕容垂会对他言听计从，比如说，双方会师后，刚一见面，翟斌就劝他称帝。慕容垂才不干这傻事，当场断然拒绝。毕竟称帝的时机还为时尚早。

这事咱们应该这般看待：翟斌是否别有用心，是否对慕容垂有较大的忠诚度，是要打上一个问号的，但眼下他对慕容垂没有敌意是可以肯定的；反过来，慕容垂虽对翟斌不能交托全部的信任，但也未将他当作敌人。

所以，称帝一事虽未达成共识，但由于双方的认知基本一致，于是结成了盟友。客观地说，这个结盟很不稳固，但也与苻丕设想的结果相距甚远。

慕容家族的第四代人才

其实，慕容垂已生复国之心，他迟早都会走上称帝之路。那么，他手下的干将，够不够实力帮他实现这个宏愿呢？

我们不妨先来回顾一下慕容氏的建国史。

百年前，慕容氏从辽西昌黎发展到逐鹿中原、建国称帝的程度，主要原因不外乎两点：第一，赶上了乱世；第二，慕容氏人才辈出。

来数一数。如果把慕容廆算作第一代，那么，第二代的精英则有慕容翰与慕容皝；第三代的翘楚则是慕容恪、慕容垂、慕容德，他们分别是前燕的中流砥柱、后来后燕与南燕的开国皇帝。

至于第四代，虽然他们无法像前辈那么耀眼，但也称得上是那个时代的新星。这是慕容家族至为幸运的一点。

首先崭露头角的，是慕容垂的世子慕容令。先前，慕容垂处在危难之际，基本上照着慕容令的计划在走，只可惜他被王猛的金刀计间接害死。

而后，慕容氏的其他人才都在这个时期陆续登上了历史舞台。慕容凤、慕容麟、慕容楷、慕容绍、慕容农、慕容隆……都不容小觑。

先说慕容凤。前燕刚亡国时，慕容凤就立志要为父报仇，为此他广泛结交丁零人，并当面顶撞权翼，使权翼哑口无言，被迫道歉（详见第二卷）。因此，他看到翟斌造反后，就带领着自己的部曲家兵归附了翟斌，一起攻打洛阳。如前所述，前秦大将毛当阵亡，就是拜慕容凤所赐。不只如此，翟斌之所以推举慕容垂为盟主，也因他听从了慕容凤的劝谏。在往后的日子里，慕容凤一直跟随慕容垂，每逢作战都奋不顾身。就这样，他身经百战（具体数字是 257 次），无往不利，拿军功拿到手软。最有意思的是，就连慕容垂都对他这股狠劲有点害怕，曾劝说他应该自爱一些。也是，拼杀得这么猛，万一出了意外怎么办。毕竟，老虎也有打盹的时候。

再说慕容麟。当初，在他的父亲想逃往龙城的时候，他跑去给慕容评告状，害得他老爹被迫投奔前秦。笔者在第二卷也分析过，慕容麟之所以做出这么坑爹的行为，很可能是因为其母就是小可足浑氏。等到前燕灭亡后，慕容垂跟随着苻坚来到了邺城，立刻杀死了慕容麟的母亲，但他没忍心杀死慕容麟，只让他住在城外的房子，父子二人很少见面。之后，父子关系慢慢有所改善。特别在杀死苻飞龙后，慕容麟屡屡献计，有些计谋甚至是慕容垂都没想到的。这怎能不让人刮目相看呢？于是，到后来慕容垂也能做到一碗水端平了。至于说，多年以后，慕容麟又坑了哥，则绝非因他才能不够，而是因为他私心太重。对于后燕的灭亡，慕容麟负有相当大的责任。

再说慕容楷与慕容绍。他俩都是慕容恪的儿子。史书对他们的笔墨不多，但从苻坚以及慕容垂对他们的器重来看，也应当具有相当的才能。

最后说说慕容农与慕容隆。应该说，这是慕容垂最杰出，也是他最为信赖的两个儿子。慕容隆的作风酷似慕容恪，一看就不是寻常人物；慕容农则"继承"了老爸的"基因"。比如说，在腊月二十七那天，慕容垂刚杀死苻飞龙，就立马通知扣留在邺城的慕容农、慕容绍等人。隔日，慕容绍便发扬了慕容氏的"优良传统"——偷马跑路。没错，偷的就是苻丕的马——当年，慕容翰在宇文部装疯卖傻，正是偷宇文逸豆归的马逃跑的。（详见第一卷）

正月初一，苻丕请客时寻不着人，才知事态有变。待他确知慕容农的消息时，人家都在列人（今河北肥乡）造反了。没有看好人质，该怪谁呢？苻丕肠子都悔青了。

此时的列人，已经聚集了大量的乌桓人。慕容农很快摸清了这个情况。他立刻前去探访乌桓人鲁利。鲁利是慕容垂以前的部曲，见到慕容农后，忙为他准备菜蔬饭食。可慕容农只笑了笑，一口都没有吃。鲁利一时没想明白，便问他夫人："郎是贵人，咱家里穷，没什么好吃的，怎么办？"夫人说："郎有雄才大志，今天无缘无故来，肯定有重要的事，不会只是为了来蹭饭，你赶快出去，看看远处有没有什么可疑人物，以防不测。"（鲁利和其妻称呼慕容农为"郎"，胡三省注："今世俗多呼其主为郎主，又呼其主之子为郎君。"可见，鲁利之前是慕容垂的部曲。）

眼见鲁利开窍，慕容农也不隐瞒了，对他说："我想在列人县集结兵众复兴燕国，你愿意跟我一起干吗？"鲁利爽快地答应了。

搞定鲁利后，慕容农又来到乌桓人张骧的家中。张骧也是慕容垂的旧部，他当即表示愿意效忠于慕容垂。

有了他俩的帮忙，慕容农终于拉起了他的第一支队伍——列人的乌桓居民，并简单地"武装"了一下。旋后，慕容农又派赵秋去游说屠各匈奴人毕聪，毕聪二话没说，带着其他屠各匈奴以及乌桓人、东夷人纷纷来投，他们每人都率领着数千的部众，慕容农的队伍骤然间壮大起来。

慕容农心说，既然有了部队，那就出去练练手呗。

这个想法没什么问题，可是他们的装备……实在是不敢恭维。在上一段中，笔者在"武装"这个词上打了个引号，这是因为他们所谓的武装，不过是砍倒桑树榆树作为兵器，撕下衣襟作为旗帜……

凭这个，就能攻城略地吗？

慕容农表示，没有武器，那我就抢对方手上的武器。千年前的慕容农，动的也是这样的心思。

不日后，慕容农亲自带兵去攻打馆陶（今河北馆陶），在他的指挥下，这群类似民兵性质的军队，竟然一举攻克馆陶，缴获了为数不少的军资器械。

有了正规的兵器，剩下的事情就好办得多了。接下来，慕容农又派兰汗、赵秋等人去康台走一趟。这一趟下来，他们又掠得了数千匹牧马。就这样，慕容农的步、骑兵云集，兵众多达数万人。

大家都明白，当一个公司有了一定的规模之后，就会吸引更多的更优秀的人来入股。四方辐辏，必然会产生更大的效应。这不，投奔慕容农的人络绎不绝，上党的库傉官伟、东阿的乞特归，各领数万人归附慕容农，这使得慕容农的总兵力，激增至十余万之多。

同志们！要知道，慕容农可是白手起家的啊！谁能想到，他居然能在短时间内，拉起这么庞大的一支队伍！慕容垂怎能不偏宠于他呢？他实在是给了他父亲一个超级大礼包！

数百年后，时为太原留守的李渊，也收到了三女儿（后封平阳公主）的超级大礼包。当李渊在外举兵之时，他怎能想到，他那闺中的女儿竟能收编何潘仁等人的队伍，继而拉起一支七万规模的义军呢？这支义军号为"娘子军"，纪律严明不在话下，势如破竹、连克多地更是令人惊叹！这位了不得的女子，为父亲在关中打下了一大块地盘。

毫不夸张地说，有慕容农这样的儿子、平阳公主这样的女儿，真是慕容垂、李渊的福气！

符丕：亡羊补牢，还来得及吗？

早在符丕得知慕容农逃逸之时，他就在思考亡羊补牢之计。

是啊，他当然不能坐视慕容农在自己的辖区里为所欲为，不然他的脸往哪搁呢？符丕很快命石越带领万余精锐部队去讨伐慕容农。

这让石越很不舒服：一万对十来万，这么大的兵力悬殊，是在开玩笑吧？

不要说刚刚结束的淝水之战就是以少胜多的典范，因为那场战争充满了太多的偶然因素，没有多大的参考价值。反倒是，石越在战前就旗帜鲜明地反对符坚打这场仗，并且还劝符丕杀慕容垂。结果呢？父子俩根本不听劝，以致造成了如今这个局面。

呵！并且还要让石越去给这父子俩擦屁股，石越心里怎能不气？

但是没办法，军令如山，难道抗命不遵吗？石越再不情愿，也必须得去。

讲道理，慕容农虽然占了人数的优势，但石越也绝非没有胜算。要知道，他手下的兵，可是正牌的前秦精锐部队。无论是武器装备，还是作战素养，都不是盖的。单凭这一点，在战斗力上就要比慕容农的军队强很多。

"兵来将挡，水来土掩"，慕容农有办法。

首先，他的军队并非打家劫舍的强盗。慕容农非常重视军纪，对百姓秋毫无犯，这说明什么？说明他们执行力很强，这就与横死异乡的慕容冲截然不同。其次，慕容农善于鼓舞士气，给士兵"打强心剂"。比如说，有人提出要守城，慕容农却表示不需要。他说："我们现在很强势，看到敌人，直接上去打就完事，没有什么七七八八的。在咱们心里，应以山河为城池，列人城哪里值得据守！"

看看，这胸襟，这气魄！能说出这话的人，岂是池中之物！

这招果然奏效。趁着石越刚到，还未修整，慕容农抢先进攻，打赢了头仗。这谁顶得住啊？石越登时蒙住了——这帮人要啥没啥，自己怎么就打输了？

于是，石越开始修建栅栏，做出了防守的姿态。

参军赵谦对慕容农说："石越的武器装备确实精良，但他已经表现出了畏敌的心理，我们应该迅速对他发起进攻！"这话是没错，但仍不能忽略前提条件：石越的武器装备十分精良。慕容农心里很清楚，他的军队士气高是不假，但他们看到对方拿着优良的武器、穿着坚固的铠甲，真就不会产生畏敌的心理波动呢？

怎么办好呢？

慕容农完美地"解决"了这个问题——白天养精蓄锐，晚上发动进攻。这不仅仅是因为黑夜具有隐蔽性，更是因为这能让他的将士看不到对手的装备。是的，既然"看到"了就有可能害怕，那就让将士们看不到……

这个构思无疑是在"骗自己"，然而确实管用。所谓光脚的不怕穿鞋的，打了"强心剂"的慕容农的小弟们，凭着一腔热血，个个争着冲在最前面，直接把石越的防线冲垮了！骁勇一世的石越，就这样稀里糊涂地阵亡了……

太惨了！毛当、石越都是前秦的骁将，苻坚特意安排他们协助两个儿子镇守关东地区。如今二人都已阵亡，人心骚动，前秦在关东的统治只会越发艰难。

这，就是慕容农。有勇、有谋、有领导力、有号召力。他扬长避短，敢打敢拼，逃到列人后，他将自己的才华展现得淋漓尽致。我们有理由相信，假以时日，此人必成大器！

第二节　邺城争夺战

慕容垂，我劝你善良

得到了翟斌的支持后，慕容垂索性不打洛阳了。

一则，洛阳四面受敌，不易防守；二则，洛阳的政治地位着实一般。不是说洛阳不好，而是说每个政权所面临的情况不尽相同。对于东晋来说，洛阳自有着无可取代的位置；但是，对于慕容氏来说，洛阳显然不是最重要的城市。

没错，前燕的首都——邺城，才是他心里头的"洛阳"。

慕容垂掉转枪头，原路返回。

你苻丕不是不让我进城吗？小样！那我就打进去！

慕容垂自称大将军、燕王、大都督，正式立国。为了区别已经灭亡的前燕、慕容泓建立的西燕，史家们把慕容垂建立的政权称为"后燕"。

一路上，越来越多的人投靠慕容垂，总兵力一度到达二十万。他们直扑邺城而去，气势如虎。更为可喜的是，慕容农的十余万人，以及可足浑谭的两万人，平幼、平规的数万人，与慕容垂成功会师。霎时间，邺城之下聚集了四十万兵马。

苻丕觉得头疼。怎么办？先试着沟通一下吧，看看有无缓和的余地。

抱着这个想法，苻丕派侍郎姜让前去与慕容垂谈判。谈判过程如下——

姜让："慕容垂，我劝你善良。以前你护驾有功，为何现在却放弃忠贞的节气？只要你能改邪归正，为时不晚。"

慕容垂："我受到主上莫大的恩惠，想要保全长乐公苻丕，让他带兵安全回到关中。他日我复国后，将与秦国永远结为友好邻邦。可是，为何他却不识时务，不肯把邺城让给我？丑话先说到前头，若你们还执迷不悟，我会全力进攻，到时候，恐怕他单骑逃脱都很困难了。"

姜让（脸色一变，厉声责骂）："你之前在自己的国家无处容身，投靠我国，燕国的每一寸土地都和你没关系！主上和你风俗不同、种族有异，但却对你宠信有加，甚至超过了其他功勋之臣。你倒好！为何王师刚刚受到挫折，你就急着造反？如今你起无名之师，想要逆天而行，我不认为会有所作为。咱们长乐公苻丕奉命镇守关东，怎能把邺城拱手相让？大夫死王事，国君死社稷，你想要裂冠毁冕、背信弃义，自然可以仗着兵势全力攻城，不必多说废话！只可惜将军七十岁的高龄，原本立下了超越世俗的忠诚，转眼要变成叛逆之鬼！"

此时慕容垂也才六十岁，姜让显然是在损他。听了这话，慕容垂沉默了。他不得不承认，姜让的话戳中了他的痛处。

回忆往昔，苻坚在他人生的最低谷时，向他伸出援手，王猛的陷害也没令他改变一分一毫的信任。所以造苻坚的反，于情于理都说不过去，这是慕容垂很难摆脱的精神包袱。然而，就像慕容肃说的那样，"家国事重，何论意气"。现下大势所趋，不得不反！难道慕容垂现在还能遣散这四十万人不成？古人说，骑虎难下，诚如是也。

他所能做的，也只能是尽量不伤害苻丕的性命。否则，以后真的无颜再见苻坚了。

面对怒发冲冠的姜让，慕容垂的手下都想要杀他。慕容垂摇了摇头，吩咐道，算了，彼各为其主，放他回去吧。

姜让，我只能帮你到这里了；苻丕，你自求多福吧。

慕容垂虽这样想，但他心中仍有顾忌，为此又给苻坚写了信。在信中，他说明自己来到关东后，所遭到的猜忌以及不公正的待遇，并解释杀害苻飞龙、石越的原因，以及造反的理由。最后，他还是希望苻坚下命令，让苻丕撤出邺城，返回关中。真要攻城的话，一旦飞箭射到苻丕，这后果不是他、更不是苻坚所愿见到的。

然而，苻坚是何等倔强之人，岂会妥协于他？他给慕容垂的回信，内容与姜让所说的话很接近。最后，他也如实地表达了自己的担忧：在战场上，苻丕的确不是你的对手。

言外之意已经很显豁了：你若有实力，邺城随便拿，但希望你能手下留情，别伤害苻丕。

这是苻坚与慕容垂最后一次交流。慕容垂的信，无疑是在找骂，但他还是这么做了。我猜，他大概是这么想的：既然有愧于苻坚，那就主动招一顿臭骂来解他的气吧！

得到信件后，双方总算是两清了，慕容垂终于不再犹豫。他下令全力攻击邺城。

援军！援军！援军！

前秦建元二十年（384）正月廿八，慕容垂开始攻打邺城。战事十分顺利，他还没花多大力气，就攻克了邺城的外城。情势危急，苻丕退守中城，负隅顽抗。

二月间，慕容垂带领二十万乌桓、丁零兵，继续进攻邺城。但无论是架云梯，还是挖地道，都收效甚微。不得已，慕容垂只好建造防御工事，长久围困邺城。

笔者在第一卷讲到过，当年石虎是用全国之力加固邺城的，此时苻丕又抱着必死之心来坚守，因此慕容垂要想彻底攻克邺城绝非易事。由于他对困难估计不足，遂在受挫之后，安排老弱残兵修建新兴城（今河北肥乡东南），用以储存物资。

所谓"时间就是生命"，慕容垂深谙此理，既然短时间内无法攻克邺城，那就去打关东别的城市。此外，那些正在观望的坞堡主，也需要他多花时间去安抚吸纳。

首先，慕容楷与慕容绍二人，继续发挥着其父慕容恪的号召力，短时间内又有十多万守卫坞堡的鲜卑和乌桓人加入了他们的队伍。

其次，河北地区，几乎全被慕容氏所占领。慕容德拿下枋头，慕容麟先后攻克信都（今河北冀州）、常山（今河北石家庄）、中山（今河北定州）。

但遗憾的是，对于慕容垂来说，根本性的顽疾始终没有得到解决。慕容垂围攻邺城长达半年之久，始终未能攻克这座城池。这期间，右司马封衡建议引漳水来灌邺城，但效果也不怎么好。慕容垂不免有些焦灼。更麻烦的是，时间拖得久了，幺蛾子也跟着来了。

七月里，丁零人翟斌自恃功高，不停地向慕容垂要官求赏，贪得无厌。他也不想想，他只是一个外来户，并非慕容垂嫡系，哪能肆无忌惮、索求无度呢？

这一次，翟斌又来索要尚书令一职。他大概不知道，慕容垂已经忍他很久了。慕容垂寻了个借口拒绝了翟斌。翟斌一怒之下，便决定背叛慕容垂，投靠苻丕。

朋友转为敌人，伤人最是致命。慕容垂也明白这一点，因此他十分警觉。果然，苻丕让翟斌等人偷偷使漳水的大坝决堤。

事泄后，慕容垂毫不犹豫地处死了翟斌以及他的弟弟翟檀、翟敏，其他人则不予追究。事实证明，这真不是一个好的决策。慕容垂大大低估了丁零翟氏一族的影响力。

翟斌哥哥的儿子翟真，趁着夜色率众逃往邯郸。但他还没跑多远，又不甘心这么跑掉，转头又回去了……直到他被慕容宝、慕容隆打败后，才再次跑向邯郸。

此时，苻坚在长安已为慕容冲所围，无暇去营救苻丕。倒是翟真集结了一些人马，来救援邺城。

十月间，翟真联合前秦幽州刺史王永，以及北方的独孤部领袖刘库仁，相约共同救援苻丕，苻丕也主动遣人与他们联系。慕容垂不得已解除对邺城的围困，开始专注于北面的援军。

这对于苻丕来说本来是一件好事，不过很遗憾，他的心里刚燃起一丝希望，转眼间又被现实的冰水浇灭了。万未想到，各路援军根本不堪一击。

当月，慕容农与慕容隆将翟真组织的援军轻松击溃，刘库仁也为手下所杀。

下一月，慕容农又多次击败翟真的儿子翟辽，迫得翟辽单骑逃命。

到了这年年底，慕容垂再次包围邺城。与以往不同的是，慕容垂这次没在城西部署兵力，他还是希望苻丕能够"审时度势"，西归关中。毕竟，苻丕的老爹苻坚还在长安苦战，苻丕要是选择西归救援长安，这对双方都是有好处的。有道是，"急流勇退谓之知机"，苻丕西归也无可厚非。

再等等吧！慕容垂心想，苻丕已经快支撑不住了。整整一年，邺城都在他的围困之中，城里粮食的存量快告罄了吧。况且邺城西方、东方、北方都不会有援军赶来。所以苻丕弃城西奔，只是一个时间问题，或早或晚而已。

当慕容垂终于露出得意的笑容时，只看见侦察兵飞奔而来，高声道："报！邺城附近，又发现了敌方的一支援军！"

怎么可能？

慕容垂急问是在哪个方向。随后，侦察兵的回答再次让慕容垂陷入了沉思——援军来自南方。

南方！之前从未考虑到的南方，也加入了邺城争夺战！

没错，慕容垂接下来的对手，正是东晋名将刘牢之，以及他率领的那支战无不胜、野战无敌的北府兵。

北府兵 pk 慕容垂

这里有一个问题，北府兵真的是来支援苻丕的吗？

东晋打赢了淝水之战，谢安、谢玄等人居功至伟，陈郡谢氏的声望达到了顶峰。更难能可贵的是，在门阀政治的环境下，谢安并不像王敦、桓温那样，对皇权抱有非分之想，立下大功后，谢安仍能恪尽职守，不越雷池一步。难怪《晋书》的评价毫不吝惜溢美之词：

"建元之后，时政多虞，巨猾陆梁，权臣横恣。其有兼将相于中外，系存亡于社稷，负扆资之以端拱，凿井赖之以晏安者，其惟谢氏乎！……苻坚百万之众已瞰吴江，桓温九五之心将移晋鼎，衣冠易虑，远迩崩心。从容而杜奸谋，宴衍而清群寇，宸居获太山之固，惟扬去累卵之危，斯为盛矣。"

此时，东晋国内情绪高涨，"北伐"成为一个时髦的话题。更何况，如今北方大乱，此时不去北伐，更待何时？

了解到了民意后，谢安也顺应形势，多路出兵，吹响了反攻的号角。

东晋太元九年（384）八月，谢玄以前锋都督的身份率众北伐。下一月，谢玄到达下邳，前秦徐州刺史放弃彭城而逃。刘牢之进攻兖州，前秦刺史张崇放弃鄄城而逃。紧接着，前秦青州刺史苻朗投降东晋。河南的城镇以及坞堡武装势力皆望风而降，晋军几乎就没有遭遇什么像样的抵抗，就打到了黄河。

这对北府兵来说，未免太无趣了。犹未餍足的晋军渡过黄河，进攻黎阳。前秦守将桑据根本抵抗不了晋军的攻势，黎阳也很快失陷了。这么看来，北府兵下一个目标，无疑就是近在眼前的邺城。

转机，这绝对是转机！苻丕高兴坏了，立刻做出决定：联合东晋，对抗慕容垂。

为了达成合作，苻丕不惜开出极高的筹码：只要援军到达，给他粮食，他就把邺城让给晋军，自己西奔关中。

这对东晋来说，极具有诱惑力。但问题是，你的父亲苻坚上一年还要投鞭断流，打算灭了东晋，现在你竟然要和东晋结盟了，人家能答应你吗？

人心很玄。不久前，双方还是刺刀见红的对手；现如今，为了共同的利益，双方又能手拉手、打钩钩，成为"好朋友"了！

说来也巧，本来谢玄是想要苻丕一个人质过来做担保的，岂知苻丕那头先出了乱子。谢玄便打消了这个念头。出了什么乱子呢？原来，苻丕帐下的焦逵、姜让、杨膺密谋投降东晋，他们商定，假若苻丕不答应，就直接绑了他！

谢玄还是想和苻丕合作的，因此他派刘牢之率两万人增援邺城，并输送了两千斛军粮，暂时解除了苻丕的燃眉之急。可就在刘牢之走到半道时，焦、姜、杨三人因密谋泄露，都被苻丕杀了。这不禁令刘牢之有些头大：前秦这些人靠不靠谱？我还该不该帮他们？

拿不定主意的刘牢之停留在了枋头，不再前进。他决定先观察一下形势。权衡利弊后，他意识到苻丕不过是强弩之末，而慕容垂才是日后的心腹大患。

四月，刘牢之终于进军至邺城。他要和慕容垂一决高下，争夺邺城。

慕容垂手底下的鲜卑兵、乌桓兵能打得过北府兵吗？几乎不可能。论底气，论战斗力，论求战欲望，北府兵都有极大的优势。他们在淝水之战中爆发出来的惊人的战斗力，足以令时人胆寒。

更重要的是，他们现在已经积累了大量的以少胜多的作战经验以及强大的自信力。此时的北府兵，已经不屑于欺负战斗力弱的对手了，他们现在只求对手实力强大，对手强大一点，能给他们一点点挑战性。

他们只求刺激。

什么？听说对面的慕容垂一生从无败绩？之前还把桓温打得找不着北？那很好，很刺激！

果然，两军刚一交战，慕容垂就"战败"了。他立刻解除对邺城的包围，迅速北逃。刘牢之乐了：慕容垂的水平也不过如此嘛，不知桓温为何会输得那么惨！

还跑？想得美？绝不能养寇自重、放虎归山！

刘牢之当即决定追击慕容垂。只要将慕容垂驱逐，就不怕苻丕不履行承诺——拱手献出邺城。刘牢之甚至连招呼都不和苻丕打一声，径自赶去追慕容垂了。他可不想被苻丕分去功劳。

苻丕见到刘牢之领军追上去后，自己也急忙快马加鞭追赶——痛打落水狗，谁不会？

五天之后，晋军终于看到了慕容垂的影子。刘牢之兴奋了，即刻下令急行。约莫二百里外，他们追到了五桥泽。

这剧情是不是有点熟悉？

气喘吁吁的晋军停下了脚步，他们是真的没体力再追下去了。可是，无功而返也不行！还好，摆在他们面前的，是慕容垂留下的辎重。既然没找到人，那就带回去些战利品吧。

就在晋军哄抢辎重时，平地里冒出铮铮蹄声……慕容垂竟然率军杀了出来！

惨了！没有体力，没有阵形，猝不及防的北府兵瞬间被击溃……刘牢之也吓得不轻，赶紧夺路而逃，好在他半路遇到了苻丕，方才捡回一条命。

看来，所谓的北府兵，其实并不是不可战胜的，他们只是之前没遇上慕容垂而已。

第三节　苻丕败亡，不输气节

晋阳称帝，苻丕威信渐失

五桥泽战败后，刘牢之很快收到了朝廷发出的撤军令。这意味着，苻丕又成了单干户了。

此时的邺城，饥荒已经非常严重，苻丕只能去为东晋所占的枋头搞点军粮，以此来解决温饱问题。但他还能撑多久呢？自己心里也很没底。

好在慕容垂的情况也不乐观。两军对峙一年有余，最苦的还是老百姓。这些时日里，幽州、冀州也爆发了非常严重的饥荒，甚至到了人食人的地步。在这种情形下，慕容垂的士兵也有不少人饥馁而死。

其实，这场饥荒的爆发也不难理解。好几十万人都跟着慕容垂去打仗了，加上兵荒马乱，战事不停，农田自然会减产。

那么，问题来了。当此情形，邺城还有必要再去打吗？慕容垂不是死心眼，他深知再和苻丕耗下去，必将两败俱伤。纵有一日拿下邺城，把苻丕赶走，也不能阻止更多的牺牲——因饥饿而"牺牲"是莫大的讽刺。

想明白之后，慕容垂做出了决定：继续北上，去中山解决困境。

当得知慕容垂撤军的消息后，苻丕长舒一口气，心里那叫一个五味杂陈！

有人欢喜有人愁。这边苻丕心绪复杂，那边翟真却开始紧张起来，他之前可没少给慕容垂添麻烦。万一慕容垂哪天跑来报复他，该如何是好？

就在翟真严阵以待时，他的军队内部出现了分裂。翟真的司马鲜于乞杀掉了翟真及其亲属，自立为赵王。由于这个鲜于乞很不得人心，没几日又被人给杀了。旋后，大家又立翟真的堂弟翟成为主，来领导这股丁零势力。

人心散了，队伍哪里好带？翟真很多旧部纷纷逃亡，向慕容垂投降。慕容垂趁机将翟成围困于行唐。不久，长史鲜于得又杀了翟成，向慕容垂投降。

怎么安置这些反复无常的丁零人呢？再相信他们一次吗？不，苻坚的那套德治主义在这个时代里根本行不通！况且慕容垂也没有足够的资本和耐心，选择再一次的信任。

那么，唯一的选择，便是——杀！

翟成的兵众尽数活埋。该狠的时候，慕容垂是不会心慈手软的。他已把事做绝，却仍未能彻底解决掉翟氏一族，少许漏网之鱼还在持续地对抗慕容垂。

说来也是讽刺！仅仅一个月后（385年八月），苻坚便死于姚苌之手。此后，再无人去坚持苻坚的民族策略，包括以人品著称的慕容垂。相反，苻坚成了那个时代的反面教训。

不日后，苻丕撑不住了，在接到幽州刺史王永的召唤后，他决定放弃邺城，投奔镇守壶关的王永。半路上，他又碰上张蚝、王腾等人的部队，临时决定跟张蚝去晋阳。

到了这个时候，苻丕才知长安失守、父皇被弑的消息。晋阳全军缟素，白晃晃的，刺伤了苻丕的心。他很伤心。只是，国不可一日无君，既然太子苻宏已经投奔了东晋，自然不能再做君主了，那么继承前秦大统的责任，必然落在苻丕身上。

得知苻丕去晋阳的消息后，王永留下苻冲守壶关，率骑万人去晋阳与苻丕会师。他这么着急去见苻丕，目的只有一个：劝进。

好了，既然有人识相，给了台阶，苻丕也就当仁不让地称帝了。而后，他大赦境内，改元太安，并追谥苻坚为宣昭皇帝。

令苻丕欣喜的是，无论是关东还是关中的前秦残余势力，都愿意承认他这个皇帝。在那段时间里，一直都有人遣使来投诚表忠，苻丕也毫不吝惜地授予他们官职。

为了加大号召力，苻丕又让王永写了两篇檄文。

苻丕没找错人，王永是王猛的儿子，笔头功夫十分了得。且说，王永这两篇檄文写得非常精彩，均记载于《晋书·苻丕载记》。在文中，王永大骂慕容垂、姚苌，说他们"所过灭户夷烟，毁发丘墓，毒遍存亡，痛缠幽显，虽黄巾之害于九州，赤眉之暴于四海，方之未为甚也"，其危害性甚至超过了王莽末年的赤眉军和东汉末年的黄巾军。

真的有那么夸张吗？当然没有。古代檄文夸大敌方罪行的做法，十分常见。他的目的，只是为了引起己方的共鸣，打击对手的士气。

果然，起兵支持苻丕的人越来越多。看来，这檄文的效果还不错。当然，我们也不能忽视这背后的原因，王猛虽逝，但他的影响力还在。这就跟成汉那边一样，范长生虽死，而范贲同样受人敬重的道理是一样的。

这人一多，口号就喊得特别响亮。不过除了封官以外，苻丕就再没有什么实质性的作为了。不仅没有作为，其在关东的领土还不断地被后燕蚕食。为此，苻丕十分焦虑，但他更焦虑的是，他以肉眼可见的速度，渐渐地失去了人心，如苻定、苻绍、苻谟、苻亮等人，都先后向后燕投降。

在做了一年多的"酱油皇帝"，苻丕于前秦太安二年（386）八月，率四万兵众向关中进发。说巧不巧的，刚走到平阳时，就遇到了从关中而来的一支鲜卑人。

没错，这正是之前与苻坚在长安血拼的西燕政权所领的鲜卑人！

换皇帝，跟闹着玩似的

咱们现在来说说西燕政权。在第二卷中，我们说到，西燕政权由慕容泓所建立，在慕容泓被部下所杀之后，慕容冲接了他的班，继续围攻长安。

西燕更始元年（385）正月，慕容冲在阿房城称帝，从任人"把玩"的娈童，到掌控一国政权的皇帝，慕容冲难免有些扬眉吐气、志得意满。不过他并不是块当皇帝的料，在得意之余，他赏罚无度，对军队也不严加管理，这引起不少有识之士的担忧。就连年仅十三岁的慕容盛都认为，慕容冲在才能不高、未立战功的情况下，就开始骄奢傲慢，恐怕是难成大事。

慕容冲当然明白自己的地位是怎么得到的。先前，慕容泓对手下的兵众限制太多，以致遭恨被杀。同理，慕容冲如果继续限制鲜卑兵众，必然逃不脱同样的命运。

所以，还要讲究什么制度、规矩吗？当然不。

完全不讲究制度、规矩的国家，能有前途吗？答案不言自明。

后来的事情我们都知道，符坚听信谶言，去了五将山，为姚苌所弑。太子符宏无法坚守，放弃了长安投奔东晋。结果，慕容冲进入长安城后，纵兵大掠、挟私报复，长安城内死者不可胜数。

为何要这样做？一则，为了满足他手下的需求。自古以来，部队中往往有一个这样的陋习：作为犒赏，城破之时，往往便是士兵们劫掠自肥的"良辰吉日"。当然，军纪特别严明的队伍，不在此列。很显然，慕容冲的军队从来不存在军纪。

二则，为了给他死去的哥哥慕容暐以及其他被符坚杀死的鲜卑人报仇。

三则，是要用发泄的方式，洗刷符坚带给他的那段耻辱记忆。

经常地，一个被仇恨所湮没的人，会将复仇作为他人生的重大目标，生命的最高价值。当他大仇得报之时，他的人生也失去了目标，生命也没有了价值。

烽火连天，哀鸿遍野。

"杀戮"二字，在慕容冲的心中，似乎永远都在跃动，一如喷发不止的火山。很多人都想要赢取天下、流芳百世，而慕容冲，却只想去赢符坚，去找回枯萎的尊严。

在这种"专注"的心思下，他已无暇旁顾，似乎忘了鲜卑人反秦的初衷：接慕容暐回关东复国。如今，慕容暐死了，符坚也死了，他们该回家了吧。

但是慕容冲却不这么想。他在长安建筑宫室、开垦农田，打算长久住在关中。这直接招致了他部众的不满。西燕更始二年（386）二月，左将军韩延"顺应民意"，杀死了慕容冲，立段随为西燕王，改年号为昌平。

从此时起，西燕的政变游戏，正式启幕。

下一月，仆射慕容桓、尚书慕容永杀死了段随，又立慕容颙为燕王，并率领40万鲜卑人拖家带口，从长安出发，返回关东。

还没走几天，新任的燕王慕容颛就死了。数数看，这才一两年时间，西燕的皇帝，已经换了第四个了，而现在，慕容颛又死了。

这次杀皇帝的人，是慕容韬。为此，慕容韬的哥哥慕容恒非常愤怒，索性弃他而去。慕容永、刁云也很不服气，遂带兵进攻慕容韬。大败之下，慕容韬只好投奔他哥，慕容恒转又立慕容冲的儿子慕容瑶为帝。

我不知道慕容恒是怎么想的。史书对慕容瑶也是记载寥寥，但咱们通过年龄大概可以推知一些信息。慕容冲死的时候，也不过二十七岁，所以这个慕容瑶能有多大？至多不过十岁出头。在政治局势如此动荡的时刻，立一个小孩子当皇帝，这不是要把人家往火坑里推吗？

火坑很快就挖好了。由于慕容永威望较高，兵众大多都离弃慕容瑶而投慕容永。慕容永见时机成熟，便杀了慕容瑶，立开国皇帝慕容泓的儿子慕容忠为帝。结局可能大家已经猜到了，这个可怜的孩子也重复了慕容瑶的命运，只做了三个月的皇帝，就被刁云杀了。

末了，刁云推举众望所归的慕容永当他们的领袖。

至此，西燕的皇位争夺战才暂告结束。在此期间，先后有七个皇帝即位。真够折腾的。

是不是看着有些头晕？我们也无须去理顺这些人的辈分关系，一句话总结起来：姓慕容的杀姓慕容的，最后慕容永取得胜利。

趁苻丕战死，姚苌称帝建秦

所谓"冤家路窄"，现在，威信渐失的前秦皇帝苻丕和饱经政变的西燕皇帝慕容永，在平阳相遇了。时在公元 386 年十月。他俩好像在过独木桥一般。从西边来的要往东走，从东边来的要往西走。

狭路相逢勇者胜？慕容永打算先试探一番，他派使者告诉苻丕，想借道东归。

这个请求被苻丕一口否决，估计他心里是这样想的：打不过慕容垂，我还打不过你慕容永？反正称帝后还没有一场像样的大战，现在正好拿慕容永开刀。

不日后，苻丕派出王永、苻纂、俱石子迎战慕容永。

此战中，苻丕大败，王永、俱石子都先后阵亡了。慌乱中，苻丕带着数千残兵南奔东桓（今河南新安），打算袭击洛阳，不想却遭到了东晋的扬威将军冯该的袭击。

这一次，苻丕阵亡，带着未了的遗憾闭上了眼，太子苻宁等人则被生俘。苻宁的运气稍微好一点，东晋朝廷赦免了他们，将其送至过气太子苻宏处。

苻丕啊苻丕，早知如此，何必当初呢？当初，如他不与慕容垂顽抗；又或者，现在他自去帝号，主动投诚东晋，能不能保住自己一条小命？但是，人各有志，比起苻宏受命于危难之间，但却放弃长安的做法，苻丕的选择与坚持，又有些令人动容。

眼见苻丕已死、苻宁受俘，一时间树倒猢狲散。在这种混乱不堪的情形下，苻纂带领数万人逃到杏城（今陕西黄陵），来不及逃跑的文武百官，均为西燕所俘。

从地图上看，杏城距离长安不算远，也就一百五十公里左右。这不禁使人产生一个疑问：苻纂为何不直接逃往长安呢？不是说西燕已经放弃长安，东返关东了吗？

答案很简单：已有人捷足先登了。此时的长安，已被纳入了后秦的版图。

原来，后秦王姚苌早就料到鲜卑人不会在关中久居，所以他一直不主动与西燕发生冲突。

"鲜卑皆有思归之志，故起而为乱，宜驱令出关，不可遏也。"这是姚苌当年给苻睿提过的建议。事实上，姚苌一直都抱着这样的看法。所以他根本就不会主动与慕容鲜卑相争，他只需静待时机，以最小的代价赢得最大的胜利。

长安毕竟是块香饽饽，慕容氏不要，要的人可不少。这不，慕容永前脚一走，一帮卢水少数民族便率先占据了长安。姚苌当然不会对他们客气。很快，卢水少数民族跑的跑、降的降，后秦不费吹灰之力就得到了长安。

关于卢水少数民族的来由和掌故，咱们到第四章再说。

眼下，既然得到了长安，姚苌便"当仁不让"地直接称帝——劝进什么的也不需要，改元建初，仍然用"秦"作为国号。姚苌之所以如此，除了有地理因素之外，估计还有着与前秦争正统的用意。

旋后，姚苌追封自己的父亲姚弋仲为景元皇帝，追谥自己的哥哥姚襄为魏武王，又立姚兴为太子。

为了庆祝他人生顶点的这一刻，他摆下隆重的酒宴，款待群臣。喝到酒酣耳热之时，姚苌向他的群臣发出了灵魂的拷问："当初大家和我一同效力于前秦，今天突然成为君臣关系，难道你们不感到耻辱吗？"小人得志之相，尽显无遗。

臣子赵迁回答说："上天都不耻于把陛下作为儿子，我们为什么要耻于作为陛下的臣子呢？"姚苌听后哈哈大笑。（"苌与群臣宴，酒酣，言曰：'诸卿皆与朕北面秦朝，今忽为君臣，得无耻乎！'赵迁曰：'天不耻以陛下为子，臣等何耻为臣！'苌大笑。"）

震惊了吧！

上下五千年，如姚苌这般厚颜无耻的人，确实不多见。不过，这桩事还不算什么，后面还有更无耻的事情，等着刷新世人的三观。

姚苌称帝后，后秦的发展并非一帆风顺。向东拓展几无可能，慕容垂的后燕与慕容永的西燕绝非软柿子，加上丁零人、乌桓人以及正在崛起的拓跋珪参与其中，扫平关东殊为不易。不说别的，慕容垂什么水平，别人或许不清楚，他姚苌岂会不了解？况且，羌人在关东没有根基，所以姚苌不会对东面的发展去多做考虑。

那就换个方向，掉头向西看看。此时乞伏国仁的西秦占据着陇西，吕光的后凉占据着凉州。他们，才是后秦的长远目标。

但是姚苌还暂时顾不了那么多，他还有一个急需解决的心腹大患。这个心腹大患，如同梦魇一般，笼罩了他的余生……

姚苌在长安匆忙称帝，有一个很重要的原因。他要向世人宣布，如今已经改朝换代，他才是关中的老大。对于他的所作所为，肯定会有人不服。

就在苻丕死后，由苻登所领的前秦残余势力，举起了反姚的大旗。他们憋足了劲，发誓要与姚苌死磕到底，不死不休。接下来，请读者朋友们一定要备好纸巾，因为矢志复仇的苻登和老奸巨猾的姚苌，将上演一幕幕令人啼笑皆非的闹剧。

第四节　苻登的命中之劫

苻登的成长史

自打苻丕死后，苻登与姚苌，便成为死敌。这不仅仅是因为家仇国恨，更是因为身份的冲突。

原来，就在苻丕死后一个月，他的尚书寇遗便奉渤海王苻懿、济北王苻昶之名，从杏城赶来投奔苻登。这俩都是苻丕的儿子。

至此，苻登才得知苻丕的丧讯，遂为之发丧服孝，三军亦通身缟素。按照父死子继的传统，皇位自然该由苻懿来继承。可就在苻登请立新主的时候，众人却道："渤海王虽为先帝之子，但是年纪尚小，承担不起多难之事。《春秋》中说，'国乱而立长君'。如今，三虏（姚苌、慕容垂、慕容永）接连僭位，贼军势力强盛，忘恩负义之人太多了。咱们遭受的厄运比古人更甚。大王，您若率众于西州作战，就像是凤鸟在秦、陇飞翔一般。姚苌溃逃，不过一战之功，届时便可成就光照天地的大业。您应当奋发武威，复业于旧都，万事应以社稷宗庙为先，切不可顾及那些微末节义啊！"

听罢这话，苻登也不再谦让，顺势即皇帝位，大赦境内，改元太初。

苻登和姚苌成为生死之敌，不仅仅是因为他二人都是皇帝，更是氐和羌两个民族之间的对抗。谁能取得终极胜利，谁才配拥有"秦"的国号。因此，苻登咬碎牙也要为苻坚报仇。

作为一个在位九年的前秦皇帝，肩负着复兴家国的重任，苻登的故事注定充满了传奇色彩。咱们先来看看他的成长史。

苻登，表字文高，他是苻坚的族孙。苻登之父，名为苻敞，曾任景明帝苻健时的太尉、司马，后不幸死于厉王苻生之手。到了前秦寿光三年（357），苻坚夺位，即追赠苻敞，又令苻登的兄长苻同成继任父职。

苻登的性格是有变化的，小时候他勇武有豪气，但举止粗暴行事狠辣，并未引起苻坚的重视。等他长大之后，性子却收敛了，书读了不少，人也变得恭谨忠厚起来。苻登先累迁至长安令，但因犯事被贬为狄道长。

淝水之战后，关中动乱不息。苻同成向河州刺史毛兴举荐弟弟苻登，担任司马一职。此时的苻登，"度量不群，好为奇略"，这令苻同成十分担忧，遂劝说道："汝闻不在其位，不谋其政，无数干时，将为博识者不许。吾非疾汝，恐或不喜人妄豫耳，自是可止。汝后得政，自可专意。"

当哥哥的行事谨慎，说的也都是肺腑之言，但有不少人却觉得苻同成是在嫉妒他。好在苻登听了劝，再度收敛了性情。

毛兴对苻登的情感十分复杂，一方面，他十分欣赏苻登一言切中事理的优点；另一方面，又对他生出畏心，不愿轻易委以重任。

毛兴后为氐人的主和派所杀，将死之时，毛兴叮嘱道："与卿累年共击逆羌，事终不克，何恨之深！可以后事付卿小弟司马，殄硕德者，必此人也。卿可换摄司马事。"

这是说，要苻同成给苻登让道。此时，他们与姚硕德相持不下。

如此一来，苻登在众人心目中的地位更高了，这为他成为氐族首领奠定了基础。

前秦太安二年（386）七月初，枹罕的众氐族部落里的重要人物聚在一起商量大事：如何废黜河州刺史卫平。原来，继为河州刺史的卫平年迈保守，众人认为他不能带领大家一起成就功业。

应该说众人的想法是有道理的。我们今天都在讲一个道理——一头狮子带一群羊，都比一只羊带一群狮子要厉害一些。一个集体的领导素质，在很大程度上决定着集体未来的命运。所谓"兵熊熊一个，将熊熊一堆"，说的也是这个道理。

因此，废黜卫平一事是没有争议的，可问题在于，卫平宗族势力强大，要想废黜他会冒很大的风险。就在众人犹疑不决的情况下，氐人啖青对众将领说，迟则生变，到了初七大会，看他行事即可。

在众人的期待中，初七大宴聚会如期而至。啖青找好机会，拔剑上前说："今天下大乱，吾曹休戚同之，非贤主不可以济大事。卫公老，宜返初服以避贤路。狄道长符登，虽王室疏属，志略雄明，请共立之，以赴大驾。诸君有不同者，即下异议！"

这话有两层意思：一、卫公年老，该退位让给符登了；二、不从者，来跟我谈谈吧。

说是可以提意见，但啖青又马上挥剑捋袖，做出要诛杀异己的样子。见此情状，谁愿跑出去当出头鸟呢？对于这种"言行不一"的家伙，还真是没办法。

由于没人敢给啖青提意见，大家就这样"愉快地达成共识"，推举符登为使持节、都督陇右诸军事、抚军大将军及雍、河二州牧，略阳公。

在符登的带领下，五万兵众很快打了一个漂亮仗——东下陇郡攻陷南安。

《晋书》中，对于符登"专统征伐"一事，有这样的描述。当时，岁旱乏粮，士卒食不果腹。为了激励将士杀贼，符登便鼓励他们，说："汝等朝战，暮便饱肉，何忧于饥！"

攻占城池，就可以抢人家的粮食甚至是好肉好菜来吃吗？不，不是这个意思。彼时，符登"每战杀贼，名为熟食"。所以，兵卒们吃的是……原谅笔者不便写出那两个字来，免得读者朋友们恶心。

看来，"少而雄勇，有壮气，粗险不修细行"的符登，还是没有走远啊！

倒有一点补充解释的是，符登军这样的做法，不只是为了填饱肚子，按照迷信的想法，吃这种肉，"辄饱健能斗"。

得知符登这么"生猛"，姚苌吓得不行，生怕在外打仗的姚硕德，变成符登的"盘中餐"，遂急召姚硕德，说："你再不回来，怕是要被那家伙吃了！"画面突然有点滑稽……

姚硕德得令之后，赶紧跑回来避难。算了，能苟则苟，干吗非得跟对手硬杠呢？

符氏相争，姚苌得利

前秦太安二年（386）十月间，符丕兵败被杀，下一月，声望甚高、战斗值爆表的符登，在众人的公推下，成为前秦的新一任皇帝。

符登即位之后，火速为符坚立了牌位，并放置在十分显眼的地方。有多显眼呢？"载以辒辌，羽葆青盖，车建黄旗"，再以三百名武贲勇士为护卫。一旦有任何行动尤其是军事方面的，必先向牌位告请，再"承命"施行。

比如说，符登打算率军向东，就向符坚的牌位告请道："维曾孙皇帝臣登，以太皇帝之灵恭践宝位。昔五将之难，贼羌肆害于圣躬，实登之罪也。今合义旅，众余五万，精甲劲兵，足以立功，年谷丰穰，足以资赡。即日星言电迈，直造贼庭，奋不顾命，陨越为期，庶上报皇帝酷冤，下雪臣子大耻。惟帝之灵，降监厥诚。"

想起祖辈所受的侮辱，自己身上的责任，符登不禁悲从心起，泪下沾襟。这种情绪也感染了将士们，他们无不纵声恸哭。估计，后来前秦军以眼泪为器，便是从此时锻炼出来的。但很不巧，他们遇上的是姚苌这个无赖，这办法没用。此事容后再表。

为表死战之心，前秦军皆在长矛铠甲上刻上"死休"的字样。至于战术，则显得较有水平了，"每战以长矟钩刃为方圆大阵"。这样一来，将领们可以及时得知阵势的厚薄，再布置将士。因此"人自为战，所向无前"。

看来，前秦复振之势已起，不少之前接受过姚苌授官的大将，也动起了心思。先前，长安将陷落时，前秦中垒将军徐嵩、屯骑校尉胡空都聚众筑堡，并承认姚苌的统治。但徐嵩、胡空却并不认同姚苌弑杀符坚的做法，遂以王者的礼节，将符坚的遗体葬在两人的堡垒之间。

如今，徐、胡见符登所向披靡，便改向符登投降，分别担任了镇军将军、雍州刺史，辅国将军、京兆尹。这样的封赏当然也跟他们安葬符坚的措置有关。毕竟，他们还不能算是叛臣。

就此，苻登终于能瞻仰先帝的遗体了，心中感慨良多，自不必说。随后，苻登以天子之礼改葬苻坚。

第二年（387）正月，苻登以妻毛氏为皇后，又以堂弟苻懿为皇太弟，暂时未立太子。这个毛皇后，很有必要多介绍几句。她出身于将门，其父正是前文提过的毛兴。

由于史料缺载，我们不能确知，毛兴是在什么时候把女儿嫁给苻登的，但按情理说，应该是在他极为看重苻登之后。说起毛皇后，那可不得了，作为将门之女，她长于骑射，不甘于做苻登的贤内助，而愿统军一万，冲杀在战场第一线。于是，苻登也很放心地对她委以重任。有一次，苻登与姚苌作战，姚苌准备耍点阴招，遂派儿子姚崇绕道偷袭大界（今陕西彬县、甘肃泾川县之间）营。此事为苻登所觉察，苻登便与守营的毛皇后联合作战，大挫敌军，并俘斩后秦两万余人。

武力这么高，已经令人惊叹了，何况毛皇后还生得肤白貌美，堪称前秦军中的颜值担当。得妻如此，苻登还是很有福气的。

说回到眼下。

苻登立了皇后、皇太弟后，又遣使封赏苻纂和他的弟弟苻师奴为鲁王、朔方公等。这两人，当时正处在什么情形下呢？先前，他们跟随苻丕攻袭洛阳，苻丕为冯该所杀，他俩便率领数万残兵逃往杏城。也就是说，二苻的手头还是捏着一些兵力的。

对于苻登的即位，苻纂是不太赞同的，当即质问使臣，为何不以渤海王为帝。眼见气氛紧张起来，苻纂的长史王旅忙劝他以大局为重，切不可自相仇视，先效法汉光武帝"推圣公之义"的措置，待到平定贼虏，再从长计议。

东汉初年，光武帝刘秀先推刘玄，并未与之相争。

王旅的看法是很有见地的，只是苻纂一定想不到，他在当年秋日就命丧人手，没机会去"从长计议"了。杀他的人是谁呢？正是他的"好弟弟"苻师奴。

这事说来也挺令人唏嘘的。借了苻登的名声，苻纂的号召力急速上升，得到许多羌胡屠各部落的支持，像是虏帅彭沛谷、屠各董成、张龙世、新平羌雷恶地等人，都积极响应苻纂。一时之间，苻纂的部众多达十余万。

四月里，苻纂与氐人杨定在泾阳击败姚硕德，在知晓姚苌来援后，苻纂退守于敷陆。

到了八月间，苻纂再度兴兵南下，打算夺回长安。就在这时，苻师奴劝哥哥苻纂登极称帝，不认苻登这个皇帝。兴许是想起了王旅的劝谏，苻纂没听取苻师奴的劝。万未想到，苻师奴因此而动了杀兄之心，并夺了他的部众。

苻师奴的行径，与北凉沮渠蒙逊的做法倒有些相似。（详见第三章）棠棣之义，不应输于权力之欲，但在很多时候，人心都是那么经不起考验。

因不齿于苻师奴的行径，冯翊太守兰犊与他断绝了来往。看来，苻师奴并不得人心。不只如此，苻师奴夺了部众之后，便在泥源败给了姚苌。很可能的是，将士们不愿为苻师奴卖命。

战败后，苻师奴逃到了鲜卑部落中。而苻氏的部众，则为后秦所收编，先前投效的屠各人董成等人，也向姚苌缴械而降。

姚苌这次赚大发了。

男人哭吧哭吧哭吧，不是罪

话说，对苻登存有反心的苻师奴打了败仗，那么苻登本人这边的情形又是怎样的呢？

这年九月，也就是苻师奴败给姚苌的同一时期，苻登领兵进占了胡空堡，并招抚了 10 万戎夏之民。后秦亦非一无所获，徐嵩所在的堡垒为姚方成所击破，不仅他被阵斩于前，其将卒也被对手尽数活埋。不仅如此，姚苌还把苻坚的尸体挖了出来，对其鞭尸。等姚苌发泄得差不多了，又把尸体上的衣服剥了下来，用荆棘包裹，挖了一个土坑重新埋了。

怎么评价姚苌的这个行为呢？如果说，之前对苻坚，他有非杀不可的理由，那这次鞭尸就显得完全没必要。这只会让苻登的势力更加上下一心，同仇敌忾。《晋书》对此也表达了不满，在对姚苌的评价中，史官写道："列树而表新营，虽云效绩；荐棘而陵旧主，何其不仁。"

可见，其行径之恶劣。

隔年（388）二月，苻登、姚苌分别屯兵于朝那、武都，二军相持多日、作战数次，各有胜负。时日一久，前秦军因供给不足而陷入饥困交加的状态。由于拿不下"熟食"，苻登只能让将士们吃点素的。环顾四下，好在有不少桑葚可食。苻登就命将士去采收桑葚。

说起桑葚，倒值得说上几句。

史载"袁绍之在河北，军人仰食桑葚。袁术在江、淮，取给蒲蠃。民人相食，州里萧条"，约莫是在建安元年（196）曹操大兴屯田之时，袁绍军以桑葚为食。

这段记载出自裴松之作注所引的《魏书》（王沈著），内容不完全靠谱，其中说冀州"民人相食，州里萧条"便有些夸大其词。《三国志》中就记载道："兴平末，人多饥穷，（杨）沛课民益蓄干椹……过新郑，沛谒见，乃皆进干椹。太祖甚喜。"曹操也吃过桑葚。以吃桑葚来证明"民人相食，州里萧条"未免言之过矣。

那么，袁绍为何会在不缺粮的情况下，改吃桑葚了呢？

简言之，桑葚本可食用，且是美物，《诗经·鲁颂·泮水》中便有"翩彼飞鸮，集于泮林，食我桑椹，怀我好音"的歌吟，由此也衍生出了"食椹怀音"这个成语。

不过，由于文化隔阂，"翩彼飞鸮""食我桑椹"这一说也引发了一桩公案。这事发生在北魏道武帝拓跋珪统治时期。当时，拓跋珪被围于中山城中，面临缺粮的难题。御史崔逞便提议说可以吃桑葚。拓跋珪虽采纳了这个建议，但却对崔逞怀恨在心，认为他是把自己比喻成了鸮——也就是猫头鹰。天兴初年（398），崔逞、张衮因未按拓跋珪的要求，在回复东晋的信中贬称对方，被拓跋珪训道："使汝贬其主以答，乃称贵主，何若贤兄也！"二人遂被赐死。

崔逞出自清河崔氏，是曹魏中尉崔琰的后代。个人以为，此事还不能被简单地被看成拓跋珪过于敏感，文化隔阂确实是存在的，但崔逞骨子里的清高傲慢确实也遮掩不住。

说回到以桑葚为食的符登身上。他和姚苌继续相持，等待战机。

八月间，符登立其子符崇为皇太子、符弁为南安王、符尚为北海王。

两个月后，姚苌退回到安定，符登则往新平去取粮，将大部队留在胡空堡，自己则率兵万余人，转而围困姚苌的营寨。围困的方式十分特别：哭。

刚刚咱们才说道，符登以及他的将士都很能哭。这一次，符登便以眼泪为杀器，在姚苌的营寨周围放声大哭。此举有些匪夷所思，难道说，符登是想用眼泪来战胜姚苌？

历史上，倒也有用声音做武器的，那是"四面楚歌"，用来瓦解项羽斗志的。但说真的，笔者实在不明白，符登这唱的是哪出戏，顶多能辣辣对方的耳朵，让人心烦意乱罢了。

这要是一般人，肯定当场就蒙了——还有这操作？

但是！谁让符登遇上的不是个"一般人"，而是个无赖呢？没错，姚苌是听得心烦意乱，可他也很快想出了对策：以其人之道还治其人之身！

你以为世界上就你会哭，就你能哭是吧？——众将士听令！哭！大哭！痛哭！号啕大哭！变着花样地哭！

这都什么事儿啊！

要问最后谁赢了啊？当然是姚苌。

符登无言以对，输了阵势的他，随后退军了。

如果说，这次哭戏大 PK，是符登先惹事。那么年后（389），则是姚苌先作妖了。由于符登败少赢多，姚苌以为他是得了符坚的庇佑，所以他便灵机一动，也做了一个牌位。

谁的牌位？从理论上说吧，当然是做他老爹或者老哥的牌位，然而……

享受姚苌"供奉"的是，符坚的牌位！

是的，你没看错。

估计姚苌的脑回路是这样的：你要哭，我也哭；你要祈求符坚保佑，我也祈求啊！我一点也不吃亏！

当然，这话嘛，得说得冠冕堂皇一些。

姚苌是这样为自己"洗白"的，他对着符坚的牌位说："往年新平之祸，非苌之罪。臣兄襄从陕北渡，假路求西，狐死首丘，欲暂见乡里。陛下与符眉要路距击，不遂而没。襄敕臣行杀，非臣之罪。符登陛下末族，尚欲复雠，臣为兄报耻，于情理何负！昔陛下假臣龙骧之号，谓臣曰：'朕以龙骧建业，卿其勉之！'明诏昭然，言犹在耳。陛下虽过世为神，岂假手于符登而图臣，忘前征时言邪！今为陛下立神象，可归休于此，勿计臣过，听臣至诚。"

简言之：符皇帝啊，之前"臣"杀了你，并非"臣的过错"。是我的哥哥让我去杀你，与我无关啊。连符登跟您这么远的关系，都还要为您报仇，我替兄报仇，于情于理也没问题啊！再说了，您不是让我继承您的龙骧之号，建功立业吗？我可听话了！希望陛下不要忘记以前说过的话，我现在给陛下立神像，您就别再计较我的过错了。

这是把责任扔给老哥了吗？也忒无耻了！

反正，符登闻讯后，气得连话都差点不会说了。只见符登登上楼车，骂道："从古到今，哪有弑杀君王又为他立神像求福的，搞这幺蛾子，是想得到什么好处！"

隔了会儿，符登又叫道："杀君之贼你给我滚出来！我只和你决斗单挑，你不要枉害无辜士卒！"

依我说，符登说了这么多，有点浪费口水，直接啐他一声"无耻"也就行了。

反正结果都一样，姚苌有些怕了，连声都不敢吱一下。

数日后，姚苌见"符坚"并未保佑他作战顺利，军中还不时出现夜惊之事，干脆命将士击鼓造势，把神像的头斩下来，送给符登当纪念品。

符登目瞪口呆。摊上这么个"神人"，真是他的命中之劫！

第五节　打仗如同家常便饭

吾天子后，岂为贼羌所辱！

符登的劫难，从与姚苌对战时就开始了。

就在姚苌用斩下的神像侮辱符登之后，没几天，符登便得知将军窦洛、窦于等谋反之事。事泄后，二人忙跑去姚苌那里寻求政治避难。姚苌当然接纳了他们，可这也没为他带来什么好运气。在接下的战事中，除了彭池之外，弥姐营及繁川等各堡垒，都被符登攻陷了。

怎么办好呢？屡战屡败的姚苌动起了脑筋。由于符登的大本营在大界，姚苌便令姚崇去偷袭此处。符登闻讯后，当即截击姚崇，一番鏖战之后，在安丘击败了姚崇，并俘斩两万余人。

这便是笔者在上节中提到的大界之战。

大胜之后，符登想要扩大战果，便领兵攻入平凉，与姚苌的部将吴忠、唐匡相斗。天遂人愿，平凉很快落入了符登的手中。旋后，符登任命尚书符硕原担任前禁将军、灭羌校尉，并戍守平凉。

连番胜利之后，符登扩大战果的想法持续走高，他顾不上经营自己的大本营，便急着进据苟头原，以期对安定造成进逼之势。

他哪里知道，他将为此决定后悔终生！

狡猾的姚苌不打算跟符登硬碰硬，他要做的事，叫作"从哪里跌倒就从哪里爬起来"，再度偷袭大界！

事实上，符登还真没想到，这家伙竟敢再冒犯他的大本营！

而这一次，姚苌发动的兵力是三万人——而且是铁骑，或许这人数没上次那么多，但此时坚守大本营的，只有毛皇后的部队！

于是，遭遇夜袭的毛皇后悲剧了，符登的儿子符弁、符尚也悲剧了。在这场恶战中，毛皇后和士卒们虽也射死了不少敌军，但毕竟双拳难敌四手，终究还是被敌军生擒了。

且说，姚苌见到这位美貌的女将皇后后，不禁生出了"粗服乱头不掩国色"的感叹。姚苌忍不住表示了倾慕之意，想要一亲香泽。毛皇后怒骂道："姚苌，汝先已杀天子，今又欲辱皇后，皇天后土，宁汝容乎！"

姚苌见不能迫使毛皇后就范，便将她推出帐外杀了。毛皇后死的时候，还很年轻。

怎么评价姚苌斩杀毛皇后这件事呢？

笔者认为，杀敌本身是没有错的，之前施展夜袭计划也是没错的（夜袭之前，他就说道："与穷寇竞胜，兵家之忌也；吾将以计取之。"）。毕竟，双方是不共戴天的仇雠，没必要来什么"谦恭礼让"；况说，兵不厌诈，偷袭这事不能说是不厚道。

可姚苌的做法却十分令人恶心。他恶心毛皇后这等英烈的女子有些多余。

很多人都认为，姚苌是个小人，绝非空口胡吣。

评价历史人物应该注意他的多面性。翻检史料，我们可以看到，姚苌在获得大界之胜后，他并没有被胜利冲昏头脑。

原来，众将提议趁着前秦大挫之时，继续攻击，但姚苌却不打算扩大战果，并解释道："登众虽乱，怒气犹盛，未可轻也。"面对安定地狭的现状，也迅速做出了部署：遣姚硕德镇守安定，将安定千余户民迁往阴密（今甘肃灵台西南）；又派弟弟征南将军姚靖到此地镇守。

在他看来，前秦之军虽然陷于混乱之中，但毕竟只是一时之事，他们的战斗力依然存在，正面战场仍然是占据强势的一方，要是惹怒了这群人，没什么好果子吃。于是，姚苌及时终止了进攻行动。

他说的有没有道理呢？当然是有的。《老子》曰："祸莫大于轻敌，轻敌几丧吾宝。故抗兵相加，哀者胜矣。"后人从中提炼出"哀兵必胜"的道理，意指受挫之军会因悲愤而奋起反抗，反而容易取得胜利。

个人觉得，"哀兵必胜"的"必"或许有些夸大了，历史上被打得一衰再衰的军队也不少。但姚苌对于符登军队的分析，却比较合乎实际情况。符登率领的是大部队，姚苌之所以打败毛皇后，主要是因为他以众凌寡。

写至此，我们怎么评价姚苌的这种做法呢？

厚颜无耻是他，卑鄙下作是他，但稳慎节制、知己知彼，也是他。

这一战，可以说是双方长期拉锯的转折点。符登不仅损失惨重，还被姚苌找到了致命弱点：太关注于正面战场。他总是主动求战，而忽略其他，有些头重脚轻。姚苌在经历了多次失败后，也找到了克制符登的办法：打游击战。大界之战就是其中的典型。

符登要来打，姚苌偏偏不打，他通过局部的骚扰、牵制，来化解符登的进攻。通过长期的运营后，姚苌的优势慢慢增长起来。

在战术上，符登不弱于姚苌，但是在战略上，符登被姚苌完胜。

雷恶地的选择

老巢被毁、妻儿惨死、五万军民被掳……

突如其来的打击，令符登痛不欲生，但日子还得过下去，符登告诉自己，绝不能被小人打倒！

这年九月，转机来了。姚苌本以姚硕德为秦州守宰，姚常、邢奴、姚详分镇于陇城、冀城、略阳，哪知仇池杨定连破陇城、冀城，斩杀姚常，活捉邢奴。姚详赶紧弃城保命，逃往阴密。杨定趁势自称为秦州牧、陇西王。我们曾在第二卷末尾提到过此人。他是符坚手下的大将，在长安保卫战中被西燕俘虏。后来杨定趁乱回到陇右，收集仇池旧部。

符登认为，笼络杨定才是上上之策，便依其自称而封之。

下一月，符登集结了一堆残兵败将，屯聚于胡空堡，派使者封窦冲、杨定、杨壁为大司马、左丞相、大将军等。随后是一系列军事动作：窦冲自繁川奔赴长安，符登本人从新平出发赶往新丰的千户固，杨定以陇上之军为后援，杨壁留守于仇池，并州刺史杨政和冀州刺史杨楷率部往长安会合。

目标直指长安——姚苌如今的大本营。

姚苌也做出了回应，立马派将领王破虏至秦州，但王破虏在格奴坂被杨定击败。姚苌还有一位将领张龙世，此时镇守于鸶泉堡，得知张龙世遭遇符登的袭击，姚苌忙赶去援救他，符登做了战略性的撤退。

怎么对付符登呢？姚苌眼珠子滴溜溜一转，心里便是一个主意：密令任瓫、宗度装作内应，遣使告诉符登，说自己可以开门迎他。

不知符登是怎么想的，要说这两人也并未牺牲什么，他居然也信以为真。人家黄盖好歹还挨了鞭子，把戏给做足了。

眼见苻登就要上当了，幸好雷恶地急忙赶来，谏言道："姚苌这个人诡计多端，又长于操纵人心，其中必定有诈，希望陛下深思熟虑。"苻登这才冷静下来，按兵不动。

前文说到，雷恶地是羌人酋帅，他先投奔了苻纂。苻纂死后，雷恶地又率众归附苻登，拜为征东将军，平日里将兵在外。此番猜知任瓬、宗度的"暗通款曲"，雷恶地忙来劝阻苻登。

姚苌听说雷恶地来了，便知道这事肯定黄了。

不日后，当苻登确知姚苌悬起城门待他中计之事，才对近臣说："雷公大概是圣人吧！如无他，朕差点就被小人误了。"

姚苌没耍成阴招，转而攻陷新罗堡。

就在这个时候，发生了很有意思的事，双方都有人投降：姚苌的扶风太守齐益男，苻登的将军路柴、强武等都换了个主人。这从一定程度说明了，在臣子的判断里，苻、姚双方的势力是旗鼓相当的。在随后的战争里，苻登突袭镇守陇东的张业生，并击退姚苌的援军；而苻登的将领魏褐飞则被姚苌阵斩于杏城。

前秦太初五年（390）初，苻登得到了冯翊人郭质的支持。郭质在广乡起兵，并在三辅一带发檄，赢得很多人的支持。

与此同时，郑县人苟曜却聚众数千来响应姚苌。

站队不同，必有一战。郭质在担任平东将军、冯翊太守后，遣将讨伐苟曜，屡次受挫后，郭质又转而归附姚苌，做了他的将军。郭质手下的人，也觉得没劲，于是各回各家各找各妈了。

前秦、后秦的作战，依然如同家常便饭，互有胜负。

到了四月间，姚苌有意亲自攻打和自己作对的魏褐飞。之前作为前秦镇东将军的魏褐飞，自称为大将军、冲天王，并迅速集结数万氐、胡之众，打姚苌的安北将军姚当成。杏城一时受围。紧接着，镇军将军雷恶地又反叛后秦（雷恶地被苻登猜忌，于去岁降后秦），与魏褐飞相互呼应。

怎么呼应呢？先在李润镇（今陕西蒲城东北）进攻镇东将军姚汉吧。

一个是别人的叛臣，一个是自己的降臣，他们都和自己作对，姚苌心里老硌硬了，但他还是保持了清醒的头脑，只拿魏褐飞开刀。

诸将挺诧异的，便问："陛下怎么不担心六十里的苻登，反而担心六百里外的褐飞？"

姚苌解释道："登非可卒殄，吾城亦非登所能卒图。恶地多智，非常人也。

南引褐飞，东结董成，甘言美说以成奸谋，若得杏城、李润，恶地据之，控制远近，相为羽翼，长安东北非复吾有。"

在魏褐飞的跟前，姚苌采取"怯战"之计。好些日子过去了，他都只是固垒不战、示之以弱，等待魏褐飞中计。果然，魏褐飞仗着人多势众，举兵而来。在姚苌的筹谋下，儿子姚崇搞偷袭，镇远将军王超正面作战。魏褐飞输得一败涂地，被阵斩于军中。

眼见大势已去，雷恶地也不想再与姚苌为敌，遂请降于他。

姚苌也欣然受之，对他悉心安抚。就此，雷恶地真心臣服，再也没有背叛后秦。而且，他还时常对人说："吾自言智勇所施，足为一时之杰。校数诸雄，如吾之徒，皆应跨据一方，兽啸千里。遇姚公智力摧屈，是吾分也。"

比起姚苌来，在笼络人心这个方面，苻登的水平差了不少。原本，雷恶地是向着他的，若苻登不对他疑神疑鬼的，此人很有可能成为他的佐命之臣。

姚苌，你到底死不死

次年（391）三月，苻登渡过渭水，进据曲牢（今陕西西安南）。随后，他又联络驻守于长安外围的荀曜为内应——没有永远的敌人，转至马头愿驻军，以进逼长安。

姚苌做出积极响应，但其右将军吴忠刚出长安城迎战，便被苻登射杀下来，余下的兵卒都慌忙退回城内。姚苌准备再次出战，并对姚硕德说："登用兵迟缓，不识虚实，今轻兵直进，迳据吾东，必荀曜竖子与之连结也。事久变成，其祸难测。所以速战者，欲使竖子谋之未就，好之未深，散败其事耳。"

姚苌确实是个聪明人，仅凭苻登的举动，就猜出荀曜为内应之事。这年年底，姚苌密令太子姚兴除掉荀曜。姚兴遵令，派心腹尹纬诛杀荀曜。

说回到眼下，姚苌既然做好了速战的决定，便派出精锐与苻登激战数日。由于兵力有限、供给不足，苻登被迫撤退，屯兵于郿（今陕西眉县东渭河北岸）。其后，姚苌又击退了苻登围攻安定的部队。

在庆功宴上，将领们忙不迭拍姚苌的马屁，姚苌却笑道："吾不如亡兄有四：身长八尺五寸，臂垂过膝，人望而畏之，一也；当十万之众，与天下争衡，望麾而进，前无横阵，二也；温古知今，讲论道艺，驾驭英雄，收罗隽异，三也；董率大众，履险若夷，上下咸允，人尽死力，四也。所以得建立功业，策任群贤者，正望算略中一片耳。"

不得不说，这话说得太有水平了，听得将领们心里熨帖得不得了。姚苌御人的手段，确实很出色。

到了下一年，即前秦太初七年（392）二月，姚苌突然患病，情况愈来愈坏。将入秋来，符登得知此事，以为自己的机会来了，就禀告符坚自己将有"顺行天诛，拯复梓宫，谢罪清庙"的行动。

为此，符登大赦于内，为一众官员进位，以争取国人的支持。随后，符登发兵进围安定，距离其城只有九十余里。就在符登秣马厉兵，准备攻袭安定之时，一个人的到来，令他惊愕万分，茫然无措。

没错，他就是那个病得要死的姚苌。

原来，姚苌的重病，在八月间得到了缓解。他得知符登兵指安定，便穿上久违的军装，亲自领兵来抵御符登。

形势不妙，怎么办？既然都来了，那就硬着头皮打一仗吧，符登别无他选。

与此同时，姚苌又遣姚熙隆绕后去攻打符登的营寨。

怎么又来这一套？难道就不能战个痛快吗？符登赶紧退兵，大界那次的遭遇，是他永远的痛。

姚苌心下得意，自己又领兵夜行，像个幽灵似的跟在符登身后。这距离说远不远，说近不近，大概三十里，刚刚对符登形成威慑力。

符登心里太硌硬了，要战便战，尾随身后是什么意思？他正苦思着对敌之策，但负责晨望的士兵却又报告道："贼诸营已空，不知所向。"

什么？自己滚了？

符登呆若木鸡，好一时才反应过来："此为何人，去令我不知，来令我不觉，谓其将死，忽然复来，朕与此羌同世，何其厄哉！"

我们来用大白话感受一下，符登的无奈与绝望：这是什么人啊？他走了我不知道，他来了我也不知道，人说他快要死了吧，他突然又跳出来了，朕和这个羌贼同时代、共呼吸，是倒了血霉了！

这一战，姚苌把他的游击战术发挥到了极致。虽未正面交锋，但已然把符登打服。在符登由衷的感慨中，透出他对姚苌的评价。

技不如人，甘拜下风！

符登心有余悸，再无心思打仗，遂罢兵回雍城。姚苌闻讯后，也退还安定。

二秦，就此进入了短暂的休战期。

这一次，是这对一生之敌的最后一次交手。

第二章

三秦争霸赛

公元 386 年，符登称帝，前秦、后秦争斗不息。若只是两国相争，还不显得混乱。问题是，趁着战乱之际，陇西鲜卑乞伏国仁却在符登即位的头一年，谋求自立。这个政权，被史家称为西秦。

陇西、陇东一带的形势越发复杂。在统治初期，西秦国主乞伏国仁确立了睦邻友好的外交策略。到了乞伏乾归的时候，西秦实力增强，为此符登对其百般笼络，希望他能成为自己的臂助。可惜，天不遂人愿，符登最终还是死在了姚苌的继承人姚兴的手中。

三秦之中，仅余二秦。姚兴在公元 400 年灭了西秦，成为本场争霸赛的冠军。

——引言

第一节　西秦，又一个国号为"秦"的政权

乞伏鲜卑的来源

在前秦、后秦进入短暂休战期的情形下，咱们再来了解一下同样位于中国西方、崛起于二秦周边的国家，它的国号也叫作"秦"，乃是因其地处战国时秦国之故地而为名。为了区别于前秦、后秦，这个秦国被《十六国春秋》冠以西秦之称，后世亦因而用之。

前秦建元二十一年（385）八月，符坚为姚苌所杀，得知消息的陇西鲜卑族（唐长儒等人为是赀虏）首领乞伏国仁，打算趁势自立。他对他的豪帅们说："符氏以高世之姿而困于乌合之众，可谓天也。夫守常迷运，先达耻之；见机而作，英豪之举。吾虽薄德，藉累世之资，岂可睹时来之运而不作乎！"

言语间，颇有些"时来运转"的意思。那么，这个"累世之资"是什么意思呢？这须从乞伏部落的来源说起。

《晋书·乞伏国仁载记》曰："在昔有如弗（漏'与'）斯（漏'引'）、出连、叱卢三部，自漠北南出大阴山，遇一巨虫于路，状若神龟，大如陵阜，乃杀马而祭之，祝曰：'若善神也，便开路；恶神也，遂塞不通。'俄而不见，乃有一小儿在焉。时又有乞伏部有老父无子者，请养为子，众咸许之。老父欣然自以有所依凭，字之曰纥干。纥干者，夏言依倚也。年十岁，骁勇善骑射，弯弓五百斤。四部服其雄武，推为统主，号之曰乞伏可汗托铎莫何。托铎者，言非神非人之称也。"

与很多民族的传说一样，乞伏鲜卑的先世也充满了传奇色彩。撇开这层色彩，我们可以看出，在古老的漠北地区，有如弗（即乞伏，为鲜卑族）、斯引、出连、叱卢这四个部落。（笔者按：中华书局点校本《晋书》的校勘记认为，《晋书》脱漏了"与""斯"两个字，漠北原为四个部落。）

后来，他们从漠北往南，出大阴山，乞伏部的一个老人收养了一个显露出神迹的小孩，取名为纥干。按照鲜卑语，这就是"夏言依倚"——华夏的依倚——的意思。看来，老人对乞伏纥干的寄望很深。后来，乞伏纥干果然非比寻常，成为一名"非神非人"的领袖。

到了晋武帝泰始初年（265 年左右），乞伏纥干的后人乞伏祐邻率五万兵众南迁至高平川，其子乞伏结权又迁民于牵屯。其后，乞伏利那、乞伏祁埌先后继位，前者的儿子乞伏述延又成为新的领袖，他在苑川（今甘肃兰州西固）。击败鲜卑莫侯，收降两万余落，此后便长期居于此地。

《水经·河水注》中记载道："苑川水出勇士县（勇士川，今甘肃榆中东北）之子城南山，东北流历此成川，世谓之子城川……"不过，这并不是说乞伏氏一直占据着苑川、勇士川、牵屯山。

故事说来十分曲折。乞伏述延死，其子乞伏傉大寒继位。在此期间，刚好赶上石勒大逞威风，消灭前赵之事。乞伏傉大寒心说，惹不起，遂率众迁去了麦田无孤山。直到乞伏司繁继立，才徙民于度坚山。这一次迁徙，也与后赵有关，他们饱受石虎的侵逼，只能另择居所。

度坚山位于陇西一带，大致在今甘肃省东部。这便是乞伏鲜卑又被称作陇西鲜卑的原因。迁居之后，乞伏氏与汉人杂居，久而久之，便受到了汉文化的影响。

前秦建元七年（371），将领王统进攻乞伏部落，乞伏司繁力战不敌，五万落部民都缴械投降。乞伏司繁也只能归降于苻坚。我们都知道，苻坚仁厚，故而乞伏司繁虽身在长安，但苻坚待他不薄，封他做南单于，两年后，见乞伏司繁立下击败鲜卑勃寒的战功，便恩准对方回镇勇士川。

顺便说一句，刚刚提到的这位猛将王统，他的父亲正是第二卷中咱们提过多次的王擢。王擢父子本占有大量部曲，这是他们作战时的一股有生力量。

第二年，苻坚成功消灭前凉，将河西、陇右收入囊中。

乞伏国仁立国，筑勇士城

前秦建元十二年（376），乞伏司繁卒，其子乞伏国仁继位，继续镇守勇士川。

这一镇，就是七年，在这段时日里，前秦的发展可谓是如日中天，乞伏国仁也借此壮大自己的实力。等到苻坚攻打东晋时，乞伏国仁也在征战之列，他被授为前将军，统领先锋骑兵。但最后，乞伏国仁却没参与战争，因为此时他的叔父乞伏步颓在陇西作乱，苻坚便令乞伏国仁去解决这件事。

苻坚的心态无从得知，也许他是认为乞伏国仁对他忠心耿耿；也许他是认为乞伏国仁能以亲人的姿态，较为和平地完成任务。后者的成分可能多一些，但事实证明，苻坚他想多了。

且说，乞伏步颓听闻乞伏国仁作为"讨逆"之军，前来讨伐他，心里真是乐开了花，他忙不迭在路上迎接他的侄儿。

接下来，乞伏国仁在宴席上喝得兴奋了，便卷起袖子捋起手臂——一副干架的姿态，大声说："苻氏往因赵石之乱，遂妄窃名号，穷兵极武，跨僭八州。疆宇既宁，宜绥以德，方虚广威声，勤心远略，骚动苍生，疲弊中国，违天怒人，将何以济！且物极则亏、祸盈而覆者，天之道也。以吾量之，是役也，难以免矣。当与诸君成一方之业。"

说得再清楚不过了，他不仅不想去平叔父的叛，还期待着苻坚的战败、前秦的崩盘，他好借此成就一番大业。

值得注意的是，乞伏国仁也认为苻坚骄傲自满，此战必败。这与慕容氏对战事的预测如出一辙。写至此，不禁有些唏嘘。古人说，"旁观者清，当局者迷"，诚如是也。

所以说，苻坚希望乞伏国仁能帮他解决后方的问题，根本不靠谱。眼下乞伏叔侄不仅把酒言欢，还等待着苻坚出糗遭难。

果然，不久之后乞伏国仁就听说苻坚战败的消息了，他采取的第一个行动就是"招集诸部，有不附者，讨而并之"，而后，他的兵力达到了十余万。

再过了两年，苻坚死于姚苌之手，这便出现了我们这节开头所说的事件。公元385年九月，乞伏国仁自号为大都督、大将军、大单于，又兼任秦、河二州牧。

就此，西秦政权建立起来（未立国号），年号为建义。

建国之后，乞伏国仁也建构起了自己的国家机构：左相乙旃音埋、右相屋引出支、左辅独孤匹蹄、右辅武群、上将军乞伏乾归（弟弟）……

实际上，早在乞伏述延担任部落领袖之时，乞伏部所领的四部联盟，便已开始向国家形态过渡了。当时，乞伏部落至少有五十余万人口，他任命他的叔父乞伏轲埠为师傅（相当于丞相），委以国政；斯引乌埠为左辅将军，镇蔡园川；出连高胡为右辅将军，镇至便川；叱卢那胡为率义将军，镇牵屯山。

这不难理解，因为人口规模较大，急需更有秩序的管理方式，加之邻国（如前赵、前凉）多为封建制国家。故此向邻国借鉴经验，便成了不可阻遏的发展趋势。

总之，可以明确的是，在西秦正式建国之前，早已有过封建化的倾向，具备国家形态的雏形。这成为乞伏国仁立国之路的奠基石。不过，从乞伏国仁任用的官员名单上，可见原部落联盟的三部首领，似已不再居于主要地位。这也是西秦尝试摆脱原始部落联盟阶段、步入国家形态的一种表现。当然，乞伏国仁建了年号，这更是他建立国家政权的明证。

在乞伏国仁建国之初，西秦的国土，大致包括了武城、武阳、安固、武始、汉阳、天水、略阳、漒川、甘松、匡朋、白马、苑川这十二郡。说起来，似乎也不少，但实际地盘要小得多，因为在十二郡中，如天水、略阳这样的郡，有的是名义上占据的，有的是侨置的。

在十二郡中，乞伏国仁又在勇士川筑勇士城，这便是西秦的第一个都城了。

注重外交策略，奠定西秦之基

之前说过，在陇西、关中的范围内，还有前秦、后秦这两个国家。二者进行了长达八年之久的拉锯战。作为他们的邻国，乞伏国仁既要保境安民、充实人口，又要图谋发展、扩张领土，不得不在外交策略上格外注意。

当年冬天，鲜卑匹兰率众五千归降，此事固然令人高兴，但也有那么几拨人，不愿归降，甚至主动攻袭他。比如说，次年（386）正月，南安（今甘肃陇西东南）人秘宜和一些羌人合兵进袭西秦，对其形成合围之势。

当此情形，乞伏国仁认为，先下手为强，不可坐以待敌。于是乞伏国仁突袭秘宜，秘宜兵败后逃回南安。当年七月，秘宜带着弟弟莫侯悌（又作莫侯悌眷）及三万部民投降西秦，二人获封为东秦州刺史、梁州刺史。

应该说，在乞伏国仁的努力下，充实人口这一目标，基本得以实现；但扩张领土，却不是那么容易实现的一件事。

一则，在西秦的东面，符登虽在"认真"地打仗，但姚苌却滑得跟泥鳅似的，一会儿刚，一会儿苟，乞伏国仁想要乘虚而入抢地盘，实在是太难了，比如天水，就被姚苌牢牢地攥在手里；二则，后凉刚刚立国，吕光虽未与乞伏国仁产生摩擦，但却把建设政权作为核心任务，乞伏国仁也不可能向西扩张；三则，西秦的南边分布着以漒川羌为主的羌族部落，他们以及漒川之外的鲜卑吐谷浑部——在位的是吐谷浑视连，他们的实力也不容小觑。

这么看来，西秦的东、西、南面都不易开拓，乞伏国仁也不能过于强求。为此，他确立了睦邻友好的对外策略。一时之间，无论是前秦、后凉，还是吐谷浑，都成为乞伏国仁的"好朋友"。

至于实力相对较强的后秦，乞伏国仁的态度则不甚明朗。但从他建义三年（387）三月，接受了苻登所授的使持节、大都督、大将军、大单于、苑川王等封号的行为来看，他与姚苌应该没有多少往来。

总体上看，乞伏国仁没有打诸国的主意，转而将巩固政权放在第一位。

要想巩固政权，势必要与周边势力处好关系。能笼络、能合作当然是最好的，实在不行了也只有打上一架，发起兼并之战。这种做法，当然还是十分传统的，有着部落制联盟集团的遗风。

比如说，当年六七月间，乞伏国仁发动三万骑兵，打败了密贵、裕苟、提伦这三个鲜卑部落；他又击溃了高平鲜卑没奕于（又名没弈干，初附前秦，再与乞伏乾归往来，后收留没奕干，投后秦）、东胡金熙的联军。最终，二者狼狈逃跑，三部自忖不是乞伏国仁的对手，遂率众而投，各有封赐。

往往地，由于结成联盟的部落太多，不时会产生叛附不定的现象。次年（388）春，乞伏国仁就面临了一次谋反事件。

西秦的建威将军叱卢乌孤跋在牵屯山聚众谋反。乞伏国仁亲自带领七千骑兵去征讨，阵斩其部将叱罗侯，收降了千户民众。叱卢乌孤跋再也没脾气和乞伏国仁对抗了，最终选择投降。

凭借着平叛之势，乞伏国仁于夏日主动出击鲜卑越质部首领越质叱黎，俘虏了他的儿子诘归。为了笼络越质叱黎，乞伏国仁又以诘归为陇西太守，令他镇守平襄。平襄，便是之前越质部的驻地。通过这种手段，乞伏国仁把越质部攥在了手中。

毋庸置疑，作为西秦的建立者，乞伏国仁对外采取了正确的军事策略，既交好诸国，又不断兼并大小部落，壮大实力，基本上达到了称霸一方的既定目标。

值得称道的是，乞伏国仁在文治方面也是有所建树的。他懂得农业与牧业是同等重要的，他明白举贤纳士是巩固统治的有效手段，他清楚教育文化是应该执行的基本国策……

在乞伏国仁的努力之下，西秦在短时间内已成为一个国泰民安、发展势头大好的国家。

只可惜，留给乞伏国仁施展抱负的时间并不多了。刚刚处理好越质部的事情，他便因病去世了。其谥为宣烈王，庙号为烈祖。

乞伏国仁死后，诸臣都推举他的弟弟乞伏乾归为大都督、大将军、大单于、河南王，主因是乞伏国仁的儿子乞伏公府年龄还小。此外，兄终弟及，也是少数民族政权长期以来的政治传统。比如南凉，秃发乌孤死前便传位于弟。

乞伏乾归即位之后，大赦于境内，改元太初。

第二节　西秦、后秦的新主人

开疆拓土，壮大西秦实力

在《晋书》中，对乞伏国仁、乞伏乾归两兄弟，是这样作对比的："国仁骁武，乾归勇悍。"这两个词有什么区别呢？前者更侧重于武略，后者则更侧重于勇武。

如果要让笔者给乞伏乾归一个标签，笔者会说他是中国历史上"难得一见的复国、复辟之君"。我们都知道，无论是复国还是复辟，都很难实现，而乞伏乾归却办到了，这不能不说是一个奇迹。我们有理由相信，一个国家在他手中从兴盛走向灭亡，又从灭亡走向重生，这绝不是靠"勇悍"就能办到的。

犹记得，梁武帝萧衍失去他的帝国时，曾说："自我得之，自我失，亦复何恨！"跟乞伏乾归比起来，他实在是太过"阿Q"了。

这么说来，就凭乞伏乾归这种不服输的态度，都值得我们对他竖起大拇指。

来吧，乞伏乾归，请开启你的传奇人生！

西秦建义元年（385），乞伏国仁建立西秦，以乞伏乾归为上将军。乞伏乾归生年不详，能在史籍中找到记载的部分是"雄武英杰，沈雅有度量"。

由于乞伏乾归出色的能力，三年后，大臣们都一致认为，他是国家领袖的不二人选。即位之后，乞伏乾归以妻边氏为王后，又委任了自己的领导班子：以南川侯出连乞都为丞相，以镇南将军、南梁州刺史悌眷为御史大夫……

值得注意的一点是，《晋书》中还记载了乞伏乾归置百官时仿照了汉制。这就说明西秦的汉化程度，又进一步加深了。他在尝试改变哥哥在位时重用少数民族官员的情况。

九月间，乞伏乾归迁都金城（今甘肃兰州），这距离乞伏国仁立都于勇士川，仅仅只有三年之隔。史书上并未留下乞伏乾归迁都的理由的直接说明，但因他在建国之初基本遵循哥哥的治国方针，以巩固政权为要的做法，笔者猜想，他有可能是在勇士川感受到了较大的生存压力，才迁都于金城的。

西秦太初二年（389），苻登遣使而来，授乞伏乾归为大将军、大单于、金城王。这是很自然的事情，当年乞伏国仁就是站在前秦这边的。在乞伏乾归继续承认苻登的名号、地位之后，乞伏乾归迎来了两大喜事。

其一，是南羌独如率七千士众投归；其二，是乞伏乾归击败并招降了盘踞在牵屯山上的休官阿敦、侯年二部。第二件事，尤为可喜。要知道，二部的部众在万落（一落大致为七到十人）之上，他们对西秦的边境安危构成很大的威胁。因此，征服了他们，势必对壮大西秦的国威，起到至关重要的作用。

一时之间，乞伏乾归声威远播，达到了"秦、凉鲜卑、羌胡多附"的效果，就连吐谷浑大人视连也遣使来进贡特产。对于归附的部落，乞伏乾归都予以了安置，授其官职爵位。

这年十一月，羌族首领枹彭奚念主动归附乞伏乾归。由于他本来占据了枹罕——河州的治所，所以乞伏乾归让他做了北河州刺史。自此以后，枹罕也成为西秦的领地之一。

这里发生过谢艾击败后赵麻秋的战争；将来，它还会成为西秦的重要城市。

西秦太初三年（390）间，先前为乞伏国仁所败的陇西太守越质诘归，据平襄而叛，自称为建国将军、右贤王。乞伏乾归当然不能容许对方这么干，到了第二年（391）初，一举将其击败。越质诘归向东逃至陇山，不日后主动投降。乞伏乾归没有再跟他计较，稍后又将宗族之女许之为妻，封他为立义将军。

刚刚入夏，没奕于以子为质，请求乞伏乾归帮他一起对付鲜卑大兜国。乞伏乾归欣然许之，二者合兵将大兜打得节节败退，最后从安阳退到了鸣蝉堡。乞伏乾归犹嫌不够，直到他攻陷了鸣蝉堡，才心满意足地返回金城。

遵从之前的约定，乞伏乾归把质子还给没奕于，但没奕于旋即背盟，这可惹恼了乞伏乾归。八月间，乞伏乾归率领万余骑兵，突袭没奕于。没奕于无力相抗，只能放弃高平，投奔高平东边的楼城。乞伏乾归穷追不舍，一箭射瞎了没奕于的眼睛。

至此，乞伏乾归再次扩张了西秦的领土。

遭受挫折，乞伏乾归暂失枹罕

就在乞伏乾归炫示武力、开疆拓土的统治初期，发生了一件令他很不愉快的事。

本来吐谷浑的大人视连，是向乞伏乾归称臣纳贡的，在太初三年四月间，他再度遣使而来，乞伏乾归也拜他为沙洲牧、白兰王。可惜二者之间的这种关系，随新首领的上位而告以终结。

九月间，视连卒，其子视罴即位。比起他老爸而言，视罴心高气傲、不甘人下，不愿接受西秦的封号。这当然得罪了乞伏乾归，他暗暗地记下了这笔账，待他日时机成熟必要视罴付出代价。

糟心的事也不止这一桩。

由于西秦扩张得太快，招致了后凉吕光的强烈不满。（后凉的史事，详见第三章）恰好，此时吕光也基本整顿好了内务——至少是他以为的，于是准备朝东面扩土。因为后凉所在的河西，西秦所据的陇右是相互接连的，既然双方都有扩张的需要，势必会产生诸多摩擦。

其实，就在乞伏乾归对没奕于展开突袭时，吕光便做好了当"黄雀"的准备。他是想乘虚而入，但乞伏乾归也很警觉，很快就引兵归还金城，阻断了吕光的妄念。

这一次，是后凉、西秦史上的第一次直接作战，吕光以主动的姿态，进行了一次试水。往后，双方的战事将会越来越激烈。

西秦太初五年（392）八月，吕光派弟弟吕宝攻打西秦，乞伏乾归在鸣雀峡受挫，暂退于青岸。他思索了一番克敌之道，旋后反败为胜。当日，乞伏乾归等到吕宝追击过来，便命彭奚念去断掉吕宝的归路，自己则正面迎战，重创吕宝。

最终，绝望透顶的吕宝与万余将士投河而死。

吕光急忙派儿子吕纂等人去攻袭彭奚念，当得知吕纂战败的消息后，吕光勃然大怒，遂亲自出兵教训彭奚念。双方于枹罕交战，彭奚念深知吕光的辉煌战绩，心里有些慌，便先在白土津筑石堤，再在河津拒敌。没承想此阵为吕光的将军王宝所破，彭奚念见王宝攻克了枹罕，大势已去，便单骑奔往甘松，吕光这才引兵而还。

就这样，枹罕暂时落入了吕光之手。

这一战，对于西秦、后凉来说，都是很关键的，吕光虽然付出了一些代价，但他获得了此战的最终胜利，并占据了枹罕这块宝地，这对于西秦来说是一个很大的损失。

不过，有损失未必是坏事，接连取得作战胜利的乞伏乾归，也很有必要经历一点挫折。

两年之后，即西秦太初七年（394），符登遣使授乞伏乾归以假黄钺、大都督陇右河西诸军事、左丞相、大将军、河南王、秦梁益凉沙五州牧。此外，还特许以九锡之礼。

笔者曾解释过九锡的概念，大家应该可以从中看出，一直盼着姚苌老死的符登，将国家的希望寄托在乞伏乾归的身上，故此才百般笼络。但是九锡岂是白得的？到了该为符登办事的时候，乞伏乾归当是义不容辞。

当然，这只是理论上的。

姚兴：皇二代也可以很给力

这年六月间，乞伏乾归突然接到了符登的请求。

对，是请求，而不是命令。

为了自身的安危，符登不得不向乞伏乾归请援，又加封他为梁王，允他设百官，与他做亲家——将妹妹东平长公主嫁给他做梁王后。

那么，符登那头到底发生了什么大事，以至他对乞伏乾归极尽笼络之能事？

让我们掉转视角，从后秦姚兴这个人说起。

史书当中对于姚兴的记载是比较多的，他出生于前秦建元二年（366）。这一年，中国历史上发生了不少大事，比如敦煌莫高窟——著名的佛教艺术宝库——便是始建于此年的。

身为姚苌的长子，姚兴自小就被父亲用心栽培，他在前秦也担任过太子舍人一职。此职在两晋十六国时期，主要是掌文章书记，品级倒不算太高，可是姚兴还不过是个毛头小子呢，此职倒也没亏了他。

也是风云际会、时来运转，就在他姚兴十七八岁的时候，前秦突然崩盘了。当时，姚兴身在长安，听说父亲起事后，他便冒险投奔父亲。而后姚苌做了皇帝，姚兴也自然而然地成了皇太子。

后秦建国之后，姚苌一旦外出作战，姚兴便暂摄政事，镇守于长安。就在这段时期内，姚兴和汉儒家们频相往来，关系也极为融洽，这对于后秦的发展之道影响极为深远。

又过了十年，姚苌病亡，姚兴便顺理成章地继承了皇位。

这一年，他不过才二十七岁。

父皇的死，其实是有预兆的。

后秦建初七年（392）三月，姚苌在安定作战期间，突患重病，他忙召唤姚兴来行营，对后事做出安排。姚兴年纪轻轻，看起来很好相处，甚至给人一种仁厚的错觉，但他要狠的时候，却不禁令人胆寒。

当时，征南将军姚方成建议称，原属前秦的几位降将，必会趁太子离开长安而作乱，届时局面将会失控，应断绝后患。姚兴深以为然，果断地除掉了包括王统、毛盛、徐成在内的几个人。这令姚苌惊怒万分，叱道："王统是我老乡，没啥大志；徐成等人曾经都是名将。天下初定，老子我才刚刚用人，你怎么就杀害他们了！真令人丧气！"

骂归骂，但也没把宝贝儿子加以处置。姚苌怀着什么样的心态呢？也许是政治作秀，也许是真担心此举会影响后秦的名誉。

不知为啥，骂了一顿之后，姚苌的病势反而缓和了，姚兴亦随在了军中。不久以后，姚兴目睹了老爸是怎么用诡谋吓唬符登的。

前秦、后秦的休战期也没多长。隔年（393）五月，符登的右丞相窦冲反叛自立，号为秦王。两个月后，窦冲力战不敌，为符登所围，遂向后秦求救。出于锻炼姚兴的目的，姚苌采纳了谋臣尹纬的建议，派姚兴出战。

此战中，姚兴调度从容、指挥有方，先攻胡空堡，再趁符登回救之时突袭平凉，获得辎重无数。姚苌见姚兴初次领兵便有如此成绩，心中也颇觉安慰。要知道，以他的资历和经验，若与符登大军正面决战，胜算极小，但姚兴以声东击西之法，袭击对手的老巢，便比较容易达成目标。不仅达成目标，付出的代价也不大。

在姚苌看来，他这个儿子，无论是治国还是统兵，都很有才能，是天生的王者。于是，再度重病缠身的姚苌，准备交代后事了。

在回长安的路上，姚苌做了一个噩梦，他梦到符坚和天兵天使、数百名鬼兵闯入了军营。姚苌急忙跑回宫中，宫人正拿着兵器去杀鬼兵，不料刺中姚苌的要害。鬼兵说："正好刺中了私处。"长矛拔出后，姚苌流了很多血。

姚苌被这噩梦惊醒了。更令他害怕的是，在梦中被刺中的地方，居然开始肿了。他慌忙请医生治疗，医生用针去刺，流出的血又与梦中一样多。

姚苌崩溃了，他歇斯底里地喊道："臣姚苌是无辜的，杀陛下的人是臣的兄长姚襄，非臣之罪，希望陛下不要冤枉臣。"

有些事情，无论对错，都会成为一生的梦魇，在夜深人静时蔓延生长。

预感自己大限将至的姚苌，在返回长安后，急召辅臣们入宫，授遗诏辅政。他们是太尉姚旻、尚书左仆射尹纬、右仆射姚晃、将军姚大目、尚书狄伯支。

一方面，姚苌对姚兴嘱咐道："如果有诋毁攻击这几位，你一定不要听从。你如能做到用恩德来抚慰兄弟宗室，用礼仪来对待大臣，用信义来处理一切事情，用仁慈来对待百姓，这四个方面都能不偏废的话，我就没有什么可担忧的了。"

另一方面，当姚晃追问攻灭符登之计时，姚苌又说："今大业垂成，兴才智足办，奚所复问。"

简言之，君深信于臣，臣仰赖于君，什么事都能成。

随后，被符登诅咒了千百遍的姚苌，终于死了。卒年六十四岁。

令人意想不到的是，姚兴继位之后，并未即时发丧。他深知，眼下他不仅要制定灭符之计，还要防范国内蠢蠢欲动的大小势力。他认为，分别镇守于安定、阴密（今甘肃灵台西）的叔叔姚绪、姚硕德，戍卫于长安的弟弟姚崇，都是有可能对他构成威胁的人。

这三人里面，声望最高、兵力最盛的是姚硕德。但姚硕德还算是个以大局为重的人，为了宽姚兴的心，他主动来长安表态，以示尊主之意。由于姚硕德起了一个好头，后秦国内的紧张氛围，缓和了不少。

投桃报李，姚兴也对姚硕德恩礼备至。

内忧算是解除了，但外患却接踵而至。古人说，"礼不伐丧"，但符登对后秦自然不需要讲这套法礼。短时间内，符登便征发了大军，准备东进灭姚。

本来符登占有了先机，但很遗憾，他输给了姚兴，因此才有了公元394年六月间，符登向乞伏乾归求援一事。

第三节 西秦亡国录

斩杀符登，姚兴坐稳皇位

现在，让我们来回溯一下，姚兴和符登的生死之战。

没错，这真的是一场"不是你死就是我亡"的战争。胜者为王，败者只能身丧国灭。

战争首先是由苻登发起的，他非常高兴地说："姚兴是个小屁孩儿，让我来鞭挞他。"至于姚兴，本无心施展灭苻之计，但面对着苻登举兵而来的架势，他也觉得十分苦恼。

苻登志在必得，二月间，他先后攻陷了姚奴、帛蒲二镇，并从甘泉向关中方向进兵。

两个月后，他抵达了位于渭水之滨的始平（今西安鄠邑区以西）一带。此处距离长安极近，甚至不到一百里。一百里是什么概念？如果简单地将骑兵的行速看作今日很多私家车的行速，也就一个小时的事儿。

就在这种危急的形势下，后秦的咸阳太守刘忌奴还借机造反。这太让人糟心了。

不过姚兴很快想出了应对之策。首先，暂不称帝，如此可减少许多不必要的纷扰；然后，他自称为大将军，让辅臣尹纬担任长史，狄伯支担任司马，先往始平迎敌；紧接着，姚兴以奇兵突袭刘忌奴，解除了后顾之患；最后，他才去解救始平。

此时，尹纬已在废桥与苻登对峙数日了。之所以不与对方作战，既是因始平太守姚详的建议，也是因为他在等待姚兴会兵。当然，尹纬并非只是一味等待，正对峙的日子里，他命令士卒固守要塞，切断苻登的水源，对其展开消耗战。

这是另一种形式的战争。

切断水源，本就是一个狠招。譬如说，后来瓦剌军之所以能在土木堡大败明军，断其水源以麻痹其心志，是一个很重要的因素。

而苻登再次犯了自己的老毛病：急于求战。

现在前秦军陷入了困境之中，眼见渴死的人马越来越多，苻登心急如焚，只能频繁地发起攻势。他这么做，虽是被敌人牵着鼻子走，但也没辙。与其坐以待毙，不如奋力一搏，万一胜了呢？

但是，在焦躁情绪的影响下，战胜的概率是很小的。尹纬见苻登已经急得骂娘了，便知战机已经来临，遂打算展开全线反攻。姚兴犹有顾虑，正欲劝尹纬多加考虑，尹纬便说："现在的形势并不算稳定，要是我们不一鼓作气地击败他们，绝对没有好果子吃。"

二秦之战，在前秦疲敝不已、后秦逐渐转强的情况下开始了。在废桥之战中，后秦不出意料地胜了，而且是全面性的胜利。前秦军崩散如沙，苻登本人狼狈至极，夺路而逃，逃往了雍州。

到了这里，苻登傻眼了。原本，他在东征之前让他的弟弟苻广镇守雍州，太子苻崇镇守胡空堡。谁知道，他们听说苻登打了败仗，竟然弃城而逃。苻登无处可去，思量之下，收拾残部躲进了位于平凉（今甘肃平凉西）地区的马毛山中。

经过这场战争，赢家姚兴不仅解除了生存威胁，还为自己赢得了空前的声望。到了这个时候，姚兴才为大行皇帝姚苌发丧，并于槐里称帝，年号为皇初。槐里，在始平附近。

处理好了国内事务，姚兴又整军而出，于六月间进抵马毛山。对此，苻登的想法是找外援。往日里，乞伏乾归不是很好说话吗？苻登首先想到的就是他。于是，苻登让儿子汝阴王苻宗去当人质，又封乞伏乾归做梁王，并与之结亲。乞伏乾归答应得倒也爽快，很快派出了乞伏益州等战将，率领两万骑兵前去营救。

但可惜的是，姚兴也迅速地做出了反应。一方面，他命人堵截援军；另一方面，他又亲自领兵，开足火力攻袭马毛山。最终，苻登还是死在了姚兴的手上。

姚苌先前怎么说的来着？"今大业垂成，兴才智足办，奚所复问。"不知道，当姚兴完成了灭苻大计之时，是不是会觉得自己可以对先父有所交代了呢？

苻登死的时候，不过五十二岁，在位九年，太子苻崇随后逃往湟中即位，改元为延初，并将父亲追谥为高皇帝，上庙号为太宗。

《晋书》对于苻登的评价比较中肯："苻登集离散之兵，厉死休之志，虽众寡不敌，难以立功，而义烈慷慨，有足称矣。"

话说西秦派来的援军，当他们得知苻登的丧讯后，便撤军回国去了。

消灭苻、杨，改称秦王

灭掉前秦之后，姚兴在短时间内办了好几件大事——

为了断绝来自前秦残余势力的隐患，姚兴将其部众尽数解散，让他们从事农业生产；为了解决长安人力不足的问题，他从阴密迁入了三万人；为了加强军队管理，他将本由自己管辖的大营分为四部，令四军来统管民户；为了进一步控制陇东之地，姚兴发兵灭了割据于武功（今陕西武功）的窦冲。

办成这样一些大事，绝非易事。正如前文所言，早在姚兴当太子的时候，他便与臣子们尤其是汉儒相处融洽。想来，他们亦在姚兴身边建言献策，并为之所纳。

如今，关中陇东一带，便只有后秦这一个能称得上是国家的政权了，但在陇西那一头，依然为西秦乞伏乾归、前秦苻崇、陇西王杨定等所据。因此，围绕着关中、陇东、陇西，诸国（政权）之间的争斗，还在继续。

还没有翻过公元394年这一页，西秦、前秦的残余势力，便展开了恶战。同时参与战争的，还有陇西王杨定。依苻崇的实际情况和他的胆识——从弃城而跑的事件里可见一斑，他不太可能去主动找西秦的麻烦。事实上也是这样的，这年十月，乞伏乾归主动向苻崇发起了战争，原因是他担心苻崇会影响他的发展。

可叹，苻登笼络乞伏乾归多时，并未令他对苻崇宽容一些。

苻崇被乞伏乾归所驱遣，遂去投奔在秦州发展的杨定，并联合他一起对付乞伏乾归。他俩一共发动了四万骑兵，对乞伏乾归造成了很大的压力。不过乞伏乾归倒很乐观，他对将领们分析道："杨定的兵马是凭借暴虐的手段征来的，素日里穷兵黩武，皆是为了满足自己的私欲。打仗这种事，就跟玩火似的，火不灭即会燎到自身。此战，是老天助我，杨定必输无疑。"

果然，杨定、苻崇都被乞伏益州、诘归击杀了，接近两万将士也因此而丧命。虽然作战过程也有些曲折，但最终还是先败后胜，并取得了出人意料的战绩。

要知道，打胜仗不稀奇，但同时灭掉两个政权的领导人，算是战争史上的一次奇迹了。

从这时起，乞伏乾归不仅巩固了自己的政权，还"尽有陇西之地"，占据了秦州（除重镇上邽），一时之间风光无限。到了年底，他便去掉了之前的河南王号，改称为秦王。至此，后秦又与西秦，成为争抢"秦"号的劲敌。

乞伏乾归称秦王之后，授任了一系列官员：尚书令乞伏炽磐（长子）、尚书左仆射边芮、尚书右仆射秘宜，吏部尚书翟瑥（在灭苻、杨的战争中，功劳极大）、侍中（门下省的长官）麹景……

从这些官员的任职上，可以窥见乞伏乾归已在中央机构中设置了尚书省、门下省，这表明西秦的汉化程度比建义元年（385）时又进了一步。《晋书》中说乞伏乾归安置其他官员，亦是"一如魏武、晋文故事"，便是说他循着曹操、司马昭的旧例来。

不过，有一点值得细思的是，乞伏乾归虽称为秦王，但他仍然保持自己大单于、大将军的封号。笔者以为，这与他强调武力治国、加强对少数民族管理的想法，密不可分。

西秦太初八年（395）四月，乞伏乾归不听边芮、王松寿的劝阻，执意让乞伏益州去从姜乳手中夺取上邦（今甘肃天水），圆他独霸秦州的梦。万未想到，乞伏益州骄矜误事，被姜乳打得找不着北。乞伏乾归感慨道："孤违蹇叔，以至于此。将士何为，孤之罪也。"

这里说的"孤违蹇叔"，是出自《左传》的典故。

春秋时期，秦穆公不顾蹇叔的劝阻，强行进攻远方的郑国，军队在归途中遭到了晋国的袭击，双方爆发"殽之战"，秦军战败，三个将军被俘。秦穆公哭道："孤违蹇叔，以辱二三子，孤之罪也。"

乞伏乾归主动揽责，自然不会为难兄弟，但姜乳依然占据上邦，成为西秦的一大隐患。

赢了死对头，结了好亲家

此战之后，乞伏乾归也深受打击，他开始思考一个问题：上邦有姜乳，关中有姚兴，河西又有吕光……他们都不是省油的灯，自己该怎么办呢？

当务之急，恐怕不是谋发展，而是求生存。出于这种考虑，尤其是想避开吕光的兵锋，乞伏乾归选择再次迁都，在苑川西城立足。

吕光当然明白，乞伏乾归是在躲他，故此组织了十万军队，摆出攻袭的架势。乞伏乾归本拟听从臣子的意见，以爱子乞伏敕勃为质，换得暂时的和平。但没几日，他又反悔了，谏言的臣子也被处死了。

在紧张的氛围中，乞伏乾归迎来了太初九年（396），这一年对于他来说，很是憋屈。首先是乞伏轲殚因与乞伏益州不和，投奔了后凉。结果，这事儿引发了一连串事件：吕光再次考虑攻打乞伏乾归，前面所提到的越质诘归再叛降姚兴，姚兴夺得了上邦。

总的来说，西秦同时被后秦、后凉盯上了，处境十分危险。但是，乞伏乾归还是很有办法的，次年（397）初，吕光再次进攻西秦，乞伏乾归的手下都劝他逃跑，而乞伏乾归认为后凉精锐部队全部由吕延统带，只要击败吕延就行。

后凉进兵神速，吕纂等人统率步、骑兵共三万人进攻西秦的旧都金城，乞伏乾归急忙带领两万人去救，还没有赶到，对方便已攻克了金城。吕光又遣梁恭等人带领全副甲胄的士卒万余人直逼阳武下峡，与没奕于一起从东面进攻乞伏乾归。吕延也率领枹罕的军队进攻临洮、武始、河关，全部攻克。

乞伏乾归进退维谷，都急得哭了一场。

不日后，后凉的先锋吕延得到了来自西秦的一个"叛臣"的消息：乞伏乾归军队溃散，将东投成纪（今甘肃天水、平凉一带）。

吕延心说，绝不能让这厮跑了，遂打算追斩乞伏乾归。

他的司马耿稚可一点都不幼稚，这位成熟的男士，也提醒吕延不要太幼稚了，他认为，乞伏乾归是"雄勇过人"之主，即便败了，哪有不做"困兽犹斗"之理？

耿稚又提出了稳妥之策："稳重部阵行军，步兵与骑兵同时前进，不要脱节，慢慢等待我们的大军到来，便可一举灭之。"

这的确是个好办法，奈何吕延不听，一心想着争功。结果吕延中了埋伏，死得很憋屈。耿稚反应很快，即刻收拾残兵，还守于枹罕。

是的，耿稚没有猜错，所谓的乞伏乾归战败，的确只是一个假消息。

原来，当乞伏乾归冷静下来之后，他又对着将士们哭了一场，说："死中求生，正在今日也。"接下来，他就施展了这样出人意表的反间计。

要问乞伏乾归为何能计谋得售，这就要说到后凉军的设置了。

咱们从耿稚所给的计策中，不难反推出乞伏乾归施展计谋的客观因素——每一路凉军都相距甚远，不能及时得知别处的情形。正如乞伏乾归自己的分析："后凉军队虽然从不同的方向而来，但是相隔遥远，有山河的阻隔，难以互相呼应配合，打败一路军队，其他军队自然也会撤退。"

咱们可以借助另一个战例来说明"通联"的重要性。

北魏分裂为东西二魏之后，两国一共展开了五次大规模的战争。在河桥之战中，原本双方陷入了相持阶段，难分胜负。由于西魏的军阵拉得太长，首尾之间无法通连，突然间天降大雾，便导致西魏大将独孤信、李远、赵贵、怡峰等人的撤离。

这也是没办法的事情，他们既辨不清方向，又与核心人物——皇帝元宝炬和宇文泰——失去了联系，不撤军又能如何？

冷兵器时代的局限性，何止是在兵器上。

得知吕延阵亡的消息，吕光心痛不已，亦无心作战，归国之后诿罪于随同作战的沮渠氏兄弟，岂知惹出更大的麻烦。（详见第三、第四章）

吕光虽然退兵了，但吕纂仍然驻守于金城，适好秃发乌孤反叛吕光，在廉川建立了政权（史称南凉，详见第四章），正需打一场仗来长志气。秃发乌孤便瞅上了金城，居然一战而得之。

由于秃发乌孤和乞伏乾归有同样的敌人——后凉，故而当前者提出结亲的请求时，后者也表现得十分积极。就这样，乞伏炽磐娶了一位秃发氏的姑娘，后来她成了西秦的皇后。

两国联姻的事，发生在西秦太初十一年（398）。

从这时开始，西秦跟打了鸡血似的，先攻占了支阳、鹯武、允吾三城，再"修理"了桀骜不驯的吐谷浑首领视罴，又在第二年（399）得到了鲜卑族叠掘部落的归附……

在巨大的胜利之中，乞伏乾归开始有点飘了，他大概忘了，此时的后凉虽然乱成了一锅粥（吕光死，后凉乱，南凉、西凉都跟后凉作对），但后秦的姚兴呢？一直在自谋发展又徐徐西进的姚兴呢？

危险的气息，正一点一点袭近。

公等自爱，吾将寄食以终余年

上天似乎对乞伏乾归也给出了一些预示。

西秦太初十三年（400），都城的南景门突然间崩塌了。乞伏乾归觉得很不吉利，便又把都城迁回到苑川。这做法，有点任性，也有点迷信。

迷信，往往都没啥用。该来的还是要来。

五月间，姚兴和姚硕德领五万将卒，向西秦攻来。

一个是才智出众的年轻人，一个是经验丰富的老将，这一次，他们选择从南安峡（今甘肃省张家川西）入攻西秦。西秦这边也积极应战，诸将驻军于陇西，姚硕德一时不能有所突破。

两个月后，姚兴秘密领军，从绝道逼近西秦。此事被乞伏乾归觉察到了。明眼人都能看出，此战将决定两国的生死存亡。

也许是因为后秦曾一次性反杀了苻崇和杨定，乞伏乾归也觉得很有希望能化被动为主动，毕其功于一役，便激励将领们，道："吾自开建以来，屡摧勍敌，乘机籍算，举无遗策。今姚兴尽中国之师，军势甚盛。山川阻狭，无从骑之地，宜引师平川，伺其息而击之。存亡之机，在斯一举，卿等戮力勉之。若枭翦姚兴，关中之地尽吾有也。"

所谓"引师平川"，就是让卫将军慕兀（又作慕容允）领两万中军屯驻至柏阳（今甘肃清水西南），镇军将军罗敦领四万外军在侯辰谷（临近柏阳）扎营，至于乞伏乾归本人，则领数千精锐，以逸待劳。

计划还算周密。可在"天时地利人和"三因素中，偏偏就少了"天时"。老天很不给面子，大风骤起，天地间混沌一片，中断了乞伏乾归和中军的联系。这下子麻烦大了，乞伏乾归虽然领的是精锐，但毕竟数量有限，混乱之中竟被姚兴的追兵逼到了外军中去了。

要问后秦军怎么就能辨明方向，这笔者也不知道。总之，按史书的记载，天亮之后正式交战，乞伏乾归就被姚兴打败了。败逃之后，乞伏乾归先到苑川，再至金城，内心凄凉无限。

他知道，这一次，他暂时没有回旋的余地了。对方来的是举国之兵，怎么可能空手而还？

乞伏乾归思虑再三，对主帅们说："吾才非命世，谬为诸君所推，心存拨乱，而德非时雄，叨窃名器，年逾一纪，负乘致寇，倾丧若斯！今人众已散，势不得安，吾欲西保允吾，以避其锋。若方轨西迈，理难俱济，卿等宜安土降秦，保全妻子。"

他的解决思路，是较为明智的。为了保全实力，他将向西据守允吾；让诸将投降后秦，以免祸及妻儿。

一听国主竟让他们投降，诸将都不同意，还拿过去的典故说事。这里特别提到了"昔古公杖策，豳人归怀"，古公即周王朝的"太王"亶父。他积德行义，深受国人爱戴。当西戎进侵豳国，得到财物之后，还想掠地掳民，亶父便阻止了百姓的反抗举动，说："有民立君，将以利之。今戎狄所为攻战，以吾地与民。民之在我，与其在彼，何异。民欲以我故战，杀人父子而君之，予不忍为。"

感佩于亶父的仁德，在他弃国迁往岐山之后，百姓以及附近的邻国之民，多有追随、归附。

想来，乞伏乾归也知这个典故，或许他正是在效法亶父吧。失一时之家国，得恒久之民心，才有可能东山再起，创造奇迹。

同时，乞伏乾归也是一个较为豁达的人，于是他劝解诸将时的话便带上了几分豪气。

"自古以来没有不灭亡的国家，兴废都是命运的安排。如果上天不想让我灭亡，会有重新复兴的那天，大家好自为之，我以后就寄食于他人篱下了。"这是他留给他们的最后一番话。两字以概括：珍重。

那么，接下来，他找谁去"寄食"了呢？自然是他的好亲家秃发乌孤。此间故事，后文自有所述。

让我们来对西秦第一次亡国的原因，做一个小结吧。

败给姚兴，虽说是一个偶然事件，但就像是苻坚输掉淝水之战一般，其必然因素更不可小觑。一则，乞伏乾归长于谋略，但在治国方面还不够成熟，汉化的程度也较为有限，因此他所慑服的势力时有反叛之举，这无疑是会影响国家政权稳定的；二则，乞伏乾归的敌人，是十六国后期颇为出色的明主（关于姚兴的治国之道，详见第六章），乞伏乾归本就不是他的对手；三则，乞伏乾归"智不及远而以力诈自矜"，《晋书》说到了点子上。

尽管乞伏乾归有诸多不足之处，但他的优点更为突出，他的仁厚（至少对将帅是这样的）、隐忍、豁达，将成为他的掌中宝、必杀器。

总有一天，他会告诉世人，我乞伏乾归又回来了！

敬请期待，数年后满血复活的西秦！

第三章

后凉：我是前秦的派生物

从某种角度来说，后凉的创立与前凉颇有相似之处，它们都是从西晋、前秦派生出来的政权。但不同的是，前凉政权与两晋政权相伴始终，有着千丝万缕的联系；而后凉政权却是在前秦崩溃、苻坚遇弑的情况下派生出来的。

正因如此，割据于河西地区的后凉，无法打出"尊秦"的旗号来笼络人心。因此，怎样处理民族关系，巩固自己的政权，就成了后凉一国的统治者无法回避的现实问题。

——引言

第一节　霸业起航：吕光征服西域

深得王猛赏识，"举贤良"

关于后凉的建国者吕光，有一段不明出处的评论是这么说的，"吕光之才，止于将耳。吕氏得国，光拥重兵，乘苻氏之衰一举而得，实得天之幸，非光之力。光之据凉州，无士彦之才，岂能安之？内有诸子相争而不能制，使其阋墙，外有蒙逊、乌孤而不能用，任其据地称孤。诚可笑也！后凉之亡，实始于光也"。

稍微关注历史的人，或许都听说过，"明之亡，非亡于崇祯，而亡于天启，实亡于万历，始亡于嘉靖"这样的说法，暂且不论对错——这有点层层甩锅的味道，只说人们的一个普遍认识吧。

那就是：一个朝代，并不因一人一代而亡，正所谓"冰冻三尺非一日之寒"。

这种说法自有其合理之处，不过，大家应该可以看到，持这种观点的人，很少会把亡国这口大锅扔到开国之君的头上去。诸如《隋书》中称，"稽其乱亡之兆，起自高祖（杨坚），成于炀帝，所由来远矣，非一朝一夕"，这是个罕见的例子。

所以，为何会有人提出"后凉之亡，实始于光"的说法呢？这种说法，又是否合乎历史事实呢？

让我们回到历史现场，从吕光的出生说起吧。

后赵建武四年（338），吕光生于枋头（今河南浚县西南），那之前石虎曾把关中豪杰迁至关东，苻氏、吕氏皆在此列。后来，趁着后赵国势倾颓之际，吕光又随苻健回到了关中。

按史书的说法，吕光的先祖吕文和，在汉文帝时代便迁徙到了略阳（今甘肃秦安县东南），多年来发展壮大，成了当地的酋豪之家。由于吕光的民族为氏，故此我们认为他是出身于一个氐酋世家。

吕光的父亲，是曾为前秦立下过不少功勋的氐将吕婆楼。

苻健自称天王那年（351），以从者吕婆楼为散骑常侍。5年后，苻生继位，又以吕婆楼为侍中、左大将军。如第二卷所述，苻生的残暴统治，令百姓离心。苻坚担心那把刀会落在自己头上，便向吕婆楼询问，自己是否可以听从薛赞、权翼的建议，除掉这个暴君。吕婆楼自认为不足以担此大事，便向他推荐了王猛。

后来的事，我们都知道了，二人倾盖如故，勠力同心，携手打造了前秦盛世。

吕婆楼投资成功，当然得到了应有的收益——担任司隶校尉。其子吕光，虽"时人莫之识也"，却也得到了王猛的赏识，以"举贤良"步入仕途，担任了美阳（今陕西武功西南）县令。

看至此，或许有人要说了，王猛是出于报恩之由，才举荐吕光的吗？还真不是。

一则，吕婆楼有佐命之功，所以吕光便是勋望之后，在社会阶层上确实有优势，但王猛是什么样的人，咱们之前也分析过，想让他徇私念旧，着实不易。

二则，吕光虽然自小便不爱读书，只好田猎之事，但他跟小伙伴们玩游戏的时候，都能"为战阵之法"，当起了孩子王，小伙伴们叹服不已，可见吕光早年不仅显露出了武略，还初具了领导气质。

三则，为何会出现"时人莫之识也"的情况呢？有个前提，吕光成年后，"沈毅凝重，宽简有大量，喜怒不形于色"。搁今天，吕光大概会被人戏称为"面瘫脸"。既然他也不爱表现，时人当然很难看懂他这个人。其实，纵观历史，有几个成就大事业的人，是那种没事就上蹿下跳的"社会活动家"呢？在低调的人身上，反而积蓄着更大的能量。

四则，吕光初任美阳县令，便以宽严相济之法，得到了百姓的认可，一时之间"民夷惮爱，临境肃清"。

综上看来，王猛举荐吕光，并非出于私心。

因为吕光政绩突出，不久后他又"迁鹰扬将军，以功赐爵关内侯"。

多次靖难，威名素著

在这之后，吕光在历史舞台上的形象，几乎是与武有关。准确地说，是一次次的靖难。

第一次，是在前秦甘露元年（359）二月间。去年秋天，张平（原为后赵降将）发动叛乱。苻坚御驾亲征，把吕光也捎上了。双方在并州展开对决。

先前，张平的养子张蚝，与秦军前锋邓羌鏖战旬日，难分轩轾。等到苻坚抵达铜壁（在今山西忻县西）之后，张平倾巢而出，张蚝以单马"出入秦阵者四五"，让苻坚大为光火，为此还发出了悬赏令。

重赏之下，必有勇夫。吕光当先而出，竟然一举将张蚝刺于马下，随后邓羌生擒了他。张蚝战败，对张平造成了极大的冲击。大败之下，张平只能狼狈请降。

这一战，成就了吕光的威名。要知道，张蚝号称"万人敌"，吕光能拿下他，简直就是后生可畏！

在经历铜壁之战十年之后（368），吕光又再次靖难立功。

当时，赵公苻双叛乱于上邽、燕公苻武也占据了安定，苻坚遣出的兵马初战不利，遂命时任宁朔将军的吕光与武卫将军王鉴率三万兵马前去讨伐苻双。

吕、王二人在用兵策略上意见颇为不同。考虑到叛军已兵指榆眉（治今陕西千阳东），王鉴认为应速战速决，但吕光却认为，叛军的先锋苟兴来势汹汹，叛军也因新胜而士气盈旺，官军没必要跟他们硬碰硬。

王鉴最终接受了吕光"持重以待其弊"的建议。等待二十余日后，叛军供给不足，被迫退兵。抓住这个时机，吕光又建议立刻出兵追击。经此一役，官军大胜，斩首一万五千级。

苻双、苻武匆忙逃回上邽。吕光乘胜而进，便在当年七月间，攻陷了上邽，俘斩了两位宗亲。

两年后（370），吕光随同王猛攻灭前燕，因功而受封为都亭侯，旋又被授为豫州长史。此时，担任豫州刺史的，是北海公苻重。苻重奉旨镇守洛阳，吕光也相伴左右。

这样的身份，给吕光带来了很大的麻烦。因为在前秦建元十四年（378），苻重据地而叛，造成京师震荡，吕光也因之饱受朝臣质疑。

只要苻坚信任吕光，他就不是苻重的同谋。

事实上，苻坚也确实是这样以为的，在他眼中，吕光不仅是可用之材，更是忠诚之士。苻坚随即下达旨意，命吕光收捕叛贼。吕光领命之后，数日内便将苻重押送回了京师长安。这算是吕光的第三次靖难。

没多久，吕光便被调回了朝中，被授为太子右率，苻坚对他十分看重。

其后数年内，破虏将军吕光又镇压了蜀中李乌起义（战后升任步兵校尉），平定了行唐公苻洛之乱（幽州和龙）。

后一次，之前被宽恕的苻重，正好镇守于幽州蓟城。苻重叛心复炽，再度起兵作乱，以策应苻洛，二军会师于中山。不日后，吕光击破叛军，将俘虏苻洛送往京师。至于苻重，则在逃归蓟城的途中为吕光所杀。

因着数次靖难之功，吕光忠心可鉴、威名素著，升任为骁骑将军。

征伐西域的背景

在第二卷，我们提到过，苻坚先在前秦建元七年（371）灭掉了前仇池，置南秦州；又在建元十二年（376），灭掉了前凉、代国这两个国家。此后，苻坚又生出了谋图西域的想法，一直以来，他心怀赶超秦皇、效法汉武之志。

其实，打从消灭前凉之后，西域就已与前秦的版图接壤了，但这并不代表从前臣服于前凉的西域，就顺势成为前秦的领地。表面上看，苻坚已经接管了西域，但实际上秦军并未占据寸土，控制力更是无从说起。

那么，前秦为何不即刻占领西域呢？据说笔者看来，原因有二。

其一，前秦的凉州刺史梁熙忙于内政——毕竟是一块新地盘，他实在难以分心控摄西域。

其二，彼时，受到很多因素的制约，前秦很难啃下西域这块硬骨头，即便以巨大的代价换来了战果，又能保证平稳高效地施行统治吗？很难。就拿梁熙来说吧，他可花了不少精力，在氐、羌之民的身上。再说，前秦建元十四年（378）时，梁熙曾派使臣去西域"扬秦威德"，结果除了大宛，其他国家连眼皮都懒得抬一下。

当代青年学者胡鸿在《能夏则大与渐慕华风》一书中有一个这样的看法，"华夏帝国的扩张主要受到三个因素的制约：一是集团帝国自身的动员成本和离心倾向；二是地理环境以及经济生态；三是原住人群的政治组织形态"。他又说，"面对真番、临屯，以及玉门关外的西域绿洲诸国时，地理和交通的制约更为重要，与之相关的是敌国无力从内部动员如此多的人力物力，汉伐大宛，隋征高丽都带来灾难性的后果"。

按传统观念来看，前秦自然不算华夏帝国，但苻坚一心打造一个混同戎一的帝国，他的宏志与华夏帝国的君王一般无二，而其所受的制约因素也毫无二致。所以，苻坚要谋图西域，必须静候时机。

什么时机呢？至少，苻坚基本统一了北方，而西域诸国中出现亲秦的倾向。这不，机会来了。

前秦建元十八年（382）九月，车师前部王弥寘、鄯善王休密驮不远千里，远赴长安朝贡，并表示愿为秦军征西之臂助。苻坚本来正作此想，当即就拍板定案。

苻坚很快定下了一个军事方案：一方面，他以吕光为持节、都督西讨诸军事，让他和彭晃、杜进、姜飞、康盛四将，"总兵七万，铁骑五千"征伐西域，又安排了四府佐将；另一方面，他自己着手准备东进之事。

东进的终极之战，便是淝水之战，此处不再赘述。而吕光等人的这支队伍，在西征过程中又有什么样的遭遇呢？

不辱使命，征服三十余国

建元十九年（383）正月，吕光以车师前国、鄯善国军队为向导，兵出长安，远赴西域。五个月后，苻坚发兵攻晋，而吕光一行人已到达高昌。高昌，即今新疆吐鲁番，这里的气候环境，大家都懂得。

由于吕光并未接到苻坚的命令，便想在此暂作停留。他的部将杜进却劝他要抓紧时机，速战速决。吕光听了这番话，遂又动身起行。秦军越过三百里沙漠，遭遇了缺水的危机，将士们一度恐慌失色，幸好天降暴雨，秦军才得以续命。

这年年底，秦军进抵西域焉耆。

眼见秦人来势汹汹，焉耆国及其附属诸国陷入恐慌之中，纷纷请降附从。但是另一个大国和他的附属诸国则据险抵抗，不愿臣服。这个国家，便是龟兹国，其在位君王是帛纯。

了解唐朝音乐的朋友一定知道，龟兹乐一度蜚声中外，它是中国音乐的基因之一。其实，早在十六国时期，吕光就将龟兹乐带到了凉州。后来，北魏重获龟兹乐，至于隋文帝时期则被入为《七部乐》之一（另有《国伎》《清商伎》《高丽伎》《天竺伎》《安国伎》《文康伎》），龟兹乐器一时间风靡全国，龟兹乐师更是名家辈出。到了唐朝，则设四部乐舞，分别为龟兹部、大鼓部、胡部、军乐部。

一个乐舞发达的国家，基本上也是在各个方面相对强大的国家，龟兹正是西域大国之一，除了乐舞之外，此国的冶铁业也赫赫有名，它几乎垄断了西域诸国的铁器供应。在冷兵器时代，龟兹的这个优势，便是它独霸一方的底气。

要想拿下龟兹，吕光必须花费很大的工夫。于是，我们在《晋书》中看到了这样的记载，"光军其城南，五里为一营，深沟高垒。广设疑兵，以木为人，被之以甲，罗之垒上。帛纯驱徙城外人入于城中，附庸侯王各婴城自守"。

这里说的"城南"，说的是龟兹的国都延城（今新疆库车）。看来，吕光确实是很有谋略的，眼见龟兹兵力强盛，吕光就让木人冒充士兵，施展疑兵之计。这样一来，帛纯就不敢轻易突围，唯能将城外百姓尽迁城中，婴城自守。

在气势上，他们就输了。

这注定是一场相持不下的战争，为吕光所不知的是，他的皇帝苻坚，在这之前遭遇了前所未有的惨败，北方大地趋于崩裂之境。

秦军、龟兹军一直相持到次年六月。大概是帛纯觉得这样一直被人围着有点掉价，便对狯胡国许以重金，请求支援。狯胡国立马联合温宿国、尉头国等，一同派出七十万兵马增援。时在七月。

这个数量，是秦军的数倍之多。一方面，吕光不慌不乱，将各营兵力集结起来，一起操练勾锁战法；另一方面，他又以精骑为游军，以备不时之需。

在吕光的部署下，仅仅过了个把月的时间，秦军就取得了斐然的战果。他们不仅大挫西域联军、斩首万余级，还逼得龟兹王帛纯弃城而逃。

秦军顺势占领了延城。西域三十余国畏于秦军之勇、吕光之悍，忙不迭遣使纳贡，表达归附之意——从中亦可见中原战乱的讯息并未传达至西域。

一年以来，苻坚都过得很丧。从云端跌落泥地的感觉，真的很难受。如今，乍然间听得吕光平定西域的消息，他怎能不欣喜若狂呢？

旋后，苻坚给吕光封了一大堆职衔，其中，都督玉门以西诸军事、安西将军、西域校尉等职衔，分明是表示：吕光，西域以后就靠你了！

只可惜，因为战乱之故，道路不畅，苻坚的诏命没能传至吕光耳中。

而这对君臣，此生也再无相会之日。

第二节　割据凉州，意在独立

凶亡之地，不宜淹留

吕光臣服西域诸国，是否在第一时间归国复命了呢？并没有。

公元385年春，吕光大飨秦军，讨论去留的问题，由于大家都请求回去，吕光这才下定决心从众而还。当年三月，秦军自龟兹而还。

盘点了一下资产，之前的七万兵将、五千铁骑损失无几，现在又拥有了两万余骆驼、万余骏马，军容好不壮观。再看那行阵之中，还盛装着琳琅满目的奇珍异宝、殊禽怪兽。看起来还真有点派头。

归程中，吕光或许会再度想起他之前的内心纠结，包括现在，他也有些许不甘。

原来，在秦军、龟兹相持之时，吕光左臂内侧的血管骤然突起，其形依稀是"巨霸"二字。不只如此，营帐之外又降下黑龙身影，一鳞一甲都看得清清楚楚。这似乎是在预兆着什么。

在医学发达的今天，保不齐咱们会觉得吕光这是患了静脉曲张，但古人可不这么认为。结合龙影还有吕光天生"目重瞳子"的特点，人们有理由相信，这人不一般。

"目重瞳子"是什么意思呢？顾名思义，就是一个眼睛里长了两个瞳孔。现代医学认为，这是病——瞳孔里发生了粘连畸变——得治，但在过去，这可是大人物的一种体貌标志。往前看，往后数，除了吕光之外，仓颉、舜、晋文公重耳、项羽、高洋、鱼俱罗（隋朝名将，震慑突厥）、李煜都是重瞳之人。

南朝梁武帝末年，爆发了"侯景之乱"，八十六岁的梁武帝萧衍被活活饿死，他的儿子湘东王萧绎起兵讨伐侯景。由于萧绎只有一只眼睛，侯景的谋士王伟便写檄文讥讽道："项羽重瞳，尚有乌江之败；湘东一目，宁为赤县所归。"

不得不说，这两句四六骈文对仗极其工整，逻辑上也完全没问题：你看，项羽重瞳，尚且在垓下战败，自刎乌江；湘东王只有一只眼睛，怎么可能平定天下？

平定侯景之乱后，萧绎本打算任用王伟，但当他看到这两句话后，怒不可遏，遂下令将王伟的舌头钉在柱子上，又将其剖腹，一刀刀削去他的肉。

说回当下。

吕光长着"重瞳"不说，且还是"巨霸"，被人视作了真龙天子。

事实上，吕光除了是瞳孔畸变患者，还可能是静脉曲张病人，但人们不仅认为他没病——当然吕光本人也没觉得自己有病，还想上演劝进的戏码，炮制一点从龙之功。

杜进便向他进了一道谶言，说吕光有"人君利见之象"。吕光听了，心里那叫一个美啊。毫无疑问，这之前吕光对苻坚还是忠心耿耿的，但现在是个什么心思真不好说。再加上，有人见着黑龙，也附会说"道合灵和"，吕光焉能不心动？

那么，要想称王称霸，是不是该把西域作为自己的根据地呢？吕光觉得可以有。

打下龟兹后，吕光行走在奢华壮丽的宫室中，重瞳中满是欣羡眷恋的光。

留下来吧……留下来吧……心中浮泛出这样一种声音。

见吕光产生了羁留之意，这时却有一人给他提了一个醒，说龟兹乃"凶亡之地，不宜淹留"，若想称霸一方，"中路自有福地可居"。

这个人，便是天竺高僧鸠摩罗什。

说到鸠摩罗什，想必很多人会认为，他可不只是个高僧，还是个奇人。确实如此。但咱们在此先不多做介绍，因为他虽为吕光所获，但成就他辉煌事业的人，是后秦姚兴。

咱们稍后再来说他。

四 山胡、夷皆附

听了鸠摩罗什的劝诫，吕光也心存顾忌，因此才有了大飨秦军、讨论去留的措置。

吕光心里也有些许不甘，毕竟他的心中已种下了称霸一方的种子，一切都和从前不一样了。但是，他的军中，有雄兵；他的行阵，有财富。他的实力，已今非昔比，而他的抱负，该在何时实现呢？

因为信息不畅，吕光并不知道，他在东归之时，京师长安已处在慕容冲的包围之下，而关中则已陷入"人皆流散，道路断绝，千里无烟"的惨境。

吕光不知道，这年七月，苻坚在五将山为姚苌所弑，死在荒凄的佛寺中。

有的时候，历史就是那么吊诡，际遇就是那么奇妙。吕光也许曾为自己是否割据一方而纠结，但现在他不需要纠结了。皇帝都没了，他的忠心又能献给谁呢？

还是献给自己吧，忠于自己的真实心意，又何尝不是一种"忠心"呢？

当然，这是之后的事情了，因为此时吕光确实不知道，他效忠的秦国已经变天了。凉州不比西域，他们的信息渠道较多，已有不少官吏知道皇帝遇弑的消息。

因此当吕光回师的讯息传至凉州后，高昌太守杨翰便叮嘱凉州刺史梁熙，吕光新破西域，兵强马壮，士气正盛，切不可让吕光入境，一旦入境，就不好对付了。

杨翰的看法是有一定道理的。凭其"兵强气锐"的优势，若吕光的确有割据一方的想法，河西之地便成了他的下一个目标。为今之计，只有高梧谷口、伊吾关能阻挡他的步伐。

如果说杨翰是给出了一个军事上的制敌之策，那么美水县令张统就给了梁熙指明了一条出路。梁熙可以先奉苻洛为盟主（以前被贬往西海），再向东进军拿下河州，并与秦州、南秦州连横，纠合四州之众，必能成就桓文（齐桓公、晋文公的并称）那样的事业。

这么做，既能暂时抑住吕光的野心，又能成为一方霸主。岂不美哉？

梁熙不仅对这个建议无动于衷，他还把苻洛杀了。史称其"机鉴不足"，不仅头脑不灵活，也没有十足的野心。真正有实力、有野心的人，是吕光。

吕光高歌猛进，河西守宰们都不敢抵抗，吕光如入无人之地。

抱着"佛系"态度的梁熙，突然间听得吕光进抵玉门的消息，才跌足懊悔，赶紧发檄谴勒吕光，说他"擅命还师"，居心叵测。与此同时，梁熙让儿子梁胤协同振威将军姚皓、别驾卫翰率五万兵马，在酒泉布防。

梁熙可谓是一错再错。如果说杀死苻洛已经让他丢失了主动权的话，现在他完全可以推举吕光为盟主，向其投诚，吕光也乐于收编凉州的势力。很可惜，他选择了最愚蠢的做法：对抗吕光。

从兵力上来说，双方或可一战，但梁熙却不知道，吕光的实力比他想象的还要强大，高昌太守杨翰、敦煌太守姚静，还有晋昌太守李纯，都被吕光招降了。

这是什么概念？这等于是说，梁熙已是孤家寡人了。

不难得知，此时吕光已经知道苻坚的死讯了，否则他只消说明东归之意，便能与河西守宰们"握手言欢"，大家又何必望风而降呢？自家人打自家人，没必要吧？

故此，吕光不太可能是在前秦太初元年（386）秋才得知丧讯的，史书的记载不合常理。此外，吕光招降了高昌太守等人，他们怎么可能不将所知之事尽数告知呢？

比较合理的解释是，吕光刚入河西地区就得知"中原丧乱"、苻坚遇弑之事，因此才以征服者的姿态入境。只不过，他是在次年秋日才令凉州上下举哀，为苻坚服丧的。

说回到当下。

得知梁胤等人率五万兵马拒守于酒泉，吕光也来了一出后发制人，他也命文士发檄于梁熙，声讨梁熙无心于奔赴国难——从此处也能看出吕光已知苻坚遇弑之事，反倒是阻拦他这支东归之师。

好吧，你说我是"擅命还师"之人，我说你是尸位素餐之辈，听起来似乎都有道理，那就只能用拳头定输赢了。

结果毫无悬念，吕光身经百战，没见他怕过谁，梁胤很快就被彭晃、杜进、姜飞的前锋部队击败了。听闻此讯，"四山胡、夷皆附于光"，武威太守彭济更忙不迭抓来梁熙来投诚。

对于敌人，吕光是不会手软的，转眼就把梁熙斩了。

想学张轨，没那么容易

当年十月，吕光进入姑臧——前凉的旧都，自领为凉州刺史、护羌校尉，自杜进以下，都各有封赏。杜进作为吕光最信任的下属，被封为辅国将军、武威太守、武始侯。

从实际的做法看来，吕光取梁熙而代之，已然是他割据一方的表现了。凉州各郡县见大势如此，皆闻风而降。旋后，吕光攻克了酒泉、西郡，凉州尽落吕光之手。

这里有个细节很值得一说。

当时，酒泉太守宋皓、西郡太守索泮拒不投降，吕光攻城之后活捉他二人，责问道："当初我受诏平西域，梁熙却要断绝我的归国路，他是有罪之人，你们为何要依附他？"

索泮回道："将军所奉之诏，是平定西域，而不是扰乱凉州。梁公何罪？不能报君父之仇，只是因能力所限。难不成，还像彭济那样当叛徒吗？主灭臣死，自古皆然。"

这番言辞中，表达了两层意思，一是梁熙无罪，吕光这是在污蔑他；二是索泮打算以身殉道，他看不起武威太守彭济那种小人。

虽说索泮有些迂执，但他也不失为一条英雄好汉。此外，吕光强行入据凉州，在舆情上有些说不过去。凉州吏民之所以选择附从他，更多的是因为他的拳头够硬。但这种附从之心，能恒久不变吗？

估计吕光自己心里也有杆秤，否则建国后他也不会推行氐族本位政治，并以自己征西域的军队为"六军"核心了。

由一个统一或局部统一的政权之中派生出来，而后割据河西地区，吕光此时俨然是另一个张轨。只不过，论为人的厚道、治国的手段，张轨可把吕光甩了十八条街。

比如说，吕光以割据凉州为务，短时间内他要任用一些降附之人。以凉州主簿尉祐为例。他与彭济一起抓梁熙邀功，吕光认为此人值得信任，便对他宠爱有加。

其实，这个人一贯"奸佞倾险"，执掌大权之后，尉祐诬杀了包括名士姚皓在内的十余人。为此，凉州人对尉祐以及吕光这个"不速之客"相当不满。

吕光似乎并未觉得不妥，他又任命尉祐为金城太守。结果这厮一到了允吾（今兰州广武西南），就突然据城而叛，令吕光大失所望。不过，尉祐毕竟实力不足，很快被攻了下来，转又占据了兴城。

宠信尉祐，是吕光用人的一大失误。

幸运的老子，倒霉的儿子

除用人失误之外，吕光的身份，也是凉州人不待见他的原因。对于他们来说——尤其是河西大族，这个人便似一个外来的入侵者，比过去的张轨还不容易受人接纳。

说到张轨，则必须说到前凉，实则前凉虽亡，但他家的故事还没结束。不妨选两个重要的人来说说。首先出场的是，大家的老朋友张天锡。

话说，秦军遭遇淝水之败，前秦政治也迎来了一轮大洗牌。就在符坚兵败的那一霎，随军南征的张天锡趁乱溜走了。原本，符坚早早地为他盖了宅邸，又让他做尚书，封他为归义侯，待他还很不错，但张天锡说走就走，一点面子也不给他。

跑哪儿去了呢？是去复国了吗？不，如果他有这胆魄，还算个人物。这家伙，跑到东晋那头去了。由于张天锡是主动归顺，东晋朝廷也待他不错，让他担任左员外，又给他恢复了西平郡公的爵位。没多久，张天锡被授为金紫光禄大夫。

这种颇受恩遇，大情形因会稽王司马道子（孝武帝之弟）的上台而产生了变化。司马道子认为张天锡是亡国俘虏，心里对他颇为鄙视，因而带动了一帮朝臣，对他诸多排挤。有一次，会稽王世子司马元显问及张天锡西方有何特产，张天锡再度展现了他脱口秀的本领，应道："桑葚甘甜，只要是鸱鸮吃了就能改变声音；乳酪养性，只要是人吃了消了妒心。"

话是回得好，但张天锡长期遭受歧视，渐渐地有些精神错乱，但他的命确实挺硬的，竟然挨到了司马道子父子被灭之后。桓玄诛灭司马道子父子，又篡位为帝，为了赢得好听的名声，桓玄又把昏聩不聪的张天锡扯出来做官，授为护羌校尉、凉州刺史。

待到北府名将刘裕诛杀桓玄、晋安帝复辟之后，本就拿来充门面的张天锡也只被罢职而已，并未被追责。或许，这也是对精神错乱人士的终极安慰吧。东晋义熙二年（406）时，张天锡寿终正寝，卒年六十一岁，终于走完了他传奇的一生。

昏则昏矣，想想张天锡被追为金紫光禄大夫、赠谥为"悼"的待遇，不知比他那儿子幸运多少倍。

当初，张天锡涉水南投时，忙得连儿子张大豫也没带走——这父亲当得也是绝了。张大豫很怕遭祸，仓促间投奔了前秦长水校尉王穆。眼见中原混乱不堪，王穆便与张大豫一起逃至凉州，向前凉旧臣秃发思复鞬求助。这个秃发思复鞬，正是从前跟西晋叫板的秃发树机能的玄孙。

秃发思复鞬应允了，将张、王护送到了魏安（今甘肃古浪东），并与凉州的汉族豪阀一起支持张大豫复辟。

公元386年春，魏安人焦松、齐肃、张济等聚众数千人，齐迎张大豫为盟主。他们很清楚，你要想实现复辟大业，得先把吕光撵出去。

首战告捷，昌松郡被攻了下来；二战亦可圈可点，辅国将军杜进兵败，张大豫兵指姑臧，威风凛凛。张大豫兴奋地搓搓手，但王穆却说，吕光城坚粮足，兵盛马壮，与其强攻，不如先夺岭西，蓄势而进。

被胜利冲昏头脑的张大豫，并未听取王穆的意见，不日后自号抚军将军、凉州牧，又改年号为凤凰，让王穆传檄诸郡，争取建康太守李隰、祁连都尉严纯的支持。

他们答应以三万兵众响应张大豫，从南面攻打姑臧。与此同时，张大豫从南面进击。计划虽好，但他刚等到了王穆、秃发思复鞬，吕光便从南门冲杀了出来。

这位曾收服西域的猛将，狠狠地教训了这个后生。

城南一役，以张大豫的失败告终。张大豫撤离之后，沿途掳走百姓千余户，暂在临洮（今甘肃岷县）驻军。吕光遣出彭晃、徐灵等人，紧追不舍。

这年秋，吕光命凉州全城为苻坚举哀，以示悼怀之意。迨至冬月，吕光以"太安"为年号，这个措置是在告诉大家，他还是前秦皇帝苻丕的臣子，毫无非分之想。因为这之前，苻坚的庶长子苻丕已在晋阳称帝，改元太安（按：苻丕死于该年十月，但吕光很可能不知道）。

不过，僚属们都懂得吕光的套路，遂纷纷向吕光劝进，但吕光心知时机还不成熟，便推却了大家的好意，以使持节、侍中、中外大都督、督陇右河西诸军事、大将军、领护匈奴中郎将、凉州牧、酒泉公自称。

次年（387）春，张大豫败逃，一气逃到了广武。很不幸，他没能得到郡人的支持，旋后被抓了起来，押往姑臧。吕光斩其于闹市，颇有以儆效尤之意，但仍谥其为平王。

和老父比起来，张大豫的运气，着实太差了。不过，他虽行事鲁莽，好歹还懂得去打拼事业，就这一点来说，他比其父有血性得多。

第三节　根本不固，不足贻子孙

出城大哭，举手谢城

回溯张大豫败走临洮的那刻，他逃奔到了广武，长史王穆则逃往建康（此建康非彼建康，只是一个郡，约在今甘肃高台西南）。王穆攻占酒泉后，自号为大将军、凉州牧，在凉州境内形成一小股割据势力。

拥有了地盘，接下来便要招揽人才。王穆派使节去征召敦煌的隐士郭瑀，郭瑀的态度与以往截然不同，他不仅与同郡的大族索嘏起兵响应王穆，还给王穆送了三万石粮食。

这情形，倒跟范长生支持李雄有点像。只可惜，王穆不是李雄，郭瑀也不是范长生。

在讲述郭瑀的归宿之前，咱们先来了解一下郭瑀的来历。

在第一卷中，我们提到过河西士族这个团体，河西作为晋末儒家士族的避难所之一（另外一处是江左，即随司马皇族"衣冠南渡"的那一批），所形成的文化，构成了北朝文化系统的一个主要来源。

如陈寅恪先生所言："惟此偏隅之地，保存汉代中原之文化学术，经历东汉末西晋之大乱及北朝扰攘之长期，能不失坠，卒得辗转灌输，加入隋唐统一混合之文化，蔚然为独立之一源，承前启后，实吾国文化史之一大业。"

可以说，接续着儒家学脉的河西地区，也用自己的方式塑造着中国历史的性格。

在河西士族当中，略阳人郭荷（字承休）出自一个"世以经学致位"的家族。在河西地区安顿下来以后，郭荷"明究群籍，特善史书"，门徒众多，但却不接受前凉的任命。由于前凉王张祚以武力胁迫，郭荷才不得不出山。不过郭荷并未真正得到张祚的重用，更像是一个摆设。

好在郭荷上疏乞还，尚能得到张祚的允准。八十四岁那年，郭荷逝于张掖东山。

老师的遭遇，带给了学生郭瑀很大的震动，他也打定了主意，绝不踏入仕途。为师守孝期满后，郭瑀继承师业，在临松薤谷凿窟设馆，一边讲学授徒，一边著书立说（《春秋墨说》《孝经综纬》等）。数十年间，弟子逾千。

前凉王张天锡、前秦皇帝苻坚都十分仰慕郭瑀，但他都婉言谢绝了。因此，笔者才说在面对王穆的时候，郭瑀的态度与以往截然不同。其因何在？

郭瑀在出山前，曾叹道："今民将左衽，吾忍不救之邪。"从这句话里，可以看出郭瑀有一种大济苍生的慈悲心，但换个角度看，我们也不难窥见他对异族政治的排斥。当然，这也代表了很多人的想法，特别是凉州豪望们。

来到王穆身边，王穆以郭瑀为太府左长史、军师将军，以索嘏为敦煌太守。索氏本为敦煌大族，这个安排也很合理。

就这样，本无政治野心的郭瑀，跟代表汉人势力的王穆，绑在了一起。但这个蜜月期实在太短了。王穆为人刚愎自用，又辨不清谗言善语。没过多久，他便因听信谗言而嫉恨索嘏。

郭瑀连忙劝阻王穆，但王穆根本听不进，执意要攻打索嘏。郭瑀失望透顶，只能卸职而去。离城之时，郭瑀挥泪如雨，举手而别，说："我恐怕不会再见到你了！"

这是诀别，但却不只是面对王穆的。郭瑀要作别的，是整个尘世。

郭瑀回到家中，以被覆面，无有一语，不日后绝食而死。从某种程度上来说，郭瑀和苻坚有相似的地方，他们都是被理想摧垮的人。郭瑀已逝，接续这一支河西文脉的人还在，他便是刘昞。有关他的故事，第四章中会所有提及。

王穆联盟的溃败、郭瑀的辞世，对于吕光来说，当然是一个利好消息。他评论道："两个敌人互相攻击，这正是擒拿他们的好时机，我们决不能害怕一时的作战劳苦而失去永远安逸的机会。"

是的，吕光当然应该感到庆幸，并实施相应的行动。

因为这一年，对于吕光来说实在是流年不利。首先是"凉州大饥，米斗直钱五百，人相食，死者太半"（但是，"中仓积粟，数百千万"的后凉政府，并未赈济灾民）；其次是西原太守康宁自称为匈奴王，张掖太守彭晃也跟他沆瀣一气，他们同时还向西结好王穆，吕光很担心康宁、彭晃、王穆这三股势力会对他展开夹击战术，于是亲率三万骑兵猛攻张掖，先杀死了彭晃。

速战速决，吕光对付彭晃，只花了二十多天时间，充分显示了自己的实力。

更令吕光高兴的是，康宁、彭晃这两股势力因事打了起来。吕光心里那叫一个美！他也不用担心两头作战的风险了。

吕光急领两万步、骑兵攻打酒泉。等到王穆撤军之后，他还没来得及跑回老巢，部队已经溃散了。万般无奈之下，王穆选择单骑而走，谁知却被骟马（今甘肃玉门东北骟马镇）县令郭文所杀。

其后，王穆的人头也被郭文当成战利品献给了吕光。

矫枉过正，推行氐本位政治

平定凉州之后，论功行赏，杜进担任了辅国将军、武威太守。

本来，杜进深受吕光信任，在后凉的地位仅次于吕光，但他的显赫地位甚至是生命之权，都因一个人的出现而宣告终结。这个人，是吕光的外甥石聪。

原来，石聪从关中而来，吕光便向他询问中州之地百姓对他的评价。石聪诋毁杜进的方式也很有技巧，并未说他有什么问题，而是说"但闻有杜进耳，不闻有舅"。

石聪知道，让当权者嫉恨一个人，便是对付他的最佳办法了。

不日后，吕光寻隙杀了杜进。

事后，吕光在一次饮宴上，聊到了政事方面的话题，一个唤作段业的参军突然给他提了一个意见。这个意见，在《资治通鉴》中的记载是"明公用法太峻"；在《晋书》中的记载则是"严刑重宪，非明王之义"。

具体表述虽有不同，意思还是一样的，都是说吕光那套酷政，不行。

吕光表示，我不同意，并以史为证："吴起是刻薄寡恩之人，但楚国却因他而走向强大；商鞅是刑律森严之辈，但秦国却因他振兴富强。"

段业摇摇头，针锋相对道："最后，吴起自身被杀、商鞅全家都遭受屠戮，这都是因为他们残酷至极。明公您的大业才刚开始兴建，效从尧、舜尚且不及，竟然还推崇吴起、商鞅那种治国之道，这难道符合本州百姓的期待吗？"

听了这话，吕光神色乍变，向段业道歉，而后又下令开始推崇宽简之政。

看起来，这还有点明主的样子，但事实证明，这也只不过是说说而已。

比如说，吕光将自己和妻子的家族势力迅速集结起来，委以军国重任。数年之内，诸吕子弟（吕纂、吕他、吕绍、吕方、吕宝、吕延、吕弘、吕超、吕纬、吕隆等人）、诸石子弟基本上都担任了将军、郡守之职。那个谗害杜进的石聪，就是出自妻族。

以高昌郡为例，史载"群议以高昌虽在西垂，地居形胜，外接胡虏，易生翻覆，宜遣子弟镇之。光以子覆为使持节、镇西将军、都督玉门已西诸军事、西域大都护，镇高昌，命大臣子弟随之"。

不难看出，由始至终，吕光都以吕、石二家作为自己政权的中坚力量。

这似乎也无可厚非。历史上，看重宗室和妻族的君王多了去了，但问题也随之而来，为了争夺权力，每有萧墙之祸，屡见外戚专权。

吕光也顾不得那么多了。他认为，非氐族的势力不可信。出身于氐族贵门，吕光对前秦的政治特点了然于心，这不得不促使他反思其政治的得失。口头上，吕光并未说什么"非我族类，其心必异"的老话，其实他的措置已经表明了一切。他不想成为另一个苻坚。

当初，为了快速达到强化封建中央集权的目的，王猛一直打压氐族贵族的势力，推行政治改革。故而，之前的氐族本位政治遭到一定程度的抑制。这种措置，如给前秦注入了一剂强心针，疗效显著，但却治标不治本，没能从根本上改变其社会意识形态。最终，苻坚那种混同戎一的理念，遭到了现实的反噬。

其实，反思只是一个过程，而不是结果，从吕光反思的结果上，不难看出他走上了"矫枉过正"的歧途。或许，他以为苻坚的失败，是因为他将氐人分散到了各地，而令异族内迁，导致"鲜卑、羌、羯，布满畿甸"，将自己置身于险境。

于是，吕光打定主意要实施氐族本位政治。

重用吕、石二族只是一方面，他还要安置有限的氐族官僚。

公元389年二月，吕光自称为三河王，大赦天下，改元为麟嘉，始置百官，不日后亲迎妻石氏、儿子吕绍、弟弟吕德世，册妃、封世子。

吕光设置百官的方式，对前秦的措置有所改易，史载"自丞郎已下犹摄州县事"，说的就是吕光以氐族中央官员兼职地方军政的事。

这也是没办法的事，尽管吕光的身边簇聚了很多氐人——有很多都是之前在前秦不得志的，但由于氐人数量本来就不多，短时间内根本无法有效增加人口。

既然如此，吕光又怎样扩大统治基础呢？答案便是象征性地任用一些异族的官员。吕光在后凉麟嘉八年（396）时，让中书令王详为尚书左仆射、著作郎段业等五人为尚书。

这并非吕光的初衷。

在麟嘉三年（391），只担任了著作郎的段业，认为自己没有受到重用的原因，是吕光不能分辨贤才，导致朝廷上下愚昧不堪，于是去天梯山养病，作诗文来劝谏。

应该说，吕光也在调整着本国政治。毕竟汉、羌等民族的数量十分庞大，他不可能完全放弃异族人才，让他们无路可走。

此外值得注意的是，吕光虽推行氐族本位政治，但他也对前秦的一些治国之法有所参照。

举一个例子。为了控制边地，吕光曾将西海郡（治居延泽西）的百姓迁徙到内地各郡，此法与苻坚将鲜卑等族内迁的措置，颇有相似之处。

西海人闻讯后，对吕光十分憎恶，造出"朔马心何悲，念旧中心劳。燕雀何徘徊，意欲还故巢"这类的歌谣。

吕光见徙民意见很大，流露出反抗情绪，便又在麟嘉六年（394），把他们迁到西河乐都。

定号大凉，叛军如麻

在吕光统治期间，他与西秦之间战事频仍，此事已见前述（第二章），不再赘言。

对于吕光的统治，胡三省曾评道："吕光新得河西，党叛于内，敌攻于外，虽数战数胜，而根本不固，宜不足以贻子孙也。"这个说法很有道理，且不说外敌（本章未言之战事，均在第二、第四章），只说这个"党叛于内"，都有不少证据呢。

如果说，尉祐、西平太守康宁（387年冬，自称匈奴王）的造反只是小打小闹，那么，吕光统治的最后几年里，便遭遇了前所未有的危机。

后凉麟嘉八年（396）六月，吕光即天王位，定国号为大凉，改元龙飞。世子吕绍进为太子，子弟尽封为公侯，足有二十人之多。至于王详、段业等，也被封为尚书左仆射、尚书。

看起来，还很有秩序。但就在下一年（397）正月，去年已经拒绝吕光册封的鲜卑首领秃发乌孤，突然宣布独立：建元太初，自号大都督、大单于、西平王，国号为凉。

什么？我叫"凉"，你也叫"凉"，摆明了是对着干？

吕光心里很不舒服，发誓要让南凉（史称）从这个世上消失。

得知秃发乌孤攻克了自己的地盘金城，吕光急遣将军窦苟前去讨伐。双方在街亭（今甘肃占浪南庄浪河北岸）展开恶战，结果后凉大败。

自此，不仅乐都（今青海局部）、湟河（今青海化隆回族自治县南黄河北）、浇河（治今青海贵德南）三郡望风而降，岭南羌胡数万落也归顺南凉，连后凉将军杨轨、王乞基都率众而来，声称要为南凉的建设添砖加瓦。

吕光的鼻子都要气歪了。

秃发乌孤一时势大，于次年（398）改称为武威王。（秃发乌孤及南凉的建国史，详见第四章）

一个秃发乌孤已经让吕光头大了，屋漏偏逢连夜雨，在秃发乌孤起事后，卢水少数民族沮渠蒙逊也反了。

这是怎么回事呢？

原来，吕光年龄越大，越爱偏听偏信，诿罪于人，以致错杀了尚书沮渠罗仇、沮渠麹粥两兄弟，而他俩正是沮渠蒙逊的伯父。沮渠蒙逊本乃人中豪杰，得知丧讯后，他把伯父们的灵柩送回张掖老家安葬，随后便向着参加葬礼的部落哭诉，并煽动他们一起反凉复业。

众人皆高呼万岁，与之盟誓。

不久后，万人队伍便打起了反旗，攻占了临松郡，旋后进据金山（今甘肃山丹县西南）。

五月间，沮渠蒙逊败于太原公吕纂之手，逃入忽谷（今甘肃山丹西南）山中。但一点挫折也不打紧，沮渠蒙逊的从兄沮渠男成也起兵响应他，在乐涫（今甘肃酒泉东南）聚众而反，并斩杀了酒泉太守垒澄。

沮渠男成乘胜而进，攻陷了建康，并请人当说客，足足花了两个月的时间，才说服建康太守段业为反凉盟主。

段业被推为大都督、龙骧大将军、凉州牧、建康公，建元神玺，史上的北凉，便是自段业发轫的，尽管最终的受益人不是他。

眼下，段业封沮渠男成为辅国将军，担军国之任；又将闻风投来的段业封为镇西将军。（段业、沮渠蒙逊及北凉的建国史，详见第四章）

咱们来算一算，在十六国中，共有五凉：前凉、后凉、南凉、北凉、西凉。而仅仅在公元 397 年一年中，就从后凉之中，分裂出了两个"凉"来，吕光怎能不上火呢？

看来，往后的日子，会益发难过了。

第四节 无棠棣之恩，无恤民之心

郭黁造反，气煞吕光

为了对付段业，吕光派出了次子吕纂，数日内未尝取胜。沮渠蒙逊便抓住机会进攻临洮（今甘肃岷县），他与吕纂在合离（今甘肃张掖）作战，大获全胜。

就在吕纂被打得灰头土脸的那段时间里，后凉的散骑常侍、太常郭黁，也在酝酿着叛乱的计划了。用时下的话来说，郭黁是那个时代的技术流，他掌握着独门的技能，因此"民间皆言圣人举兵，事无不成，从之者甚众"。

那么，这个"圣人"到底圣在何处呢？他是不是又"事无不成"呢？且听笔者慢慢道来。

郭黁是西平人，年少的时候便开始研习《老子》《易经》，十分擅长天文术数，先后在前凉、前秦、后凉做过官。史称，郭黁预测过很多历史事件，比如，在张天锡统治末期，他预测"若郡内二月十五日失囚者，东军（指前秦军）当至，凉祚必终"；在符坚统治末期，他预测"有外国二王来朝主上，一当反国（指前部王），一死此城（指鄯善王）"……

后来，郭黁跟随了吕光。他支持吕光袭击西海太守王桢，并称"若其不捷，黁自伏铁钺之诛"。吕光听从了他的话，果然大胜，自此以后，便引为心腹，常参帷幄之密。

又一次，吕光打算讨伐乞伏乾归，郭黁忙以天象所示来阻拦，说："今太白未出，不宜行师，往必无功，终当覆败。"吕光听不进去，一意孤行。

等到攻克金城之后，郭黁又说："昨有流星东堕，当有伏尸死将，虽得此城，忧在不守。正月上旬，河冰将解，若不早渡，恐有大变。"

吕光自不愿信，但后事果然如此，不仅他信了郭黁的道，百姓也都叹服他屡次预言正确。由此，郭黁晋升为散骑常侍、太常。

虽说备受宠信，但郭黁现在却认为，吕光年老昏聩，终将走向败灭。他不想为吕光陪葬，又预测到了"代吕者王"，便以天象之事，鼓动仆射王详、田胡部落的首领王乞基和他一起造反。

那天郭黁对王祥说："凉州会有大凶之兆，主上已经老迈多病，太子暗弱，太原公吕纂凶悍，一旦有意外发生，一定会出大乱子……"

听了这话，王详信以为然，便答应做郭黁的内应，配合当夜火烧苑门的事。岂知，事情败露，王详当即被杀。但这也没有关系，郭黁旋即占据了东苑城公开反叛，并抓了吕光的八个孙子。

一时之间，民众都纷纷跟从他们眼中的"郭圣人"，郭黁自信心满满，随后以王乞基为帅，氐人杨轨为谋主，据休屠城而反。

吕光怒不可遏，遂召吕纂讨伐郭黁。这一次，吕纂倒很给力，两度击溃郭黁。

郭黁恼羞成怒，为了发泄愤懑，竟将八个无辜的孩子抛到兵锋上刺死，又把他们的尸体肢解开来，并"饮血盟众"。或许，在郭黁看来，这是他这个"圣人"激发部众士气的一种壮行，但殊不知，大家都遮住眼睛不忍心看这种惨剧，也不认同他的做法，唯有他本人泰然自若、自鸣得意。

稚子何辜！这样一个残暴的人，会是真正的"圣人"吗？不，部众们都开始怀疑了。

后凉龙飞三年（398）四月，吕纂率军进攻杨轨，郭黁赶来相救，大挫吕纂。在另一个战场上，沮渠蒙逊攻下了西郡，俘虏了太守吕纯——吕光的侄儿，旋后，晋昌太守王德、敦煌太守孟敏献城投降，在北凉做了官。

在这之后，郭黁每以上天的旨意为由，制止杨轨与吕光决一死战的想法。趁着段业进攻的常山公吕弘（时镇张掖）的当头，杨轨也想来添一把火，遂联合秃发利鹿孤一起阻击吕纂，以免吕纂想之合兵。

但不幸的事，杨轨为其所败，仓促之下逃奔王乞基。郭黁知道自己已不受士民拥戴，转而投降西秦，被乞伏乾归封为建忠将军、散骑常侍。

西秦亡国之后，郭黁又随乞伏乾归投降后秦，长于测算的他，以为秦将为晋所灭，便抛家而去，狂奔投晋，孰料终为追兵所得，成为刀下亡魂。

这真是成也天文术数，亡也天文术数。

迭相篡弑，自吕纂而始

郭黁为人残忍，终失人心，但他的测算本领确实无敌。不过，笔者以为，他对后凉必然发生内乱的判断，主要还是源自他对政治的观察。

这年十二月，吕光缠绵病榻，立太子吕绍为大凉天王，自己则号称太上皇帝。同时，吕光又任太原公吕纂为太尉，常山公吕弘为司徒，以之为吕绍的左膀右臂。从年龄上看，他们都是吕绍的哥哥。

"国家多灾多难，秃发氏、乞伏氏和段氏三个强敌窥伺，我死之后，让吕纂统领六军，吕弘掌管朝政，你对你的两位兄长委以重任，或许可以平安无事，如果你们互相猜忌，那必然会立刻祸起萧墙。"（"国家多难，三邻伺隙，吾没之后，使纂统六军，弘管朝政，汝恭己无为，委重二兄，庶几可济；若内相猜忌，则萧墙之变，且夕至矣！"）

临终前，吕光不仅对吕绍如此叮嘱，还对吕纂、吕弘推心置腹，希望他们能团结对外，辅助吕绍。在这两个孩子当中，吕光对长期生活在军营之中、性格粗暴的吕纂格外担忧，又嘱咐他好好辅佐吕绍，不要听信谗言。

吕光的想法固然很好，吕纂、吕弘的眼泪也流得很多，但吕光尸骨未寒，他俩的小心思就开始"活泛"了。正如吕光所言，吕绍没有拨乱反正之才，只因他是嫡长子，王位便只能传给他。可是，吕光不可能说服他的庶子们甘居人下，何况他们还手握军政大权。

特别是吕纂，他是吕光的庶长子，以前在长安城里不好读书，俨然一纨绔子弟。投奔父亲之后，吕纂因常年领兵作战而威名远扬。对于父亲的安排，他颇为不满。

吕光死后，吕绍担心国内有变，遂封锁消息，秘不发丧。吕纂大概是想故意制造事端，便推开东边小门，进去大哭一场。吕绍也觉察出异常，担心吕纂想搞事情，便要把王位让给他。

这不是吕纂心中所想吗？但他也知时机不成熟，便只说"陛下国之冢嫡，臣敢奸之"。

吕纂固辞不纳，吕绍只能心惊胆战地坐上王位。

骠骑将军吕超（吕光之侄，吕隆之弟）也看出了这些，便对吕绍递主意，说吕纂声威太大，对于父丧又哭得太做作，必然心怀异志，应该尽早铲除。

吕绍心中不忍，又说道："纵其图我，我视死如归。"

虽然被拒绝，但吕超一直在暗暗寻找除掉吕纂的机会。大家应该都记得，《鸿门宴》中"范增数目项王，举所佩玉玦以示之者三，项王默然不应"的桥段吧。十二月里的一日，吕纂到湛露堂朝见吕绍，这情形与范增暗示项羽的细节，倒有几分相似。

面对吕超的疯狂暗示——手持刀而"目纂请收之"，吕绍也拿出了默然不应的态度。

这一厢，吕绍心中不忍；那一头，吕弘却密遣尚书姜纪撺掇吕纂造反。

吕纂见时机成熟，便于当夜领兵跃入北城，攻广夏门。与此同时，吕弘也率东苑之众，劈开洪范门。两道城门，皆是皇城之门，这自然引起了禁军的警觉。左卫将军齐从本来据守在融明观，一听太原公吕纂的名号，便知他有谋反之意，当即抽出佩剑，一剑砍中他的前额。

吕纂的兵卒都吓了一跳，忙要拿住齐从。吕纂欣赏他是个义士，便饶了他的性命。

随后，吕纂与虎贲中郎将吕开战于端门，吕超也率众而至。可惜，因为吕纂积威日久，兵士们都不战而溃。吕纂便自青角门入禁城，登上了他念兹在兹的地方——谦光殿。谦光殿，是前凉举行国家盛典之地，建于张骏执政时期。后凉因而用之。

吕纂所图还不明显吗？

见大势已去，吕绍陷入绝望之中，他逃到紫阁用刀抹了脖子。吕超无可奈何，惶惶而走，逃奔广武。

所谓的宽容，都是假象

且说，吕纂虽然很想直接登上王位，但他还是克制住了欲望，做样子要把王位让给吕弘。吕弘很有自知之明，知道自己既不是长子，不愿和他相争。吕纂这才收下了弟弟的这份心意，并让他告谕群臣："先帝临终受诏如此。"

此举何意？先帝让他们干掉昏弱的吕绍。

这不是瞎扯淡吗？可群臣也知这是吕家的家事，伺候谁不是伺候呢，也没人敢多嘴，齐声表示："苟社稷有主，谁敢违者！"

吕纂就势做了大凉天王，并下令大赦天下，改元咸宁。他将吕光追谥为懿武皇帝，又将吕绍追谥为隐王。对于有功的吕弘，吕纂封他做番乐郡公，又为大都督、督中外诸军事、大司马、车骑大将军、司隶校尉、录尚书事。这等于是把军政大权给了他。

吕纂又对其余的人封官拜爵。

至于曾与他对抗的齐从、吕超，吕纂施以宽容之道，尤其是恢复了吕超的爵位。这是十分耐人寻味的做法。表面上看来，吕纂很懂得凝聚人心，打造自己的明主形象。实际上，吕纂此举，更是因为吕超还有利用价值。他很清楚，吕超的实力所在。后事为证，长于征战的吕超，几乎撑起了后凉的半边天。

吕纂与吕超隔阂很深，为了让吕超相信他不再问罪于他，他便请吕超的叔父、征东将军吕方转达他的心意。信中说："吕超实际是忠臣，义勇可嘉，但不识国家大体，不懂权变。为了社稷，现在朝廷仍然愿意再继续任用他。"

迫于形势，吕超只能借坡下驴，上疏乞罪。

好了，以"宽容"形象立身的吕纂，终于暂时处理好内务了。

知子莫若父，吕纂为人性格粗暴，这是他很难克服的一个缺点。即位第二年（400），吕纂便因忌恨吕弘，而与他产生了矛盾。吕弘决定先发制人，遂带兵在东苑作乱。

此前，吕弘以杨桓（吕纂的岳丈，被吕弘胁迫）、尹文为谋主，还将河西名士宗夑扯进这场是非中。由于吕纂早有准备，派出了得力干将焦辨予以回击，故此，吕弘的叛军很快被击溃了，吕弘也赶紧逃奔广武了。

为了惩戒吕弘这个可恶的叛首，吕纂做出了一件令人发指的事情——纵容士兵奸淫掳掠，其中还包括吕弘的妻儿。可他不以为耻反以为荣，笑问群臣道："今日之战如何？"

侍中房晷忧心忡忡，流泪道："上天把灾祸降给了我们凉国，所以我们一直都在发生苦难。先帝刚刚去世，隐王便被废黜；先帝坟墓刚刚掩埋完毕，大司马吕弘又发动兵变；京师血流不止，你们兄弟之间刀兵相向。即使吕弘是自取灭亡，但陛下没有顾及兄弟的恩情。陛下应该反省、谴责自己，以此向老百姓致歉谢罪才是，反而纵容士兵大肆烧杀抢掠，囚禁、侮辱官员妇女。百姓有什么罪过？况且吕弘的妻子，是陛下的弟媳妇；吕弘的女儿，是陛下的亲侄女，怎么能使她们被士兵当作婢女侍妾加以侮辱？天地如果有神明，岂会忍心目睹这样的惨事？"

言讫，房晷泣不成声。吕纂也有些惭愧，先向他致歉，再把吕弘的妻儿安置在东宫，予以优待。对待老岳丈，吕纂也十分宽容。当初，杨桓因欲讨好吕纂，而将女儿嫁给了他，现在他是因遭受吕弘胁迫才造反的，吕纂不仅没问他的罪，还将杨妃立为王后，将杨桓封为尚书左仆射、凉都尹。

杨桓身在叛军之中，或许在关键时刻临阵倒戈，所以吕纂才有此举。这样比较符合逻辑。只不过，史书阙载，笔者这也只是猜测而已。

但有一点可以肯定的是，吕纂虽然努力打造宽厚的形象，但他对于叛首吕弘，却没有"棠棣之恩"可讲。吕弘与叔父吕方关系甚密，按吕弘的打算，是要先与身在广武的叔父作别，再去投奔南凉，没承想，叔父不敢开罪吕纂，哭着将他抓进牢狱。吕纂随后便派大力士康龙来灭了他。

很可能是抱着立威的想法，吕纂刚安顿下来没几日，便琢磨着讨伐南凉武威王秃发利鹿孤的事。中书令杨颖十分担忧，连忙劝阻说，对方上下同心，内部并无矛盾，不可征伐。他还说，己方应该发展农业、缮甲练兵，方可一战。

奈何吕纂一意孤行，不仅要打秃发利鹿孤，还选择盛夏时节出战。所谓"田家少闲月，五月人倍忙。夜来南风起，小麦覆陇黄"，大家都知道，四、五月间，正出于农忙季节，吕纂这不是在骚扰百姓吗？

结果不出杨颖的意料，秃发傉檀在三堆大挫凉军，斩首两千余级。

打了败仗，穷兵黩武的吕纂还不服气，他又打算进攻北凉。这一次，尚书姜纪出来劝阻他了。姜纪提出，万一秃发利鹿孤乘虚入攻，姑臧危矣。

吕纂只当他是放屁。就在凉王本尊领兵包围张掖（北凉的都城），准备西进建康之时，秃发傉檀果然发兵偷袭姑臧。陇西公吕纬（吕纂之弟）十分紧张，赶紧据守北城，但却拿炫示武力的秃发傉檀没有办法，眼睁睁看他掠去了八千多户百姓。

骤然间听得这个消息，吕纂如遭雷击，连夜引兵而还。

且说，吕方虽然出卖了侄儿，但他心里对吕纂也颇为憎恶，打算摆脱他的控制，便找了个机会向后秦姚兴投降。这下子，广武一带无主，百姓在吕纂这里看不到希望，纷纷投奔了秃发利鹿孤。

军事上的失利、人心上的离散，并未让吕纂学会反思，反倒让他更沉迷于喝酒、田猎，估计是想借此麻痹自己吧。杨颖看不下去，便又劝谏道："陛下应天承命，便应担起治国之任，如今，咱们的国土面积一天天缩水，仅仅局限在坎坷的两道山岭中间。陛下不朝乾夕惕，以恢复先业为任，反倒成天以玩乐为务，这是很危险的事情啊！"

闻言，吕纂面有赧色，也向杨颖道歉，但他自己却没有一点改变。

杨颖所言是否属实呢？完全属实。此时，后凉所能控制的领土，大致在自东向西的乌鞘岭到武威一带，总共不过方圆百里。要知道，在盛时，其领土包括了今甘肃西部和宁夏、青海、新疆、内蒙古，以及今蒙古国的局部。

在南凉、北凉等国的逼攻下，后凉无论是国势还是领土，都严重受损。

后凉危矣，到底有没有人能出来整顿乾坤呢？

第五节　纷乱之政，亡国之象

吕隆取而代之

虽说吕纂并不得人心，但在后凉国内，也有不少敢于直谏的臣子。

这不，吕纂向杨颖道歉之后，依然我行我素，甚至变本加厉，与心腹左右沉醉在坑涧间驰猎的荒唐事——大概是想炫耀他的骑术吧，殿中侍御史王回、中书侍郎王儒深以为忧，忙拦在马前劝谏阻止。

见吕纂醺醺然，二人又劝道："车马倾覆这类意外事故，时有发生，往往会造成意料不到的灾祸。臣等都为此忧心难安，故此方才冒死进言。希望陛下能想想过去袁盎揽缰所言之事，万不可使臣等为后世所讥。"

这里用到了一个典故。

袁盎是西汉大臣，刚直敢言。某一次，汉文帝自霸陵上山，拟从陡坡飞驰而下。袁盎十分担心，便策马靠近文帝的马车，一把挽住缰绳。文帝以为他胆小，但袁盎却说："臣闻千金之子坐不垂堂，百金之子不骑衡，圣主不乘危而微幸。今陛下骋六骓，驰下峻山，如有马惊车败，陛下纵自轻，奈高庙、太后何？"

拿高祖和太后施压，文帝也不敢不顾惜自身了，遂打消了飞驰下山的念头。

要说王回、王儒还真是两个会说话的人，只可惜吕纂既不是读书人，也不想一直扮什么贤君，连假模假式的承诺都没有了。在他看来，"二王"太聒噪了，简直就是扫兴。

对于朝臣的谏言，吕纂就是这样的一个态度。相对来说，他对高僧鸠摩罗什的态度好得多。约莫在后凉咸宁三年（401）里的某一日，鸠摩罗什对他说道："近来，潜龙多次出现，且有猪狗现出妖异之形，这恐怕是有人谋害主上的征兆。还请主上勤修德政，以应上天之预示。"

听了这话，吕纂有些害怕，当即答应了。做不做是一码事，在口头上，吕纂还是要给高僧面子的。

其实在此之前，鸠摩罗什曾在与吕纂下棋时，说过一句意味深长的话。当时，吕纂吃掉了鸠摩罗什的棋，随口道："斫胡奴头。"鸠摩罗什便应道："不斫胡奴头，胡奴斫人头。"

后来，果然有一个小名为"胡奴"的人，把吕纂杀了。这个人，便是曾经想杀掉吕纂的吕超。吕超的小名，正是胡奴。

一语成谶，超自然的事件，不在咱们讨论的范围，我们姑且先回到历史现场一探究竟吧。

还是在公元401年那年里。番禾太守吕超擅伐鲜卑首领思盘，思盘忙遣人来告状。吕纂心里很不高兴，便宣吕超与思盘入京觐见。吕超见了吕纂后，被责骂了一顿，听得吕纂说"要当斩卿，天下乃定"——其实吕纂只是想吓唬一下吕超，并没有杀他的意思。吕纂真要他的命，登时动了杀心。

在随后的宴席中，吕纂的堂兄吕隆屡劝吕纂喝酒，再与之一同乘车游宫。

变故陡生！

走到琨华堂时，车马过不去，吕纂亲自带人去推车时，吕超猛然间冲出，一刀刺向吕纂的胸膛，随后逃到宣德堂。在逃亡之时，吕超还杀死了吕纂的心腹窦川、骆腾。

事有凑巧，在东晋太元二十一年（396）里，晋孝武帝司马曜被人杀了。他本算是一个有些作为的皇帝，但由于他沉溺于酒色，脑子昏沉，无意间开了张贵人的玩笑，因此竟招来杀身之祸。

说了什么酒后戏言呢？"你现在年老色衰，还没有孩子。赶明儿朕就废了你，寻个年轻漂亮的美人。"张贵人信以为真，杀心骤起，便趁司马曜酒后昏睡，把他按在被子里捂死了。

看看！这两件事有什么共同点呢？起因都是"苦主"说浑话，喝烂酒。

有些时候，话不能乱说，酒也不能乱喝。

遭逢巨变，王后大为震怒，急令禁军讨伐吕超。但为她所不知的是，殿中监杜尚已经被吕超收买了，因此他不但不听王后之命，反而约束士兵放下兵器。很快地，将军魏益多也入宫来宣示吕纂的罪行，说吕超只是在拨乱反正，为吕绍报仇，完全没有罪过。

此言确实有理，因此连吕纂的叔父巴西公吕他都没想为吕纂报仇，只有吕纂的弟弟陇西公吕纬生出过念头，但又很快为人所阻。吕超的弟弟吕邈还劝道："在先帝的儿子中，明公年龄最长，又得到世人的敬慕，吕隆、吕超必会奉你为主。"

吕纬轻信了吕邈，便与吕隆、吕超结盟，而后单骑入城，哪知却被吕超生擒残杀。除了此事，吕超还做过一件很不厚道的事情，他见王后杨氏生有国色，不禁色心大起，欲据为己有。

担心杨氏不答应，吕超便威胁杨桓说："要是杨氏不从，你整个宗族就等死吧。"杨桓只能硬着头皮对女儿提要求。杨氏凄然道："父亲将我卖给氐人，以此来谋求富贵。这已经很过分了，你怎么能再次逼迫我呢？"

说罢，杨氏自杀，后被谥为穆后。《晋书》对杨氏评价极高，说她是重气节的女子。杨桓万未想到女儿如此性烈，万般无奈之下，便投奔秃发利鹿孤，担任了他的左司马。这也掀开了南凉大规模攻袭后凉的序幕。

吕超杀死吕纂后，让位于亲哥哥吕隆。

大杀豪望，请降于后秦

与吕纂不同，吕隆（字永基）虽然也擅长骑射，但自小就以美仪容著称，倒也不似个武人。吕光执政末年，吕隆担任北部护军，此后又历任显职，名声渐响。

吕隆即天王位后，改年号为神鼎。这个年号得来，是因吕超事前在番禾得了一个小鼎，在他看来，这是神灵所示的吉兆。想到这个小鼎，"神鼎"这个年号就这么定下来了。

随后，吕隆追尊生父吕宝（吕光的弟弟）为文皇帝，母亲卫氏为太后，妻子杨氏为后。弟弟吕超则被拜为侍中、都督中外诸军事、辅国大将军、录尚书事等，又封为安定公。

末了，吕隆又谥吕纂为灵皇帝，葬在白石陵。

说到吕隆这个人，用虚有其表来形容也不为过。总体上看来，他还不如吕纂。论战斗能力，一个"渣"字可以形容；论人品道德，还是一个"渣"字。

刚一即位，吕隆就做了一件和吕超逼婚相类似的事。被吕隆盯上的是隐王吕绍曾经的小妾张氏。张氏生得"清辩有姿色"，吕隆对她垂涎三尺，忙遣使去表明心迹。在遭到张氏的拒绝之后，吕隆亲自跑去逼迫，闹得张氏跳楼自杀。

个人私德有问题，是一方面。吕隆最大的问题，还在于他的内政外交。

就在神鼎元年（401）三月，秃发利鹿孤伐凉，吕隆亲自上场，被狠狠教训了一顿，还损失了两千多户居民。攻城掠人，是包括南凉在内的很多国家的习惯做法。此战中，秃发利鹿孤重创了后凉的外围。

可能是觉得自己刚即位就打了败仗，实在有些丢人，吕隆为了立威，竟然想出了一个奇葩的办法——杀人。杀了哪些人呢？史载，"凉王隆多杀豪望以立威名，内外嚣然，人不自保"。他杀的，正是当地的豪望，是那些有可能形成反抗力量的大家族。

要说，将危险扼杀在摇篮之中，并非是吕隆的独有做法，但是在杀人之前，是不是应该先给一个理由？此外，即便是要打击、镇压这种势力，也应该保持"先团结可以团结的，再对付不能团结的"态度才对吧？

但是吕隆不管这些，他并不知道，魏安人焦朗已经悄悄向后秦投靠，说是诸吕恶斗，朝廷无纪，正百姓饥馑，如今正是攻灭后凉的好机会。姚硕德把这话报给了姚兴，听得姚兴心思大动，迅速集结了六万步、骑兵，对后凉展开了一场大战。时在五月，仲夏时节。

值得一提的是，归义侯乞伏乾归（此时已投降后秦，详见第二章）也带了七千骑兵，与姚硕德一起作战。

激战之后，吕超大败而还，吕邈被生擒，巴西公吕他还率领二万五千东苑兵士向后秦投降。吕隆无法可想，唯有收集残兵败将，婴城固守。

国家的形势如此糟糕，许多人都心思浮动，想要叛逃他国，尤其是当初随吕光出征西域，后被视为"六军"的将士们。吕隆心想，这些家伙果然靠不住，他的行为也就益发残虐。

比如说，当年八月间，将军魏益多打算谋杀吕隆、吕超两兄弟。事泄后，吕隆将他残忍杀害，并株连三百余家。魏益多，分明就是吕隆的出气筒。

这对于解决问题毫无用处，于是群臣便提出了向姚兴请降归附的意见。吕隆咬紧唇，不答应，吕超也赶来劝谏道："如今，国内连年兵戈、积蓄已尽，强敌入侵之下，百姓嗷然待哺，纵是张良、陈平、韩信、白起再生，也无能为力！陛下应该行权益变通之计，能屈能伸。若能以卑辞骗得敌人退兵，又有何不可？之后，我们再修德政以息民，何忧旧业不复？"

简言之，坐守困穷，是行不通的。

这一次，吕隆终于听进去了话，遂遣使请降。

九月间，姚硕德表奏吕隆为使持节、凉州刺史、镇西大将军、建康公。为了表示诚意，吕隆派出了一个华丽的"人质团队"，计有同母弟、亲儿子、杨颖等臣子五十余户。

终于，以纳质为条件，吕隆得到了喘息之机，暂时没了亡国之虞。

后凉：北凉、南凉、后秦的"公敌"

如果说，吕隆在这之后真如吕超所言，能修德息民、发展生产，后凉还能再多撑些时日，可惜他偏偏是个不懂得反思，也不谨守安分的君王。

在接下来的两年里，吕隆居然一再兴兵，对付他的敌人们。

值得一提的是，姜纪和焦朗这两个人。他俩都是后凉的叛将。前者，在以前秃发利鹿孤攻打姑臧时投城，转又投向后秦，屯兵于晏然（今甘肃武威西北）。后者，我们刚刚才提过，他已向后秦投靠，若非他引兵而来，或许就没有五月间的那场战争了。

吕隆心里恨啊！他决定给这些叛将一点颜色看看。但是，想必吕隆忽视了一点，他要给人家颜色看看，自己先得开出染坊来。

然而，他开不起。

吕隆派吕超打仗。吕超奉旨出征，先败给了姜纪；再战焦朗，招来了更大的麻烦——南凉秃发傉檀跑来助拳了。秃发傉檀深入武威郡内，在胡坑（今武威西）驻军。吕超夜袭未果，反而折损了凉将王集和甲装士兵三百人。

见势不妙，吕隆便想玩花招，假意投降以伏杀秃发傉檀。事败后，秃发傉檀勃然大怒，进攻后凉昌松郡，并大有斩获。吕隆派出的援兵也望风而还，不敢再进。

吕隆遭遇连番打击——多数是自找的，顿时没脾气了。神鼎二年（402），后凉闹起了大饥荒，就连都城姑臧也出现了"谷价踊贵，斗直钱五千文。人相食，饿死者十余万口"的惨况。

更惨的遭遇是，"城门昼闭，樵采路绝，民请出城为夷虏奴婢者，日有数百。隆惧沮动人情，尽坑之，积尸盈路"。

以前，吕光不理睬饥民，都已经很不像话了，如今吕隆竟然"青出于蓝"，下令杀人。他的理由令人震惊而愤怒：担心百姓因请求自谋生路，而扰乱人心。

何其残暴，又何其怯弱！

他不亡国，谁亡国？

但吕隆还是想挣扎下去的，尽管接下来内外交困的局面越来越严重。春天，北凉沮渠蒙逊带兵来袭扰；秋天，南凉秃发傉檀也来打姑臧……

除此以外，后秦也准备消灭后凉。

谋臣们建言道："隆藉先世之资，专制河外，今虽饥窘，尚能自支，若将来丰赡，终不为吾有。凉州险绝，土田饶沃，不如因其危而取之。"

这便是说，吕隆虽然遭遇危机，但他占据了凉州沃土，将来仍有可能翻盘。因此，绝对不能给他喘息之机，应该早些拿下后凉。

姚兴极为赞同，于后秦弘始五年（403）秋，派使者到姑臧城去"请"吕超入侍。选择这个时间，也是有讲究的。当时，吕隆处于南凉、北凉的围攻下，俨然成了凉州地区的公敌。日子实在太难过了！

入侍是什么意思？吕隆心里是很清楚的，不就是要他降国吗。看看吕超疲惫的眼，吕隆也知道他累了，恐怕再也打不动了。

摊上一个这样的主，吕超也无可奈何。只是，自己选的大王，哭着也要效忠到底。不然还能咋办？除非，吕隆愿意放弃他的王位。

这一次，吕隆确实愿意了。长期遭受群殴，他也累了。

不久，吕隆遣吕超率二百骑兵，"多赍珍宝，请迎于姚兴"。姚兴便派出部将齐难等人，率四万步骑兵来迎他。

九月间，秦军抵达姑臧。按照降国的惯例，吕隆乘素车、驾白马，恭候在道旁。

他又派吕胤向吕光庙作别，言语间多有悔恨之意，词曰："陛下往运神略，开建西夏，德被苍生，威振遐裔。枝嗣不臧，迭相篡弑。二虏交逼，将归东京，谨与陛下奉诀于此。"

言及此，吕胤痛哭失声，姚兴的军士亦闻之恻然。

降国，就意味着后凉政权的终结，它只存在了十七年。

吕隆携万余户百姓，随齐难东迁入京，在长安开始了他的新生活。姚兴以吕隆为散骑常侍，公爵如旧；以吕超为安定太守；又对其三十多位文武官员加以提拔任用。

比起姑臧城里无辜死去的百姓，始作俑者吕隆的命已经是很好的了。然而，到了后秦弘始十八年（416），吕隆却因被卷入谋反案中而被姚兴杀害。

值得注意的是，所谓的后凉四帝，指的是太祖懿武皇帝吕光、隐王吕绍、灵皇帝吕纂、后主吕隆，但四主在世时皆未称帝，只称天王。

第四章

四凉竞逐，花落谁家

如果让笔者用一句简短的话来形容公元383年——公元421年的河西地区，那必然是"河西分裂，四凉相争"。最终，实现这一地区统一的，是北凉主沮渠蒙逊。

后凉龙飞二年（397），即吕光死前两年，其手下鲜卑将领秃发乌孤、建康太守段业（后为沮渠蒙逊所代）分别建立南凉（都乐都、姑臧，据今甘肃西部和宁夏局部）、北凉（都姑臧，据今甘肃西部、宁夏、新疆、青海）。北凉建立后，敦煌太守李暠在北凉天玺二年（400）闹独立，以敦煌为都城，据今甘肃西部及新疆哈密局部。

是以，南凉、北凉是由后凉分裂出来的政权；西凉则是由北凉分裂出来的政权。

——引言

第一节　南凉建国史

与朕同源，因事分姓。

史学界习惯把前凉、后凉、南凉、北凉、西凉合称为"五凉"。在这五凉当中，南凉的建立者，是又一支鲜卑族——秃发氏。

严谨地说，这个"又"的说法有些不确切，因为秃发氏本源自拓跋氏，他们在多年前还是一家呢。史载，北魏年间，南凉亡国，宗室秃发破羌等人先逃北凉，再投北魏。"太武素闻其名。及见，器其机辩，赐爵西平侯。谓曰：'卿与朕同源，因事分姓，今可为源氏。'"

自此，秃发破羌就被赐名为源贺。源贺在北魏享受宗室待遇，亦为其发展建功无数。此事后文还有提及。

要想弄清楚"秃发"的来历，咱们可以从"与朕同源，因事分姓"这八个字说起。

南凉建国者秃发乌孤的八世祖，名唤匹孤。匹孤本是北魏先祖拓跋诘汾的长子，但在第一卷中，咱们就说过，诘汾的继承人是拓跋力微。有可能是出自兄弟间的分歧——正如慕容吐谷浑和弟弟慕容廆一样，秃发匹孤率众远迁，沿黄河循贺兰山南下，从塞北迁到了河西。此时，正值曹魏嘉平年间。

其实也不难理解秃发匹孤的做法。从哥哥的角度想，当弟弟的在岳丈窦宾的帮助下，十余年内已有了"德化大洽，诸旧部民，咸来归附"的成绩，他是否会觉得赧颜呢？再说了，在有限的天地里，资源亦十分有限，纵然二者没有产生激烈的矛盾，秃发匹孤也有理由去开拓事业，追求自己的人生价值。

远迁之后，匹孤一部与力微一部就此分离，这件事是可以明确的。只是，"因事分姓"又是怎么回事呢？不熟悉这段历史的朋友，听见"秃发"二字或许忍不住想笑，其实吧，这也没问题，关于改姓"秃发"一事，学界里支持"习俗说"的，也大有人在。

原来，秃发有首秃之意。随着河西汉人根据寿阗（匹孤之子）部落首秃的特点，而名之为"秃发"，本族人自己也引以为氏。当然，这个"秃发"肯定不是需要使用某某防脱洗发水的那种"秃发"了。彼时，受到西戎、北狄等民族的影响，寿阗部落很可能也以断发为俗，所以汉人才这么称呼他们。

不过，持有"习俗说"的毕竟不是主流。更主要的说法有两种，一是传统说法——"被中说"；二是学界的普遍看法——"音转说"。

前者的说法，来自《魏书》《晋书》等史载。《晋书》载曰："（寿阗）母胡掖氏因寝产于被中，鲜卑谓被为秃发，因而氏焉。"

后者的看法，来自史家的论断，他们引证清代钱大昕《廿二史考异》中"古读轻唇如重唇，从发得声，与跋音正相近"的分析，认为"拓跋""秃发"是同音异译现象。除此以外，魏收在编纂《魏书》时有意地"别而二之"，或者说是故意尊魏抑凉，而后《晋书》也承袭了这个记载。

"音转说"，是三种解说当中最为人普遍接受的一种，笔者也倾向于此，但这也不能排除其他两种说法的可能性。换个思路想，"习俗说"和"被中说"，一个关注社会风俗，一个关注传统史料，都有其逻辑自洽之处。而且，一件事情往往是在多种原因的作用下发生的，所以咱也不必在支持"音转说"的同时，排除其他因素的可能性。

总之，在时间的变迁中，在习俗的迁染下，秃发与拓跋氏终于"因事分姓"，走上了不同的发展道路。直到北魏年间，二者才在历史的契机下，再度相会、相融。

回思往事，不胜唏嘘。一家人，终于还是走到了一起。

从秃发树机能到秃发乌孤

在第一卷中，我们提过，西晋泰始年间(265—274)，秃发匹孤的孙子秃发树机能起兵反晋，占据了凉州一带。相比其父，秃发树机能展现出了充分的才智与胆识。

在河西走廊、青海湟水流域一带，除了秃发氏，另外有乙弗、契翰、意云、折掘、思磐、麦田、车盖、北山等河西鲜卑。

打从泰始元年（265）年起，河西、陇右地区便陷入了大旱之年，百姓无以果腹，苦不堪言。鉴于河西鲜卑众多、胡汉杂居的现实问题，司马炎先遣胡烈前去镇守。

岂知，胡烈人如其名，性行暴烈，他不去还好，一去就与当地百姓失和，还派兵进攻河西鲜卑。终于，在泰始六年（270），秃发树机能率众而反。

激战之后，秃发树机能先在万斛堆阵斩胡烈，一举攻占高平；再力挫都督秦州诸军事石鉴，其后又联合了氐、羌、匈奴等部落加入反晋大军，其间，扶风王司马亮、汝阴王司马骏都曾监军、镇守，但都不太奏效。

战火越燃越旺，各族间的友谊也越来越深。

从泰始七年（271）至咸宁元年（275），秃发树机能又攻杀了两任凉州刺史——牵弘、苏愉，其势力也发展到了凉州金城郡（今甘肃榆中西北黄河南岸）西北。

司马炎颇为头疼。两年后，大将文鸯打败秃发树机能，并大挫河西鲜卑。不过，秃发树机能隔年便东山再起，其部将若罗拔能攻破晋军，斩杀了第三个凉州刺史杨欣。

又过了四年（279），秃发树机能攻陷凉州。其后，马隆主动请缨，不辱使命，于当年年底，杀死了秃发树机能，并平定凉州。《晋书》中说，"（树机能）壮果多谋略……尽有凉州之地，武帝为之旰食"，也对其战斗力和威势予以了肯定。

这之后，群龙无首的诸胡部队溃散如沙，降的降，跑的跑，但秃发树机能的堂弟秃发务丸接过了统领部族的大任。此人亦掀起了反晋的斗争，直到被前凉镇压下去，秃发部落才暂时与统治集团合作，不再作乱。

秃发务丸死后，秃发推斤、秃发思复鞬嗣位。后者在位时期，秃发部落的弓强马壮，人丁兴旺，大有复兴之势。后凉太安元年（386），吕光进占凉州。这时，秃发部的首领已是思复鞬的儿子秃发乌孤了。

史称，秃发乌孤"务农桑，修邻好"，使得部族渐渐进入农耕生活时代，是个十分英明的首领。其实，在他身上最为难得的一点是，他既"雄勇有大志"，又善纳人言。

比如说，见吕光对诸胡多有排斥，秃发乌孤便想与其争夺凉州。就在此时，大将纷陁却提出了一番建议："公必欲得凉州，宜先务农讲武，礼俊贤，修政刑，然后可也。"

什么意思呢？这是说，秃发乌孤要想得到凉州，需要做四个方面的准备，其一，致力于农业生产；其二，必须提高作战能力；其三，礼待长于治国用兵的俊才；其四，以政治建设来加快国家化的进程。

对于纷陁所言，秃发乌孤深以为然，他也暂时放弃了争夺凉州的想法。

壮大部落，立都廉川

后凉麟嘉六年（394），吕光遣使至湟中，拜秃发乌孤为假节、冠军大将军、河西鲜卑大都统，封其为广武县侯。

秃发乌孤心知吕光意在笼络，但又不甘心接受任命，便问及部下能否接受。部下皆曰："凭什么啊？我们人马又不少，为何还要依附别人？"

此时，唯有部将石真若留审慎冷静，他认为，部族的根基很不稳固，受不起冲击，现在只能顺势而为。吕光整顿内政，国内没有大的忧患。所以，在敌我之间力量悬殊的情况下，只能接受对方的羁縻，蓄积实力，静待时机。

权衡之下，秃发乌孤采纳了这个意见，接受了吕光的任命，同时也在暗中加紧立国的步伐。按说，秃发乌孤继承了父亲的遗产，而他父亲在位之时，已呈现出"部众稍盛"的局面。但是，因为吕光对一些河西鲜卑部落施以羁縻政策，导致"诸部离叛"的问题日渐加重。

为了解决这个问题，秃发乌孤准备分三步走。

首先是兼并邻近的鲜卑部落，用以炫示武力。

其次是扩大战果，讨伐不依附他的部落。

最后是建立廉川堡当作都城。廉川在今青海民和县西北的位置，在那段时间曾作为秃发乌孤的军事据点、政治中心。

在这个计划实施的同时，秃发乌孤继续遵照之前纷陁的建议。由于秃发乌孤求才若渴、礼贤下士、在他的帐下汇集了不少英才。以广武人赵振为例，此人"少好奇略，闻乌孤在廉川，弃家从之"。见到赵振以后，秃发乌孤也喜不自胜旋后将其拜为左司马。

当秃发乌孤登上廉川山时，流泪不语。大臣石亦干以为他是因为臣服于吕光而难过，他却回答道："吕光已老，我知道。我只是想起祖辈的事迹，而感到羞愧。他们以德怀人，连卢陵、契汗都招致过来；而我继承祖业，却落到部落离叛的田地。"

将领苻浑便道："大王为何不振旅誓师，讨伐那些叛族呢？"秃发乌孤从其言，将曾经叛离的鲜卑部落作为主要的打击对象。以充足的供给、稳定的军事据点为后盾，秃发乌孤无往不利。随后，他还将吐秦等十二部河西鲜卑也纳入了部落联盟之中。他们原本活跃在金城以南。这就意味着，秃发乌孤的势力，已经延伸至金城周边。

这里，曾是被秃发树机能占领过的地方。祖辈的事迹，一直在鼓舞着秃发乌孤。大抵在后凉龙飞元年（396），部落联盟势力大盛，秃发乌孤已经控制了东起洮水、西至西平、北接洪池岭的一片沃土。

在这样的地方，物产丰饶、农业兴旺，无疑是大利于国家建设的。

渐渐地，吕光也意识到秃发乌孤的野心，他已不再满足于成为一个部落联盟的首领。大概是因听取了谋臣的建议，吕光决定来一招"明升实抑"，改署秃发乌孤为征南大将军、益州牧、左贤王。

看着，是升官了；实则是想让秃发乌孤往南发展，不与他争强。

这个算盘打得还不错，但吕光身边固有高人，秃发乌孤的帐下又岂无贤士？因此，当后凉的使者在廉川宣令时，秃发乌孤说话的口吻，也变得倨傲起来，言辞间尽是批评之语、挑衅之意。

"吕王当年凭借的是军队之强占领了凉州，他不能用德行安抚百姓，他的儿子们和三个外甥贪婪且残暴。百姓无不生活在水深火热之中，我怎么可以违逆天下民心，接受这不义的官爵？无道的人终究会被消灭，有德行的人自然会昌盛，我将顺应天人之望，当天下的主人。"

对着使者数落了吕光一通，秃发乌孤又留下使者带来的鼓吹羽仪，这才送他回国。

军事力量强大的秃发乌孤，终于可以扬眉吐气，跟吕光说一个"不"字了。

占领三郡，武威王徙治乐都

回顾历史，祖辈秃发树机能曾"尽有凉州之地"，这是令秃发乌孤欣之慕之的辉煌业绩。但他的想法，是先要建立自己的政权，才能更好地开疆拓土。

后凉龙飞二年（397）正月，秃发乌孤立年号为太初，自号大都督、大将军、大单于、西平王，显然，这是秃发乌孤宣布独立的表现了。说起南凉的建国之年，当从公元 397 年算起。

机会说来就来。宣布独立之后，后凉与西秦展开战争，此战后凉先胜后败，一度攻克了西秦的都城金城，差点消灭了西秦，而后乞伏乾归奇迹翻盘，击退后凉主力。

秃发乌孤瞅准了这一千载难逢的机会，吕光前脚刚走，秃发乌孤随即进攻，他的弟弟秃发利鹿孤、秃发傉檀分别被任命为骠骑将军、车骑将军，他们兵指广武，并击败后凉将军窦苟，打下金城。

不久后，秃发乌孤眼见段业、沮渠蒙逊在张掖反凉，郭黁在姑臧城作乱，便趁机谋取湟中各郡。而后，郭黁渐失人心、作战不利。在廉川驻军的杨轨本是郭黁的谋主，据万余兵力。在听从部将王乞基的建议后，杨轨便遣使向秃发乌孤表达归附之意。

这个王乞基，本是河西鲜卑人，曾是秃发乌孤的旧部。

秃发乌孤当然十分乐意，但彼时羌酋梁饥也在计划着吞并杨轨，随后引发了杨轨逃奔西海（今青海湖）、西平人田玄明遣质求援之事。秃发乌孤的部下并不支持出兵，因为梁饥的实力不容小觑，他能撵走杨轨、威胁西平，就是明证。

就在此时，左司马赵振等人却认为，应当发兵救援。

赵振分析道："杨轨刚刚战败，吕光得志。洪池以北的地区，我们没有可能拿下。洪池岭以南的五个郡，我们或者还可以夺取。大王如果没有开拓疆土的志向，我赵振就不敢说什么了。如果打算治理天下四方，这个机会就不应该放弃。一旦让羌人占领西平，汉人和夷人都会受到震动，这可不是我们所愿意见到的。"

这个想法，正合秃发乌孤的心意。他发兵援助田玄明，一鼓作气攻下西平。在整场战争中，秃发乌孤收获颇丰，不仅阵斩羌兵数万，大逞威风；还令湟河太守张稠、浇河太守王稚闻风丧胆，缴械投降。而后，"岭南羌胡数万落皆附之"，杨轨、王乞基也赶来投奔他。

占领西平、湟河、浇河三郡后，秃发乌孤将政权中心迁至西平。不日后，后凉建武将军李鸾献城投降，就此兴城也落入秃发乌孤手中。随后，秃发乌孤改称为武威王。时在南凉太初二年（398）年底。

刚过了年（399），秃发乌孤将都城迁至乐都（今青海乐都，后凉在西平郡下设河湟郡、乐都郡、三河郡、浇河郡、晋兴郡、金城郡，故夺西平即占乐都），并设置百官。

比较重要的任职有这几个人：秃发利鹿孤为西平公，担任骠骑大将军，镇守安夷（今西宁市东）；秃发傉檀为广武公，担任车骑大将军，镇守西平；杨轨为宾客；赵振内居显位，外宰郡县。

《晋书》评价为"官方授才，咸得其所"。

徙都乐都之后，秃发乌孤询问臣子们，应该先攻打乞伏乾归、段业，还是吕光。

杨统以为，乞伏乾归原为旧部，终必归附，暂时不用管他；段业才、力皆不足，眼下不足为虑；后凉那头，吕光已经年迈，而继承人吕超年幼寡才，吕纂、吕弘又不是善类。因此，应结好西秦乞伏乾归和北凉段业，联合两方势力一起打后凉。

杨统还说，他们的终极目标是"兼弱攻昧""不出二年，可以坐定姑臧"。至于西秦、北凉，只要先拿下姑臧，二者自然就会臣服。

秃发乌孤深以为然，就此确立了南凉的外交、军事方针。

南凉太初三年（399）五月，派秃发利鹿孤、杨轨赶去救援段业。彼时，后凉太子吕绍、太原公吕纂正攻伐北凉，段业忙向秃发乌孤发出了求援信号。吕纂畏惧南凉的兵势，索性烧了氐池、张掖的谷麦，班师回京。

下一月，秃发乌孤以秃发利鹿孤为凉州牧，并镇守西平，让先前镇守西平的弟弟秃发傉檀入朝辅政。

很不幸的是，他刚召回秃发傉檀不久，就因"酒驾"而堕马受伤。这事距离刘曜"酒驾"被擒，刚刚过去了七十年。此时此刻，虽然秃发乌孤很乐观地说，自己差点儿就让吕光父子高兴了，但还是挡不住病情的加剧。

临终前，秃发乌孤对群臣说："方难未静，宜立长君。"其弟秃发利鹿孤继位，是为第二位南凉王。

秃发乌孤谥为武王，庙号烈祖。《晋书》评曰："秃发弟兄，擅雄群虏。开疆河外，清氛西土。"此评较为中肯。

第二节　北凉建国史

反抗民族压迫，沮渠兄弟起事

北凉这个政权很特别，若说其首任国主，既可说是段业，也可说是沮渠蒙逊。这是因为在北凉创业期内，大权落入沮渠蒙逊的手中，而沮渠氏的统治一直延续至北凉亡国。

关于段业，咱们稍后再说，先来说说沮渠蒙逊所属的民族——卢水胡。

一般认为，卢水胡是匈奴的支裔，或者说是匈奴中的"杂胡"的一种。由于它不在所谓的 19 种杂胡之列，于是，史家们对其来源莫衷一是，有"湟中说""北地或安定说""张掖说"等看法。

学者赵向群经过严密的考证，认为"在魏晋时期诸卢水胡部中，临松卢水胡是源，而湟中、安定、北地等地的卢水胡是流。他们民族的'根'是汉代的'秦胡'"。也就是说，卢水胡的起源地就是张掖。

张掖的范围不小，具体说来，沮渠蒙逊是临松（今甘肃张掖市南）人。

沮渠这个姓氏的来源，也很有一番来头，因匈奴部族中有左沮渠、右沮渠这样的官职，而沮渠蒙逊的先世曾担任过左沮渠，后来便以官为姓氏。

其实，这种以官职名为姓氏的做法，还真不少。诸如我们熟悉的上官、皇甫、欧阳等，皆有这样的渊源。

沮渠蒙逊高祖沮渠晖、曾祖父沮渠遮，祖父沮渠祁复延，都是称雄一方的酋豪。到了沮渠蒙逊的父亲沮渠法弘在世时，正逢前秦鼎盛时期。苻坚以沮渠法弘为中田护军，又袭爵为北地王。

沮渠法弘死后，沮渠蒙逊继为部落首领，他的手中也握有自己的武装力量。

在《晋书》当中，对年少时期的沮渠蒙逊，有"博涉群史，颇晓天文，雄杰有英略，滑稽善权变"的描述。

前三个描述无须解释，至于"滑稽"，则是一个汉语词汇，其读音为 gǔ jī。

《史记》中有《滑稽列传》，其一曰："淳于髡者，齐之赘婿也。长不满七尺，滑稽多辩。"唐代史学家司马贞所作的索引为："滑，乱也；稽，同也。言辨捷之人，言非若是，说是若非，言能乱异同也。"

用通俗的话来说，即指某人巧舌如簧，说得天花乱坠。这便与说"某人某事引人发笑"截然不同了。不过呢，有一点倒是相似的，两个词原则上都不是褒义词。

在"滑稽善权变"这个描述之后还有一句"梁熙、吕光皆奇而惮之，故常游饮自晦"。

这里揭示出了两个信息，一是后凉主吕光和凉州刺史都知道沮渠蒙逊这小子不是寻常人物，生怕被他给忽悠了，于是十分忌惮他；二是沮渠蒙逊知道他们的这种态度，为了不招致祸患，便以游猎嗜酒的方式掩盖自己的才能。

当然了，按照吕光排抑异族的一贯做法，他对沮渠蒙逊的态度，不仅仅是出于对他才能的忌惮。

值得注意的是，沮渠蒙逊韬光养晦的这套办法，瞒过了吕光，从没被对方当成叛乱嫌疑人。所以说，沮渠蒙逊"滑稽"与否并不打紧，他的"权变"才是他保护自己，乃至攻杀敌手的武器。

一头是吕光的猜忌，一头是沮渠氏的韬晦。他们之间的矛盾，总有爆发的一日。

在第三章，我们提过，吕光冤杀了沮渠罗仇、沮渠麴粥，这成为沮渠蒙逊起事的导火索。现在，咱们来说说这里头的细节。

原来，吕光数次与西秦作战，就在他即天王位的次年（397），他再次发动了对西秦的战争，这一次，他带上了沮渠蒙逊的伯父沮渠罗仇、沮渠麴粥。战争先胜后败，输得极惨，天水公吕延也在此战中牺牲了（详见第二章）。

吕光痛失兄弟，金城等郡又被秃发乌孤攻占，不得已撤回枹罕，心里别提多窝火了。

沮渠麴粥对老哥说："主上年迈昏暴，诸子又互相倾乱，隐见萧墙之祸。如今兵败如山倒，我们很容易遭到猜忌。"

怎么避祸呢？沮渠麴粥认为，唯有带兵去向西平，出苕藋（今甘肃张掖市东），独立一方，摆脱对后凉的依附。

应该说，这不是最好的办法，但也是一个先发制人之策，无论如何都比受制于人要好得多。可惜，沮渠罗仇拒绝了，理由是"累世忠孝，为一方所归。宁人负我，无我负人"。

这话或许能从侧面证明，沮渠贵族们的汉化程度还是比较深的，所以沮渠罗仇才会被这种所谓的忠孝之道捆绑，以致酿成灭顶之灾。

结果，错失了逃亡乃至起事机会的沮渠兄弟，皆为吕光所杀。理由这不是现成的吗？要不是他俩作怪，战事怎会失败呢？

就这样，两个卢水胡酋豪，说杀就杀了。沮渠蒙逊不服！卢水胡部族人也不服！

葬礼之上，沮渠蒙逊当着一万多部曲的面，恸哭不止，道："我的祖先，曾经保佑过河西一带，吕光昏聩，荒虐无道，今天我们要与各部落一起为我的两位伯叔报仇雪恨，进而恢复我们祖先的大业，不让二老含恨皇权！"

众人高呼万岁。煽动起众人的反抗情绪后，沮渠蒙逊和首领们定盟立约，共谋大事——推翻吕光的统治。数日后，沮渠蒙逊聚集万余人马，暂驻于金山。

这之后，沮渠蒙逊曾遭遇挫折，被吕纂打进了山中。好在，其势力复燃，而其堂兄沮渠男成先召集起与赀虏（史书中对魏晋杂胡一种称呼）部落有关系的"诸夷"数千，再驻军于乐涫（今甘肃高台西北）以为声援。同时，赀虏也十分给力，重创后凉军队，杀掉了酒泉太守叠滕。

由此，沮渠蒙逊的势力得以渐复。

段业其人其事

在这期间，沮渠男成向建康进发，并派使者游说段业，告诉段业吕光已经大势已去，跟着吕光没有前途，他们愿意尊奉段业为主，一解百姓倒悬之急。

段业没有同意。沮渠男成不达目的誓不罢休，遂把建康郡足足包围了两个月之久。在这段时间里，后凉的救兵不见踪影，段业心里十分焦灼。他开始考虑，是否要接受沮渠男成的"好意"。

这，毕竟是造反啊！万一失败，岂不自蹈死地？

回想往事，段业陷入沉思之中。

段业本是京兆（今陕西长安区西北）人，虽为一介儒生，但他精于史学、长于写画，倒也有几分才华。生逢乱世，段业在前秦得到了任职机会。他与吕光、杜进结缘，便是在此时。这个杜进，是一位详知军事、通晓经典的汉族士人。在杜进的手下担任记室——相当于是文秘，前途说不上多远大，但尚有升职的希望。

真正的转机，出现在前秦建元十九年（383），苻坚命吕光率领姜飞、彭晃、杜进、康盛等出征西域。段业亦在随行之列。在此期间，段业发挥其"有尺牍之才"的优势，得到吕光的信重，自此转任为参军，与吕光的接触越来越多。

吕光在夺下龟兹后，一时产生了淹留之意。除了鸠摩罗什这样的高僧，段业也用自己的方式来劝诫他。于是，一篇《龟兹宫赋》呈现在了吕光跟前，其间的讽喻之意一望而知。

其后，吕光在凉州安顿下来，并任段业为著作郎。

没多久，段业因杜进被杀等事对吕光大为不满，便说出"明公用法太峻"等语。吕光虽然很不高兴，和他辩了一通，但最终还是被他说服，随即向他道歉。

著作郎这个官职，较为清闲。加上吕光施行的是氐族本位政治，段业也很难得到应有的重视。久而久之，段业不免有些郁闷难当，他决定，自己给自己疗病。

心理疾病，也是病啊！

这个地点，是天梯山。天梯山乃是祁连山的一道支脉，因山形如梯而得名。这种山形本来就很独特了，何况其山不只有峥嵘之态，亦有秀美之姿。鲜洁的草、馨香的梅、清甜的雪水……都是那么活泼可爱。

事实证明，老天对段业十分眷顾。

段业养病期间，吕光为了扶持诸吕，对旧臣多有打击，段业远离朝堂，自然安全无虞。不过，他也写下诸如《九叹》《七讽》的诗文，多为述志之词、讽谏之语。

此时的段业，俨然一位"处江湖之远则忧其君"的仁人志士。于是，"光览而悦之"，反而对段业推崇备至。段业的诗文，在凉州流传很广，甚至得到了卢水胡豪酋和河西著姓势力的追捧。

一言以蔽之，段业以文谋身，亦以文名世。这也是后来沮渠男成奉他为主的原因之一。

后凉龙飞元年（396）六月，吕光称天王，在大封百官之时，也没忘了把段业召回，让他担任尚书。尚书有五，但对于段业来说，骤然间连升几级，已是令人羡慕的殊宠。

这不过是表面现象，段业在朝廷中，更像是一个摆设。不仅如此，侍中房晷、左仆射王详还处处排挤段业。年后（397），段业外调为建康太守。远离政治中心，倒也不是一件坏事。

此时的段业，并不知道不久后还有更大的礼包等着他拆封。

说回到眼下，段业已经被沮渠男成围逼两个月了。救兵吧，久久不至；朝堂吧，小人得志。段业都快绝望了。在这种情形下，郡人高逵、史惠等纷纷劝说他答应沮渠男成的请求。

段业终于点了头。他接受了沮渠男成的拥戴，自称为使持节、大都督、凉州牧、龙骧大将军、建康公。同时，他改元为神玺，并以沮渠男成为辅国将军、酒泉太守，又"委以军国之任"；沮渠蒙逊则为镇西将军、张掖太守。

至此，北凉政权初立，成为河西地区第三个政权。

功高盖主，饱受猜忌

北凉神玺二年（398），沮渠蒙逊拟攻打西郡（今甘肃永昌西）。面对大家的疑问，沮渠蒙逊解释道："此郡地势险要，不得不夺。"段业也很认可，遂派他去攻打西郡。不日后，沮渠蒙逊引水灌城，弄垮西郡城墙，将太守吕纯生擒过来。

慑于威势，王德、孟敏均向段业投降，并献上晋昌、敦煌二郡。段业一高兴，就封沮渠蒙逊做了临池侯。接下来，段业以王德、孟敏为将，击败常山公吕弘，并成功拿下张掖。随后，段业徙治于此。

建立政权不过一年时间，便赢得了开门红，段业的心情自可想象。当初划地自立，本来有些赶鸭子上架的无奈，现在也还是尝到了一些甜头，他没理由不开心。但遗憾的是，段业威信不足，手下也经常不听他的命令。他还特别迷信卜筮，没有主见，很容易被奸佞小人改变想法。

在吕弘准备东逃时，有个细节很值得一说。

原来，段业一心要追击吕弘，但遭到了沮渠蒙逊的劝阻。理由是穷寇莫追。这个看法是有道理的。穷途末路之时，他们完全有可能奋起抵抗，甚至于反败为胜。段业不以为然，他认为不能纵虎归山。

于是，文人出身的段业率军而追，结果反为吕弘所败。若非沮渠蒙逊赶来营救，他很可能就葬身敌手了。段业不禁感叹道："我不听张子房的话，才落到这个地步！"

这个细节，固然可以理解为"文人不懂军事""外行指挥内行"，但好好品咂一番，也可以被解读为"信任缺失"。至少说，段业对沮渠蒙逊不是言听计从的。

还有个事，也可说明这个情况。

这一年，段业欲在张掖西南修筑西安城，他任命臧莫孩为太守。在沮渠蒙逊看来，这个人有勇无谋，与其说是让他修城池，不如说是给他筑坟墓。段业固执己见，没多久，臧莫孩就被吕纂击败了。

这样的事发生数次之后，段业对于他的"张子房"疑心越来越重，而沮渠蒙逊也感觉到了段业的心思，担心自己不为他所容，遂像以前躲吕光似的躲着段业，刻意隐藏自己的才智。

北凉神玺三年（399），段业僭为凉王，改元天玺，沮渠蒙逊和梁中庸一为尚书左丞，一为尚书右丞。四月间，吕绍、吕纂发兵攻打段业。段业忙向南凉秃发乌孤求援。秃发乌孤便派弟弟秃发利鹿孤和杨轨出征。

在会战中，吕绍听从吕纂的意见，结阵而出，向南开进。

北凉神玺三年，生麻纸抄《千佛名经卷》，笔者摄于安徽博物院

段业本准备开打，在听了沮渠蒙逊一句劝后，选择按兵不动。最终，吕绍无法与之交战，唯有领兵而还。北凉的危机立马解除。

沮渠蒙逊认为，吕氏是想决战谋生，不战反而安全。段业难得地听了一次话，但他对于沮渠蒙逊的疑心并未消解。

第二年（400），在凉州地区，平地里又冒出一个凉国，是为西凉。其建国者李暠颇有声望，晋昌太守唐瑶便归附了他。受到这种影响，酒泉太守王德据地而叛，自号河州刺史。沮渠蒙逊很快击退了王德。仓促间，王德逃往晋昌方向，与唐瑶合军。抓不到王德，那就抓他的妻儿，沮渠蒙逊追到河头，俘虏了若干人质，扬长而去。

"滑稽善权变"之流，"苞祸灭亲"之辈

眼见沮渠蒙逊又建了功劳，段业的心里很不是滋味，不日后便改任沮渠蒙逊为临松太守，至于他所兼任的张掖太守，则由马权替之。马权是段业的心腹，段业此举意在以之挟制沮渠蒙逊。

由于马权时常敌视沮渠蒙逊，沮渠蒙逊对他恨得牙痒痒。渐渐地，沮渠蒙逊注意到，段业的疑心病，不只是针对他；而马权为人残虐好杀，寻他的错处并非难事。于是，沮渠蒙逊对他们展开了离间计。最终，段业真以为马权有不臣之心，杀掉了他。

不只是马权，段业的另一个干将索嗣，也因沮渠男成施展的离间计，而命丧于斯。

段业此举，不是在自剪羽翼吗？

此后，段业的身边已经无人能对沮渠兄弟构成威胁了。沮渠蒙逊遂建议沮渠男成取而代之，但沮渠男成没有答应他。他认为，段业是由他推举出来的，如今再代替他，会招来祸事。

比起沮渠蒙逊来说，沮渠男成算是有情有义之人，之前对索嗣展开离间计，更多的是为了自保，而不是夺位。沮渠蒙逊却不这么想，他认为，自己已经成为段业的眼中钉，要是不先发制人，恐怕会为人鱼肉。

沮渠蒙逊便请求为西安太守。

段业心说，正想把你撵出去呢，如此甚好，算你知趣。他却不知，自请外任只是沮渠蒙逊计划里的第一步。

第二步，他将做出一件引发史家争议的事。

此时的沮渠蒙逊，心里只有一个想法，就是寻找起兵的借口。为了这个借口，他不惜拿他的堂兄沮渠男成为饵。

那一天，沮渠蒙逊与沮渠男成相约去祭奠兰门山。此前，他让司马许咸密告段业，说沮渠男成想要谋反。倘若他去祭奠兰门山，这事就是真的了。

段业一见沮渠男成真的去了，不由分说地把他抓来，命他自杀。沮渠男成这才知道自己被他堂弟当枪使了，一时间又悔又气又痛，可惜段业并不相信他的解释。

听说沮渠男成死了，沮渠蒙逊心里暗道一声"妙"，脸上却悲痛万分，对众人泣诉道："沮渠男成忠于段公，却枉遭迫害，大家能跟我一起去报仇吗？现在各地的疆土纷乱不堪，事实证明段王已经不能有所作为，我之所以开始推段业为盟主，认为他会是陈涉、吴广，没想到他猜忌多疑，杀害忠良，我们岂能袖手旁观，让生灵涂炭？"

简言之，段业又坏又没有能耐，大家应该跟我一起先报仇，再解救天下苍生。

因为沮渠男成的人缘极好，部众都有悲愤难当，誓死效从。就这样，沮渠蒙逊以亲人的生命来炮制冤案，不仅为自己解围纾困，而且还得到了一支战斗力极强的军队。可说是一箭双雕。

部队抵达氏池时，部众已逾万人。那个被沮渠蒙逊断言必败的臧莫孩，也当了墙头草，忙不迭率众归附。在大量羌胡的响应下，沮渠蒙逊驻军于侯坞，等待最后的搏击。

段业命田昂、梁中庸等人攻打沮渠蒙逊。到了关键时刻，田昂临阵倒戈，段业不禁跌足失悔。到了五月间，沮渠蒙逊军至张掖，田昂兄子田承爱也在千钧一发之际，大开城门。沮渠蒙逊轻而易举进了城。

沮渠蒙逊当然要杀段业，这个天真的诗人，临死前还请求沮渠蒙逊放他一马，让他回乡与亲人团聚，但这无疑是奢侈的愿望。

北凉天玺三年（401）六月，田昂、梁中庸、房晷等人共推沮渠蒙逊为主，自任为使持节、凉州牧、张掖公、大都督、大将军。旋后，沮渠蒙逊建北凉，赦境内，改元永安。

对于沮渠蒙逊的所作所为，《晋书》评曰："见利忘义，苞祸灭亲，虽能制命一隅，抑亦备诸凶德者矣。"笔者也赞同这个评价。诚然，沮渠蒙逊是"滑稽善权变"的，但他的确不应该对自己的亲人下手。"见利忘义"的做法，实不可取。

不过，一码事归一码事，沮渠蒙逊在领兵作战、治国驭民（统治初期）等方面，确有不少过人之处。此事稍后再提。

第三节　西凉建国史

累世簪缨，身份高贵

西凉，是五凉中最后一个建立政权的国家。其建立者，为李暠（字玄盛）。

李暠是陇西成纪（今甘肃秦安县北）人，史书中载其为西汉李广的第十六世孙。后来，李渊、李世民引之为先祖，在大唐天宝二年（743），李隆基还以李暠第十一世孙的身份，追尊李暠为兴圣皇帝。

事实是否如此呢？南北朝以来，建国者冒认祖宗、伪造宗族的事层出不穷，陈霸先、杨坚都干过这种事，就连羯族侯景也要说他的祖宗是侯霸……李唐说自己是李暠的后代，显然经不起推敲，陈寅恪、张金龙等学者都对此进行过考证。

李暠家族世为豪门，其高祖父李雍、曾祖父李柔都入仕于晋，历任郡守之职，前者为东莞太守，后者做了北地太守；其祖父李弇又在前凉担任武卫将军，封为安世亭侯；其父李昶素有美名，曾担任前凉世子侍讲，只可惜英年早逝，留下李暠这个遗腹子。

这么看来，李暠的家族可算是累世簪缨了。从出身上来说，李暠身份很高贵。李暠后来能成为一国之主，一方面是靠他这种身份带来的红利——良好的教育条件；另一方面也靠他出色的交际能力。

在良好的教育条件下，李暠不仅"通涉经史，尤善文义"，又"颇习武艺，诵孙吴兵法"，可谓文武双全；靠他出色的交际能力，他与郭黁、宋繇等名士都往来密切。

郭黁此人已见前述，此处不再赘述。这个宋繇非常值得一说。除了志同道合之外，他与李暠有着天然的关系——同母异父。

原来，李母先嫁给了李昶，李昶死后，她才生下了李暠。而后，她又改嫁给了宋僚。宋僚是何许人物呢？他是前凉开国元勋宋配的后裔，宋氏家族大多出仕于前凉，宋僚亦官居龙骧将军、武兴太守。毫不夸张地说，宋氏家族始终是为前凉的建设立下了汗马功劳。

不幸的是，到了公元361年时，宋僚为张邕所杀。当时，张邕诛杀宋澄，牵连到了宋僚。宋繇之母在宋僚去世之后，才诞下了他这个遗腹子。这就是说，两个儿子都是在丧夫的情况下生下来的。

这样一位屡遭不幸的母亲，并没有撑上几年。史载，宋繇出生后五年，他的母亲就过世了。此后，宋繇就跟随伯母一起生活了。相对宋繇来说，其异父兄李暠的命就好得多了。二者同是在从师受业、治学求道，但宋繇的生活要清贫得多。

兄弟俩分开之后，一直保持着联系。到了后凉吕光当政期间，"博通经史，诸子群言，靡不览综"的宋繇被举为秀才，担任郎中。

至于李暠，段业自立以后，他担任了效谷（今敦煌市西）县令。后凉龙飞三年（398），敦煌护军郭谦、沙州治中索仙等人劝李暠为宁朔将军、敦煌太守。李暠没有立刻答应，直到宋繇给他提出意见。

起初，李暠是想好好在后凉待下去的，但他发现吕氏政治混乱，备感失望，转而来到了段业帐下，担任散骑常侍。不久以后，宋繇也确认，段业并非心怀大志之人。他便投奔哥哥李暠来了。

宋繇道："兄忘郭黁之言耶？白额驹今已生矣。"

早在段业自立之前，郭黁就做出了后凉将亡的预测，对宋繇道："君当位极人臣，李君有国土之分。家有骒草马生白额驹。此其时也！"

用大白话来说，就是你将来一定官至高品，李暠也会建立一个国家。待到母马产下白额毛的小马驹时，就是你俩出人头地之时。

从后事看来，郭黁的预测确实很准，只是他为何就不能预测到自己先投乞伏乾归，再归姚兴，最后又因背叛姚兴而死的命运呢？无解。

听了弟弟宋繇的话，李暠这才点头应允，自领为敦煌太守。

称藩段业，赢得敦煌豪门的支持

李暠虽然自立，但他称藩于段业，被进为冠军将军，又被任命为安西将军、敦煌太守，领护西胡校尉。这等于是段业承认了李暠的地位，默认他自行发展。

不过李暠还没高兴几天，这种情形就变了。段业称北凉王（399）之后，权欲也大了，他不愿意让野心勃勃的李暠担任敦煌太守。恰在此时，右卫将军索嗣谗构李暠，段业便想让索嗣接替李暠之职。

对于段业的安排，李暠没有采取反抗措施。得知索嗣率五百骑兵自张掖而来，驻扎在敦煌城外二十里处。李暠打算出城相迎，乖乖地交出职权。

此时，效谷令张邈和宋繇都以为不可，纷纷拦阻。张邈认为，眼下后凉无道，段业也无霸主之象，这便给了英雄豪杰们施展抱负的机会。时机如此之好，为何要束手束脚，不敢有所作为呢？此外，索嗣自认为自己是敦煌著族，以为大家都会归附于他，不会多加防备。所以，要是全力抵抗，是可以一战而擒的。

应该说，张邈已经看穿了李暠的心思，知道他心存顾虑。这之前，李暠就对敦煌这种人文渊薮之地，发表过看法："此郡世笃忠厚，人物敦雅，天下全盛时，海内犹称之，况复今日！实是名邦。正为五百年乡党婚亲相连，至于公理，时有小小颇回，为当随意斟酌。"

在他的评价当中，尤其值得注意的是，"正为五百年乡党婚亲相连"这一句。这是说，敦煌的核心地位，是由索、宋、阴、张等著姓家族占据的。他们既是乡党，又因联姻关系结为一体，有着不可撼动的社会基础。

李暠自然不属于敦煌著姓家族，因此索嗣也认为，自己取代李暠，是理所当然的。因此才有了索嗣在城外二十里处，向李暠喊话，让他来迎接自己一事。

这对李暠构成了很大的压力。所谓"强龙压不过地头蛇"，何况索氏家族更是累世簪缨之族，可不比"地头蛇"还要厉害？李暠不想做无畏的抗争。除非……

除非敦煌著姓明确表态，他们不支持索嗣，而支持他。张邈，就出自张氏家族。

搞清楚张邈的态度，李暠的心理压力已经减少很多了，但犹不敢轻易将索嗣拒之城外。此时，弟弟宋繇又道："大丈夫为世所推，今天受制于索嗣，岂不被天下人耻笑！兄弟有雄霸之风，足以继承张轨的事业！"

他回应道："我本来就没有多大志向，在此地当官，没想到被大家如此爱戴，刚才说出迎索嗣，是因为不知道大家的想法罢了。"这自然是谦辞了。

同是建议李暠不能"坐以待替"，张邈、宋繇二人的说辞却有些不同，张邈分析了可能出现的战争结果，而宋繇更像是在给哥哥打鸡血。

这样也不错，先了解了敦煌著姓的态度，听了理性分析；再被宋繇这么一激，信心倍增。这位陇西大族的后人，终于决定与敦煌著姓联手，先将索嗣拒之城外，再从段业手下独立出来，建立霸业。

为求稳妥，李暠先派宋繇前去窥伺。当然了，名义上，是拜见对方，表达"心意"。宋繇说了一些好听的话，索嗣也没加以防备。归来后，宋繇对李暠说："我看出来了，索嗣倨傲轻慢，兵力却很弱，我们很容易取胜。"

按张邈、宋繇的建议，李暠让他俩和自己的儿子李歆、李让等率兵来到城外。双方难免一战。索嗣哪里想到，李暠竟敢不服从君命，公然与他相争。惊怒之下，索嗣奋起而战。可是，他毕竟只有五百骑兵，仅论兵力都不是李暠的对手。

败军之后，索嗣狼狈而返，回到张掖。

剪除段业羽翼，割据一方

李暠和索嗣之间的梁子，已经结下了。

事后，李暠先发制人，上书于段业，把索嗣的罪状一条一条地掰开来说。他是想置索嗣于死地。李暠如此痛恨索嗣，是有原因的。在过去，他俩关系极好，堪称生死之交，岂知为了一己之力，索嗣竟然想要取而代之。

一夕之间，从朋友变成敌人，李暠的心里能不恨吗？

本来说，段业对李暠拒绝王命的做法，是很不满意的，但由于沮渠男成在跟前敲边鼓（与索嗣有过节），段业就对索嗣的忠心产生了怀疑——从这一点来说他和吕光很相似了，遂下令杀掉索嗣。同时，段业还"遣使谢玄盛"。

这个"谢"字，很有意味。结合史料上下文语境，应该被理解为"道歉"。按说，段业若是认为索嗣有罪而李暠纯良无辜，大可收回成命，对下属安慰一番。好歹，他也是一个在自己国内有着生杀予夺之权的王，为何要放下架子，向李暠道歉呢？

这也许是段业真以为自己的安排不合理，也许是碍于李暠势盛，只能对其加以羁縻笼络。从后事看来，这两种因素可能兼而有之。

否则，我们很难理解，段业接下来的举动——设置凉兴郡，擢李暠为持节、都督凉兴以西诸军事、镇西将军、兼任护西夷校尉。这个凉兴郡，由三个县组成，它们是原属敦煌郡的凉兴、乌泽县，原属晋昌郡的宜禾县。

有了自己的专属领地，李暠割据一方的愿望，初步达成。

换句话说，段业自己给了李暠这样一个机会。这显得他有些昏庸。其实，文人出身的他本来就是没有多少权略与眼光，绝非帝王之材。

不只是对李暠，对田昂等人的处置，也表现了他这个弱点。

在第二节，我们提过，段业派田昂、梁中庸等人攻打沮渠蒙逊，结果田昂临阵倒戈。这是为何？原来，段业曾怀疑右将军田昂不忠，因此将他囚禁起来。到了沮渠蒙逊来袭时，段业又把他放了出来，既向他诚恳道歉，又赦免了他让他为自己打仗。

"用人不疑，疑人不用"的古训一直都在，可惜很多人连上半句都未能领会，下半句就不用说了。段业一看就不是谙于政治的人，他既然疑过田昂，那么就不应该再信他用他。不然，这个人便可能会抓住机会反噬其主。

当时，别将王丰孙就提出了异议，说田昂绝不可信。可段业却说，他对田昂疑之已久，但现在不用他的话，无人能抵抗沮渠蒙逊。

看看，段业是多么糊涂啊！

若非田昂临阵倒戈，凉军何至于一触即溃？所以段业是在给自己挖坑啊！所谓"德不配位，必有灾殃；德薄而位尊，智小而谋大，力小而任重，鲜不及矣"，段业最大的问题，就是坐错了位置。

但从他的角度来看，他的做法似乎也能理解。他也知自己才智不足，为此才想想善待那些被他怀疑过但又除不掉的人（能除掉的已经除掉了，比如索嗣），希望对方能扭转心意，感恩戴德，忠诚于他。所以对李暠、对田昂，他都这样做了。

只是，田昂不买账，李暠又会领他的情吗？

来看李暠正式建国前的一个操作。

北凉天玺二年（400），北凉晋昌太守唐瑶，决定反叛段业，转而向敦煌、酒泉、晋昌、凉兴、建康、祁连六郡发出檄文，表明自己支持李暠的态度。他推举李暠为大都督、大将军、凉公，又领秦凉二州牧、护羌校尉。

李暠见时机成熟，也当仁不让，大赦其境，定年号为庚子，这标志着西凉政权的建立。李暠追尊祖父李弈为凉景公，父李昶为凉简公。

　　旋后，李暠开始组建班子、册封勋望：征东将军唐瑶、军谘祭酒郭谦、左长史索仙、右长史张邈、左司马尹建兴、右司马张体顺、从事中郎宋繇（加号折冲将军）、从事中郎张谡……

　　不日后，李暠派遣宋繇东征凉兴，意在攻陷玉门以西诸城，以为屯田之地。宋繇幸不辱命，圆满完成任务。自此，西凉的耕地面积大有所增，在粮草较为充足的情况下，李暠的东征计划也将逐渐展开。

第四节　得姑臧则得河西

抓住时机，秃发利鹿孤控制姑臧

　　公元 400 年前后，后凉势衰，其都城姑臧也成为南凉、北凉、西秦、后秦等国竞逐的目标。一时之间，大家都抱着"得姑臧则得河西"的观点，对姑臧发起了争夺战。毫不夸张地说，诸国之间的种种军事行动，大多与此有关。

　　公元 406 年，姑臧最终落入秃发傉檀之手，这就是说，经过秃发利鹿孤、秃发傉檀兄弟的经营，他们终于实现了既定的目标。然而，这不能说明，南凉的实力是诸国中最强大的，形势远比想象中的复杂。

　　让我们从秃发利鹿孤的继位说起。

　　南凉太初三年（399）八月，秃发利鹿孤被国人立为武威王，并迁都西平，国策均依兄长时所定。随即，他令记室监麹梁明出使北凉，以与之结成联盟。对于南凉兄终弟及的情况，段业提出疑问，说周公、召公辅佐成王，金日磾、霍光也辅佐汉昭帝。言下之意，自然是你家王位不传子，太"奇葩"了吧。

　　麹梁明便引经据典，说从历史上看，兄亡弟继早已有之，殷汤即如此。其后，"宋宣能以国让"，赢得圣人之誉；孙策传位于孙权，终能成开吴之业。这些都是现成的例子。

　　听他这么一说，段业才赞道："美哉！使乎之义也。"

　　以段业的才学，并非不知兄亡弟继之史事，他也是想刁难一下南凉罢了。其后，两国巩固了外交关系，是为盟友。

　　这年年底，秃发利鹿孤听闻后凉主吕光去世，遂派将领金树、苏翘率兵屯驻在昌松漠口（今甘肃武威西），以图进攻时机。从这时起，秃发利鹿孤就打起了姑臧的主意。

次年（400），秃发利鹿孤大赦境内，改元建和，对于廉正有绩的长吏，封为亭侯、关内侯。很快，进攻时机就来了。

三月间，吕纂刚篡夺了王位，企图以军功来巩固地位，遂对南凉、北凉发动了战争。秃发傉檀从容迎战，甚至下马坐在胡床上，用以激励将卒。南凉军大胜，在三堆（今青海大通河南）斩敌两千余人。

三个月后，吕纂不听姜纪的劝阻，又对段业发起了攻势。这正中秃发傉檀下怀，旋领万余骑兵攻袭姑臧。这是后凉易主后，姑臧遭遇的第一次围攻。

本来，他们还可以早些对姑臧发起攻势，岂知之前投降过来的杨轨、田玄明密谋刺杀秃发利鹿孤。等到秃发利鹿孤处死二人，已至仲夏时节。

围击战中，秃发傉檀见吕纬守南北城以自保，一时之间也拿不下姑臧，便在朱明门上给对方施加压力，又是设酒飨兵、欢声如沸，又是擂响钟鼓、炫示武力——在青阳门。

末了，秃发傉檀俘虏八千余户，满载而归。

秃发傉檀曾与后凉、北凉进行过对决，前者为守战，后者为攻战。无论攻守，秃发傉檀都取得了骄人的成绩。南凉的实力进一步增强。

姑臧所遭遇的第二次围攻，发生在401年秋，其发动者为后秦姚兴。此战之后，后凉主吕隆降于后秦，并遣质于长安。在两次围攻战之间，南凉步入了一个发展期。

首先，在南凉建和元年（400）五月，西秦被后秦灭了，乞伏乾归投奔秃发利鹿孤。秃发利鹿孤以上宾之礼相待，把他安置在晋兴。九月间，广武三千余户百姓又主动前来归附，可见，秃发利鹿孤在凉州百姓的心目中，是值得托付的明主。

其次，西秦一亡，后秦势大，秃发利鹿孤也选择遣使臣服，以免为姚兴所忌。不久后，西凉李暠从北凉中分裂出来，秃发利鹿孤心知，这对北凉政权的冲击很大。随后，秃发利鹿孤在对内外国策也进行了相应的调整。

比如，以信义待人，拒绝镇北将军俱延，将乞伏乾归迁至乙弗部中间的建议。（乞伏乾归叛逃之事，详见第二章）。再比如，听从安国将军鍮勿仑的劝谏，不急于称帝，去武威王号，更名"河西王"；同时，对晋人劝课农桑、令族人专事征战。再比如，秃发利鹿孤还主动吸收汉文化，听取祠部郎中史暠的建议，任命田玄冲、赵诞为博士祭酒，提高南凉的教育水平。

且说，后凉主吕隆虽降于后秦，但仍未亡国，其政治中心依然在姑臧。对于姑臧，南凉、北凉都垂涎不已，双方终将为此展开争夺战。

这一两年来，后凉、北凉内乱频生，秃发利鹿孤接收了不少百姓。由此，南凉成为三凉中实力最为雄厚的一国——西凉并未直接参与这种角逐。凭借这种优势，秃发利鹿孤在南凉建和二年（401）底，再次进攻姑臧。这是姑臧城遭遇的第三次围困。

这一次，与以往有些不同。秃发利鹿孤似乎特别师出有名。

如前所述，后凉吕超奉命攻伐叛徒姜纪、焦朗。焦朗遂以焦曷为质，去请秃发利鹿孤来助他抗敌。秃发利鹿孤欣然允之，遣秃发傉檀负责战事。虽说双方在合作上也出了些问题，但最终还是联合作战，先在姑臧炫示兵力，再屯兵于姑臧西面的胡坑。

吕隆知道自己打不过人家，便想着玩阴招、搞偷袭，但秃发傉檀早有准备，反倒消灭其三百余位甲士。吕隆一计不成，再生一计，遂假装与秃发傉檀讲和，请他入城结盟。

秃发傉檀让弟弟秃发俱延前去，险些中了埋伏，好在，秃发俱延在凌江将军郭祖的帮助下，侥幸脱逃。闻此，秃发傉檀勃然大怒，率军攻下了显美（今姑臧东南），活捉了昌松太守孟祎，又徙民两千余户。

南凉建和三年（402）二月，姑臧城遭遇了北凉沮渠蒙逊的袭击。算起来，这是吕光死后，姑臧城遭遇的第四次袭击。很显然，沮渠蒙逊已看出后凉将亡，打算先下手为强。

大家都懂，"敌人的敌人就是朋友"，吕隆赶紧求救于秃发利鹿孤。与臣子商议一番，秃发利鹿孤决定出兵相助。他认为姑臧是形胜之地，决不可落入沮渠蒙逊之手。

秃发利鹿孤的判断无疑是准确的，他已经看穿了沮渠蒙逊的心思。所以明着他是在帮助吕隆，实则是在帮自己。

秃发利鹿孤遣秃发傉檀领兵万余，以"救"姑臧，不巧的是，沮渠蒙逊已经退兵了。秃发傉檀心说，咱也不能白来一趟啊，遂迁徙五百余户人家，回国交差了。

事后，秃发傉檀又招降了屯兵于魏安的焦朗兄弟，将之送于都城西平，又将其民徙入乐都。

从地理上看，秃发利鹿孤基本上控制了姑臧周边，这为南凉日后占据姑臧奠定了基础。

去年号，秃发傉檀密谋姑臧

南凉建和三年（402）三月，秃发利鹿孤病危，传令将王位传给秃发傉檀。

秃发利鹿孤被葬在西平东南，谥号康王。

秃发利鹿孤在位仅三四年，其在位期间，主要的军事行动，是由秃发傉檀承担的，而且他对于哥哥们的政治主张，是一以贯之的。

此外，秃发傉檀的能力更胜哥哥们一筹。《晋书》载曰："其父奇之，谓诸子曰：'傉檀明识干艺，非汝等辈也。'是以诸兄不以授子，欲传之于傉檀。"这么看来，当初秃发乌孤传位于秃发利鹿孤，或许也有为秃发傉檀成为第三代凉王做铺垫的意思。

秃发傉檀继位后，自称为凉王，并将都城迁回到乐都，改元弘昌。

即位不久，秃发傉檀就做了一个重大决定——将乞伏炽磐的妻儿送回去。为何说这是一个重大决定呢？按理说，秃发傉檀应该以之为人质，对乞伏炽磐加以威胁。

原来，之前西秦国主乞伏乾归，把太子乞伏炽磐送来当人质。不久后，乞伏炽磐逃跑被抓，秃发傉檀便劝说秃发利鹿孤不要杀乞伏炽磐，秃发傉檀认为，臣子逃回父亲那里，是古来的通义，因此"魏武善关羽之奔，秦昭恕顷襄之逝"。乞伏炽磐也是一个孝心可嘉之人，如果宽赦他，可以弘扬南凉主大海高山般的器量。

这里秃发傉檀用了两个典故。

第一个典故是三国时期，关羽投降了曹操，立下功劳后，又投奔了刘备，而曹操则没有追究关羽的这种行为。罗贯中在《三国演义》里甚至还据此写出了"千里走单骑""五关斩六将"等脍炙人口的故事。应该说，"魏武善关羽之奔"这个典故运用得比较恰当。

但是，第二个典故却用得不甚恰当。笔者认为，"秦昭王宽恕顷襄王逃跑"更像是战国时期三个事件的"合体版"。

首先，楚怀王被秦国扣押，楚怀王的太子从齐国返回后即位（之前在齐国当人质），是为顷襄王。所以，顷襄王并不是逃走的，秦昭王也没有"宽恕"顷襄王。

其次，被扣押的楚怀王自己从秦国逃跑，无奈中途被追回，这的确和乞伏炽磐比较类似，但是秦昭王并没有宽恕楚怀王，楚怀王最后客死秦国。

最后，顷襄王的太子熊完被送到秦国当人质，后来楚顷襄王病重，太子熊完在春申君黄歇的帮助下成功逃回楚国。同年秋天，顷襄王病逝，熊完即位，是为楚考烈王。秦昭王想杀黄歇，在大臣的劝说下，方才"宽恕"了黄歇，将其无罪释放。但是，秦昭王宽恕的人是黄歇，而逃跑的人是顷襄王的太子，不是顷襄王。

综上所述，"秦昭恕顷襄之逝"在历史上根本就没发生过。

不过，换个角度看，能说出这句话，至少知道秦国与楚国有关的几次逃亡的事件（尽管记忆有些张冠李戴），说明秃发傉檀"熟知"战国的历史。（至于秃发傉檀是否真懂这么多历史知识，后文还会分析）

听了秃发傉檀的话，秃发利鹿孤便赦免了乞伏炽磐。

应该说，乞伏炽磐第一次叛逃，是可以被原谅的。秃发傉檀有度量，也有见识。不过，乞伏炽磐现在又逃到了允街，秃发傉檀不仅再次原谅了他，还把妻儿给他送过去，未免会造成放虎归山的后患。

当然，换个角度看，他可能也是想卖乞伏乾归一个人情。此时，后秦、西秦都是秃发傉檀要结交的对象，而后凉、北凉才是他的对手。

这年十月，秃发傉檀发兵攻击姑臧。

这是第五次姑臧之战，其细节史载不详，秃发傉檀的目的应该还是为了曜兵。

到了年底，后秦姚兴遣使拜秃发傉檀为车骑将军、广武公，又拜沮渠蒙逊、李暠为侯。很显然，姚兴将秃发傉檀看得更重。这固然是因为他的外交手腕到位，同时也是因为南凉的实力更强。

虽说实力有高下，爵位有等次，但秃发傉檀、沮渠蒙逊、李暠都有一个共同认识：他们都只能当姚兴的小弟，暂时不要跟他抢姑臧，因为名义上后凉已经臣附于后秦了。

为了麻痹姚兴，秃发傉檀开始大规模地建造他的都城——乐都。姚兴也一度认为，秃发傉檀再无意于姑臧。

不过，秃发傉檀的弟弟秃发文真似乎有点沉不住气，居然俘获了后秦派去镇守姑臧的建节将军王松忽。此举吓了秃发傉檀一大跳，他忙跑去长安认错赔礼。

经此一事，姚兴对秃发傉檀也有些猜忌。加上谋臣的积极劝谏，姚兴终于决定行使对后凉的管辖权，或者说是灭吕隆的国。

南凉弘昌二年（403）秋，后秦齐难已领兵去姑臧"迎接"后凉吕隆。为了躲避后秦的锋芒，秃发傉檀便暂领昌松、魏安两个戍守地，以观后情。

接下来的事情让秃发傉檀很是失望。后秦接管后凉之后，令王尚镇守姑臧，教化百姓。王尚为官，尚能服人，秃发傉檀几无可乘之机。不过，没多久对方居然给"送"来了一个人才，这令秃发傉檀看到了一丝机会。

这个人，是西州望族出身的宗敞。宗敞本是王尚的主簿，遵令来南凉聘礼。此时，王尚虽深受百姓欢迎，但他在姑臧的日子也并不太平，万一出了什么事，关中的援军也来不及救援。因此，王尚必然想与周边政权搞好关系。

宗敞之父宗燮，与秃发傉檀是旧交。宗燮十分欣赏秃发傉檀，说他是"命世之杰"，并委托他日后照顾宗敞。

此番见着故交之子，秃发傉檀心里又是唏嘘又是欢喜，他对宗敞说："我才能一般而已，你父亲是在谬赞。每每自恐有辱你父亲的指点与教诲。现在有了事业，欣喜以前认识了你父亲，《诗》云：'中心藏之，何日忘之。'没想到今天能见到你。"

这里秃发傉檀又在用典。"中心藏之，何日忘之"是《诗经·小雅·隰桑》里面的句子。

看到秃发傉檀卖弄"学问"，宗敞自然不会落于下风，他说："大王气度有如魏武帝曹操，心存家父，'虽朱晖眄张堪之孤，叔向抚汝齐之子'，也比不了您。"

这里宗敞也脱口而出说出两个典故。

先说"朱晖眄张堪之孤"。东汉时期，南阳太守很仰慕朱晖的为人，为了褒扬朱晖便想请朱晖的儿子去做官，朱晖却把这个当官的位置让给张堪的儿子，后来张堪的儿子果然没有辜负朱辉对他的信任，为百姓做了很多好事。

"叔向抚汝齐之子"是说春秋时期，晋国大夫司马侯死后，他的合作伙伴，羊舌肸（字叔向）抚养其遗孤的故事。宗敞用这两个典故，无非是给秃发傉檀戴高帽子，希望他以后能看在他父亲的面子上，多多提携他。

酒酣耳热之际，语及平生，极是畅快。交谈中，秃发傉檀对宗敞赞不绝口，说他是"鲁子敬之俦，恨不与卿共成大业耳"。他认为宗敞是鲁肃一般的人物，很希望对方能助他一起成就霸业，大有相见恨晚之意。

秃发傉檀不仅提到了鲁肃，"恨不与卿共成大业耳"，也像极了《三国志·田豫传》里，刘备对田豫说的"恨不与君共成大事也"。

这里必须说一嘴。关于鲁肃，他并不像《三国演义》中描写的那样，是个老实平庸的人。依《三国志》的记载，鲁肃是个非常优秀的战略家。

后来，宗敞确实对秃发傉檀的霸业之路进行了规划，但对方能否执行则是另一个层面的事情了。

这么精彩的"商业互吹"，笔者实在是有些看不下去了。

不知读者朋友是否注意到，后凉、西秦、南凉的君臣说话动辄引经据典，谈吐儒雅，尤其是对春秋、三国的典故非常熟悉，并往往运用得恰如其分。

赵翼在《廿二史劄记》中已经注意到了这个现象，他在"僭伪诸君有文学"一条中，列举了许多十六国君主"有文学"的例子。然而，赵翼又表示了怀疑：这些君主的华夏文学水平应该并不高，以他们的成长环境来说，不可能接触太多的书籍，何况，他们戎马一生，哪有时间看书，怎会这般有"才华"？

很明显，史官在"历史书写"问题上，是在刻意塑造十六国君主"有文学"的形象。在人们的印象中，中古时期的少数民族政权，尤其是游牧民族，其文化水平并不高，当时的人用"蛮夷""戎狄"这种词语称呼他们。就连苻洪都对自己的孙子苻坚说"汝戎狄异类，世知饮酒，今乃求学邪"。

十六国的史官自然明白这个道理，所以他们在写史时，夹杂了溢美性的言辞，故意显露君臣之间的文学素养。越是缺乏，越要表明他们"存在"这种素养。

如果说，刘渊、苻坚从小读书，接触了很多汉文化，在史书中的形象，尚能解释得通。那么，成长缺少汉文化渲染的秃发、乞伏的君主，其"有文学"的形象则被严重夸大。

《晋书》《十六国春秋》的史源自然是十六国各国史官所撰写。他们的这种"历史书写"，自然会得到君主的认可，甚至有可能就是其君主意志的体现。南凉、西秦的这种现象尤为严重，与其说秃发傉檀熟悉春秋、三国，毋宁说他的史官对其润笔，塑造了他的"文学"形象。

说回当下，南凉弘昌三年（404）二月秃发傉檀去年号，罢尚书丞郎官——这是作为独立政权应有的行政机构，又令参军关尚聘问于后秦。这些做派，是在向后秦表明臣服之，以便日后的图谋。

秃发傉檀很精明，人家姚兴也不傻啊。

姚兴诘问道："车骑将军秃发傉檀向朕投诚归附，要想做我国的藩屏，但他先前却擅动兵力、建造城邑，这算哪门子为臣之道？"他说的是秃发傉檀兴修乐都一事。

关尚也是个会说话的人，立马解释道：南有逆羌，西有沮渠，咱们只能自固家门，方能生存下去，陛下可不要那么小气！

姚兴也觉得似乎有些道理，便释然一笑，道："你说得对。"

讨好姚兴，成为河西霸主

初步赢得姚兴的信任和欢心，不过只是第一步。

为了取代王尚，兵不血刃地拿到姑臧，秃发傉檀可谓是步步用心、时时在意。

当年，他择机上表，向姚兴请求镇守凉州。姚兴并未马上答应，但他对秃发傉檀也添上了几分信任，便加其为散骑常侍、增邑两千户，以慰其心。

经此一事，秃发傉檀也知心急吃不了热豆腐，便不再轻言求封，而是静待时机。正好，在这韬光养晦的期间，秃发傉檀看出后秦国势渐弱的迹象，遂琢磨着立功讨赏、求取姑臧的事情了。

后秦弘始八年（406）六月，秃发傉檀攻击沮渠蒙逊，驻军于氏池。眼见沮渠蒙逊婴城固守，一时不能攻下，秃发傉檀便铲掉了他的禾苗，行至赤泉才返回。回去以后，秃发傉檀便马上向姚兴进献三千匹马、三万头羊。

姚兴哪有不喜之理？这一喜，对"忠心耿耿"的秃发傉檀好感倍增。

旋即，姚兴任命秃发傉檀为使持节、车骑大将军、领护匈奴中郎将。此外，还以之为都督河右诸军事、凉州刺史，镇守姑臧。至于之前的散骑常侍、公爵一如往常。

在这份任命中，最有分量的，自然是有关河西（凉州）的任命了。这意味着，姚兴把凉州五郡都交给了秃发傉檀去管理。这五郡，分别是武威、番禾、西郡、昌松、武兴。

在此之前，南凉的版图大致是岭南五郡（乐都、西平、浇河、湟河、广武）和晋兴、三河。如今，秃发傉檀的地盘大大拓宽，计有十二郡之多。

不过几年时间的献殷勤、表忠心，就能有这么大的收益，可不比长年累月的浴血搏击来得容易？《易》曰："尺蠖之屈，以求信也；龙蛇之蛰，以存身也。"秃发傉檀可不就是这样一个能屈能伸的人吗？

不过，所谓"好事多磨"，这事倒也有那么一点波折。

本来按姚兴之意，是要召还原凉州刺史王尚的，但此时凉州本土有人来提意见了。他先是肯定和颂扬了皇帝陛下的功德，再痛哭道："奈何以五郡之地资之猃狁，忠诚华族之虏虏！"

这里的"猃狁"，说的自然是南凉秃发氏。猃狁，是匈奴族的旧称。《诗经》曰："采薇采薇，薇亦作止。曰归曰归，岁亦莫止。靡室靡家，猃狁之故。不遑启居，猃狁之故。"

其实，南凉一国正处在封建化的转型期，岂能与昔日之匈奴相比？而这个"虏虏"也是对异族的蔑称。可想，在凉州人的眼中，秃发氏依然是与他们格格不入的异族。

听了这话，姚兴有些悔意，赶紧派车普池去制止王尚让权，同时又遣使告谕秃发傉檀。可惜，他悔得太迟了。秃发傉檀已率众而去，差点就跨进姑臧的大门了。车普池有些急了，忙将君命传达于秃发傉檀。

到手的鸭子，哪能让他飞了？秃发傉檀才不理睬他呢！

随即，秃发傉檀遣出三万骑兵行至五涧（姑臧南），逼王尚交割权力。王尚没这胆子跟他相争，遂遣孟祎等人出清阳门相迎。这个孟祎，曾在显美一战中，为秃发傉檀所擒。

当时，孟祎时任昌松太守，在面对秃发傉檀的责问时，孟祎义正词严地回道："明公志在开辟河西，声威遍传宇内，文德、武力俱全。我这等小人物，岂敢与天命相抗！衅鼓之刑，一应受之。我蒙受吕氏厚恩，委以大任，若是明公一来，我就归顺您，这恐怕会得罪您！"

闻言，秃发傉檀认为孟祎是个忠烈之人，遂解索缚，以礼相待。秃发傉檀本欲命孟祎担任左司马，但孟祎却说，吕氏将亡，而他愧未尽职，不应在南凉占据显赫之位；反过来，若他仍据守姑臧城，即便将来死了也是一桩不朽之业。

听罢这话，秃发傉檀深为所动，决定释他归国，成就他的节义。

之前后秦接管姑臧时，孟祎便随王尚驻留于此。可能孟祎也想不到，自己与秃发傉檀再见之日，会是在对方谋得姑臧城之时。

就在秃发傉檀入城之际，镇将军秃发文支则从凉风门入城。

就这样，秃发傉檀成功拿下了自己梦寐已久的姑臧城，成为它的新主人。但是，怎么治理这个城市，建设自己的国家呢？秃发傉檀曾在宣德堂大宴群臣，谈及创业、守业之关系，不禁感叹道："古人言作者不居，居者不作，信矣！"

孟祎遂向他进言，称："只有信任臣子，顺应民意才可以久安，实行仁义之政才可以永固，希望大王能够做到。"

孟祎说的当然有道理，仅靠武力的征服不足以抚民，德政才是巩固政权的核心。

不日后，宗敞将以别驾的身份，护送王尚归京。秃发傉檀便忙着挽留宗敞，道："吾得凉州三千余家，情之所寄，唯卿一人，奈何舍我去乎？"

这话听着十分动人。宗敞解释说，他送别旧主，便是在效忠于他。秃发傉檀恍然大悟，又向他问一些"怀远安迩之略"。宗敞建议他任用五类人：一是当地德高望重之人（如孟祎）；二是秦、陇的首领人物；三是中原望族；四是公族之后；五是勇武之士。

此外，还须以威望和信用加以安抚他们，农事、战事、文教事业三管齐下，莫说是平定河西，就连纵横天下也非难事。

听了这话，秃发傉檀大为振奋，当即赏赐宗敞，并在谦光殿大宴文武。

第五节　统一河西：西秦灭南凉，北凉亡西凉

兴也姑臧，衰也姑臧？

论到治理国家，针对秃发氏落后的政治体制，早前便有史暠等官员提出过一些合理的建议。从总体上看，南凉政权确实是在沿着封建化的轨道缓慢发展。待到秃发傉檀得到姑臧之后，他也试图进一步加快这种进程。

因此，秃发傉檀对孟祎、宗敞的建议，是十分欣赏的，只是以南凉的国情，他本人的性情，又能否真的以德政治天下，"抚之以威信，农战并修，文教兼设"呢？

难，很难。在敌国眼中，秃发傉檀得到姑臧，完全靠着空手套白狼的诡谋，这是为他们所不能接受的。对于姑臧，大家垂涎已久，他们绝不容许秃发傉檀在姑臧城里睡安稳觉。

外部环境且如此，更不用说南凉国在军事政治方面的惯性了。毕竟，文化修养尚可的统治阶级，只是南凉国内的一小撮人。

然而，一心图谋发展的秃发傉檀，似乎没意识到自己成了众矢之的。在入主姑臧之后，他的一应仪仗已如君王。姚兴便为此大动肝火。到了这年年底，秃发傉檀更迁都于姑臧，这无疑是在打姚兴的脸，馋敌国们的嘴。大概是以为自己已与姚兴翻脸，不如再翻得彻底一点，秃发傉檀还遣使游说西秦乞伏炽磐与姚兴断交，未想乞伏炽磐把这事报给了姚兴。

为了应对后秦、北凉等国，秃发傉檀没有时间去搞德政、兴文治，而是把精力用在武力防备之上。由于军事政治上的传统惯性，秃发傉檀依然采用原始

的方式——掳掠和征兵。

一方面，秃发傉檀将军队驻扎在姑臧外围；另一方面，又大规模阅兵，摆出强势的姿态。

可令人遗憾的事，这些举动不但没能产生良好的效果，反而引发了许多内忧外患：国内，百姓不明就里，暗自忧惧；国外，敌国频频来犯，屡有胜绩。

短短两年时间内，秃发傉檀便遭遇了均石之败（北凉沮渠蒙逊胜，夺得西郡）、阳武下峡之败（胡夏赫连勃勃设伏，斩杀万余南凉将士，并筑京观）等打击。

秃发傉檀被打得没脾气了，转而走向怯战的极端，他担心东面、西面的敌寇随时袭来，于是三百里内的百姓都迁徙到姑臧，结果导致全国上下的恐慌，继而发生了成七儿之乱。

成七儿本是屠各少数民族。他们趁着百姓的不满情绪而起义，一段时间内居然拉起了数千人的队伍。

外患不断，内忧又添，在这种乱糟糟的氛围中，南凉朝臣对秃发傉檀的意见也越来越大，不久后竟然发生了军谘祭酒梁哀、辅国司马边宪等七人谋反之事。

秃发傉檀急速镇压了这次谋反事件，但它带来的恶劣影响，却不啻于一场政治地震。秃发傉檀本人，固然有些颓丧；南凉官民，也对这位君王暗生嫌隙；而后秦姚兴，则密切关注着姑臧的动静，以便及时采取军事行动。

诚如胡三省所言，此事之后，"自是之后，秃发氏之势日以衰矣"。

姚兴对于秃发傉檀的"观衅"，主要采用"明察"的形势。

南凉嘉平元年（408），姚兴派出尚书郎韦宗来姑臧。韦宗与秃发傉檀坐而论道，一会儿聊聊六国纵横之术，一会儿又侃侃三国战争之略，天命废兴、人事成败，无所不谈。

探清形势后，韦宗对姚兴回复说，秃发傉檀权诈而学识过人，凭着山河之险，目前还不能图谋他。姚兴却不以为然，最终派将领姚弼和敛成等领三万步兵骑兵出征，又以姚显为后续部队。出征前，姚兴也耍了个心眼，对秃发傉檀说，他想征讨胡夏，所以一边尚书左仆射齐难出征，另一边又让姚弼在河西阻截他西逃之路。

秃发傉檀不疑有诈，被姚兴的烟幕弹迷住了。

后秦军疾行至漠口（今甘肃古浪境内），旋后来到姑臧城下，在西苑屯兵。秃发傉檀正考虑应对之策，忽然间，姑臧城中又起骚乱。为了达到所谓的平乱效果，秃发傉檀听取了前军将军伊力延侯的建议，扩大了打击面，不仅将王钟、宋钟、王娥等肇事者杀害，还株连了五千余人，全部活埋。末了，还拿妇女当军赏。

这件事，在史书中被称为"东苑之诛"。

毫无疑问，伊力延侯这个建议很"坑爹"，此事导致秃发傉檀再次失去了民心。三年后，秃发傉檀将尝到自己种下的苦果。

失乐都，秃发傉檀投降被杀

秃发傉檀以粗暴的方式解决好内患后，便开始耍起了花招。

大家应该记得，咱们在第一卷中，曾提到石勒以牛羊为礼，堵塞王弥城中交通一事吧？有的时候，牛羊的确可以作为作战的辅助工具。这一次，秃发傉檀是怎么玩的呢？他急令各郡县把牛羊尽数赶至野外，以便于扰乱后秦敛成的视线。

敛成果然上当了，突然间见到这么多肥美的牛羊，后秦军顿时没了纪律性，大肆抢掠起来。趁着这个时机，秃发傉檀便派出镇北将军俱延、镇军将军敬归等人分兵击杀后秦军。最后，竟斩敌七千余人。

见到这个阵势，姚弼立马固守于营垒之中，当起了缩头乌龟。

秃发傉檀遂下令攻打姚弼，一时未攻打下来，就玩起了截断后秦水源的套路。岂知，不知后秦是不是属水的。正在危急之时，天上竟下起了大雨。

雨，又是雨……当年，姚苌就是凭着一场大雨，才避过了一场灭顶之灾。

在援军姚显的帮助下，姚弼的军队总算有了一点士气，但他们还是输给了秃发傉檀。姚显便诿罪敛成头上，遣使向秃发傉檀谢罪，带着残兵败将回国去了。

迁入姑臧之后，秃发傉檀就没过过几天舒心日子，这一次却大大地长了志气。他的心情也愉悦多了。到了仲冬时节，秃发傉檀恢复了凉王称号，立夫人折掘氏为王后；又大赦境内，改元嘉平，设置百官：太子、录尚书事秃发虎台、尚书左仆射赵晁、尚书右仆射郭幸、太尉俱延、司隶校尉敬归……

在接下来的几年里，南凉、北凉之间，展开了一场场的拉锯战，互有胜负。总的来说，南凉输多赢少。在南凉嘉平三年（410）时，秃发傉檀打算亲征沮渠蒙逊。此事为太史令景保等人所阻。

景保以天象劝谏秃发傉檀修养德政，但却遭到了对方的拒绝。景保一再劝谏，终于惹怒了秃发傉檀，他便将景保锁了起来，带着他一道出行，让他来欣赏自己的赫赫战功。

隔年，在穷泉之战中，秃发傉檀被沮渠蒙逊打得灰头土脸，单骑而还。正是应了"屋漏更遭连夜雨"的老话，秃发傉檀刚逃回姑臧，城中百姓就惊散而走了。因为此时北凉军也追围了过来，百姓担心自己再遭受一次"东苑之诛"。小老百姓没有别的办法，只能跑路逃窜，而叠掘、麦田、车盖等有武装的部落，则投降了沮渠蒙逊。

秃发傉檀唯有送质于北凉，暗自吃下了自己种下的苦果。

沮渠蒙逊俘虏了景保，便责问他为何不劝着他主上。景保虽身在囹圄，但气节倒还不俗。沮渠蒙逊大概是抱着看秃发傉檀如何处置景保的心态，回头就把他放了。

景保回国后，秃发傉檀十分惭愧，对他诚恳道歉，还封他做安亭侯。

此后，秃发傉檀已无实力与北凉进行拉锯战，可"树欲静而风不止"，国内国外的矛盾仍然十分激烈。为保国祚不失，秃发傉檀恋恋不舍地作别了姑臧，率众撤往老本营——乐都。

偌大的姑臧城，只余大司农成公绪等人驻守，但他们也没能坚守多久，姑臧城中民变又起，南城一带为焦朗等人所占据。

过了一些日子，他们又向沮渠蒙逊投降，如此一来，北凉没费多大力气，就得到了姑臧城。一块被诸国争抢的香饽饽，再次易手。沮渠蒙逊也没能"免俗"，后来也迁都姑臧了。

眼下，沮渠蒙逊继续对秃发傉檀发起攻势，在花了月余时间，仍然没能攻下乐都。沮渠蒙逊便对秃发傉檀传话说，只要献质于他，双方就有得谈。不过秃发傉檀并不情愿，直到臣子们一再请求，秃发傉檀才忍痛割爱，把儿子秃发安周送了过去。

按说，秃发傉檀都付出了这样大的代价，以后应该收敛一些，好好整顿内政、发展生产、养兵安民，但他似乎是想找回自己的脸面，不久后又对沮渠蒙逊发起了攻势。结果，完全听不进人言的秃发傉檀，又被沮渠蒙逊扁了一顿，不得已把儿子秃发染干也"典当"了出去。

除了北凉之外，秃发傉檀与西秦等国之间，也摩擦不断。

然而，倔强的秃发傉檀心里始终涌动着一种声音：扶朕起来，朕还能打……

南凉嘉平七年（414），南凉因战事频仍而无法组织生产，导致连年不收、饥馑无数。在这种情形下，秃发傉檀做出了一个决定：西击乙弗鲜卑，以得到补给。

有可能，在秃发傉檀的眼中，北凉虽然不好惹，但乙弗鲜卑总是可以动一动的，但有个问题，他没考虑到，饿得面黄肌瘦的兵卒们，战斗力如何？

此外，他留下镇守乐都的太子秃发虎台，是否能圆满完成任务，抵挡住可能来自他国的兵力。这些事，不能存在侥幸心理。

就在秃发傉檀攻打乙弗鲜卑之时，西秦乞伏炽磐便溜到了乐都城下，攻陷了乐都，并把秃发虎台等人和万余百姓迁到了他的都城枹罕。

秃发傉檀虽已击破了乙弗鲜卑，获得了四十余万牛马羊，却没能再有所成就。眼见众叛亲离，将士皆散，秃发傉檀不禁懊悔万分。而后，秃发傉檀选择投降西秦。此时，他的身边只剩下阴利鹿一个外姓人。

问及阴利鹿为何一直跟随着他。

阴利鹿说："我家里有老母在堂，不是不想回家；既然委身为臣，忠孝就难以两全。我没有什么才能，不能为陛下两眼哭出血来向邻国求救，但怎么能忍心离开您的左右呢？"

这番话很感人，这也是秃发傉檀残生里的一点慰藉。

投降西秦之后，起初乞伏炽磐尚能善待秃发傉檀，封他做了骠骑大将军、左南公。但一年（415）以后，秃发傉檀便被乞伏炽磐毒死了。卒年不过五十一岁。秃发虎台后来也没逃过秃发炽磐的毒手。

倒是秃发傉檀的幼子秃发保周等人，投奔了沮渠蒙逊，最后又归附了拓跋焘，也算是认祖归宗了。

李暠：所恨志不申耳

这一头，除了西凉之外，几乎每个政权都盯着南凉，最终是西秦灭掉了它；另一头，西凉所据之地，起初只有敦煌和瓜州，它是五凉之中，地盘最小、势力最弱的那一个，为了扩张势力，有朝一日能与北凉相抗衡，李暠在立国之后，便着意于扩张地盘。

在东征的过程当中，西凉的地盘逐渐扩张到了凉兴、玉门关、阳关一带。随后，李暠便开始兴办屯田，蓄积财富，为东征储存资本。

东征是一方面，选择性地与周边政权建立外交关系，也是十分重要的一件事。早从西凉庚子二年（401）起，李暠便主动遣使向后秦纳贡。第二年，姚兴便授李暠为安西将军，封他做高昌侯。

不过，李暠并不满足于臣属于后秦，而去搞好关系。在他的心目当中，只有东晋才算得上是正统。于是，到了北凉建初元年（405），李暠派遣舍人黄始、梁兴抄小路前往建康，与晋安帝司马德宗取得联系。这年初，李暠刚刚自称为大将军、大都督、又兼任秦凉二州牧。在奏表当中，李暠陈述了自己的艰难处境，希望朝廷能理解他的忠义之心，令他"全制一方"。李暠的目的再明显不过了，他是想让东晋承认他在河西一带的统治地位。

所以说，无论是东征拓地，还是施展种种外交策略，李暠都沿袭着张轨的路线。别的且不说，他们至少都成功地经营了河西。

不难看出，李暠这个人，做事既保持着稳中求进的风格，又特别富有条理。这是他超过四凉政权（不含前凉）中的诸多统治者的一点。

作为一个汉人贵族出身的君王，李暠的视野与目标都比较高，他把封建政治的建设，放到了国家的首位。他十分关注教化、看重人才。

比如说，李暠曾在敦煌建了一座靖恭堂，此处不仅可用作议政阅兵之用，还兼任了教化功能。刘昞就曾为此写了铭文，用以记述李暠将帝王将相烈士贞女等画像悬于堂中之事。

再比如说，李暠在敦煌兴办了专为著姓子弟而设的学校。如前所述，西凉的建立，有赖于著姓大族的热切相助，李暠自然应该投桃报李，更何况，他还指望这些子弟日后为国家效劳呢。

看重人才，自然还表现在尊师重教之上。同母兄弟宋繇本是文武全才，李暠对他极为看重。但李暠最为尊崇的，乃是师承郭瑀（详见第三章）、青出于蓝的大学者刘昞，命其担任祭酒从事中郎，掌管文教之事。当时，若只能以一个人为河西文化的代表，必是刘昞无疑。

总之，在李暠的身上，文人气质十分浓厚，这是西凉文治之风盛行的重要原因。

但是，谁都懂得一个道理，一个国家的文治再怎么厉害，那都是"软实力"。要想崛起于乱世之中，必须仰仗它的"硬实力"。

开国四五年之后，李暠展开了迁都酒泉（405年，意在对北凉施压，同时敦促农业生产）、联络南凉牵制北凉、修筑敦煌城防等手段，用以增强国家的军事实力。值得注意的是，李暠很少主动出击北凉。倒是沮渠蒙逊屡屡撕毁和平协议，时常跑来侵犯西凉。公元410年，沮渠蒙逊故技重施，李暠这才派太子李歆（字士业）出战，生擒了沮渠百年。

据此，我们可以确立一点，李暠的东征战略，并不是没有节制地拓地，而是"以攻为表，以守为里"的策略。所谓"知止而后能定，定而后能静，静而后能安"，比起因穷兵黩武而招致亡国的秃发傉檀，李暠的手段要高明得多。

只可惜，西凉的底子本来就很薄弱，要想在有生之年里，彻底击败北凉，成为河西霸主，几乎是不可能实现的一件事。最终，李暠抱着遗憾去世了，那是在公元 417 年仲春时节，享年六十七岁，谥号武昭王。

临死前一月，李暠告诉宋繇，他毕生的遗憾就是不能统一河右，他还叮嘱宋繇，要辅佐太子李歆，不能让他"居人之上，专骄自任"。

李暠生前写过《靖恭堂颂》《述志赋》《槐树赋》《大酒容赋》等作品，今只千余字的《述志赋》流传了下来。词曰："……求欲专而失逾远，寄玄珠于罔象……信乾坤之相成，庶物希风而润雨……"

这里面，既有失望，又存希望，在失望与希望的交织中，李暠的人生充满了变数。

李歆冲动失国

李暠去世之后，太子李歆即位。

李歆是李暠的次子，本与太子之位无缘。在元兴三年（404），李暠的长子太子李谭去世了，李暠遂在同年册立李歆为太子。

李歆生年不详，但从发生在公元 399 年的一件事情来看，李歆的年纪不算小。当时，李暠采纳张邈、宋繇的建议，制定了自立一方的规划，李暠就遣李歆与张、宋一起攻打索嗣。

既能将李歆派出去，想来他的年龄不会太小，倘以慕容恪、慕容垂为参考，那也有十四五岁。这么算下来，李歆继承王位之时，至少也有三十二三岁，正处于人生之中的壮年时期。

多年来，李歆也不时外出打仗，还曾生擒北凉将领沮渠百年。从军功上来说，李歆是能够服众的。知子莫若父，李暠对这个儿子还是有些不放心，故此才叮嘱宋繇对其严加训导。

那么，李歆身上存在的问题是什么呢？

《晋书》《资治通鉴》中分别给出了"士业用刑颇严，又缮筑不止""凉公歆用刑过严，又好治宫室"的评价。综合一下，李歆最大的缺点就是严酷好刑、注重享受。

如前所述，西凉文治之风盛行，这在四凉时期较为罕见，可说是乱世中的一股清流。结果，李歆上位之后就暴露出了这样那样的问题，势必会引起有识之士的担忧。他们是最不想看到清流变浊流的人。

西凉嘉兴三年（419）五月，从事中郎张显针对李歆存在的问题，劝谏李歆要发展农耕、统治宽大、谨身修道，不可重刑罚、厉法规、兴土木。否则，根本不是深得人心的沮渠蒙逊的对手。

无独有偶，主簿汜称也对李歆加以劝勉，望其能停建宫室、减少娱乐，并礼遇贤才、恩待百姓。

然而，李歆不以为意，把这些谏言都抛在脑后。

若只是在国内折腾倒还不是最糟糕的。最糟糕的是，李歆还喜欢对外折腾。怎么折腾呢？经常跟沮渠蒙逊打仗。要知道，沮渠蒙逊此人"滑稽善权变"，是一个长年在疆场拼杀的老狐狸，国家的财力也更为雄厚，就算战败一回，都不会伤筋动骨。天晓得，李歆的勇气是谁给他的！

二凉之间，主要发生了这样几次战争。

第一次，是在西凉嘉兴元年（417）四月，李歆继位才三个月。沮渠蒙逊趁着李暠新死，决定骗骗这个后生，遂令张掖太守沮渠广宗上演了诈降的戏码。李歆将信将疑，一边派武卫温宜等人去接应，一边率军为后援。当他确定其中有诈，沮渠蒙逊的三万士兵埋伏在蓼泉后，立马率军撤退。双方后来在解支涧正面作战，李歆击败北凉军，斩敌七千。

第二次，是在次年（418）九月。战争的发起者，还是沮渠蒙逊。李歆本欲出战，但他听了左长史张体顺的劝，才止住了回击的念头。沮渠蒙逊无计可施，打劫了成熟的庄稼便回国去了。这给李歆腾出了时间。他随即遣使朝晋，得到东晋朝廷的承认。

第三次，是在西凉嘉兴四年（420）七月。上个月里，刘裕代晋，建立了宋政权（史称刘宋）。刘裕对李歆加以笼络，封他为都督高昌等七郡诸军事、酒泉公、征西大将军。在这样的背景下，沮渠蒙逊做出了先进攻西秦的浩罍，再回师打西凉的部署。李歆以为沮渠蒙逊真是去打西秦了，遂想趁此机会偷袭张掖。张掖，正是北凉的旧都（412年，北凉迁都于姑臧）。

右长史宋繇、左长史张体顺被李歆的大胆想法骇了一跳，赶紧劝他不要冲动，尹太后也警告她儿子，说："我们现在是一个新建的国家，地狭民少，自保的力量都不够，哪有实力去讨伐别人？先王临死时，一再叮咛你，对于军事行动千万要慎重，要保境安民，等待良机。这些话言犹在耳，为什么不听？沮渠蒙逊善于用兵，你不是他的对手，何况他多年来一直有吞并我们的野心。你的王国虽然很小，但足以施行善政，修德养民，冷静地休养生息以等待时机。沮渠蒙逊如果昏庸暴虐，人民自会归附于你；他如果英明有德政，你应该事奉于他。怎么可以轻举妄动，去讨伐别人，只图侥幸成功。依我看来，你此番举动，不但会全军覆没，甚至会亡国！"

话都说得这么绝了，奈何李歆一意孤行，坚决要打张掖。当了三四年凉王，他已经把继位之初的机警心，尽数丢掉了。大概他是想做那窥伺螳螂的黄雀，殊不知，他自己才是那只螳螂。

沮渠蒙逊听闻李歆亲自领三万步、骑兵进发张掖的消息，笑得合不拢嘴；假传其攻克浩亹、将攻黄谷的消息。

李歆把大军开进都渎涧，才知自己上了沮渠蒙逊的当。双方交战于怀城，李歆输得一塌糊涂。对于退保酒泉的劝言，李歆没有接受。在他看来，不反败为胜，没脸回去见老娘。

他不懂，天下每一个母亲想要的，只是孩子能平安归来。

李歆再也回不来了。他倒在了发生在蓼泉的会战中，西凉军亦被打得溃散如沙。

得悉李歆阵亡的消息后，他的弟弟酒泉太守李翻等人西逃敦煌，沮渠蒙逊攻陷西凉都城酒泉。尹太后和女儿李敬爱等人都成了北凉的俘虏。后来，李敬爱成为沮渠牧犍的王妃，但因北魏太武帝拓跋焘与沮渠牧犍联姻，李敬爱回到了酒泉，郁郁而终。

西凉虽灭，其残余势力仍存。李歆的六弟敦煌太守李恂被推为国君，改元永建。这个政权苦撑了两年，到底还是没能撑下去。李恂最后自绝于敦煌，西凉就此灭亡。

第五章

后燕江河日下，北魏蒸蒸日上

在关东一带，建立于384年的后燕，386年的北魏，相继登上历史舞台。

有人说，后燕、北魏，是从朋友变成敌人，但实际情况是，从一开始，北魏拓跋珪就是带着目的与后燕建交的，而后燕扶持北魏，也自有一番打算。两国疆土毗邻，与周边的邻国关系亦是错综复杂，它们本就不可能成为朋友。

双方交恶之后，发生了多次战争。在参合陂之战中，后燕损失惨重。慕容垂离世后，后燕内忧外患不断，其领导人中也没能出现一个媲美慕容垂的人物，他们根本不是北魏的对手。

乱世之中，奉行的是"强者为王"的铁律，因此后燕的败亡是必然的。后燕败亡之前，南燕从中分裂出来。慕容熙即位后不久，后燕为北燕所取代。

——引言

第一节　关东霸主，后燕也

称帝、立都、建储，慕容垂很忙

让我们把视角从西方转移到东方。

在第一章中，咱们讲到，苻丕在山穷水尽之时，放弃了邺城，到了晋阳不久就称帝了。

邺城，终于迎来了它又一个主人。不用说，大家肯定都能猜到，新的主人铁定是慕容垂。

不过令人稍感意外的是，慕容垂并没有选择邺城作为国都，而是把中山（今河北定州）作为了新的国都。用意何在？放弃邺城似乎可以理解，毕竟，战争频仍，它早已破败不堪；但中山对于慕容垂的意义又是什么呢？

提到中山，大家首先想到的应该是战国时期的中山国。没错，此中山，正是当年中山国所在之地。

中山国错银铜双翼神兽，赵培摄于南京博物院特展"从春秋到秦汉"

话说，中山国曾经被战国时的魏国所灭，但其国之后裔并不甘心沉沦，他们苦心经营二十余年，终于赶走了魏国的统治者，成功复国。

所以，慕容垂是否也有这层用意？笔者猜是有的。

公元386年正月（后燕三年），慕容垂于中山称帝，正式确立自己关东霸主的地位。

对于慕容氏的后人来说，慕容垂称帝建后燕，与慕容皝称王建前燕这两件事，都有着非比寻常的意义。我们甚至可以从小说中，找到这样的一种认识。翻开《天龙八部》，我们能看到这一个情节：

慕容复运转内息，不待邓百川等奔到，已然翻身站起。他脸如死灰，一伸手，从包不同腰间剑鞘中拔出长剑，跟着左手画个圈子，将邓百川等挡在数尺之外，右手手腕翻转，横剑便往脖子中抹去。王语嫣大叫："表哥，不可……"

便在此时，只听得破空声大作，一件暗器从十余丈外飞来，横过广场，撞向慕容复手中长剑，铮的一声响，慕容复长剑脱手飞出，手掌中满是鲜血，虎口已然震裂。

慕容复震骇莫名，抬头往暗器来处瞧去，只见山坡上站着一个灰衣僧人，脸蒙灰布。

那僧人迈开大步，走到慕容复身边，问道："你有儿子没有？"

慕容复道："我尚未婚配，何来子息？"那灰衣僧森然道："你有祖宗没有？"慕容复甚是气恼，大声道："自然有！我自愿就死，与你何干？士可杀不可辱，慕容复堂堂男子，受不得你这些无礼的言语。"灰衣僧道："你高祖有儿子，你曾祖、祖父、父亲都有儿子，便是你没有儿子！嘿嘿，大燕国当年慕容皝、慕容恪、慕容垂、慕容德何等英雄，却不料都变成了断种绝代的无后之人！"

慕容皝、慕容恪、慕容垂、慕容德诸人，都是当年燕国的英主名王，威震天下，创下轰轰烈烈的事业，正是慕容复的列祖列宗。他在头昏脑涨、怒发如狂之际突听得这四位先人的名字，正如当头淋下一盆冷水。

慕容复自然是金庸先生所虚构的小说人物。然而，复国兴邦的理想，确实是慕容氏的执念，先生的构思也是有据可溯的。

说实话，慕容垂的这个帝位，得来也太不容易了。打从赏识他的伯父、父亲死后，他就陷入了无尽的猜忌之中，挚爱的妻子也为他而死。这是他一生中难以释怀的一件恨事。再说，枋头之战后，慕容垂迫不得已逃奔前秦，却又遭到王猛的陷害……

回首半生，世事如云，曾遭受过的曲折与不公，浪费掉的时光与岁月，都如水潆般逝远。一并带走的，还有那张英俊的面容。然而，坎坷的遭际、丰富的阅历，终将形成一股向上的推力，送他直上云霄。

所以，有时候，人们大可不必，去抱怨生不逢时、怀才不遇。看看慕容垂一生的大起大落，这种剧本有几个人编得出来呢？而这些，都是历史上真实发生过的事情。

身在云霄之上的慕容垂，却并不怎么高兴。是啊，想想死去的妻儿，他的心里就是一阵一阵的绞痛。

啊！一切的一切，都是拜慕容儁两口子所赐！如果说他无法撼动慕容儁的地位，那么那个死去的坏女人，总不能让她就这么死去吧？

追废，必须追废！可恶的可足浑氏！

追废的理由也是现成的，可足浑氏干预朝政、倾覆社稷。

办了这件事，慕容垂再立慕容宝为太子。这都不能被称之为选择，因为慕容垂压根儿没多想。这不禁令人疑惑，慕容垂最能干的儿子，不是慕容农、慕容隆吗？是的，比起他们来，慕容宝的能力着实一般。甚至说，他连慕容麟都不如。

那么，慕容垂何以如此呢？总不会是因为他老糊涂了吧？显然不是。

所谓"知子莫如父"。自己的儿子们都是什么水平，慕容垂怎么可能不清楚？他不假思索地选择慕容宝，笔者认为这是在感情用事。

原来，慕容垂的原配大段氏，生了两个儿子，分别是慕容令和慕容宝。我们知道，大段氏被可足浑氏制造的巫蛊案害死，慕容令又被王猛间接害死了。可以说，这母子二人，都是为慕容垂而死。

想想看，就连苻坚的恩义慕容垂都还要惦记惦记，更何况是自己的亲人。所以，大段氏的"独苗苗"慕容宝，无论有多差的资质，都不影响慕容垂对他的眷爱。

慕容垂是铁了心要扶他上去，可问题是，慕容宝的兄弟们愿意辅佐他吗？一切有待于时间的验证。

鸠占鹊巢，收获小弟一枚

册立太子之后，慕容垂要考虑巩固他在关东地区的统治。

由于丁零人的问题始终没得到解决，后燕的统治并不怎么牢固。之前，就在翟真被杀之时，他的堂弟翟辽仓皇出逃，保住了性命。这小子命也算大，他一口气跑到了黎阳（今河南浚县），投奔了东晋的黎阳太守滕恬之，很快得到了对方的信任。

仅从咱们讲过的历史人物来说，想必大家都能看出，善于取得别人信任的人，往往都是有所图的。一点也不反套路的是，翟辽也是这种人。对于一个没有地盘的混子来说，他所求所图的，不是太明显了吗？

可惜，滕恬之连一点警觉心都没有。

这人平时喜欢打猎，但却不爱护士兵，身边也没多少亲信。翟辽瞅准了这一点，便一直在暗中收买人心。不久后，他等到了机会。

滕恬之外出去打鹿鸣城（今河南滑县东北）时，翟辽也"很配合"地发动了一次"高平陵政变"：紧闭黎阳城大门，不让滕恬之回来。

打的是鹿鸣城，模仿的"高平陵政变"？估计，学者仇鹿鸣在写他的博士论文《魏晋之际的政治权力与家族网络》时，看到此处会不禁莞尔吧。

失去了自己的立身之地，滕恬之不得已向东逃跑，但却被追击的翟辽抓获。从此，翟辽成功地占领了黎阳。这可惹恼了东晋，翟辽鸠占鹊巢，岂不是在打他们的脸？于是，淮水、泗水一带的州郡都出兵讨伐翟辽。

但诡异的是，不知为何，东晋朝廷突然间把黄河沿岸的布防撤回，翟辽又躲过一劫。

不仅如此，东晋的泰山太守张愿不知道长着什么脑回路，突然间投降了翟辽。对此笔者很是不解，他就算是不想给东晋打工了，也该去后燕谋发展吧？正所谓"良禽择木而栖"，张愿却偏偏投降了实力最弱的翟辽。

总之，翟辽的实力又强大了，他已经开始考虑怎么扩张地盘了。

五个月后（386年八月），翟辽主动进攻东晋的谯郡，被东晋将领朱序赶走。又过了五个月（387年正月），翟辽派他的儿子翟钊侵犯东晋陈留和颍川，再次被晋军击败。

从这两次战事上看来，翟辽一直在往南打，尽量不去招惹慕容垂，毕竟他的心理阴影面积也很大。但反过来说，慕容垂不会看着翟辽做大做强。不过，他没有直接揍翟辽，而是揍他新收的小弟——张愿。

这件事，有这样的一个背景。

先前，安次人齐涉占据新栅（今河北清河西）后，投降了后燕，现在他又背叛后燕，投降了张愿。按说，齐涉、张愿都该打，但一般来说，作战是忌讳两线并进的。在二者之间，慕容垂的儿子慕容隆提议先打张愿，理由很简单，没了张愿，齐涉就无法独存。

慕容垂深以为然。此时，想要扩张地盘的人，何止是翟辽。慕容垂老骥伏枥志在千里，一心想着把自己的统治区域，推到黄河北岸以外的地方。如今，东晋在河南的统治并不稳固，这便是慕容垂能把握的机会。

此战中，慕容隆可谓大放异彩。

趁着后燕军队远道而来，下马解鞍休息的空当，张愿搞了一次偷袭。

在战术上讲，这次偷袭是有些技术含量的，一时间搅得后燕军人仰马翻、节节败退。就连范阳王慕容德这个老江湖了，都急令将卒后退。幸好，慕容隆保持了清醒的头脑，遣兵迎面反击，跟对方硬碰硬。结果，居然斩杀了张愿的儿子张龟。

有此斩获，后燕军士气大涨，慕容隆压住阵脚，将战线慢慢推进。张愿眼见自己的爱子阵亡，又没法继续讨到便宜，只好选择撤退。

危机解除，慕容德建议暂缓行动，但慕容隆并不认同。他认为，张愿搞出这场偷袭理应大胜，但却招致失败，现在必然处于进退两难的尴尬境地。因此，这时再去打他们，定能大获全胜。

服了，慕容德被他的侄子彻底折服了。这娃是学过心理学的吗？

难能可贵的是，慕容德并未因为自己是长辈，而觉得没有面子。他当即表示："好，都听你的！"

放开手脚的慕容隆乘胜挺进，与张愿战于瓮口。

张愿偷袭失败，本来就有点丧，眼见慕容隆来袭，难免心生惶恐。此战中，张愿损失近八千人，几乎全军覆没（起初一万多人），张愿趁乱逃往三布口（今山东肥城东），仅以身免。

而后，慕容隆把军队开到了历城（今山东济南），青、徐、兖州的各个郡县和坞堡皆望风投降。后燕的势力，在黄河以南也得到了极大的扩张。

至于那个在新栅的齐涉，也不用慕容隆回头去解决了。齐涉的部下，很识相地把他绑了，交给了慕容垂。慕容垂为了收买人心，只杀了齐涉父子，其他人一律不予追究。

需要明确一点：收拾张愿，等于是打击翟辽。不过很蹊跷的是，眼见翟辽受到打击，依然有人愿意归附。齐涉父子刚死了两个月，后燕高平人翟畅便抓住了太守徐含远，献出所有的郡县投降翟辽。

不知道翟畅与翟辽是什么关系，但翟畅此时能做出这种决定，想必是很信赖翟辽的，此人身上或许有一种独特的人格魅力。

慕容垂一听又是姓翟的在闹妖，心里就莫名烦躁。他这次是真的忍不了翟辽了，准确地说，是忍不了丁零翟氏一族了。

他对众人说："翟辽只不过凭着一个城池的部众，却在三个国家之间反复归叛，不能不去讨伐。"他决定亲征翟辽。

翟魏立国，处境堪忧

亲征的安排如下：侄子慕容宙辅助太子慕容宝守中山；太原王慕容楷为前锋都督，充当先头部队；慕容垂为主力部队，稍后开拔前线。

好家伙！翟辽的部众一看来的是慕容恪的儿子，还继承了慕容恪太原王的爵位，瞬间没有了战斗的欲望。他们互相说："太原王的儿子，是我们的父母！"于是纷纷向慕容楷投降。

翟辽瞬间无语了，这仗还该怎么打？

按说，有了丁零人被坑杀的"经验教训"，翟辽被杀掉的概率很大，说什么也该顽抗一番，争取生计。可他竟然毫不犹豫地投降了慕容垂。这是缺心眼吗？

更令人不解的是，翟辽不仅得到了慕容垂的赦免，还被任命为徐州牧，封为河南公。

绝了！我等凡子，实在无法看清翟辽、慕容垂的心理。也许吧，乱世生存之道的精髓，已为翟辽所洞悉，该打还是该降，翟辽总能掌握住这个火候。

翟辽已经投降了，慕容垂暂时松了一口气，但他很快就意识到，认为翟辽真心臣服的想法，不仅天真，而且还大错特错。

第一，翟辽所谓的"忠诚"是有限的；第二，不是所有的丁零人都愿意投降。

到了黎阳，慕容垂接受了翟辽的投降后，班师回朝。前脚刚走，就听说井陉人贾鲍与翟遥带领的五千多丁零人，趁夜偷袭中山，并一度攻下了中山的外城！所幸，守城的慕容宙与慕容宝最终将其击败，守住了中山。

这帮丁零人真是吃了熊心豹子胆了，竟然敢打慕容垂的都城。慕容垂怎能不气？

翟辽一脸无辜：慕容老大，这事可跟我没关系啊。

仅仅过了五个月（387年十月），翟辽的忠诚就到期了。他看到后燕的三个将领王祖、张申、吴深分别叛变，认为有机可乘，就与王祖、张申联手，在清河一带烧杀抢掠。

次年（388）二月，翟辽遣使向慕容垂谢罪，此时的慕容垂，对翟辽已是零信任，他恨不得亲手砍死翟辽。原谅？不可能的，这辈子也不可能了。

为了表示断交的决心，慕容垂索性把翟辽的使者也杀了……

时间往前翻四年，同样是使者，姜让几乎当面指着鼻子骂慕容垂，慕容垂都没有想杀他的意思。（详见第一章）这次，慕容垂忍无可忍，杀了翟辽的使者，可见他被丁零翟氏搞得有多烦。

看到慕容垂翻脸不认人，翟辽也没必要再去虚与委蛇了。他自称为魏天王，改年号为"建光"，设立文武百官。这个政权，在历史上被称为"翟魏"。

由于翟魏与西燕存在的时间太短，且影响力小，故此都不被列入"十六国"的范畴。

慕容垂并不急于去对付翟辽，他明白，对方虽然来回蹦跶，不断地刷存在感，但成不了多大的气候，不用管他。再加上，慕容垂和北魏拓跋珪还处在"蜜月期"，双方也没有什么突出的矛盾。（关于北魏的发展，详见本章第三节）因此，后燕发展的重心依然是在北方。

话说，翟辽自称魏天王后，仍不时有小动作。只不过，限于力量薄弱，其发展势头也就那样。并且，翟魏还不时被东晋海扁一顿。比如说，翟辽在洛阳被朱序击败；再比如说，他的儿子翟钊又在鄄城被刘牢之驱逐。

事已至此，之前的东晋降将张愿，也认清楚了翟魏的处境，于是趁机又向刘牢之投降。

当了三年的天王，翟辽于公元391年十月去世，儿子翟钊即位。

第二节　后燕走向极盛

酣战黎阳，消灭翟魏

翟钊是有野心的，即位后的当月，他就带兵去打后燕的邺城，很不巧，他遇上了慕容农。结果毫无疑问，翟钊大败而逃。

翟魏定鼎二年（392）二月，翟钊趁着慕容垂巡行河间、渤海、平原诸郡时，派人进攻馆陶。这次算是彻底激怒了慕容垂。

下一月，慕容垂亲自南下讨伐翟钊。翟钊掉头就跑，溜到了滑台。

看到慕容垂这次是动了真格了，翟钊派人去西燕求救。应该说，刚一察觉到危险就想方设法搬救兵，搬的还是后燕的死敌，这说明翟钊的判断能力不错，应对能力也没问题。

在得到求救信后，西燕慕容永便与群臣商议了一番。对此，有人提议救，有人提议不救。不想救的人，无非是希望看到鹬蚌相争，互相消耗，西燕可以坐收渔翁之利；想救的人则抱着另一种看法，他们认为，后燕、翟辽的力量根本不在一个等级，故而翟钊肯定败亡，翟魏要是灭了，对西燕可一点好处没有，倒不如趁此机会偷袭慕容垂后方。

权衡利弊，慕容永最终选择了不救：翟钊，你自求多福吧。

慕容垂到达黎阳后，看到翟钊在黄河南岸列兵防守。依托黄河天险，对翟钊来说，确实不失为上策。因为只要慕容垂过不了黄河，翟钊就可以继续苟延残喘。

慕容垂心道：不让我过河？想法是不错，但我非要从黎阳过河吗？换一个地方总行吧？

黄河那么长，翟钊哪有那么多兵力来布防？

说走就走，慕容垂一路向西，逆流而上，走了四十里，开始造船，准备过河。翟钊急忙追赶，仍然跑到慕容垂的河对岸。他要看到慕容垂才放心。

就在此时，慕容垂让黎阳那边的慕容镇连夜渡过黄河，安营扎寨。次日一早，翟钊知道这个消息后，不免大惊失色。他也不管对面的慕容垂了，急忙带着军队回去进攻慕容镇。

关于这一点，慕容垂早就预料到了，在此之前他就告诫过慕容镇：不许出战。

来回跑了八十里路的翟钊，在体力上本就吃亏，如今强攻慕容镇的军营，又一时难以攻克，便准备撤退。可惜为时已晚。慕容农已从四十里的西岸渡过黄河，杀到翟钊面前。与此同时，慕容镇也从军营杀了出来。

前后夹击下，翟钊大败，死伤无数。他忙跑回滑台（今河南滑县），又带了老婆孩子，与残兵败将们一起向北逃命。不多时，君臣渡过了黄河，登上了白鹿山（今河南辉县市西），据险自守。

可能有些朋友会在此处提出疑问：不对吧，现在的滑县就在黄河北边，若翟钊从滑县向北跑，怎么可能过黄河？

在此，笔者要强调一下，我们现在的河南省滑县确实是在黄河北边，这是没有任何问题的，但是呢，在十六国南北朝时期，滑县也确实是在黄河以南，后来由于水患问题，黄河多次改变河道，滑县才从黄河南"跑"到了黄河北。

因此，本书后面所提到的滑台，也是以黄河南岸的方位为准。

翟钊躲进深山，后燕军队果然拿他没有任何办法。但慕容农也不着急，他知道翟钊没有粮食，支撑不了多久，因此只派少数骑兵观望其动向。

这就好比打地鼠游戏，你不出来，我打不到你；你一探头，我一锤子就打下去了……

不出慕容农所料，翟钊还真下山了。那不好意思，慕容农立刻带兵突袭。

毫无悬念地，翟钊全军覆没，自己一个人跑到长子（今山西长子西南），投奔了西燕，被慕容永封为车骑大将军、兖州牧、东郡王。

翟魏就此灭亡，所辖的七个郡、三万八千户，都归属后燕。

江山易改，本性难移，在西燕生活了年余，翟钊试图谋反，终为慕容永所杀。翟魏就此彻底灭绝，丁零人的问题也终于被彻底"解决"了。

终不复留此贼以累子孙

慕容垂把下一个目标，对准了西燕。

为何后燕和西燕成了死敌？其实也不难猜。西燕的最初的建立者慕容泓、慕容冲，都是慕容晱的弟弟，属于慕容儁系的人。从慕容儁制造巫蛊之祸开始，他就与慕容垂结下了梁子。

枋头之战后，慕容评甚至想杀慕容垂，逼得慕容垂投奔前秦，直接导致前燕灭国。如今，双方走上了不同的复国道路，矛盾只能越来越深。

慕容冲之前眷恋长安，也是有这层原因。他不想回去面对慕容垂。

前文讲到，慕容永与苻丕狭路相逢，并将苻丕击败。在没有了阻碍后，继续"东归"。走到长子后，慕容永停住了脚步。

怎么，不是要回河北的邺城吗？现在还在山西，怎么不走了呢？因为慕容垂已经在那头称帝了。慕容永心知，虽说他与慕容垂之间的血缘关系已经很淡了，但他完全继承了西燕与后燕之间的"历史"矛盾。他怎么能过去？

还有一个他无法说出口的原因：若是他把这四十万的鲜卑人带回关东，虽然会使后燕强大起来，慕容垂或许会封他一个王爵，再给他一个大官。

看起来很美满，实则慕容永再无权力可言，他说的话也不会再有人去听。

权力这个东西，真的会使人上瘾、着魔。

在电影《一出好戏》中，有这样的一个情节设置。

一家公司组织大家出去游玩，不巧被困在了无人岛上。为了生存，司机王宝强与张总分为两派互相排斥，以至于最后大打出手。黄渤（公司的普通职员）和他的小弟抓住机会，化解了双方矛盾，取得了领导权，所有人都开始服从他们。

这是黄渤第一次体会到了权力的滋味。

一天夜里，所有人载歌载舞的时候，山上传来了奇怪的声音。王宝强、黄渤和他的小弟一齐冲向了山林深处。跑到悬崖边，他们看到了远处的大海上，有一艘豪华游轮！

王宝强疯狂了，他认为他们有救了，立刻跑回去告诉其他人。而黄渤与他的小弟脸色茫然，没有一丝笑容。他们明白，真的脱离了无人岛，当前所有的一切——尤其是说一不二的权力，就会荡然无存。他俩根本就不想离开这个无人岛！

慕容永，也是一个渴慕权力的人。占据长子没多久，慕容永就称帝了，他也要尝尝当皇帝的滋味。

此时，慕容垂的小儿子慕容柔、慕容宝的儿子慕容盛和慕容会都在长子，他们偷偷逃跑，投奔了慕容垂。一年多后，慕容永把还在西燕的慕容垂的子孙以及慕容儁的子孙，统统杀光，无论男女。

慕容垂也明白，矛盾已然无法调和，之前所有的恩怨，都只能在杀戮中得到清算。

不仅如此，关东的霸权，以及燕国的正统，决不容许其他政权去挑衅。

后燕建初八年（393）十月，慕容垂开始与臣下商量讨伐西燕的事宜。

诸位将军都不赞同，理由有二：第一，我方连年征战，士卒疲惫，慕容永的实力也强于翟钊，并非轻易就能拿下；第二，慕容永那边没出什么大乱子，现在的时机不合适。

只有慕容德支持打。他认为慕容永蛊惑人心、混淆视听、制造谣言、煽动是非，危害极大，必须尽快解决掉西燕，否则后患无穷。

慕容德所说，确实触及了二燕之战的本质。说得简单点，西燕、后燕之争，也就是燕国的"正统"之争。这不禁令人联想到，由北魏分裂出的东魏、西魏，发生过多次激烈斗争。正统，是分裂时代政治家们的心结。

对于慕容德的看法，慕容垂非常赞同，慨然道："吾比老，叩囊底智，足以取之，终不复留此贼以累子孙也。"

他以为，他虽然老了，但凭他所余的智谋足以对付，绝不能把这些贼寇留下来祸害子孙。

长子受围，西燕覆亡

十一月，慕容垂发兵七万，派遣慕容瓒、张崇等从井陉出发，进攻把守晋阳的西燕武乡公慕容友；又派平规进攻把守沙亭（今河北涉县东南）的段平。慕容永也派他的尚书令刁云和慕容钟，统领五万军队据守潞川。

次年（394）二月，慕容垂再次分兵三路进攻西燕：慕容楷一路出滏口，慕容农一路出壶关，慕容垂亲自带一路出沙亭。

西燕慕容永该如何应对呢？

在公元537年的两魏小关之战中，东魏丞相高欢也是分兵三路进攻西魏，当时，西魏宇文泰力排众议，拒绝分兵把守，选择集中兵力突袭东魏中路，从而一战成功。

但这只是个案，况且，不是每个人都有宇文泰那样的魄力。

当此情形，慕容永完全搞不清楚慕容垂的想法，他选择了最稳妥也是最常规的做法：分兵拒守。至于军粮，则都聚集在了台壁（今山西黎城东南）。

太行八陉贯穿两国边界，山路崎岖，小道纵横。对于用兵出神入化的慕容垂来说，实在再适合不过了。谁都猜不到他究竟会出现在哪里。

慕容永丝毫不敢大意，他打起十二分精神，密切关注着慕容垂的动向。这一眨眼两个月就过去了，丝毫没见慕容垂的主力部队。这让慕容永非常不安，他知道这其中肯定有诈。

要知道，慕容垂打仗从不按套路出牌！

到底诈在哪里？慕容永怀疑慕容垂走山路，悄悄绕到他的后方进行偷袭。念及此，慕容永的后背直冒冷汗。他赶忙把各路守军都后撤回到了轵关（今河南济源西北），前方仅余镇守台壁的万余部队。

当慕容永做出战略调整后，慕容垂终于有了"反馈"。四月二十，后燕主力部队出现在滏口，进入了天井关。及至五月初一，后燕到达台壁。

打开地图，我们可以清楚地知道，河南济源市与山西黎城县的直线距离有一百八十公里左右，慕容永做出的战略调整，简直就是在瞎搞！两地之间山路崎岖，支援部队不可能在几天内抵达。

之前慕容垂做了什么？他仅仅是把部队隐藏好而已，其他什么也没做，就成功地"骗"到了慕容永。只要慕容永一慌，这事儿就好办了。

慌了神的慕容永，做出了如下部署：他先派从兄大逸豆归救援，被后燕的平规打败；他又遣镇守台壁的小逸豆归出战，结果又被慕容农击溃。

最终，后燕把台壁团团围住。

西燕镇守潞川的刁云、慕容钟见势不妙，遂率众投降后燕，在范阳王慕容德的手下办事。

慕容永急了，台壁不能丢！几乎所有的粮草都集中在台壁，一旦台壁失守，自己丢掉了补给线不说，还会令慕容垂实力倍增。

事不宜迟，慕容永不仅把之前退防轵关的军队再调往台壁，他还亲自带五万人驰援台壁。

不可避免地，双方在台壁南边发生交战。慕容垂佯装败退，慕容永穷追不舍，不想却中了慕容垂提前设好的埋伏。西燕军队四处受围，阵亡八千人，慕容永仓皇逃回到长子城。西燕晋阳守将得知慕容永大败，也弃城逃走。晋阳旋即为后燕所得。

在这场战争中，慕容垂充分利用慕容永急切的心理，取得了决定性的胜利。咱们都明白一个道理，人一旦着急，做事往往会欠考虑。倘是在平时，慕容永便不会轻易上当。

这年六月，慕容垂围困长子，慕容永进退维谷，遂打算放弃长子城，投奔后秦。

就在这个节骨眼上，侍中兰英劝住了他。兰英认为，只要坚守住长子城，拖垮慕容垂，就可以东山再起。如同慕容皝拖垮石虎那样。慕容永听后便打消了逃跑的念头。

说的是没错，但问题是，石虎当年粮食不多，慕容皝守城则众志成城。

请问，这些条件慕容永有吗？

才过了两个月，慕容永就已经撑不住了，他先后向东晋、北魏求救，二者也都点了头。但天不遂人愿，救兵还没到，大逸豆归的部将伐勤等，就偷偷打开了长子的城门，后燕军队大摇大摆地进了长子城。

终于到了报复的时候了。

斩杀慕容永及刁云、大逸豆归等三十余位西燕大臣，剩下的人则根据才能加以任用。西燕就此灭亡，八郡七万余户都为后燕所吞。

史评，慕容垂"叩囊余奇，摧五万于河曲；浮船秘策，招七郡于黎阳"，没错，在黎阳、长子两战里，慕容垂把战争的艺术玩到了极致。当初，王猛的担心不无道理。慕容垂若不是被耽误了二十年，真无法想象他会有多大的成就！

当年十一月，慕容农进攻东晋的青州和兖州的其他郡县。

东晋东平太守韦简战死，泰山、高平、琅邪等郡都纷纷弃城。燕军所获颇丰。

在占据临淄（今山东淄博东北）之后，慕容垂把慕容农召回，于龙城宗庙告捷。

见后燕日益强盛，姚兴也派人与后燕建交，并主动把慕容宝的儿子慕容敏送回了后燕。

如今的后燕，已步入了极盛时期，接下来，慕容垂把目光投向了北方。那里，有个国家叫作魏，有个人叫作拓跋珪。

第三节　北魏复国之路

代国的余脉与希望

在第二卷中，咱们讲到，在公元 376 年，前秦进攻代国，拓跋什翼犍被儿子拓跋寔君所杀，代国大乱，前秦乘机消灭代国夺取了代北。

广袤的代北该如何去统治呢？苻坚表示，有些鞭长莫及啊！

经常出使前秦的代国大臣燕凤，便向苻坚建议道："代国的独孤部大人刘库仁勇而有智，铁弗刘卫辰狡猾多变，不能让他们其中一人独自统治代北。最好把代国分开，让他们分别统领。两人一直都有仇，可以互相制衡。等到拓跋什翼犍的孙子拓跋珪长大，再立他为王，这样陛下对代国就有存亡继绝的恩德。"

这建议正好符合苻坚的德治主义，也确实是在为前秦考虑——从表面上看。

或许苻坚对刘库仁不太熟悉，但他对刘卫辰是再了解不过了：狡猾多变，朝秦暮楚，逢战必败……反正，就不是个善茬。

于是，苻坚不做他想，愉快地听从了燕凤的建议：刘卫辰去统治黄河以西，刘库仁去统治黄河以东，两人各授官职。

而拓跋珪，正是在此时，随母贺兰氏投奔了刘库仁。他是代国的余脉与希望。

对此，学术界主流意见是，拓跋珪为拓跋什翼犍的孙子，是拓跋寔的遗腹子。在拓跋珪还没有出生时，他的父亲去世了。而他的母亲贺兰氏，则改嫁给了她的公公拓跋什翼犍，后来又生了几个孩子。

其实，在游牧民族的习俗中，这种"收继婚"的行为很正常。但是，当北魏统治者的汉化程度逐渐加深，他们再回头看这段历史的时候，就觉得有些不是滋味了。

北魏太平真君十一年（450），北魏爆发"国史之狱"事件，鲜卑贵族把矛头直指崔浩，说他写的史书"揭露宣扬"北魏祖先的丑事，崔浩也因此获罪（当然还有别的原因，此处不讨论）。

此事过后，北魏史者噤若寒蝉，再也无人敢提及。到了北齐年间，魏收撰写《魏书》时，所能看到关于拓跋珪早年经历的材料已经不多了，再加上魏收本人也对此进行粉饰与削删，因此这些史料对于今日的研究工作造成很大的困扰，但我们依然能够找到一些蛛丝马迹，窥探当时的情形。

代国灭亡时，拓跋珪年仅六岁。

刘库仁并不以拓跋珪年幼而滋生傲慢。他尽忠奉事，不以兴废易改臣节，提供给拓跋珪宝贵的生存空间。

不出燕凤所料，刘库仁与刘卫辰的矛盾越来越深。苻坚也越来越宠信人品更为忠义的刘库仁。这让刘卫辰大动肝火，他不惜发动兵众讨伐刘库仁。但这也无妨，"常败将军"名不虚传，刘卫辰再次失败，被刘库仁追到阴山以北千余里，就连老婆孩子也成了刘库仁的战利品。苻坚对刘库仁的待遇愈加丰厚。

淝水之战后，北方大乱。苻丕在邺城对抗慕容垂。

前秦幽州刺史王永向刘库仁求救，刘库仁不忘苻坚对自己的信任与恩惠，爽快答应出兵相助。他派出大舅子公孙希率领三千骑兵前去救援。骑兵在蓟南大挫后燕平规，又长驱直入，进据唐城，与慕容麟对峙。

听闻捷报后，刘库仁发动雁门、代郡、上谷三郡的兵力，准备驰援苻丕。可三郡之兵不愿远征，军队中弥漫着厌战的情绪。这一点恰为刘库仁的手下慕舆文所利用。

在他的煽动下，刘库仁被杀，他也投奔了后燕。

刘库仁死后，他的弟弟刘眷继任部落大人。他带领独孤部先后打败白部、贺兰部以及柔然，获得牛羊数十万头。应该说，刘眷还是有一定能力的。

可惜好景不长，由于刘眷疏于防范，不久后为刘库仁之子刘显所杀。

保驾护航的母亲

刘显杀害刘眷后，取而代之，成为新一任的独孤部领袖。

与其父的态度截然不同，刘显不仅忌防着拓跋珪，还想派刺客杀死他。然而，这个计划被他的手下知悉了，此人又将此讯密告了拓跋珪母子。

贺兰氏当机立断，立马让拓跋珪逃走，随后施展忽悠大法。

怎么忽悠刘显的刺客呢？贺兰氏先设宴"款待"刺客，成功将其灌醉，再在次日早晨故意惊动马厩里的马，对刺客泣诉道："吾诸子始皆在此，今尽亡失。汝等谁杀之？"

换成大白话，就是说：我的儿子们本来都在这里，现在却全都不见了，你们是谁杀了他？

这招厉害啊！想想看，刺客本就做贼心虚，面对这个问题也不好接话。虽说他不知这中间起了什么变故，但那谋害珪珪的计划也只能作罢。

就此，拓跋珪成功逃过一劫。

还有一点值得笔者交代的是，尽管《魏书》极力去掩盖贺兰氏改嫁公公拓跋什翼犍，并生下孩子的事情，但在这里，《魏书》"露馅"了！

吾诸子始皆在此，今尽亡失。

诸子：孩子们。

皆：都。

尽：全，都。

这些都是复数的表达方式，很显然，她的孩子不止一个！当时贺兰氏是带着好几个孩子生活。

那么，这些孩子都是谁呢？史家李凭在《北魏平城时代》中指出，除了拓跋珪外，还有拓跋仪、拓跋觚、拓跋烈。

再看，拓跋珪是贺兰氏的长子，在她怀着拓跋珪的时候，她的丈夫就死了。那剩下的孩子是谁和她生的？从习俗上讲，她只能嫁给公公拓跋什翼犍。而《魏书》在这里显然有点"大意"，未做削删，留下了这么一个很大的破绽。

拓跋珪逃离独孤部后，来到了他舅家的部落——贺兰部。由于此时拓跋珪年龄小，得不到拥戴。只有贺兰悦举部跟随拓跋珪。

时间一久，此事终为刘显所知，这厮气得直咬牙，自己居然被一个女人要了！

他要杀死贺兰氏母子！

得知消息后，贺兰氏连夜带着儿子逃到了刘亢泥家藏了起来。刘亢泥虽然是刘显的弟弟，但他也是拓跋珪的姑父。由于刘亢泥全家都为贺兰氏母子求情，刘显这才罢休。恰好此时刘显的部落出了乱子，贺兰氏得以重返贺兰部。

于是，拓跋珪又逃过一劫。

回到贺兰部后，拓跋珪的威望与日俱增，这招来了他舅舅染干的嫉妒。染干决定带兵杀死拓跋珪。又是这位母亲，充当了儿子的挡箭牌。她义正词严地痛斥染干，导致对方羞愧而去。

至此，拓跋珪第三次躲过劫难。

不得不说，没有母亲的保驾护航，拓跋珪不会有未来的成就。他最应该感激的，是他伟大的母亲。但深受母爱滋育的拓跋珪，日后却开启了一个令人齿冷的制度。

此事容后再表。

建号为魏，是有讲究的

公元 383 年，苻坚在淝水之战失败，前秦瞬间崩溃，不仅关中、关东成为主战场，苻坚对代北也失去了控制力。

公元 386 年正月初六，拓跋珪在牛川举行盛大的仪式典礼，在各个部落大人以及贺兰部首领贺兰纳的支持下，宣告自己为新一任的代王，重新复兴代国，改元登国。

四月里，拓跋珪开始称魏王，为了区分与曹操建立的魏国，史学界通常把拓跋珪的魏称为北魏或者元魏、后魏。

为何要改国号，综合史料，以及孙同勋、何德章、田余庆、楼劲等学者的观点，其因至少有三。一、崔宏等汉臣认为，"魏"本为神州上国的"大名"，汉末所流行的谶言"当涂高"又昭示着"魏兴"之命，拥有很广泛的群众基础，因此以"魏"为年号，有助于帮拓跋珪确定天命所归的政治形象，以对国内国外的竞争者宣示、警告，特别是东晋那头，拓跋珪以"魏"为国号，势必对以正统自居的晋形成压力；二、拓跋珪所处的代地，本就与邺城的慕容垂、山西的慕容永，同样是位在"旧魏之地"，如此可用以抚慰北方汉地；三、拓跋珪在政治上表现出锐意革新的取向，此国号与其后离散部落、编户齐民、定都平城等措置一致，表明他将跳出拓跋鲜卑的政治磁场，另辟新路。

不过，为了调和新旧两派的矛盾，代、魏兼称的现象，终其一朝也一直存在，尤其是在文献、文物当中。

北魏出行俑阵，车舆制初创于拓跋珪时期，笔者摄于安徽博物院特展"4—5 世纪北魏平城文物展"

眼下，拓跋珪已经表现出了杰出政治与领导才能，但仍然有许多部落表示不服。很显然，他们是瞧不起不过十六岁的拓跋珪。

譬如说，拓跋珪的叔父拓跋窟咄入侵时，代人莫题暗中归附了他，还赠箭盟誓说："三岁大的小牛犊，岂能拉得动重载的车呢？"很显然，莫题是在嫌弃拓跋珪的年龄，认为他只是个乳臭未干的毛头小子。

却不知英雄出少年，策马扬鞭定乾坤。

此时的拓跋珪，还是非常善于安抚部众的。在得知侯辰和莫题分别带着自己的部落叛逃时，拓跋珪并未选择追杀，而是任其逃跑。当他们又来投降归附时，拓跋珪也不计前嫌。可以说，拓跋珪这种大度的表现，有助于减少叛乱、稳定人心。

这与成年之后的他判若两人。

看到拓跋珪事业新兴，刘显有些眼红，他想把这个草创的政权扼杀于摇篮之中。

怎样才能对其进行毁灭性的打击呢？刘显苦思冥想，最后依然选择在年龄上做文章。他要迎立一个年龄比拓跋珪大、辈分比拓跋珪大、同时在血统上也不输于拓跋珪的人。

很快，拓跋窟咄进入了刘显的视野。

拓跋窟咄是拓跋什翼犍的儿子，是拓跋珪的叔父。前秦灭代后，拓跋窟咄被抓到了长安。后来跟随着西燕东迁的大部队来到长子，被慕容永封为新兴太守。

这年八月，刘显派人迎接拓跋窟咄，并给予其部队。拓跋窟咄一路向北走来，试图夺位。

北魏举国震动。刚刚所说的莫题归附拓跋窟咄，就是在这个时候。而重臣于桓等五人，甚至想直接绑了拓跋珪，到拓跋窟咄面前请一功！

生死攸关之际，拓跋珪的反应很快，他立刻做了三件事情来应对：一、杀了于桓等五人，莫题等七姓一律不予追究，让事态不再继续扩大；二、带领所有人向北翻越阴山，再次依附贺兰部，避其锋芒；三、向后燕求救，只有后燕才有实力化解这次危机。

在经过多年生与死的考验后，拓跋珪对危险的警觉性出乎寻常的高，这也是他在乱世生存的不二法门。

他派出去后燕求救的有两人：长孙贺与安同。

岂知，这个长孙贺却不是靠谱的人，半路上他直接投奔了拓跋窟咄。安同怕被告密，只能抄小路到达中山。慕容垂随即派出慕容麟率领六千精锐前去支援。

事实证明，拓跋珪的警惕非常有预见性。之前想杀他的贺兰染干也趁机进攻北魏北边。北部大人叔孙普洛等十三人以及众多乌桓人投奔了刘卫辰。北魏毫无斗志，情况十分危急。就在这时，慕容麟的援军到了。

毫无疑问，在慕容麟所带领的后燕精锐部队面前，拓跋窟咄几乎没有胜算。慕容麟与拓跋珪联手，把他打得找不着北。拓跋珪尽得其众，实力有了极大的增强。拓跋窟咄如同丧家之犬一般的投奔了刘卫辰，孰料刘卫辰对他并不感冒，随即将其杀死。

到如今，拓跋珪第四次躲过劫难。

在拓跋珪的前半生中，有着开挂一般的运气。东汉开国皇帝光武帝刘秀创业的道路也充满着各种幸运，被今人戏称为"位面之子"。两相对比，拓跋珪也是时代的宠儿，将其称为"天选之子"，一点也不过分。

消灭强敌，成为草原霸主

在有了后燕这层靠山后，拓跋珪底气足了很多。眼下，对他最有威胁的人还是刘显。不除刘显，拓跋珪睡觉不会踏实，他需要找一个时机。

机会说来就来，次年（387）四月，刘显和他兄弟发生分裂。谋士张衮说："刘显早晚还要来打我们，不如趁其内讧时将其消灭，我们的实力还不够，不如请后燕一起出兵。"拓跋珪当即同意。

慕容垂对这个邀请并不感冒，此时丁零人的问题让他备感头痛。不久，刘卫辰向后燕进贡一批战马，但在半路就被刘显抢了。这令慕容垂无比愤怒，他便立刻让慕容楷、慕容麟去打刘显。

慕容楷在正面击溃刘显后，拓跋珪与慕容麟不给刘显喘息的机会，再次对其截杀。走投无路的刘显，只能投奔后燕。

经此一战，后燕获得数以万计的牛、羊、马等战利品，并迁徙八千落部民于中山，可谓收获颇丰。拓跋珪虽然没有得到实质性的好处，但却解除了东方最大的威胁。

此后，他确立了一个正确的发展方向——西北。

西北方，不会与后燕有任何利益的冲突，所得的战利品也会完全归自己所有，还能不时得到后燕军队的支持，何乐而不为呢？就这样，拓跋珪不断收服小的部落，扩张领土，积累实力。

不久后，拓跋珪就腾出手来对付另外一个仇人——刘卫辰。

从表面上看，刘卫辰的实力要强于拓跋珪，但刘卫辰的部落族属过于庞杂，在执行力与战斗力上不够强大，再加上刘卫辰自身孱弱的军事能力，败于拓跋珪也实属正常。

北魏登国六年（391）十月，刘卫辰派自己的儿子刘直力鞮带领八九万人进攻北魏的南部，拓跋珪仅用五六千人，就将其击溃。刘直力鞮单骑逃走，拓跋珪乘胜追击，直接追到了刘卫辰的国土。这是刘卫辰完全没有想到的。他的部落顿时溃散。

刘卫辰本人根本没有心思去组织反击，他的生存之道就是第一时间逃命。可惜这次没能逃脱，被部下杀死。

旋后，拓跋珪杀死刘卫辰家属以及亲朋好友五千多人，全部投入黄河，只有刘勃勃一个儿子得以幸存。刘勃勃辗转投奔后秦，最终建立了大夏国（详见第七章）。

此战拓跋珪缴获三十多万匹马，牛羊四百多万头，实力迅速膨胀，黄河以南各部落望风而降，草原霸主的地位无人能够撼动。

北魏的崛起，是后燕不愿看到的。后燕最开始扶持拓跋珪，是打算将其控制，为己所用。奈何拓跋珪的实力太强，已经超出了他的预期。拓跋珪在征服草原的过程中，也在想着如何入主中原。

早在公元388年，拓跋珪就派自己的弟弟拓跋仪去后燕窥探情报。在面对慕容垂的盘问与威胁时，拓跋仪不卑不亢。回国后，他对拓跋珪说："慕容垂已经年老，太子慕容宝暗弱，范阳王慕容德非常自负，绝非少主所能驾驭，只要等到慕容垂死，他们必然内乱，到那时候可以去图谋他们。"

这分析可谓一针见血。与慕容垂相比，拓跋珪最大的资本就是年龄。太子慕容宝庸碌，在后燕复国的过程中，基本没有什么闪光点，更无多少军功可言。用通俗的话说，慕容宝镇不住场子。

北魏登国六年（391），慕容麟再次与拓跋珪联手，击败贺兰部。回到中山后，慕容麟对老爸慕容垂提了醒："拓跋珪绝非等闲之辈，终究是祸患，不如把他征召到咱这里，让他弟弟代理他处理魏国的事情。"慕容垂没有同意。

没承想，两国很快决裂了。

不久，拓跋珪派出他的弟弟拓跋觚出使后燕，此时后燕已由慕容宝等后辈掌权，他们直接扣留了拓跋觚，要求拓跋珪用战马来换。拓跋珪不愿受到胁迫，他直接拒接了后燕的要求。随即与西燕建立外交关系。

如前所述，北魏登国九年（394），后燕进攻西燕。

台壁之战后，慕容垂围困长子。慕容永向拓跋珪求救，拓跋珪也派出军队对其救援。对慕容垂来说，这是赤裸裸的挑衅。此时的两国火药味十足，在不久的将来必有一战。

第四节　燕魏交战，天命属谁？

虎头蛇尾的北伐

公元394年，后燕灭西燕。次年五月（395），后燕对北魏发动攻势。

此战中，慕容垂因病没有出征，他任命太子慕容宝为主帅，作为军队的总指挥。意图再明显不过：让慕容宝立军功，树立威信，为以后的权力交接做准备，又令慕容农与慕容麟一同前去，共率领八万兵力。慕容德与慕容绍，则率领一万八千人，作为后继部队。

安排这个华丽的阵容，慕容垂可谓用心良苦。

由于慕容宝的水平的确平庸，慕容垂便把最杰出的儿子慕容农放在慕容宝身边。而慕容麟呢，因其多次与拓跋珪协同作战，对敌人极为了解。至于慕容德，他是德高望重之人，有他压阵，不怕有人造慕容宝的反。

并且，慕容宝这八万人，可是实打实的战斗力，绝非滥竽充数。反过来，北魏的军队数量，则要打上一个大大的问号。

就这样，后燕军队浩浩荡荡地向北出征了。

听闻风声，拓跋珪自忖不是对手，拔腿就跑。慕容宝是要来立功的，岂能纵敌？他一路向西追赶了千里，逼近五原（今内蒙古乌拉特前旗东南），除了拓跋珪还没来得及转移的牲畜外，慕容宝还缴获了百余万斛粮食，以及三万多户降民。

白赚了这么多战利品，又该慕容宝选择了，是走，还是继续追？

追的话，始终找不到拓跋珪主力决战，会不会反而造成一些损失；走的话，似乎回去又没法交代，毕竟慕容宝迄今为止，连一个人头都没有拿到。

纠结之后，慕容宝心想，还是追吧！这次出征的目的是要立功，不能辜负父亲的期待。这一追，就追到了黄河边上。

这一次，他终于看到拓跋珪的影子了。那人正在黄河对岸严阵以待。

慕容宝下令打造船只，伺机过河。

拓跋珪当然不会束手就擒，他明白这支燕军有着致命的弱点：远离中山，讯息不通。

此时，慕容宝出征四个月之久，早不闻中山的消息了，他们很容易遭人蒙蔽。

想到了这一点，拓跋珪早就派人埋伏在慕容宝的归路上，沿途打劫后燕的通信兵，并让他们在河对岸告诉慕容宝："你的父亲已经死了，你怎么还不赶快回去？"

不要小瞧谣言的威力，慕容垂是后燕的中流砥柱。这不禁使慕容宝担心，万一这个消息是真的呢？为此，燕军开始恐慌，慕容宝也变得无心恋战，开始萌生撤军的想法。

是要回去当皇帝吗？也不尽然，不要把慕容宝想得那么没良心。试想，父亲死了，谁还有心思在外面打仗？但慕容麟却有着不同的想法。他打算找机会对慕容宝下手，取而代之。

慕容麟的部下慕舆嵩等人，开始搞事情。但不巧，他们在执行计划时被慕容宝察觉，慕舆嵩等人旋即被处死。慕容宝又开始猜忌慕容麟了。

两军对峙二十多天，慕容宝受不了了，到了十月二十三，他烧毁船只，连夜撤军。

后燕撤退了，战争结束了吗？并没有。幸运之神再次站到了拓跋珪这边。

八天后，突然来了一股强冷空气，气温骤降，狂风大作，黄河结冰。拓跋珪当机立断，抛弃辎重，带领两万骑兵追击。

《魏书》称，拓跋虔带领五万人在左侧拦截，拓跋仪再带领五万人在右侧拦截，拓跋遵带领七万人在后方拦截。

笔者认为这些数字统统不靠谱。

北魏若有这么多军队，拓跋珪不可能一开始就逃跑，更不可能只带两万人去追击了。游牧民族拖家带口，一起算上，数字可能会庞大，而实际战斗力其实很弱。只有拓跋珪的两万人，是真实的战力，同时也是他能拿出来的所有的家底。

他要放手一搏，拿出所有的筹码，赌上能赌的一切。

参合陂之战

燕军走到参合陂（今山西省阳高县），刮起了大风，一片黑气从燕军后方压了过来。

僧人支昙猛提醒慕容宝，这是魏军追上来的迹象，应该加以重视，派兵去抵御。而慕容宝认为自己已经离魏军很远了，对支昙猛的话一笑了之。

支昙猛苦口婆心多次请求，还没见慕容宝发话，却见慕容麟大怒道："以我们殿下的神勇英明，加上军队强大，都可以在沙漠上横着走，北魏怎么敢跑这么远来追击我们！支昙猛胡说八道，扰乱军心，理应斩首示众！"

瞧瞧，之前兄弟俩还互相猜疑，转眼间又"同心"了。为何转变得这么快？慕容麟的话，明显有拍马屁的成分，他是主动在向慕容宝和解。

支昙猛依然不依不饶，他用淝水之战的例子劝慕容宝不要轻敌。

慕容德看不下去了，他也认为支昙猛有一定道理，希望慕容宝能听一下。慕容宝这才派慕容麟带着三万军队殿后（这个数字值得注意），以防万一。

慕容麟之前还想杀支昙猛，他怎么可能去认真干活？实际的情况是：上白班的打猎享乐，上夜班的蒙头大睡。

明知慕容麟不赞同支昙猛，为何慕容宝还派慕容麟去？

　　这恐怕是慕容宝故意要提高自己的威信吧。他要手下的人明白，现在他才是主帅，所有人都要听他的，他认为北魏不会追来，北魏就不会追来，没必要防备。

　　至于叔父慕容德，面子还是要给的，但也仅仅是给个面子而已，他派出慕容麟，实际就等于不设防，是在故意顶回慕容德的话。

　　还有，从始至终，未见慕容农说过一句话，他甚至连意见都懒得发表，说明什么？他真心想帮慕容宝立功吗？恐怕不见得，更大的可能是他在出工不出力。

　　另外，多说一句。关于参合陂的地点，有两种说法，一说是内蒙古岱海，另一说是山西省阳高。对此，历史地理学家严耕望有一番翔实的考证，在他的《唐代交通图考》与《治史三书》中均有提及。

　　简单说来，秦汉时，在代郡设立了参合县，也就是现在的山西阳高，县名一直用到了北魏。而北魏末年，又在内蒙古岱海设立了一个参合县，郦道元的《水经注》与魏收的《魏书·地形志》都把魏末的"岱海参合县"当成了北魏初年，后燕与北魏交战时所在的"阳高参合县"。魏收说参合县"前汉属代"，但是"岱海参合县"的位置于汉朝时根本不在代郡，而是在定襄郡，定襄郡与代郡中间还隔着一个雁门郡。可见魏收把二者混为一谈了。参合陂的位置在山西阳高应该是没有什么问题的。

　　笔者看了好多时人的论述，很多都将此写成"内蒙古岱海"，这应是审查不周所致。

　　北魏日夜兼行，在第六天追到了参合陂。此时后燕军队在陂东，驻扎在蟠羊山南面的河旁。拓跋珪命令士卒衔着枚，扎紧马口，夜里静悄悄地上山。

　　第二天早晨，太阳刚刚升起的时候，北魏军队到达了山顶，燕军这才发现情况不妙，开始自乱阵脚。拓跋珪全军出击，从山顶冲了下来。

　　我们都知道，在物理学上，动能除了和自身质量有关系，还和速度的平方成正比（$E=1/2mV^2$）。就说吧，战马从高坡冲下低坡，本身奔跑的速度已经非常快，还要再"平方"一下，造成的冲击力相当之大，处于相对静态的人，怎么可能顶得住？

　　后燕大败，自相踩踏，落水淹死的人数以万计，慕容宝单骑逃命，剩下的四五万人，纷纷投降。只有数千人逃了出去，数千王公文武将吏被生擒。

　　如何处理这批降俘？拓跋珪挑选了可用的人才，打算把其余士兵都放回去。中部大人王建对拓跋珪说："我们侥幸胜利，不如把他们全部杀掉。抓获强敌再放纵他们回去,恐怕不可以吧。"拓跋珪心想是这个理,便下令把所有的降俘统统活埋。

这里有个数字值得注意。后燕的损失,《魏书》说燕军阵亡了数以万计,投降了四五万人,数千人突围成功。那么我们来算一下,慕容宝出发的时候带了八万人,慕容德后继带了一万八千人,加起来约等于十万人。

两者根本对不上。

并且《魏书》作为"胜利者"的一方,只可能夸大胜果,不可能去少说。既然《魏书》给出了明确的数字,燕军的损失只可能比这少,不可能更多。(《资治通鉴》照抄《魏书》)

如果说,阵亡了一万五千人到两万人,投降了四万人到五万人,加上突围成功的五千人左右,加起来也只有七万多人,无论如何也到不了十万人,两者之前相差大概三万人。

其实答案已经呼之欲出了:慕容麟之前带出去的三万人,根本就没参加这次战斗。他眼睁睁地看着自己的同胞被屠戮,而不去救援。

何以如此?他心里巴不得慕容宝、慕容农去死,怎么可能救他们?如果拓跋珪的谣言是真的——慕容垂已死。此战慕容宝再死了,而他,手底下可是有三万军队作为底牌,回中山后,皇帝的位置没准就是他的!

但结果令慕容麟很失望:慕容宝脚底抹油跑得比谁都快,慕容垂在中山也还算安康。

慕容垂的最后一战

看到了如此惨痛的失利,慕容垂就算不一定完全知道里面的所有细节,也大概能猜得出来原因:兄弟不和,钩心斗角,彼此之间互相排斥……

慕容宝深以为耻,请求再战北魏。范阳王慕容德也认为,拓跋珪此胜之后,难免会有轻视太子之心,不得不除。慕容垂决定亲自出马,务必要在有生之年,铲除北方最大的隐患。彻底达成"终不复留此贼以累子孙"的宏愿。

但是,后燕刚刚损失五万多兵力,元气大伤。怎么再重整旗鼓,集结兵力?慕容垂决定,把慕容隆的龙城精锐带回来。

龙城,是慕容鲜卑的旧都,可以说是后燕最精锐的部队。慕容垂这样毕其功于一役,原因他自己清楚,上天留给他的时间已经不多了。拓跋珪必须拿下!

时不我待,慕容垂人生的最后一战就此打响。

怎么打？慕容垂不啰唆，先打平城（今山西大同），直驱云中，袭击盛乐！

这战略的要旨，便是把最锋利的剑刃刺向拓跋珪的心脏！

这战略是否设计得太简单了？的确，非常简单，并且非常粗暴。直接去打你的都城，逼你来决战！

只是，拓跋珪生性多疑，早就防着呢，岂能让后燕轻易如愿？他早就安排了最得力的手下拓跋虔镇守平城，并时刻侦察着后燕的动向。

有用吗？对付其他人来说，可能有用，但是不要忘记，对手可是慕容垂。翟钊和慕容永就是活生生的例子：没几个人能预测慕容垂的战略。

鲁迅先生曾说："这世间本没有路，走的人多了，也就成了路。"此次战争，慕容垂依然有着自己独特的见解："逾青岭，凿山通道，出魏不意，直指云中。"十万规模的军队于巍峨的太行山中翻山越岭。在陡峭的山崖间，燕军硬生生凿出了一条路，直接"飞"到了平城脚下！

惊不惊喜，意不意外！

面对气势汹汹的后燕军队，守城的拓跋虔居然出城迎战了！他居然敢出城迎战！

《魏书》称拓跋虔"姿貌魁杰，武力绝伦，每以矛细短，大作之，犹患其轻，复缀铃于刃下。其弓力倍加常人……常以槊刺人，遂贯而高举。又尝以一手顿槊于地，驰马伪退，敌人争取，引不能出。虔引弓射之，一箭杀二三人"。这么看来，拓跋虔就算不是天生神力，也算得上是大力士级别的人物。但是，他的对手可是倾全国之力的战神慕容垂啊，难道他心里没有点数吗？

拓跋虔真的没有数。他或许根本就不知道这是后燕最精锐的主力军。因为此前没有任何后燕北伐情报。他认为这不过是小股的骚扰部队，来给他送人头、刷经验的。再加上之前刚刚大胜，难免会有些轻敌。故而，他也没细想，就这么冲了出去。

然后，他死了。

慕容垂终于露出了狰狞而又嗜血的獠牙。这獠牙或许不再如以往那么锋利，但足以致命。拓跋珪，你不是天选之子吗？你不是有位处处为你化险为夷的伟大的母亲吗？你不是有"和邻存国，贤之效欤"的燕凤吗？那很好，我们来比试比试。

惶恐，无比巨大的惶恐，吞噬了拓跋珪，笼罩着整个北魏。拓跋珪的第一反应是要跑，但却不知道往哪跑，他的手下也开始动摇，考虑着是否要换一个老板。

史称，"魏王珪震怖，欲走，诸部闻虔死，皆有贰心，珪不知所适"。可以说拓跋珪当时已然绝望。他自认为了解慕容垂，可当慕容垂真打过来的时候，他才知自己对于双方的实力差距，还是估计不足。

劣势如此，对方又是征战疆场半个世纪，从未有败绩的慕容垂！如果那时候有庄家开出盘口，后燕胜利的赔率不会高于 1 赔 1.1，甚至会更低。不用太长时间，哪怕只要两个月，拓跋珪的手下就可能提着他的人头来到慕容垂面前请功！

拓跋珪想要翻盘，除非发生奇迹。

然而，奇迹真的发生了。

一个令人瞠目结舌的奇迹。

上天再一次眷顾了拓跋珪，甚至不惜用"作弊"的方式！

唐人李华《吊古战场文》中写道："浩浩乎，平沙无垠，敻不见人。河水萦带，群山纠纷。黯兮惨悴，风悲日曛。蓬断草枯，凛若霜晨。鸟飞不下，兽铤亡群。亭长告余曰：'此古战场也，常覆三军。往往鬼哭，天阴则闻。'伤心哉！秦欤汉欤？将近代欤？"

当后燕军队再次到达参合陂时，他们的心境应比唐人写的吊古战场文还要悲凉——那是亲友们的葬身之所啊！白骨露于野，积骸如丘山，天愁地惨时，猿悲共鹤怨！飞沙走石间，似有无数冤魂在此哀鸣号哭。这场面，怎能不让人肝肠寸断，悲不自胜？

燕军设下祭坛，有儿子给老子祭奠的，也有老子给儿子祭奠的，一时间，哭声响彻山谷，远播四野。在这涕泗交颐的氛围中，受到强烈刺激的慕容垂，再也撑不住了，竟然口吐鲜血，倒了下去，倒在了让他们难以释怀的参合陂。

这不奇怪，毕竟，慕容垂已经七十岁了，怎么受得了这样的刺激？

历史的轨迹就这样被轻易地改变了。后燕不得已退兵了。天选之子拓跋珪再次逃出生天，逃过了北魏开国以来最危险的一劫。

上苍就这样强行保住了拓跋珪，简直就是呵护亲儿子一般！

拓跋珪呵呵一笑，不好意思，刚才开门收了份外卖，发生什么事情了？

这主角光环，咱们羡慕不来！

第五节　慕容宝的败亡

反攻，刻不容缓

慕容垂一死，拓跋珪迫不及待地开始反攻后燕。

有多么迫不及待？燕军在公元396年四月撤退；六月间，拓跋珪的母亲去世；八月里，拓跋珪就开始全面南征后燕！

母亲的离世固然让他悲痛，更何况母亲不惜一切代价数次拯救他于危难之际。但拓跋珪已经顾不上那么多了，慕容垂死后后燕政局动荡，人心不稳，这一天他已经等待多时，什么人什么事都无法阻止他前进的步伐。

首当其冲的是并州重镇晋阳（今山西太原），慕容农被魏军气势所震慑，弃城而逃。于是初登大位的慕容宝召集大家商量对策，大家莫衷一是，有说把守关卡，不能纵敌深入的；有说坚壁清野，不给魏军掠夺粮食的；还有说固守中山，等待时机的。

慕容宝选择了最后一条建议，而这最后一条建议，是慕容麟提出来的。

从此，后燕走上了一条回不了头的亡国之路。

《天龙八部》里，慕容世家擅长"以彼之道还施彼身"的绝技。有意思的是，拓跋珪在拿下晋阳后，也对慕容燕国用出了"以彼之道还施彼身"的招数。嘿，只许你慕容垂可以凿山开道、奇袭平城吗？我拓跋珪也可以"间出井陉，直趋中山"。

井陉是太行八陉之一。在令人津津乐道的"背水一战"中，韩信正是从这条咽喉要道穿过的。《史记·淮阴侯列传》中说道："今井陉之道，车不得方轨，骑不得成列，行数百里，其势粮食必在其后"。可见，井陉有多么的险要。

与拓跋虔一样，后燕也没有任何布防。魏军在燕境内长驱直入，几乎没有遇到任何像样的抵抗，所到之处望风投降，仅仅一个月，整个冀州便只剩下中山、信都、邺城三地。

既然只剩下三城，那就分兵三路，同时攻打。

拓跋珪拟定战策后，派拓跋仪去打慕容德把守的邺城；王建去打慕容凤把守的信都；至于"宝二爷"慕容宝在的中山，拓跋珪给足了面子，亲自去攻打。

拓跋珪信心满满，但现实却给他泼了盆凉水。第一战就碰了钉子！

原来，中山南门守城的是后燕最能打仗的慕容隆。（慕容垂奇袭平城，就是此君作为先锋大将，率领龙城精甲斩杀了拓跋虔）这一战，从早晨一直打到下午，北魏损失好几千人，中山城岿然不动。

在北魏接近一百五十年的国祚里，一直长于野战，短于攻城。无论是道武帝拓跋珪、明元帝拓跋嗣、太武帝拓跋焘，以及孝文帝拓跋宏，似乎对攻取坚城一直都没有太好的办法。当然，这也与南朝政权擅长守城有一定的关系。可话又说回来，南朝也不人人都是韦孝宽，城池也不都是玉壁城那样巍峨竦峙，只能说这确实是北魏军事史上的一大顽疾。

与此同时，邺城那边，拓跋仪打得也很不顺，屡吃败仗。王建攻打信都，围攻六十多天，死伤惨重。没办法，还是要拓跋珪自己来。南下增援王建，他只用了三天便成功拿下。没错，仅仅三天！

这中间到底发生了什么？

守城的主将慕容凤趁着夜色逃跑了！天一亮，大家找不到人，干脆就直接投降了……

拓跋珪还没来得及高兴，就发生了让他头疼的事：后方有人开始叛乱。这险些让拓跋珪前功尽弃！他主动派人去找慕容宝求和，并且拿自己的弟弟做人质。看起来拓跋珪很有诚意。

慕容宝兴奋了！这两年来他处处不顺，终于抓到机会了。你想打就打，想和就和？凭什么！求和？门都没有！

他先是派人去强烈谴责拓跋珪忘恩负义，然后集中所有兵力——步兵十二万、骑兵三万七千——在滹沱河的北岸立下大营，以拦截撤退的魏军。这还不够，慕容宝又招募了一群盗贼无赖，让这群乌合之众夜里偷袭拓跋珪，并且趁着风向放火。

更让慕容宝意想不到的是，拓跋珪完全没有防备，他甚至鞋都来不及穿，撒丫子就逃命了。

慕容宝简直不敢相信自己的眼睛！这就赢了？居然这么简单！

当他哈哈大笑，准备庆祝的时候，又使劲地揉了揉眼睛。屏气凝神后，他真的不敢相信自己的眼睛了。什么？他"招募"的那帮强盗，不仅没有去追杀拓跋珪，反倒是开始自相残杀起来！紧接着，拓跋珪杀了回来……

这个绝好的打击北魏的机会，就这么被轻易地浪费了。

后燕的正规军有损失吗？没有。还是接近十六万。可是，慕容宝就此没有了一战的勇气，之前的豪情壮志顷刻烟消云散，放言说，咱回去吧，回中山去，不打了。

拓跋珪紧紧追赶，屡败燕军，此时慕容宝大脑一片空白，他只想尽快脱离这该死的战场。为此，他不惜抛弃步兵，只带领两万骑兵仓皇逃跑。为了跑得快一些，他又下令丢掉兵器、战袍以及其他物资。狂风暴雪中，燕军冻死的人极多。剩下的，基本都投降了魏军。

慕容宝以极为荒谬的方式把自己人玩死了。或许他都不知道自己是什么想法。从此之后，后燕再也无力与北魏抗衡。

中山保卫战

经此大胜，拓跋珪又一次围住了中山。不过他的后方依然不安稳。跑回去的人散布谣言，称魏军大败，拓跋珪下落不明。笔者个人认为，这多半是因为，被慕容宝招募的那帮强盗偷袭后，有人一溜烟儿跑回去乱说话，可见拓跋珪手下的人多么不靠谱。

而后燕这头，也很令人无语。慕容隆看到己方将士都想出城迎战，于是说服了慕容宝，可每次都排好了阵列，却总是被慕容麟叫停。

到底打还是不打？慕容宝已经完全没有了主张。尽管军队士气高昂，想去决一死战。

估计是想起了之前仓皇逃跑的事情，慕容宝也不想再上前线去经受死神的拷问，索性向拓跋珪求和了。之前拓跋珪求和，但慕容宝没答应。如今风水轮流转，慕容宝竟然主动求和，不仅归还拓跋珪的弟弟拓跋觚，还割让常山以西地区。看起来也比较有诚意。

拓跋珪"不计前嫌"，很干脆地答应了。

正当双方所有人都认为这场战争终于落幕了，慕容宝却突然脑子一抽，当众拍了桌子，吸引到众人的目光：你还要干什么？还有什么异议要说？

这仗继续打，不和了！

拓跋珪彻底被他整蒙了。你打又打不过，你求和我也顺着你，现在又出尔反尔，到底想怎样？于是乎，魏军第三次围住了中山城。相同的剧本又一次上演：后燕众志成城，慕容隆请战，慕容宝同意，最后又被慕容麟阻止了……

眼见无法破解这个死循环，慕容麟的手下又一次对慕容宝下手，结果想必大家都已经猜到了，又双叒叕失败了……眼见阴谋败露，慕容麟只能匆匆出逃。

后燕的毒瘤终于以这种方式被拔除了。

　　那还犹豫什么，已经好久没有痛痛快快战斗过了。赶快重整旗鼓，跟着慕容隆一起，去和拓跋珪战个痛快吧！就在大家翘首以盼的目光中，慕容宝却做出了回龙城的决定。

　　您要问这是为什么？很简单，因为担心逃跑的慕容麟会夺取附近的慕容会的军队呗！

　　看看，慕容家的内讧从未终止。到了生死存亡的关键时刻，不去思考一致对外的事情，反倒是把内部的权力斗争永远放在第一位。

　　于是慕容宝才做出了一个帅气、非凡，以及炫酷的决定：放弃中山，北归龙城。

　　所有人都无语了……

　　更无语的是，慕容隆和慕容农这两位后燕最杰出的王爷居然也同意！大家死活都劝不动。

　　后燕还有一战之力吗？还是有的。拓跋珪出征时日已久，师老疲敝，人人有思归之志，且后方不稳，而后燕军队则是一支求战欲望强烈的部队。

　　不妨把时间调回二十八年前。

　　公元369年，东晋桓大司马打到枋头。慕容暐、慕容评也是想跑回龙城老家。慕容垂却挺身而出：我去打！如果打不过，你们再跑也不迟。

　　什么叫作担当？无法可想，此二公与乃父相差远矣。

　　好吧，既然慕容宝都跑了，中山城的东门又没有关，那就进城吧。拓跋珪就是这么想的，他打算连夜进城。此时，王建一心想去抢掠财物，因着这点私心，他就对拓跋珪说为防士兵偷盗府库，最好在次日白天再进城。

　　不知拓跋珪是怎么想的，居然相信了他这套贼喊防贼的说辞，心想反正慕容宝是不可能回来了，也不差这一晚上。

　　可问题偏偏出现在这晚。

　　后燕开封公慕容详没来得及跟随慕容宝一起走，只好留在了城里。城中的军民便拥戴他做了统帅，关闭了城门继续对抗魏军。

　　天亮之后，拓跋珪傻眼了：后燕的这番操作也太令人窒息了吧？

　　他下令全力攻城。打了好几天，丝毫没有效果。

　　强攻攻不下来，那就打心理战吧。他向城里喊话："慕容宝都把你们抛弃了，你们还在为谁卖命？"城里人却众口一词道："我们只怕再发生参合陂的惨剧，只想多苟延残喘几日。"

拓跋珪气炸了，直接把唾沫吐到王建的脸上，谁让坑杀降将的馊主意是他出的呢？

眼见粮食即将消耗殆尽，拓跋珪不得不下令解除对中山的围困。

这下子，慕容详乐了，他认为这都是他"英明"领导的功劳。

上天使人灭亡，必先使其疯狂。

慕容详在当月就直接称帝了。要知道，此时慕容宝还没死。他称帝后的第一件事就是杀掉手里的人质拓跋觚，而后开始嗜酒、杀人，搞得臣民离心离德。此时，城中又发生饥荒，慕容详不允许百姓出城找吃的，导致中山城内遍地都是饿死的人。

这么耗下去，就算拓跋珪不来，也要饿死在中山。

怎么办？大将又开始希望请回慕容麟，虽说那家伙蔫坏蔫坏的，但好歹还有几分本事。说来也巧，此时慕容详正好让张骧派五千人去常山督促收租赋。慕容麟便趁机带着丁零人潜入中山，擒杀了慕容详，自己当了皇帝。

为了顺应民意，解决温饱问题，慕容麟立刻允许军民出城去找吃的。也没过多久，大家就把自己的肚子填饱了。是啊，这个问题本来很容易解决，但慕容详却偏偏不肯解决，他被杀害也是在情理之中。

既然能吃饱饭了，那就去找拓跋珪决一死战！有人建议道。

慕容麟说不，他才不想去招惹拓跋珪，和平万岁！但拓跋珪不这么想，他还没进去过中山城呢。

再一次的攻打，双方互有胜负。但他们同时出现了很严峻的问题：拓跋珪的军队里出现了瘟疫，死了接近一半的人；慕容麟的人，则是再一次断粮，离死不远了。

抱着"不是你死便是我亡"的态度，拓跋珪咬咬牙，用强硬的姿态命令部下继续攻城。慕容麟则无计可施，巧妇也难为无米之炊啊。

隔月（397年九月），慕容麟撑不住了，带领两万人到新市（今河北正定东北）据守，拓跋珪却已经杀红了眼，不依不饶地寻求决战。到了十月初二，双方在义台（今河北新乐东北）交战。

此战中，食不果腹的燕军大败，九千余人被杀。慕容麟带着数十骑逃入西山，临走前还不忘带上老婆孩子——只论这一点倒比刘皇叔像个男人，而后向南投奔把守邺城的慕容德。

很快，中山城的军民向北魏投降，持续整整一年的中山保卫战就此结束。

末了，拓跋珪还要追谥死去的弟弟拓跋觚为秦愍王，并挖开了凶手慕容详的坟墓，将尸体斩首，又杀死主谋高霸、程同，诛了他二人的五族。

就这样，在北魏凶猛的攻势与慕容宝的败亡下，后燕分裂为南北两股势力，并先后建立了南燕、北燕政权。

可悲，父子闹内讧

先来说下北边的慕容宝这支。（关于南边慕容德的情况，详见第六章）

后燕永康二年（397）三月，放弃中山的慕容宝回到了蓟城，身边只有慕容隆所带领的几百卫兵。此时的慕容宝即位还不满一年。

他的儿子慕容会率领两万人马在城南迎接，他的脸色很难看，写满了怨恨与不满。

慕容会的不满已经不是一天两天了。

慕容会是慕容宝的儿子，他母亲身份比较低微。淝水之战后，慕容会跟随慕容永东迁长子，后来偷偷跑回了后燕。慕容垂非常喜欢这个孙子，其待遇也不亚于太子。举个例子。对于十分重要的龙城，慕容垂曾让他两个最杰出的儿子慕容农与慕容隆去镇守。当慕容宝招致参合陂惨败后，慕容垂便转而召回了慕容隆在龙城的部队，准备北伐。与此同时，慕容垂令慕容会担任龙城的第三任守将。

再举个例子。慕容垂病危时，留过遗嘱，要慕容宝立慕容会为继承人。

也就是说，慕容会是慕容垂相中的指定接班人——第三任后燕皇帝。

可问题就在于，慕容宝并不喜欢慕容会，他更喜欢自己的小儿子慕容策。在慕容盛与慕容麟的怂恿下，慕容宝把慕容策立为太子。此时慕容策仅仅十一岁。为此，慕容会心里颇不平衡，产生了消极怠工的想法。譬如说，在中山城被围时，慕容会就没怎么伸出援手。

说回眼下，慕容宝对慕容会不满的表情非常奇怪。他告诉了慕容农与慕容隆，但二人都认为孩子小，不懂事。为谨慎起见，慕容宝想把慕容会的军权转交给慕容隆，但慕容隆拒绝了。慕容宝只好想了个折中的方案，解除慕容会一半的兵力分给慕容农与慕容隆。

两天后，慕容宝把蓟城府库里的所有财宝全部搬走，运往龙城。不久，北魏的军队追了上来，慕容会坚决请战，与慕容农、慕容隆一起大胜魏军，杀敌数千人，一路追杀了百余里。

胜利后的慕容会更加骄傲，越来越不把其他人放在眼里，并且有了造反的心思。慕容宝身边的人也劝慕容宝早日除掉慕容会，以绝后患。但慕容农与慕容隆认为此时应该以大局为重，不要随便杀人。

与此同时，慕容会身边的人则劝他先杀慕容农、慕容隆，再废掉太子独掌大权。

这事儿有点悬。慕容会则犹豫不决。

知子莫若父，此时的慕容宝已经看清楚了局面，他对慕容农与慕容隆说："慕容会一定会造反，只是早晚的事，首先遭殃的是你俩，然后才会波及我，到时候你们不要后悔自负！"

慕容宝优柔寡断，慕容会恃才傲物、桀骜不驯的性格，都表现得淋漓尽致。

四月，慕容宝在广都黄榆谷（今辽宁建昌）扎营露宿。慕容会派仇尼归、吴提染干等人趁夜袭击慕容隆与慕容农。慕容隆被杀，慕容农身受重伤，逃入山中。慕容会本以为大功告成，没承想仇尼归被擒。这基本暴露了他就是幕后的元凶。

怎么办呢？慕容会做出了一个极其愚蠢的决定，连夜见慕容宝，说："慕容农、慕容隆打算叛逆，我已经把他们除掉了。"这种鬼话能骗得了谁？所有人都可能叛逆，但慕容隆绝不会！

虽说慕容宝的智商着实一般，但你也别把他当傻子看啊。

慕容宝为了稳住慕容会，顺水推舟，说："你做得很好，我早就觉得他俩有问题了，除掉他们更好。"

真是见人说人话，见鬼说鬼话。

然而，慕容会居然相信了。以他这种情商，能做成大事才怪！

第二天，慕容农走出了大山，回到自己的军营，慕容宝为了继续麻痹慕容会，立刻下令逮捕慕容农。走了十余里路，慕容宝召集群臣吃饭，顺便商量给慕容农"定罪"。这种场合，慕容会当然不会缺席。在大家讨论期间，慕容宝使眼色让卫军将军慕舆腾杀慕容会，结果只伤到了他的头部。慕容会成功逃脱，并率领部队向慕容宝发起进攻。

慕容宝带着自己的人一口气跑了二百里，而后进抵龙城。

第二天，慕容会攻击龙城，当夜却被慕容宝派出的部队偷袭得手。

这点小挫折并没有影响到慕容会的心情，他派人去和慕容宝谈条件，要求立他为太子，并诛杀慕容宝身边的"奸佞"。慕容宝岂能答应？

第三天，慕容会被龙城守军击败，损失惨重，他本人逃回了大营，慕容宝的侍御郎慕容云（北燕第一任国主，详见第七章）当夜率领一百多名敢死队，再次趁夜偷袭慕容会，毫无防备的慕容会叛军彻底崩溃，带领十余骑兵投奔把守中山的慕容详。

始料未及的是，慕容详也容不下慕容会，很快就杀掉了他。慕容会的噩运还未终结，身在龙城的慕容宝，毫不犹豫地杀死了慕容会的母亲和三个孩子。

终于，父子内讧以慕容宝的胜利而告终，但他是真正的赢家吗？他失去的何止是亲情！在他的败亡下，后燕的实力再次被削弱了，这是他愿意看到的吗？

第六节　后燕亡国录

慕容宝：到底还是错付了

平定一场本不必然出现的内乱之后，慕容宝为了稳定人心，宽赦了与慕容会同谋的人，不仅不予追问，还都官复原职。至于平叛有功的人，更要论功行赏，加官晋爵。

在这场内讧中，慕容农的头骨被击碎，连脑髓都显了出来。慕容宝十分感动，亲自为他包扎，这才保住了他的性命。

终于安顿了下来，但慕容宝并不满足。同年十二月，在得知拓跋珪已经离开，河北空虚的消息后，慕容宝兴奋难抑，决定南下中原，抢回原本属于自己的地盘。

慕容农、慕容盛等人苦劝不已，说，现在刚刚安定，咱能不折腾了吗？万一拓跋珪再回来，你能打得过他？休养生息、积攒实力才是当务之急。

然而，在慕舆腾等人的怂恿下，慕容宝还是决定南下。

就这样，后燕的部队从龙城出发了。

大概是慕容宝想把打仗和迁都的事儿一块办了吧，他自信满满地让文武百官和士兵携带家属一起出征。此行中，慕舆腾为前锋，慕容农为中军，慕容宝亲自殿后，各军之间相距三十里，军营连绵百里。慕容盛则留下守龙城。

仅仅走了三天，就开始出乱子了。

在慕容宝的后军中，段速骨、宋赤眉利用大家害怕征战的心理，拥立慕容隆的儿子慕容崇为盟主，发动叛乱。慕容宝仅仅带着十几个骑兵逃奔到慕容农的大营，和他一起讨伐段速骨。

岂知，慕容农的士兵也厌倦打仗，都丢下武器纷纷逃跑。赶回来的慕舆腾的部队也因为不明原因溃散了。没奈何，慕容宝和慕容农只好逃回龙城。

得知消息的慕容盛赶忙出城接应，慕容宝等这才捡回一条命。

就这？还想去打人家北魏？做梦吧。

眼下龙城也没有多少军队了，慕容盛只好临时招募一万人以抵抗叛军的攻势。其实这些叛军的战斗力着实一般，他们大部分是被胁迫而来，并非真心想给段速骨卖命，故此其攻势总能被龙城守军化解。就在双方僵持不下时，一个关键人物改变了整个局势。

后燕尚书、顿丘王兰汗。

兰汗先是暗中与段速骨结盟，再是偷偷联系慕容农——估计是向慕容农保证了什么，随后慕容农出城投奔了他们。

第二日，段速骨攻城不下，就挟持慕容农绕城走了一圈，城上守军看到慕容农在敌军阵营，瞬间没有了斗志，很快四散而去。慕容宝、慕容盛、慕舆腾等人向南逃跑，段速骨得以顺利进城。

怎么处理慕容农呢？段速骨的智囊阿交罗认为先前所拥立的慕容崇年纪太小，又没有威望，不如立慕容农为首领。慕容崇的手下得知后，很快杀死了慕容农与阿交罗。段速骨旋即将作乱的凶手杀死。

螳螂捕蝉，黄雀在后，就在段速骨忙着处理内部纠纷时，兰汗带着自己的人马袭击了段速骨，将他和党羽通通杀死，废黜慕容崇，立后燕太子慕容策为首领，并派人追赶慕容宝，想把慕容宝等人请回来。

对慕容宝来说，兰汉似乎是可靠的。理由是他迎立了自己立的太子慕容策。因此，已经到达蓟城的慕容宝脚又痒了。慕容盛一把拦住了，他认为兰汗居心叵测，与其回去，还不如向南投奔慕容德。

后燕永康三年（398）四月，慕容宝一行人从小路偷偷到了黎阳，派黄门令赵思去通知黎阳的守军。慕容德的堂弟慕容钟闻讯后，非常不爽，因为此时慕容德已经称帝了，哪还能容得下慕容宝？他将赵思投入监狱后，把情况告诉了慕容德。

慕容德也是个会说话的人。他对大家说，他打算用隆重的礼仪迎接皇帝慕容宝，而他自己呢，当然是退位，并向皇帝请罪。

他的手下怎么可能会"同意"。大家纷纷表示是慕容宝自取灭亡，用不着跟他客气。慕容德暗自欢喜。慕舆护最能"揣摩圣意"，他说赵思的话真假难辨，不如让他带人去一探究竟。

潜台词非常明确：慕容宝没来最好，真要是来了，那就就地解决掉他。

说来也巧，慕容宝遇到当地的一个樵夫，樵夫告诉慕容宝，慕容德先前已经称帝。慕容宝惊了一跳，越想越害怕，决定先行一步逃跑。就此，慕舆护扑了一个空。

此时的慕容宝，像极了晚年的杨广：世界这么大，难道真就没有一个容身之所吗？

慕容宝再次北上，在冀州一带召集残兵败将，但是毕竟人马有限。在这种情形下，兰汗又一次成为慕容宝的一个选项。兰汗此人，既是父王慕容垂的舅父，又是儿子慕容盛的丈人，毕竟沾亲带故，而且他还在龙城里祭祀燕室宗庙，看上去像是个忠臣。

念及此，慕容宝不顾慕容盛等人的劝阻，执意去了龙城。

慕容宝还没进城，兰汗就看到城中百姓的喜悦之色，这让他十分恐慌。

出城请罪？兰汗的兄弟们将他拦住了。

兰汗便派他弟弟兰加难率领着五百骑兵出城相迎，同时让他的哥哥兰堤关闭城门，禁止其他人拿武器，不许行人出入。见此情形，城中的百姓都知道要有军变发生，只是无力去阻止悲剧发生。

最终，在龙城郊外，慕容宝被兰加难所弑杀，终年四十四岁。

影帝慕容盛的崛起

慕容盛是慕容宝的庶长子。

应该说，他是慕容氏第五代的佼佼者，一个为乱世而生的天才少年。

公元 384 年，慕容晖试图杀害符坚，被符坚识破。符坚下令屠杀长安城内所有的鲜卑人。慕容盛与慕容柔趁机跑出城，投奔慕容冲，躲过了一劫。此时慕容盛年仅十二岁。

在慕容冲骄奢淫逸之时，慕容盛就断定他难成大事，没过多久慕容冲果然被杀。

慕容盛后来跟随慕容永东迁长子，是他最先看出了在西燕不安全，于是带着慕容柔、慕容会等人逃离长子，投奔慕容垂。在路上，他们遇到强盗，慕容盛临危不乱，他让强盗把箭竖起来，如果他射箭射不中，就随便让强盗处置。结果一发命中，强盗也是心服口服，不仅放他们走，还资助他们钱财。

这不就是当年慕容翰回家时的场景吗？《晋书》说慕容盛有慕容令的遗风，我看他更像慕容翰。

一年后，慕容永杀光了留在西燕的慕容儁、慕容垂的子孙后代，男女一个不留。

年少时的慕容盛躲过了三次劫难，并且完全不是靠的运气，而是他自己对人情世故的判断与勇略，他拯救了他自己，也拯救了慕容柔与慕容会。

逃回中山后，慕容垂问他西燕的情况。慕容盛二话不说就画起了西燕的形势地图。看看，慕容翰在宇文部装疯卖傻的时候，不也是暗暗记住了人家的地形特点吗？

后来，在段速骨开始作乱时，慕容宝几乎被擒，也是依靠慕容盛而逃出生天。在兰汗的问题上，慕容盛一直建议不要相信兰汗，尽管兰汗是自己的丈人。奈何慕容宝不听，白白送了性命。

得知父亲慕容宝被弑杀后，慕容盛的选择与众不同。换作其他人，可能直接掉头跑了，慕容盛反其道而行之，他孤身进城去见兰汉，给自己的父亲发丧。这是吃了熊心豹子胆了？果然他的部下张真劝阻他不要玩火。

慕容盛说："我现在走投无路归附兰汗，兰汗的性情愚昧浅薄，一定会感念我是他的女婿，不忍心杀我，这样，只要给我十天至一个月的时间，就一定能得偿所愿。"

接下来，请让我们颁发一座奥斯卡奖杯给慕容盛。

这位影帝以高超的演技骗过了兰汗，使他相信自己对他残害生父的事儿没有半点怨恨。兰汗甚至可能以为，慕容盛就是一个胳膊肘向外拐的家伙，所以才对他这个岳丈这般亲近。

兰汗甚至派儿子兰穆去迎接慕容盛，让他做了侍中、左光禄大夫。打开上帝视角的我们当然知道，慕容盛是有所图的。但难得的是，兰汗的身边也有清醒人，他的哥哥兰提、弟弟兰难都劝兰汗解决掉慕容盛，但却遭到了兰汗的拒绝。

除了慕容盛之外，兰汗也没有杀害他的外孙慕容奇。时机成熟之后，慕容奇和慕容盛暗地里策划了复仇计划：前者在城外起兵；后者则"提示"兰汗，慕容奇就一小孩子，干不了这样的大事，龙城内必有内应。

内应是谁呢？慕容盛也不直接往兰提头上扣屎盆子，但却说兰提十分傲慢，不能随便交托兵权。

兰汗心说，兰提确实是很傲慢啊。这么一想，兰提的嫌疑就太大了，兰汗索性把他抓来杀了，转而派抚军仇尼慕等人讨伐慕容奇。

眼见兰提无罪被杀，兰汗的弟兄们都疑神疑鬼，纷纷叛变，仇尼慕的部队就这样被"自己人"打败了。

这事之后，兰汗十分恐慌，这一次，他听从儿子兰穆的劝告，想要除掉慕容盛。可是，因为爱情，慕容盛的妻子把这事儿透露给了慕容盛，慕容盛便假称病重不再与外界接触。对方便也不再拿他开刀。

其实，兰穆也不是个聪明人，当时，在他身边还有李旱、张真等几个心腹，他们之前都是慕容盛的好友，不知为啥，兰穆也不防着点。这又给慕容盛实施复仇计划提供了机会。

李旱等人心里始终还是向着慕容盛的。他们暗中定下了杀贼之计。正好，兰穆因讨灭兰加难之事大张宴席，和他老爸一起喝得烂醉如泥，慕容盛便趁着夜色，"轻装"越墙，潜入东宫杀了兰穆。

有个细节是说，夜行者慕容盛是借着如厕的机会跑出去的。由此不难看出，"重病在身"的他很可能是被监控起来的。

接下来，慕容盛和随从们又杀了兰汗。至于兰汗那两个屯兵在外的儿子兰和、兰杨，慕容盛也安排上了。

李旱、张真何在？给我杀！

铲除乱国贼子后，龙城内外一片欢悦，老百姓高兴得跟过年似的。国不可一日无君，慕容盛自然是要被推为皇帝的，但此时他十分谦虚，只以长乐王身份代使皇帝权力，改元建平，而没有称帝。

由于慕容盛都只是个王，慕容氏的诸王也只能降爵为公。

这场动乱之后，文武百官各复其位，后燕的统治慢慢走回了正轨。

和慕容宝相比，慕容盛可以甩出他十八条街，无论在文治还是武功之上，都比他父亲要强一些。比如说，他喜好论古说贤，令中书改写《燕颂》以歌咏慕容恪的功业；他行事果断，勘定大小叛乱。

慕容盛开始还保持着谦虚的态度，有段时间甚至免去了皇帝称号，改称作庶人大王。不过慕容盛最大的一个缺点，很快也暴露出来了。他的猜忌心很重。就拿他与臣子常忠等人谈论的话题来说，慕容盛认为，周公不是贤人，他十分虚伪。而伊尹就更不行了，他竟然凭着老臣的身份，把太甲放逐了，难道做臣子的不应竭尽忠诚辅导主上吗？

虽说臣子们对此都有一番论述，但显然不能说服慕容盛。

在短短的皇帝生涯中，慕容盛没有调整好自己的状态，未能从雄猜的阴影中走出来，他甚至怀疑过效忠于他的李旱。这使他与众臣产生了许多隔阂。

慕容盛吸取慕容宝的教训，用严峻的法令进行统治。为此，群臣叫苦不迭。

叛乱，也就不时发生。

后燕长乐三年（401），秦兴、段泰夜里反动叛乱。平乱的速度很快，但慕容盛本人却受了重伤。慕容盛咬牙乘辇上了前殿，令人急召叔父河间公慕容熙，来交代后事。但慕容熙还没来，慕容盛就去世了，卒年不过二十九岁。

慕容盛谥号昭武皇帝，庙号中宗。慕容熙随后即位。

可怕，皇帝也长"恋爱脑"

后燕亡于慕容熙之手，其实并不令人意外。

此人具备很多昏君的特质，更不时做出许多辣眼睛的事情，一再刷新人们的三观。此中之事稍后再提，我们先来说说他是怎么上位的。

慕容熙是慕容垂的小儿子，段速骨作乱之时，杀了不少慕容氏的娃，慕容熙时年十三岁，侥幸逃得一死，这是因为他和被段速骨立为领袖的慕容崇关系很好。

后来，兰汗篡位，慕容垂之子唯余慕容熙。兰汗不想把事做绝，便封慕容熙做了辽东公，继承燕祀。不久，慕容盛杀兰汗而复国，慕容熙被拜为都督中外诸军事、尚书左仆射等，慕容盛对作战骁勇的慕容熙十分欣赏，夸赞道："叔父雄果英壮，有世祖（慕容垂）之风，但弘略不如耳。"

慕容盛遇刺后，群臣认为，应由惠愍帝慕容宝的四子平原公慕容元继位，但丁太后（慕容熙的嫂子）却认为国赖长君，最终确定慕容熙为新君。慕容熙起初还假意谦让，但当他即位之后便诛杀了反对党，还赐死了慕容元。

这里面有个内幕，丁太后之所以极力推举慕容熙，乃是因为私底下他俩是情人关系。不过，人帅嘴甜的慕容熙，在登上帝位之后，便打算过河拆桥，第二年（光始二年，402）就纳了两个美女为妾。这俩也是有来头的，姐妹俩是原前秦中山尹苻谟的两个女儿。

慕容熙对苻娀娥、苻训英宠得不行，导致丁太后妒火中烧，一怒之下便想和兄子七兵尚书丁信谋划废黜之事。此事走漏风声，慕容熙先是逼杀了丁太后，再除掉了备选皇帝慕容渊和丁信。

即位之后，慕容熙一共当了七年皇帝，但他在政治上建树无多，史书中记录最多的，就是他大筑宫室、劳民伤财，以及他的"爱情故事"。

前者，主要是说他动用两万多人修筑龙腾苑等事。慕容熙一点也不爱惜民力，在酷热难当的盛暑时节，也不要士卒休息，最终，过半士卒因中暑而死。要问皇帝陛下为何要这般赶工，答案只是：他要给昭仪苻娀娥挖曲光海、清凉池。你说可气不可气！

后者，自然跟前者有关系，但还不仅限于大筑宫室一事。比如说，慕容熙对她们言听计从，允许她们干预朝政。比如说，苻娀娥重病不治，慕容熙肢解了主治医生；再比如说，皇后苻训英（404 年册封）喜好打猎，慕容熙便无条件地满足她，以至于惊扰百姓，造成五千多人被豺狼咬死或被冻死的恶果。

说到苻训英，她还真的是个"作精"。像什么，非得要"欣赏"慕容熙打契丹啦；非得要在六月里吃冻鱼肉，十一月里吃生地黄啦……不胜枚举。为了皇后的爱好，很多国人都因之而死。

有时候，笔者真怀疑，苻氏姐妹是来帮苻坚报仇的吗？毁了慕容熙，也就等于灭了后燕。但慕容熙当然不这么觉得，除了打仗的事情之外，他一直游弋在爱情海洋中，沉醉不知归路。

后燕建始元年（407），苻训英突然去世了。自不必说，慕容熙有多么悲痛。但恋爱脑的慕容熙接下来又做出了令人瞠目结舌的事情来。

他竟然钻进棺材里，与已经死去的美人一再……

此处应有一圈马赛克。

很辣眼睛对不对？这还不算，跟着慕容熙还要让每一个他的臣子们都辣一下。悲痛之余，他竟然命令百官集体举哀，若是哭不出来，小心你的项上人头。

百官吓得要死，但人家心里又不悲痛，怎么哭得出来嘛！那就只能口含辛辣之物，训练演技了。这些大臣哟，真是可怜。

最令人发指的是，慕容熙居然还让慕容隆的妻子张氏（慕容熙的嫂子）等人为苻皇后殉葬，并且耗尽国力为她修建徽平陵。慕容熙令人为他预留了墓穴，称自己不久后要与皇后同葬。

到了发丧那日，慕容熙像个疯子似的披头散发、跣足而行，紧跟在皇后的辒车后面。由于辒车过于高大，无法驶出城门，慕容熙大手一挥，便让人拆了北门。

又是预留墓穴，又是拆毁城门，这太不吉利了。时人多以为，慕容熙的日子不长了。

果然，昏暴之君慕容熙，在埋葬皇后后，便在回城之时为段氏兄弟所杀。（详见第七章）他们扶立慕容云为皇帝，其政权被称为北燕。

此人倒也很厚道，把卒年二十三岁的慕容熙，跟苻皇后埋在一起，圆了他的心愿。

亲爱的皇帝陛下，慢走不送哈，比翼鸟啊，连理枝啊，都由得你们去……

应该说，慕容熙还算走运的，死后不仅有葬身之所，还有谥号呢。只是，以他的所作所为，真的配得上"昭文"这个谥号吗？省省吧。这只是慕容云的政治姿态罢了。

后燕的统治，到慕容熙这里就结束了，共历二十四年。

第六章

秦燕亡，而南朝立

从公元 410 年开始，十六国第三阶段中的政权逐渐减少，南燕、后秦等国相继为东晋北府兵主将刘裕所灭，刘裕也在十年之后取东晋而代之，建立了自己的政权——刘宋，这是中国历史进入南北朝时期的第一个标志。

在刘裕消灭南燕、后秦的过程当中，十六国中的诸多国家也处在互相攻伐的状态中，最终，复国后的西秦，又为胡夏所灭。有趣的是，胡夏的最后一任国主赫连定，刚被北魏打得鼻青脸肿，回头却灭了西秦乞伏暮末，倒还长了一点志气。

值得注意的是，南朝的建立，不能被视为真正意义上的"南北朝时代"。因为，十六国政权（只余胡夏、北燕、北凉政权）的彻底终结，即北方的一统，还要等到公元 439 年。这是第七章将要讲述的故事。

——引言

第一节　戡乱灭燕，刘裕功盖祖、桓

南燕的建立，实属偶然

在上一章，咱们讲到，在北魏凶猛的攻势与慕容宝的败亡下，后燕分裂为南北两股势力，并先后建立了南燕、北燕政权。

实际上，北燕政权先后由高句丽人、汉人充任皇帝，已与慕容家族没有关系，从严格意义上说，倒是南燕政权的建立者慕容德，延续了慕容氏的国祚。

与其他的燕政权一样，因为地理的因素，史家们将慕容德所建的燕国，称为"南燕"。那么，本来对慕容垂忠心耿耿的慕容德，为何会另起炉灶，建立一个新的燕国呢？这得从慕容宝对他的任命说起。

且说，慕容宝继位后，命叔父慕容德镇守邺城。后来，慕容宝先后出奔于蓟，导致慕容详趁机自立于中山。正好，此时恰有图谶秘文以及歌谣散播开来，其词曰为，"有德者昌，无德者亡。德受天命，柔而复刚""大风蓬勃扬尘埃，八井三刀卒起来，四海鼎沸中山颓，惟有德人据三台"。这怎么看，都有一个"德"字啊，莫非……

慕容德的大臣们心思活络起来，认为慕容详在中山作妖，魏军又屯驻于冀州虎视眈眈，慕容宝更是生死未卜，不如让慕容德称帝，带着大家一起奔向未来。慕容德口中没有答应，但心里边吧，还是有那么一点儿痒痒。

让他们失望的是，慕容宝依然健在的消息很快传了过来，此种讨论只能暂时停止。不日后，慕容宝以慕容德为丞相，又领冀州牧，代君行事。

就此，慕容德在南方安顿下来。没多久，慕容麟放弃帝号，投奔邺城，撺掇慕容德南迁自立。老实说，"及魏军未至，拥众南渡，就鲁阳王和，据滑台而聚兵积谷，伺隙而动""广开恩信，招集遗黎"等建议还是很不错的，但慕容德对慕容麟这个家族毒瘤，采取的是"话我可以听，人我不会信"的态度。

迁至滑台后，慕容德自称燕王，称元年。当时，他任命慕容麟做了司空兼领尚书令，但在听闻慕容麟私下策划谋反之事后，毫不犹豫地赐死了他。

终于，多谋善战却奸诈强愎（小段后语）的慕容麟死在了公元 398 年。这个人，胡三省对他的评价很差，说他"背父叛兄，奸诈反复，天下其谁能容之"。

慕容德做了燕王之后，与北魏、东晋，甚至于前燕残余势力、手下忠于后燕的人，都干过仗。年后，慕容德输给了北魏，唯一的地盘滑台也被抢了。

他便掉转方向，成功打下了山东一带，定都于广固。

无家可归的慕容德召集大家商量，怎么办？

有人说要反攻滑台，重新抢回来；有人说去打彭超，那里是楚霸王项羽的都城。

尚书潘聪说："滑台四通八达，北有魏，南有晋，西有秦，我们根本守不住，彭城地广人稀，一片平原，没有什么险要可以据守。并且是东晋的重镇，不是很容易就能打下来的，青州土地肥沃，紧挨着大海的富饶，又有高山大河的险要可以依靠，广固城是当年曹嶷所兴筑，地势险峻，足可以作为帝王的都城。"慕容德仍然犹豫不决，此时一个叫竺朗的和尚善于算卦，慕容德派人请求他的意见，竺朗也认为这三种意见里，去广固的方案最为合适。慕容德这才下定决心向东进军。

由于慕容德能力出众，南燕军军纪严明，短时间内也赢得了百姓的拥护，慕容德在公元 400 年称帝于广固，改元为建平。广固一地，之前并不是燕国的重地，更没有宗庙这种东西。作为一个根正苗红的慕容氏后人，六十五岁的慕容德觉得很有必要设立宗庙，哪怕只是一个临时的。

这事就是这么办起来的。除了设立宗庙一事，慕容德册立皇后段季妃，进封百官，派人观察风俗得失；又建立学官，选拔太学生，以安顿公卿以下子弟和及二品士门。

对于教育事业，慕容德确实是极为重视的。后来，他将诸位儒生聚集起来，亲自策试，事后还设宴款待。有一次，慕容德登高望远，对尚书鲁邃说，齐、鲁一带盛产君子，到如今"荒草颓坟，气消烟灭，永言千载，能不依然"。鲁邃便拿周武王在比干坟上添土，汉太祖祭拜信陵君之墓的典故来说事，夸赞慕容德确实是有德之君。

这话虽有夸大，倒也算符合实情。不过，慕容德一方面很谦虚，另一方面觉得民间避讳不易，索性易名为"备德"。

总的来说，在慕容德在位的七年时间里，南燕内乱初定、安土定居、兴办学校，在外亦能取得一些战果，还曾击败过北魏军。南燕的声望逐渐高涨，竟吸引了从东晋逃难过来的宗室、大臣（刘轨、司马休之、刘敬宣、高雅之、张诞等）。当时，他们因为桓玄之乱而惊慌不定，便选择了比较靠谱的慕容德来做靠山。

慕容德心里十分痛快，在中书侍郎韩范的劝谏下，一度产生了进据中原的念头。然而，就当他在山东征兵之时，他突然间病倒了。这中间也没啥猫儿腻，其实就是因为慕容德年龄大了。

是时候该立个继承人了，可是立谁好呢？他没有活着的儿子。早前，慕容德便遣人去长安迎回哥哥慕容纳的儿子慕容超，到了公元405年，慕容超终于被成功接回。就在慕容德生病之后，有一日他梦见父亲慕容皝责备他不早立皇嗣，醒来后，慕容德便遵照"圣意"，诏立慕容超为太子。

慕容德完成了这件事，不久就撒手而去了，卒年七十岁，谥为献武皇帝，庙号世宗，也算是寿终正寝。

金戈铁马，气吞万里如虎

话说，慕容德打算趁乱进据中原，是因为东晋内部出了乱子。那么，桓玄之乱是怎么回事呢？我们先搁下南燕不提，来看看东晋的这些年、这些人。

在第一章中，咱们说到，384年，刘牢之所领的北府兵，上了慕容垂的当，输得一塌糊涂。此后，刘牢之平定过孙恩起义等叛乱。

桓玄，是桓温的儿子，向来是人狠话不多的典范，通过起兵的手段，桓玄除掉了把持朝政的司马道子、司马元显父子（孝武帝司马曜被张贵人所杀，智商堪比司马衷的太子司马德宗即位，叔父司马道子辅政揽权，招致外戚王恭的反对，但因刘牢之的叛变而败亡），得以大权独揽、只手遮天。

公元403年，桓玄铲除异己，逼迫司马德宗禅位，于建康建立桓楚政权，定年号为永始。（此时的东晋内部的政治斗争与十六国之间关系不大，限于篇幅，不再详细阐述。）

桓楚政权由此始，而它又终于何时呢？也不长，只有两年。东晋王朝朝纲紊乱不假，但此时却涌现出了一个非常厉害的人物，他便是被南宋辛弃疾盛赞的南朝宋开国之君刘裕。

"斜阳草树，寻常巷陌，人道寄奴曾住"，如词中所言，刘裕的出身其实极为寒微，史家们说他出身低级士族或是次等士族。因为家境贫寒，父亲刘翘险些把他给扔了，幸好姨母把他养大了。"寄奴"这个小名就是因此而来。

刘裕为人"雄杰有大度"，奈何手头拮据，为了挣钱什么活儿都干。有时他还为了补贴家用而去赌樗蒲。这样一个生活在社会底层的人物，往往是为人所轻视的，刘裕也遭受了不少冷眼。此时，却有琅邪王氏出身的王谧对他极为欣赏，预测他会成为一代雄杰。

在东晋这种门阀政治体制之下，刘裕想要跻身上层社会，难度实在太大。为了谋一碗饭吃，刘裕便选择了从军一途。不久后，他便担任了北府军将领孙无终的司马。

晋安帝隆安三年（399）秋，五斗米道教的首领孙恩在会稽起兵反晋，一时之间从者如云，满朝皆惊。刘裕趁此时机转至刘牢之的帐下，成为参军，随其参与讨平起义军的军事行动。

刘裕智勇双全，浴血奋战，终于击退起义军，后来更收复山阴（今浙江绍兴）。孙恩心生惧意，一趟子溜到了海上。可以说，刘裕便是在平乱的战争中崭露头角的。

辛弃疾说刘裕"金戈铁马，气吞万里如虎"，描述得多么形象。

东晋隆安四年（400）五月，孙恩卷土重来，攻陷会稽郡，还杀死了名士谢琰。六个月后，刘牢之打败孙恩，驻军于上虞，又派刘裕镇守句章城（今浙江宁波）。此地虽城小兵少，但在刘裕有力的指挥下，竟然数次击退孙恩。

其后，孙恩跟刘裕杠上了，刘裕也对孙恩的人头志在必得。三战三捷之后，义军损失惨重，孙恩最终被刘裕打得投海自尽——也有百姓说他是成仙了，反正笔者不信。

刘裕厉害的地方在哪里呢？他的军事才略与武力值已经很出色了，而他还特别能管束他的部队，不允许他们为非作歹，成为兵痞。如此一来，刘裕当然引起了朝廷的重视。

如果说孙恩起义，提供给了刘裕走上历史前台的机会；那么，桓玄之乱则让刘裕狠狠发了一笔政治财。东晋元兴元年（402），司马元显遣刘牢之抵御桓玄，刘裕也随之而往，并与刘牢之的外甥何无忌试图阻止刘牢之与桓玄和谈。

可惜刘牢之不听，他选择投降桓玄。不久，桓玄攻陷建康，杀死了司马元显，夺走了刘牢之的兵权。刘牢之随后奔逃出去，落得个自缢的下场。刘裕则能屈能伸，假意投诚于桓玄，并在第二年（403）撵走了孙恩的妹夫卢循。

刘裕被加封为彭城内史，桓玄对他十分看重，连妻子刘氏提出的除掉刘裕的计划也拒绝了。请注意，笔者在此用的是"看重"一词，而非"信任"，因为当年篡位的桓玄，对刘裕并不完全放心，但他还想用刘裕来荡平中原，哪能有在刀子还没出鞘之时就把它给销毁的道理呢？

桓玄自信能掌控刘裕，同时他也试图瓦解北府兵，到了这个节骨眼上，刘裕自然要及时予以反击，他也担心自己为桓玄所害。

元兴三年（404）仲春，刘裕以打猎为名聚集了近两千名北府兵将，在京口起兵，处死桓修。随后，刘裕被推为盟主，号召四方之军协同作战。花了月余时间，刘裕巧施计谋，击败了桓玄的守军。此地叫作九华山，时名覆舟山，因临湖之侧形如倾覆的行船而得名。

南京九华山，即覆舟山，笔者摄于南京市玄武区

桓玄弃城而逃，刘裕遣将追杀了他，随后奉请司马德宗复位。之后，桓氏的残余势力不断反扑，但也只折腾了半年，江陵便为晋军所收复，司马德宗也平安地返回了建康。

匡扶晋室，刘裕居功至伟，理应得到褒赏。到了东晋义熙四年（407）正月，王谧去世，刘裕在幕僚刘穆的劝说下，入朝辅政，身兼数职——侍中、车骑将军、扬州刺史、录尚书事、徐兖二州刺史……

兴师北上，擒杀慕容超

在刘裕位极人臣前两年，即公元 405 年，慕容超登上了南燕皇帝的宝座。

起初，遭受死亡威胁的慕容超，可能从来就没想过，他居然也能成为万人之上的皇帝。

建元十九年（383），慕容德南征留给哥哥慕容纳一把金刀。慕容垂起事之后，张掖太守苻昌把慕容纳以及慕容德的诸子捕杀了。作为慕容纳的遗腹子，慕容超侥幸保得一命，生活在羌人居住之地。

长到十岁时，慕容超的祖母过世了，临死前将金刀传给了慕容超，希望他有朝一日能东回故土，去找他的叔叔慕容德。

接下来，慕容超母子先后在后凉、后秦生活。为了报答几度救助自己的呼延平，成年后的慕容超娶了他的女儿。因为叔父们都很有来头，慕容超十分担心被姚兴所害，不惜装疯行乞以避祸。

继承了慕容氏的优良基因，慕容超长得也是一表人才。当姚兴听从姚绍劝告，打算任用慕容超的时候，他却表现得像个草包。姚兴便流露出鄙色，回复姚绍道："谚语说什么'妍皮不裹痴骨'，真是荒诞莫名。"

得不到姚兴任用的慕容超反而因此长舒了一口气。他一直在等待叔叔慕容德来接他。终有一日，这个愿望达成了。当他抵达南燕都城广固，见到叔父的时候，慕容超示以金刀，把祖母临终所言尽数告知，慕容德抚着金刀号啕大哭。

不用再装傻充愣的慕容超，回到叔父身边后，颜值爆表。慕容德封他为北海王，授以大任，并为他设置佐吏。慕容超住在万春门里，慕容德时常观察他的行为举止，意在立他为太子。这对于曾靠演技骗过姚兴的人来说，也不是多大的考验。

一时之间，孝顺长辈而谦己待士的人设，就被慕容超打造出来了。

公元 405 年，慕容超刚当上太子不久，就继位称帝，改元太上，以慕容德之妻段氏为太后，并大封百官：都督中外军事、录尚书事慕容钟，征南、都督徐、兖、扬、南兖州四州诸军事慕容法，开府仪同三司、尚书令慕容镇，封孚为太尉，尚书左仆射封嵩……

不久后，慕容超又让慕容钟担任青州牧，外戚段宏担任徐州刺史；而将他的亲信公孙五楼封为武卫将军兼为屯骑校尉，以便于参与政事。这引起了封孚的注意，他劝慕容超不要将身份尊贵的人放在边地，而将出身低贱、资历浅薄的人放在朝中供职。慕容超真正信任的人，是公孙五楼。

就此，慕容钟、段宏和公孙五楼的矛盾日渐加深。

起初，因为出身的问题，慕容超和慕容法就产生过矛盾，慕容法甚至因为慕容德偏宠慕容超，连慕容德的丧礼都没参加。慕容超便派人去责问他。虽说慕容超在官位上没有薄待过慕容法，但慕容法却担心终有一日慕容超会收拾他。思前想后，便大着胆子，和慕容钟、段宏等人密议起谋反之事。

不想，这事儿被慕容超知道了。面对慕容超的征召，身在青州的慕容钟谎称有病不来，慕容超这便找到了理由，将其同党抓来杀了。一番变乱后，慕容法逃奔北魏，慕容钟杀了妻儿，"减轻负担"，挖了地道逃出青州，投奔姚兴。这人可真够自私的。

叛乱，算是在一定程度上告终了。接下来，慕容超却并不关心朝政，反而是将其托付给公孙五楼，腾出时间去出游围猎，严重骚扰了百姓。这还不算，他还打算恢复已被废除的肉刑等，还歪曲孔子的话"刑罚不中，则人无所措手足"，来作为论据。

这是什么理论？好在这个想法遭到了群臣的反对，这才没得以执行。这也不难理解，明着开历史倒车，没几个人会接受的。

慕容超的心里还有一个心结，那就是他匆忙归国，未及带走的母妻，尚在姚兴的手中。为此，他动用了很多外交手段，才迎回了她们。

时间来到了公元407年。刘裕掌握大权之后，有意北伐。在他之前，祖逖、桓温等人都组织过北伐，但没有得到实质上的成功。刘裕打算兴师北上。他开始进入备战状态。

两年（409）后，南燕侵犯东晋淮北地区。刘裕于四月间领军进入泗水，下一月便抵达下邳（今江苏睢宁西北），暂将船舰、辎重留下，陆行至琅邪。先水路再陆路，也是想出其不意吧。

慕容超听说刘裕北伐，召集群臣商议，公孙五楼说："晋军轻装速进，是想速战速决，我们应该坚守大岘山，让他们无法进入，拖延时间，等到他们士气低落的时候再去攻击他们，这是上策。坚壁清野，把沿路的小麦全部烧毁，让他们远征得不到粮食，决战找不到对手，一个月的时间，我们就可以制裁他们了，这是中策。把晋军放进大岘山，我们与之决战，这是下策。"

虽说公孙五楼是个佞臣不假，但是在这生死攸关的时刻，他的建议还是很有道理的，刘裕的这次北伐像极了桓温的第一次北伐：农历五月北上抢粮食。

但是慕容超却选择了下策：放刘裕进大岘山。

广宁王慕容贺赖卢、桂林王慕容镇等人苦苦相劝慕容超不要放弃险要、纵敌深入，奈何慕容超死活听不进去。

慕容超为什么会这么选择？上策或许来不及部署，中策则是因为心疼——他哪舍得烧自己的小麦！

刘裕的部署极为周密，他担心南燕军会截断他的后路，便在所经之处筑造城垒，又留足兵力严防死守。他却没想到，他高估了他的对手，慕容超自信满满，并不认为晋军入境有多可怕。

直到六月，刘裕都没遇到过什么抵抗，当他穿过莒县（今位于山东日照），翻越大岘山时，不禁举手指天，喜形于色。

刘裕身居高位，城府极深，不会轻易让别人看穿他的想法。但是这次他却"暴露"了自己的情感，只能说兴奋之情溢于言表。

侍从们也很奇怪刘裕这"反常"的表情，问刘裕道："您没有看见敌人却先高兴起来，这是为什么？"

刘裕解释道："大军已过险关，军队没有退路可走，因此一定会有拼死作战的决心；余粮尚在田亩之中储存，我们又没有了缺乏粮草的忧虑。敌人已经完全落入了我的掌中了。"

慕容超派遣公孙五楼等率五万步、骑兵屯驻于临朐（今属山东潍坊）。当他得知刘裕已经翻越了大岘山，便决定亲自出马，以四万步、骑兵为后续部队。

公孙五楼所领之军，与晋军前锋孟龙符交战于临朐，公孙五楼败走。其后，刘裕以战车为翼，将慕容超困在阵中作战，但一时之间未分胜负。这时，参军胡藩提出了一个分兵之计，为刘裕所纳。

刘裕派兵绕到燕军身后进行突袭。晋军乘虚而进，果然攻陷了临朐。这对于燕军的冲击是很大的。抓住这个时机，刘裕又奋力追击单骑而逃的慕容超，最后虽未擒住他，但却斩杀了十余位燕将，大大挫败了燕军。

逃回都城广固之后，慕容超的形势也很危急。刘裕乘胜追击，又攻占了外城，把慕容超逼进了内城之中，犹如瓮中之鳖。

刘裕没有马上去攻城，只是将内城团团围住。一则，晋军本身需要补给，刘裕要采取取粮养战的策略；二则，刘裕希望能不战而降敌，避免过多的牺牲；三则，刘裕要争取民心——这像极了慕容恪围攻广固。

但事实证明，刘裕有些一厢情愿，以慕容超的性子，既不会束手待毙，也不会立马投降。

慕容超迅速向后秦姚兴求援，姚兴已遣姚强等人过来与洛阳守将姚绍合兵了，兵力至少在万人以上。

心知刘裕瞧不上这点兵力，姚兴便吹破牛皮，说洛阳城的兵力足有十万之多，要是晋军不滚蛋，就完蛋。虽说姚兴虚张声势的样子有些骇人，但刘裕很快识破了这一点，心说：装，你只管装……

偏偏就这么巧，胡夏军跑来插了一脚。由于后方姚兴为胡夏军所败，急需增援，姚兴只得命姚强撤军。这可苦了慕容超。慕容超等不到援军，便打算跟刘裕谈谈割地、称藩的事。

在慕容超看来，这和投降是两码事。

可惜，刘裕此战本就抱壮大自身的想法，他要的结果是"灭国"，而不是给东晋收一个小弟。于是，刘裕果断地拒绝了慕容超。

双方陷入僵持。南燕大臣纷纷降附，但慕容超没有任何表示。

到了九月，刘裕看着枯黄的落叶，想想这场仗打了这么久，心里格外烦躁。他先捕获了去向后秦求援的南燕忠臣韩范，把他抓到内城之前游街。这给城内守军造成了极大的恐慌心理，他们知道，后秦军来不了了。

准备就绪后，晋军于410年春发动总攻。南燕尚书悦寿开门投降，晋军长驱直入。慕容超尝试突围，终为晋军所擒。南燕自此亡国，前后不过十二年。

按刘裕的初衷，是要争取广固的民心，但事与愿违，他对广固百姓的忍耐也到了极限，遂以久守不降为由，大肆屠杀南燕王公及臣民，有三千余人罹难。慕容超则被押回建康问斩。

对此，明太祖朱元璋发表了他的看法："慕容超郊祀之时，有赤鼠大如马之异。太史成公绥占之，以为信用奸佞、杀害贤良、赋敛太重所致。是则妖孽之召，实由人兴。我尝以此自警。如公孙五楼之辈，吾安肯用之。"

用人的失误，的确是慕容超的痼疾啊！

第二节　平蜀亡秦，帝业峥嵘

"天下莫能抗"，刘裕称皇帝

消灭南燕以后，刘裕奔忙不止，军功盖世：铲除了卢循义军；讨伐了荆州刺史刘毅，和其后占据荆州作乱的宗室司马休之（司马休之投后秦）；又消灭了谯蜀政权，收回巴蜀地区；还重击仇池（杨盛趁谯纵叛晋，占据汉中），对汉中加以管理。

他的功业还不只是在武功方面的，刘裕又适时发起了诸多改革：强有效地施行土断，禁止土地兼并；减轻徭役，利于百姓休养生息；格外关注人才选拔，力求唯才是举……

在刘裕的辅佐下，东晋铲灭了南方较大的割据势力，基本上统一了南方。在彻底剿灭司马休之的势力后，更得到了剑履上殿、入朝不趋、赞拜不名的特殊荣誉。到了东晋义熙十二年（416）正月，刘裕一人都督二十二州（徐、南徐、豫、南豫、兖、南兖、青、冀、幽、并、司、郢、荆、江、湘、雍、梁、益、宁、交、广、南秦州）。此时的刘裕，早已超越了桓大司马，成为东晋建国以来最大的实权人物。

第二年（417），刘裕领兵破潼关，围长安，后秦皇帝姚泓投降受死，后秦亦为刘裕所灭。

北宋苏辙评曰："宋武既诛桓氏，收遗晋而封植之，又克谯纵，执慕容超，逐卢循，擒姚泓，立四大功，天下莫能抗。"概括得非常到位。

隔年（418），刘裕被获准以十郡建"宋国"，受封为宋公，并得到九赐之礼，这亦是桓大司马求而不得的赐赏。此时，刘裕距离皇位已经很近了，但他还有所顾虑，按照谶言"昌明之后，尚有二帝"的指示，东晋还有很长一段时间才会亡国，他可等不了那么久。

刘裕决定听从命运的安排，先派王韶之缢杀晋安帝，再立其弟司马德文。公元 420 年，司马德文禅位于刘裕，被降为零陵王，隔年就被刘裕"赏赐"的棉被闷死了。

这事儿，影响太坏了。要知道，之前禅位的君王几乎能得到优待，更不用说被杀，因此刘裕的这个做法遭到了史家们的一致批评。如胡三省所言，刘裕开了这个风气，此后"禅让之君，罕得全矣"。报应也落到了刘裕后人的头上。

后来，齐王萧道成想让宋顺帝刘准禅位，刘准便问来催他的王敬则，他会不会被杀死。王敬则说，就是让他搬个地方罢了，但又补上一句，"官先取司马家亦如此"，这是在暗示什么？刘准已经明白了。

可怜的孩子，泣道："愿后身世世勿复生天王家！"

萧道成改朝换代之后，刘准果然被杀了。对此，后人评道："刘裕以好杀开国，子孙相承八世而六主被弑，贻厥孙谋，宁无报乎！"他们不仅认为刘准禅位而被杀是报应，刘宋数代以来没几个得到好死的皇帝，都是报应。

姚兴：佞佛，但我还是个好皇帝

下面，我们将讲述刘裕所建的最后一大功"擒姚泓"中的诸多细节。

这得先从他的父亲姚兴开始回溯。

朋友们若从前文逐一看来，可能会注意到，即便不是在讲后秦的章节中，姚兴的出镜率依然很高。这是为什么呢？如笔者先前所言，姚兴是十六国时期十分杰出的一位君王，故而，他在对外关系上十分积极，也不足为奇。

对于姚兴，笔者还有这样一句用语通俗的评价：佞佛，但是个好皇帝。

先来说说姚兴佞佛的事。

后秦（401），姚兴消灭后凉，将高僧鸠摩罗什迎至长安。这一年，鸠摩罗什已经五十八岁了。回顾少时，鸠摩罗什随母出家，年纪轻轻便已游学诸国，旁通婆罗门哲学。后来，鸠摩罗什改学大乘，深研经典，闻名于西域诸国。因此，吕光在平定西域之后，将其带在身边。

来到长安之后，起初，鸠摩罗什住在草堂寺，收徒三千人，姚兴待之以国师之礼，极尽尊崇之心，时常率众听经悟法。

鸠摩罗什在凉州待了快二十年，他深知梵文原经和汉文译经的偏差，便向姚兴提出重新译经的建议。姚兴立马批准了。于是，在后秦弘始七年（405），姚兴在长安开辟出一地，作为专门的译经场，名之为逍遥园。

为确保译经工作的顺利进行，姚兴又为鸠摩罗什选配了八百余位帮手。甚至于拥有至高无上的皇帝身份的姚兴，还亲自参与翻译工作。这也是史上极为罕见的一件事了。

鸠摩罗什译经，可谓是中国佛教史上的大事，其积极意义值得肯定——在传播经典之外还为中国的翻译文学奠定了基础，但它也体现了一国之君佞佛的态度，造成了一些消极的影响。

当时，后秦崇佛风气甚浓，不仅导致国库空虚，还阻碍了关陇一带生产力的发展。我们都知道，僧人是不必向国家纳税的，那么，请问，后秦的财力能不受影响吗？后秦的国力能不逐渐衰竭吗？

不过实事求是地说，姚兴对后秦的贡献还是很大的，不能因为佞佛的问题，而否定他这个人。

其一，姚兴善于用人，武功卓著。

就在他擒杀苻登，灭亡前秦之后，姚兴班师回朝，灭掉了窦冲这一股盘踞于武功（今陕西旧武功）的割据势力。就此，姚兴基本上控制了陇东地区。在这之后，他又攻占了成纪、上邽，将势力延伸至天水郡一带。姚兴的目光十分犀利，为了日后争夺陇西的军事规划，他令叔父姚硕德镇守上邽，这相当于是请了一尊神。

接下来，姚兴先后得到了西燕在河东一带的领土，又夺得了蒲坂，重新划定行政区划，将河东划入并、冀二州，并让另一个叔父姚绪镇守于此。

从后秦弘始元年（399）开始，姚兴开始对东晋下手，攻夺了洛阳城（淝水之战后，前秦自顾不暇，放弃了洛阳城，东晋趁机占领）。这对东晋是很大的打击，一时之间，淮河、汉水以北的势力闻风而动，纷纷跑来抱姚兴的大腿。

后来，他打败了乞伏乾归，灭掉了西秦（西秦第一次亡国）。这意味着姚兴成功夺得了陇西。穿过黄河西进，姚兴又灭掉了后凉，降服了南凉、北凉和西凉，使之朝贡于秦，他一度占据了姑臧（后为秃发傉檀所获，已见前述）。

在姚兴的经营下，后秦的疆域达到极盛，据《读史方舆纪要》的记载，已是"南至汉川，东逾汝颍，西控西河，北守上郡"。

其二，姚兴提倡儒学，而又主张经世致用。

姚兴力倡儒学，大兴教育。当时远来求学的儒生，足有万人之多，姚兴特别批示边卡对其放松管制。这也难怪，诸如天水人姜龛、东平人淳于岐、冯翊人郭高等，都在都城长安开馆授徒；凉州大儒胡辩等人，也在洛阳设立学舍，学生们怎能不"思之如狂"呢？

有时候，姚兴也会在政务之余予以接见，与之讲论文义，还将一些擅长写作的人安置在身边，参与国政、起草诏书。姚兴重儒，既是维护统治的需要，也促进了汉文化的传承。

尤为值得一说的是，姚兴不只重视儒学，后秦所用人才，也不唯儒生。在诸事纷杂的政务之中，姚兴慧眼独具，也很看重律学。他将一些地方上的闲散官吏送进学习律学的机构里去，一则能避免人浮于事的浪费，二则能让他们学以致用。

待到"学员们"学有所成之时，便能被委派回原地，从事司法工作。如此一来，官吏们的职业水平得到了很大程度的提高。笔者曾在阎步克先生的《波峰与波谷》一书中看过一个观点，说历朝历代的政治环境不尽相同，有的是单用儒生或文吏，有的则是儒生、文吏并用。由此看来，姚兴是做到了二者兼顾。

其三，姚兴任人唯贤，在统治初期极为重视生产发展。

除了他最为信任的尹纬之外，其他有才之士也时常能得到重用。在攻取洛阳之后，姚兴还强调了"世有伯乐然后有千里马"这类观点，希望臣下能认真选荐良才。对于那些贪墨之臣，姚兴予以打击。与之形成鲜明对比的，就是他对廉吏的褒赏。有时候，他还会对其进行越级提拔。

为了使关陇地区的经济得以恢复、发展，姚兴体恤孤寡，要求地方政府释放一部分奴隶，禁绝浪费财力去生产锦绣——这和朱元璋罢团茶是有一定可比性的。姚兴本人就崇尚节俭，整个国家也形成了这样的风气。时间一长，姚兴的初衷渐渐实现。

柴壁之败，姚兴永恒的痛

然而，姚兴在位后期，因佞佛、好战等因素，后秦的国力呈现出滑坡趋势，为了增加政府财政收入，苛捐杂税较往日为多，阶级矛盾也逐渐加剧。

但这还不算致命伤，真正给姚兴造成致命打击的，乃是柴壁之战。

这场战争发生在公元 402 年（后秦弘始四年，北魏天兴五年），主动挑起战争的，是姚兴。此时，姚兴已经取得了一连串的胜利，国威震荡关中秦陇；而拓跋珪也赢得了参合陂之战的胜利，并于公元 398 年进占河北之地，入主中原。

这场战争，是两个鼎立于北方的强国的必然之战，谁主动谁被动都不是重点。重点是，姚兴输了，而且，输得很惨。

此战之前，双方已经产生了很深的矛盾。拓跋珪曾请婚于姚兴，但姚兴认为，对方已有慕容皇后了，遂扣押了使臣贺狄干，拒绝了拓跋珪。拓跋珪很生气。其后，因为没奕于带着赫连勃勃（当时叫刘勃勃，详见第七章）逃奔后秦，进一步激化了秦、魏之间的矛盾。

姚兴不久后择选精锐、训练军士，阅兵于城西，执意对北魏发动攻势。拓跋珪也大张声势，阅兵的阵容要多大有多大，就是要炫示兵力。

当年五月，姚兴正式进攻北魏。

姚平和狄伯支先领四万步、骑兵，姚兴则领兵在后。姚平直扑干壁（北魏储粮之所），花了两个月的时间才攻下来。拓跋珪迅速回击，令拓跋顺、长孙肥等为前锋，兵马还多出了两万。拓跋珪也和姚兴一样，在前锋后面镇场子。

下一月，拓跋珪抵达永安。由于姚平所遣的斥候为长孙肥所截，姚平迫于魏军的威势，只能撤军而出。这一走，战争的地点就转移到了柴壁。魏军前锋将柴壁围得跟铁桶似的，秦军连休息的时间都没有，只能选择婴城自守。

姚兴得悉后，立马率四万余兵马赶往救援。按他的打算，是要先解决守军的燃眉之急——粮食，所以姚兴欲从天渡（汾水的一个渡口）运粮。对此，拓跋珪本想增筑重围，阻挠姚兴，后又听从了安同的建议，建造浮桥西渡汾水，并据地筑围，用来抵御秦军。

何以如此呢？根据汾水东面唯有绵延三百余里的蒙坑与柴壁相通的地势特点，安同预测，姚兴只能从汾水西岸直抵柴壁。如此一来，魏军根本不能阻止秦军内外相应，什么建筑工事也没用。

后事果如安同所料，姚兴到达蒙坑后，就被拓跋珪给坑了。千余颗脑袋，当了三万魏军的祭品。姚兴不得已退兵四十余里，姚平也不敢突围，奈何魏军分驻于险要之地，秦军没有接近柴壁的机会。驻军于汾水西面的姚兴，试图破坏魏军的浮桥，但也以失败告终。

这里有个细节特别有意思。姚兴驻军的位置恰在山谷之中。眼见山谷中柏树森然，姚兴就开动脑筋，从汾水上游投了木材下去，使其顺流漂下，撞击浮桥。

这也真是鬼才。

可惜，姚兴遇上了拓跋珪这等天才。

魏军一见这情形，顿时就乐了，正好拿来取暖、做饭。在拓跋珪的授意下，撞桥的"武器"被钩子打捞起来，全都拿来当柴火烧了。

惊不惊喜？意不意外？

写至此，笔者还想给北魏的基建大师们点个赞。既然浮桥没被柏木撞出问题来，这就充分说明了浮桥结实耐用！

到了秋天，姚平困在城中弹尽粮绝，不得不集结兵力突围，姚兴也积极响应，在汾西列兵。但此时二者竟然产生了战术上的冲突——也有可能是因通信不畅导致的，一个是希望对方突围，另一个是盼着对方撵走魏军。

姚平突围失败，投水自杀以谢罪。柴壁城中包括狄伯支在内的四十多位将领和两万名士兵都被俘虏了。见到这一幕，姚兴心如刀割，可惜他一筹莫展，只能与秦军一起痛哭。

败局可见，姚兴数次遣使求和遭拒。不久后，拓跋珪进攻蒲坂，为姚绪所据，加之柔然在后方作乱，拓跋珪才撤围而去。

秦军大败后，再也没勇气主动出击北魏。而后，姚兴割让南乡、顺阳、新野等十二个郡给东晋，又把凉州割让给秃发傉檀。后秦从此由盛转衰。

姚兴不得不与北魏修好，互还人质，女儿西平公主嫁给明元帝拓跋嗣（此时拓跋珪已死，详见第七章），与北魏结为亲家。让姚兴没想到的是，赫连勃勃借机叛秦，连连出兵袭扰秦岭、关陇一带。秃发傉檀也开始独立，姚兴兴兵讨伐，又遭到了惨败。这对后秦来说是雪上加霜。

后秦输了柴壁之战，已无法再向东扩张，如今连在关陇、凉州的统治基础也开始动摇。实惨！对此，《晋书》毫不客气地批评道："委凉都于秃发，授朔方于赫连，专己生灾，边城继陷，距谏招祸，萧墙屡发，战无宁岁，人有危心。"

后秦国势江河日下，先前投降、朝贡它的国家，也纷纷动起了心思。譬如说，乞伏乾归便是趁着这个机会谋求自立的。（详见下一节）

义熙北伐，选了个好时机

姚兴晚年重病，皇室内部争斗愈演愈烈。他的儿子姚弼、姚愔等人觊觎太子之位，时刻准备着发动宫廷政变。

后秦弘始十八年（416）春，姚愔以为姚兴不行了，便率领手下士兵攻打皇宫。姚兴愤怒不已，强撑着最后一口气，来到前殿。叛军看到姚兴还活着，纷纷逃跑。

第二日，心力交瘁的姚兴病逝，卒年五十一岁，在位二十二年。姚兴后庙号为高祖，谥为文桓皇帝。太子姚泓即位。

当得知后秦丧乱的消息后，刘裕窃喜不已，于当年八月兵分三路进攻后秦，朝中事务包括后勤保障皆由亲信刘穆之负责。

此次北伐，刘裕的战略部署与桓温第三次北伐非常相似。西线部队朝洛阳进发，河南并非后秦统治的核心地带，守军应该不会太多。

拿下洛阳后，东线和中线的部队分别需要开泗水航道和汴水航道，驶向洛阳，等到三路兵马会师洛阳，刘裕主力部队到来时，再向关中发起总攻。

而刘裕本人，则进抵彭城，伺机而动。

在第二卷中，咱们讲过，彭城是泗水和汴水的交汇处。若去洛阳，必是汴水航道更为方便，不仅路途较短，而且安全性高——所经之地皆是东晋的地盘。反过来说，泗水航道路途遥远，官军需先北上驶入黄河下游，再逆流而上，黄河沿岸可是北魏的领地，惹不起！

西线王镇恶、檀道济沿着颍水一路向西北进攻，沿途没有遇到太多抵抗，连续攻克许昌、荥阳等地。十月间，王镇恶拿下了洛阳以及洛阳的周边地区。

西线的进展十分顺利，但是其他两路让刘裕备感失望。可能是对困难估计不足，汴水和泗水航道的淤堵非常严重，两个月间，仍然无法打通。刘裕在彭城只能等待。

隔年（417）正月，西线王镇恶、檀道济、沈林子三将违背刘裕的部署，擅自进攻关中。三将鏖战数月，一直无法突破后秦防线，军粮短缺的问题，逐渐暴露出来。

与此同时，东线王仲德终于开通了泗水航道。尽管泗水远不如汴水方便，但前线已经开打，且汴水航道的开通遥遥无期，刘裕也只能退而求其次了。

经过两个月（417年三月）的行驶，刘裕终于进入黄河，依靠士兵纤绳拖曳逆流而上。这种完全靠着人力的行驶本身速度就慢，更麻烦的是，北魏军正驻扎在河北，他们不时骚扰晋军，严重拖慢了刘裕的行军速度。

此时，发生了一件有意思的事情：刘裕派使节向北魏借路，后秦姚泓也派人求救于北魏。

此时北魏的态度，就显得尤为重要。是借道给刘裕，还是阻止刘裕前行？

明元帝拓跋嗣召集大臣们商量此事。

大家都说："潼关天险，刘裕不一定能攻克，但是呢，他完全可以登陆黄河北岸打我们，他的真实意图难以猜测。而且后秦是与我们有婚姻关系的国家，不可不出兵相助。"崔浩则说："后秦衰落，刘裕志在必得，我们没必要替后秦挨揍，不如借道给他。"

真理往往掌握在少数人手中，可拓跋嗣还是要考虑多数人的意见，遂派兵驻扎于黄河北岸，摆出阻挠刘裕的架势。

北魏不停地骚扰晋军：晋军一上岸阻止反击，魏军就立刻跑路；晋军一回到船上，魏军便又来骚扰。魏军反复折腾，搞得刘裕无比烦躁，苦无良策。

正在此时，前线檀道济等人的使者到了，他们希望刘裕快速为前线提供粮食。刘裕拉开船舱的窗户，指着北岸的魏军说："我让你们不要进攻，你们自己孤军深入，现在岸上那么多魏军，你让我怎么支援你？"史书没有记载此时刘裕的表情，估计鼻子都快气歪了，字字句句都透露着不满与愤怒。

但这毕竟是刘裕，总归是能想出来办法的。

他派人上岸，摆出了"缺月阵"。其要旨是以战车、强弓利箭为器，以河岸作为月弦，两端抱住河道。魏军试图冲垮此阵，结果却是战损严重，尸积如山，连魏将阿薄干也阵亡了。

晋将朱超石、胡藩等人趁机追杀，又斩获数以千计的魏军。

拓跋嗣得知战败后，非常懊悔没听从崔浩的意见。

四月里，刘裕的船队终于走出了北魏所控制的河段，进入洛阳，向前线输送粮食。下一月，东晋齐郡太守王懿投降了北魏。他建议尽快切断刘裕的归路，如此才能不战而胜。拓跋嗣表示赞同。

但这次拓跋嗣留了一个心眼，他并不着急下达命令，而是去找崔浩咨询。崔浩则是给拓跋嗣好好地上了一课，来了一场北魏版本的"煮酒论英雄"。

拓跋嗣：刘裕打姚泓，能打下来吗？

崔浩：一定能。

拓跋嗣：理由呢？

崔浩：姚兴喜欢追求虚名而不做实事，姚泓生性懦弱，兄弟之间不能团结一心。刘裕乘人之危，北府兵战斗力超群，怎么可能打不下来？

拓跋嗣：刘裕和慕容垂比谁更厉害？

崔浩：刘裕厉害。慕容垂是鲜卑贵族，自身就有强大的号召力；刘裕则出身贫寒，纵是如此，他却能灭桓玄、兴大晋、擒慕容超、斩卢循，所过之处，无人能敌。

拓跋嗣：刘裕入关，我袭击他后方的彭城、寿春，如何？

崔浩：没必要。我们西有赫连勃勃，北有柔然，国家缺少良将，长孙嵩等人根本不是刘裕的对手。我们现在应该按兵不动，观察形势。刘裕消灭后秦后，一定会回去篡位。而关中胡汉杂糅，民风彪悍，刘裕用荆州扬州那一套方法来统治关中，根本行不通！即使留下军队驻守，也不会深得民心，反倒会给别人的入侵提供好条件。咱们只要保境安民，后秦的地盘迟早是我们的。

打开话匣子的崔浩继续品评当时的人物，他说："我曾经私下评论过近世的将领和宰相，王猛治理国家，是苻坚的管仲；慕容恪辅佐幼主，是慕容暐的霍光；刘裕平定桓玄，是司马德宗的曹操。"拓跋嗣问："赫连勃勃如何？"崔浩说："忘恩负义之人，虽然能强大一时，但终究会被人所灭。"

拓跋嗣非常高兴，君臣二人一直谈论到深夜。拓跋嗣赞叹道："听君一席话，就像品味这盐和酒的滋味一样，所以我想和你一起共享这种美好的感受。"随即赏赐崔浩三十升醇酒，一两水精盐。

崔浩前前后后，先后品评了姚兴、姚泓、刘裕、慕容垂、王猛、慕容恪、赫连勃勃，并预测了刘裕必灭后秦，而后回朝篡位。事实证明，崔浩的眼光的确长远。

败走长安，关中得而复失

随后，王镇恶自己想办法解决了粮食问题。晋军高歌猛进，进抵陕城、潼关。

此时刘裕的大部队还没来，诸将就开始计划对后秦发动总攻。这事主要由王镇恶负责，他的任务是率水军自黄河入渭水，直取长安。姚泓虽安排了姚难、姚疆镇守泾上（今陕西高陵境），迎战王镇恶，但终为秦军所败，姚疆战死而姚难败逃。在这场战争中，将军毛德祖出力最多。

王镇恶军向长安步步逼近，姚赞之军遂自定城退守郑城（今陕西华县），故此刘裕大军更为主动；另外，晋军中沈田子一路，又进屯青泥。姚泓两面受敌，抱着捏软柿子的想法，先对沈田子下手，他便出兵赶往青泥。孰料，沈田子军不过是疑兵，姚泓上当了！

更要命的是，这千名疑兵还十分善战，姚泓被他打得找不着北，无奈地退还长安。

与此同时，先前往长安逼近的王镇恶军队，已经攻破后秦在潼关所设的防线。姚泓在绝望之中，迎来了城破国灭的命运。姚泓率众投降，后秦就此灭亡，享祚三十四年。

姚泓的儿子姚佛念，时年十一岁，或许是想到了南燕慕容超的结局，他认为他们还是自行了断会好受一些，不必投降。姚泓没有吭声，姚佛念遂坠墙而死，这个孩子也算是有见地、有气节的了。姚泓投降后，姚赞亦领宗室子弟百余人投降，他们几乎被刘裕杀死了。最终，姚泓和慕容超的下场一模一样。

姚氏的结局令人惋叹。姚泓之弟姚懿在后秦亡国之前自号为帝，但也不成气候，很快就失败了。值得一提的是，姚氏的几个后人。姚泓的十四弟姚黄眉逃去了北魏，成为阳翟公主的驸马，官至太常卿，封为陇西公，算是很圆满的了。姚泓的一个妹妹嫁给了北魏拓跋嗣，后谥为昭哀皇后；还有一个妹妹则嫁给了仇人刘裕，被称为姚夫人。

这是自公元316年，西晋晋愍帝投降刘曜后，南方军队第一次也是唯一的一次进入长安。此后，东晋南朝再也没有能够收复长安，因此，其意义非比寻常。黄河以南的土地全归东晋所有，关中百姓期盼刘裕继续进兵，消灭胡夏、西秦、北凉等国，重新一统天下。

是趁热打铁、继续前进，还是见好就收、点到为止？

这的确是个很难选择的问题。

一方面，刘裕如果继续进攻，一统天下，立下彪炳史册的赫赫战功，自然会流芳千古。但是，此时的晋军已经在外征战一年多，厌战情绪明显，能否保持强盛的战斗力，能否继续战无不胜，刘裕没有把握，换句话说，一统天下，并不是那么轻松就能做到的事情。况且，刘裕长时间在外，尽管时刻关注着东晋朝廷的情况，但他仍然担心建康会有风吹草动，万一以后的战争失败了，宗室与门阀士族可能掀起排斥他的浪潮——桓温的教训历历在目，刘裕必须时刻掌握军政大权。

另一方面，如果此时收兵，虽然错失了一次绝好的统一天下的时机，但目前建立的功业也足以篡位为帝。等到篡位成功，再进行北伐，似乎也并非不可。

正当刘裕有所犹豫时，后方建康那边传来了噩耗：刘裕的心腹刘穆之去世了。刘裕遭受了巨大的打击。正是因为刘穆之在建康主持后方政务，刘裕才放心出来打仗，不用担心别人来夺权。

如果说之前刘裕还在犹豫是否回去，那么刘穆之的死，则坚定了他返回建康的决心。他让自己年仅十二岁的儿子刘义真为主帅，王镇恶、沈田子等人为其辅臣。

此战中，王镇恶立下大功，他是王猛的孙子，现在又打到了长安，声望自然会比其他将领高。尤其是出身南方的将领，特别嫉恨他。眼看刘裕要走，沈田子和傅弘之就对刘裕说王镇恶不能信任。刘裕表面上说不担心王镇恶，他若有反心只会自取灭亡。私下里却又对沈田子说："钟会没有作乱成功，是因为卫瓘的缘故。俗话说：'猛兽不如群狐'，你们十多个人，难道还怕王镇恶不成？"

不得不说，刘裕的安排问题很大，这简直就是放任沈田子等人去挑起内讧。

司马光对此批评道："古人有言：'疑则勿任，任则勿疑。'镇恶以关中，而复与田子有后言，是斗之使为乱也。惜乎，百年之寇，千里之土，得之艰难，失之造次，使丰、之都复输寇手。荀子曰：'兼并易能也，坚凝之难。'信哉！"

司马光认为，疑人不用，用人不疑。好不容易得来的领土，就这么轻易地拱手相让，实在太可惜了。是啊，刘裕如果担心王镇恶，完全可以将他带回建康，让南方将领驻守长安。可他既不相信王镇恶，又不把他带走，相当于埋了一颗极不稳定的炸弹，随时都有爆炸的危险。

结果，刘裕前脚刚走，这群所谓的辅臣就开始内讧了。先是沈田子诬陷王镇恶，把王镇恶及其兄弟和从弟七人全部杀害，而后王修杀沈田子，让毛修之代替王镇恶的位置。

西边的赫连勃勃先前也预言刘裕不会长久待在关中，于是他秣马厉兵，时刻准备着取而代之。当这边内讧上了，他还客气什么？赫连勃勃赶紧派儿子赫连璝袭击长安。因为首战失利，被傅弘之击败，胡夏的军队暂时撤退了。

然而东晋内部还在哄斗。

原来，刘义真对侍从赏赐无度，王修时常限制他，刘义真的侍从对此颇有意见，他们便对刘义真几次三番进谗，这小屁孩马上就把王修杀了。

王修一死，军心动摇。刘义真也慌了神，他竟然把外面所有的部队都调回了长安，闭城自守。这等于放弃了周边所有的郡县都给了胡夏。

这是示弱吗？这是自取灭亡！

赫连勃勃当然不会客气，在得到周边其他郡县后，他连夜袭击长安，但是没能攻克。于是就占据咸阳，切断长安城砍柴的途径。

咸阳距离长安有多近呢？我们现在乘坐大巴车从咸阳机场到西安北站，在不考虑堵车等因素下，仅仅需要半个小时就能够到达。可以说，长安已经时刻都在赫连勃勃的监视之下了。

刘裕方才意识到局势的严重性，他急忙派人召刘义真返回，又派朱龄石代替刘义真守长安。

朱龄石抵达长安后，刘义真的手下在长安大肆掠夺，最终满载而归，盛满了金银财宝。也因如此，车行速度极慢。傅弘之看不下去了，便劝道："你爸让你疾速前行，而现在你带这么多财宝，一日走不了十里路，敌人骑兵马上就要追上，我们现在应该放弃车辆，轻装前进，方能逃走。"

可他却想不到，刘义真是个要钱不要命的主，傅弘之的话他根本听不进去。

果然，胡夏的三万骑兵很快追了上来。夏军攻势极猛，晋军哪是敌手？傅弘之、毛修之等人都成了俘虏。倒是刘义真小朋友命比较大，他本就走在最前面，加上天黑了，胡夏兵才没去追赶他。

可他还是吓坏了，躲在草丛里瑟瑟发抖。不久，参军段宏寻到了他，他俩骑着一匹马，逃向东晋。

由于刘义真临走前的所作所为，晋军在长安城失去了民望。还没等胡夏攻城，朱龄石就被城内的老百姓赶了出去。朱龄石叹了口气，他也觉得长安守不下去，遂退守潼关，走到蒲坂时，刚好自己的弟弟朱超石率兵前来支援。兄弟俩合兵，一起去投奔了东晋龙骧将军王敬先。最终他们由于寡不敌众，兵败被俘，全被赫连勃勃所杀。

刘裕看到刘义真平安归来，刘裕心里的石头终于落了下来，便不在乎其他的损失。

就此，义熙北伐半途而废，关中得而复失，落入赫连勃勃之手。

刘裕丢失的不仅仅是关中的领土，还有好几万北府兵精锐，以及多名能征善战的猛将。从此，刘裕彻底丧失了一统天下的机会。

这场失败的主要原因是由沈田子引起的。王镇恶是刘裕任命留守关中的最高军事总指挥。沈田子擅自杀害王镇恶，严格来说可以称得上是谋反行为。即使王镇恶与沈田子之间彼此厌恶，沈田子也不至于仇恨到要将其兄弟赶尽杀绝的程度。

学者张金龙在《宋武帝传》一书中指出，"沈田子这种背离常理的行为，实在难以用正常人的思维来理解……沈田子要想在犯罪之后活命，唯一的出路就是投奔赫连夏。但种种迹象表明，他完全没有这种打算……他试图蒙混过关，寄希望于刘义真及代替刘义真掌权的王修能够网开一面。事实证明，这只能是一种幻想"。

沈田子造成的恶果，既是刘裕始料未及的，同时又是令人匪夷所思的。以致刘裕只能上表天子，说沈田子是因"忽发狂易"才这么做的。

用现在的话说就是突然发疯了，精神上狂乱了，得了失心疯。

因为沈田子已死，就不再去追究罪名了。

至于沈田子究竟是怎么想的，恐怕成了一个历史悬案了。

第三节　复国又亡国，西秦心里苦

蛰伏沉潜，走上复国之路

我们再来看一下后秦的邻居——西秦。

前文我们说到，鼎盛时期的后秦从公元399年开始，向东晋发起了攻势，最终得到了洛阳之地，进而得到了淮河、汉水以北势力的归附。

这种巨大的胜利已经令人振奋，而隔年（400），军事力量强盛的后秦，更是直接灭了一个国家，那就是西秦。后秦之所以能消灭西秦，固然与其军事实力有关，但也与西秦所面临的强敌压境的情况有关。顾此失彼，势所难免。

趁着西秦与后凉、吐谷浑酣战，后秦突袭西秦，方才有了极大的斩获。乞伏乾归在南凉熬了两年，最终还是在后秦弘始四年（402）向姚兴称臣。

姚兴很高兴，当即授乞伏乾归为振忠将军、兴晋太守。其后，又加封他为散骑常侍、左贤王。此时的姚兴，决计想不到，七年后，乞伏乾归居然再称秦王，西秦居然涅槃重生。

于姚兴而言，此事倒有些"百足之虫死而不僵"的意味。这么说来，刘裕心狠手辣，不让对方有"春风吹又生"的机会，仅从他的立场来说，是没什么问题的。只是在这方面，他的口碑就很差了。

历史啊，真的是一道选择题。

那么，乞伏乾归这个既能复辟又能复国的人，在这七年之中经历了什么，他又是在怎样的契机下达成愿望的呢？这与姚兴的一个错误的安排，或者说是他的宽厚性格有关。

当然，彼时姚兴不会觉得他的安排有什么问题，在他看来，乞伏乾归既然已经真心臣服，那么一定要让他为自己服务。怎么服务呢？西秦虽亡，但乞伏乾归和他的儿子们在陇西一带势力很大，完全可以利用他们来治理陇右嘛。

这个想法似乎很有道理，可问题是，乞伏乾归是真心臣服的吗？一个曾贵为君王的人，凭什么会甘心做你的臣子，除非，你足够强大且一直强大，而他根本没实力与你对抗。

姚兴给了乞伏乾归这些实力，准确说是保存了他在陇西地区的旧有实力，"复以其部众配之"。作战这事儿，讲究天时、地利、人和。复国又何尝不是？此时，乞伏乾归至少拥有地利和一定程度的人和，所待的无非是天时和高程度的人和。

复国的念头，在乞伏乾归心里深深扎根，为此他甘愿蛰伏。一边蛰伏沉潜，一边为姚兴奉献才智。

七年以来，乞伏乾归的战绩斑斑可数：与秦将齐难一起作战，打败了后凉吕隆；先后在皮氏堡、西阳堡大挫后仇池杨盛的将领符帛、杨玉；击败吐谷浑将领大孩，并俘虏万人……

在这七年当中，姚兴也不是没对乞伏乾归产生过疑心，大概是被秃发傉檀得了姑臧就翻脸的做法刺激了吧，姚兴猛然意识到，降臣是不可靠的。于是，姚兴在后秦弘始九年（407）时，将乞伏乾归留在朝中担任主客尚书，又封他的儿子乞伏炽磐为建武将军、行西夷校尉。

这摆明了就是监视。估计乞伏乾归心里会想：那些预兆果然实现了。

什么预兆呢？之前某年，苑川地裂而生草，狐雉也跑进了寝宫里。乞伏乾归十分不安。

不过，乞伏乾归却没有流露出什么不满的意思，他还要继续蛰伏。等待的时间也不长，第二年（408），机会就来了。赫连勃勃，这个曾经受过后秦庇护的人，在青石原挫败后秦军队，狠狠打了姚兴的脸。姚兴表示不能忍。双方大战在即。

乞伏乾归嘴都笑歪了，他预感到，长安必将爆发动乱，遂趁机召集旧部两万七千人，占了嶂嵐山，筑城而居。这有点占山为王的意思。第二年（409），他的儿子乞伏炽磐拿下了枹罕，派人告知"山大王"乞伏乾归，他便率众奔回苑川。

随即，鲜卑人悦大坚带着五千人马，向乞伏乾归投降，再度增强了"山大王"的实力。乞伏乾归到达枹罕后，令乞伏炽磐镇守于此，自己则召集了三万人马，迁至度坚山，蓄积实力。

在臣下的极力劝谏下，乞伏乾归自称秦王。他先前倒是很谦虚，但这也是政治姿态罢了，他需要明确的是，底下的每个人的态度。

如此，他才放心。

满血复活的西秦，拥有了非常应景的年号——更始。

要我说啊，这个年号似乎也不太吉利。王莽末年，刘玄被推为皇帝，就定了这个年号，这个政权存在了不到三年，就被赤眉军给灭了……

为父报仇，乞伏炽磐振兴西秦

乞伏乾归称王之后，为了争取人心，大赦于境内，又开始设置百官，恢复旧属的官位。

所谓是，"在哪里跌倒就在哪里爬起来"，乞伏乾归在这些年里，也慢慢品出了自己失国的原因。其一，政权还不稳固，就穷兵黩武；其二，与陇右汉族豪门士族的结合度还不够，没能使之完全发挥作用；其三，缺钱，社会体制还不行，经济实力远不及后秦。

剖析除了个中原因，乞伏乾归做出了很多改进，比如，大力笼络陇右汉、羌之族；比如，让汉族豪门、俊杰之士高度参政。效果果然不错。

文治是一方面，武功也决不可偏废。虽说不能穷兵黩武，但有些仗还是要打的，但制度的建设也很重要。简言之，乞伏乾归在四年的执政时间里，办成了讨伐薄地延、攻夺后秦金城、略阳、南安等地，还都于苑川等大事。在此期间，他也接受了姚兴再次封给他的一大堆封号。只不过，他俩一个是为了笼络对方，一个是为了不给自己图谋河西的事业惹麻烦，所以才维持着这样没有实际意义的封属关系。

西秦更始三年 (411)，乞伏乾归派太子乞伏炽磐和次子乞伏审虔，去攻打南凉秃发傉檀。二子在岭南击败了对方的太子，俘获十余万牛马。乞伏乾归十分欣慰。下一年（412），乞伏乾归的侄儿乞伏公府攻杀了西羌彭利发，亦令乞伏乾归喜笑颜开。

可乞伏乾归却不知，正是他这个骁悍的侄儿，要了他的命。这年二月，乞伏乾归迁都至谭郊（今甘肃临夏西北），不久后又攻占了南凉的三河郡。

西秦恍若一个开挂般的存在，短短三年内，乞伏乾归已拥有"东起平壤、略阳，西抵金城、白土，南至层城、赤水，北至度坚山北"的疆土。足慰平生呵！

不久后，乞伏公府向正在打猎的乞伏乾归下了杀手，连带着随行的十几个儿子，都被乞伏公府给杀了。

要问乞伏公府为何这般残忍，还得从二十五年前说起。那时，国赖长君，乞伏公府因年纪太小而与王位失之交臂。现下，乞伏公府已经是一个三十二岁的壮年男子了。他认为，叔父乞伏乾归应该把王位还给他了。

乞伏公府心里十分不满，暗想：你不给，我拿还不行吗？

铤而走险，夺回应该属于自己的王位。

一场政变，就此展开。可惜，千算万算，乞伏乾归也没算到，他的身边竟有这么危险的人物。不过，乞伏公府的运气还不够好，叔父的其他儿子的确是被他杀了，但他还没能斩草除根呢！

政变发生的时候，乞伏炽磐和一些弟弟并未随往。得知噩耗，乞伏炽磐忍住悲伤，立马命令弟弟乞伏智达、乞伏木奕干领兵平乱。

乞伏公府有些失悔了，乞伏炽磐的才能不亚于其父，且兵权在握。

怎么办？赶紧逃。

先逃胡夏国，被乞伏智达打了；再往叠兰城，逃奔弟弟乞伏阿柴，不仅没如愿，还给乞伏阿柴招来了杀身之祸。

乞伏公府表示，心好累，但又不想死。他又转往嵯崀南山。这一次，乞伏智达等人终于抓住了他，连带着他的四个娃，都被处以车裂之刑。

早知今日，何必当初！

大仇得报，乞伏炽磐把乞伏乾归葬在枹罕，谥为武元王。随后，乞伏炽磐即位，改元永康，自号为大将军、河南王，并迁都枹罕，开始了他长达十七年的统治。

以前，和父亲在长安待了很长一段时间，后秦优于西秦的地方，都被他俩看在眼里。故此，乞伏炽磐完全承袭了父亲的治国模式。

乞伏乾归这个继承人，确实选得好，乞伏炽磐十分能干，他只花了十天的时间就攻克了南凉都城乐都，灭了南凉。

乞伏炽磐也是十分克制的一个人，他并未屠戮南凉宗室百官，而是将其择才录用，为自己的政权服务，还把妻子秃发氏立为皇后。

当年十月，乞伏炽磐改称秦王，之后将北凉政权作为打击的对象。

西秦极盛之时，疆土进一步增大，计有十一个州、三十个郡、四十八个县。这样的局面，对于陇西的经济、文化发展起到了良好的促进作用。

吾死之后，汝能保境则善矣

西秦的实力有目共睹，但是它所面临的形势同样很严峻，与它同时存在的主要政权，就有东晋、北凉、胡夏、北燕、北魏这几个。要想在乱世之中，建立像苻坚那样的统一北方的功业，乞伏炽磐力所难及。

更恼火的是，乞伏炽磐的继承人乞伏暮末——这名字不禁让人联想起"日薄西山"这个成语。这里需要强调一下，"暮末"是鲜卑语发音直译成的汉字。虽然我们现在难以理解其本身的意思，但可以肯定的是，这个词是中古十六国时期北族常用的一个名号。西燕有人叫许木末，柔然有个城池叫木末城，就连北魏明元帝拓跋嗣的鲜卑名也是"木末"。

学者罗新在《王化与山险》一书中指出，明元帝拓跋嗣和他的父亲拓跋珪一样，是没有汉名的。史书中他的名字是"拓跋嗣"，可能仅仅是由于他嗣位之后在汉文文书自称或者被称为嗣而已。而拓跋嗣在位期间，显然是北魏的上升期，与"日薄西山"完全不挂钩。

虽说乞伏暮末这孩子好学有文采，但他的本事，还不足以平乱兴国。

公元428年六月，乞伏炽磐病逝，死前对乞伏暮末叮嘱道："吾死之后，汝能保境则善矣。沮渠成都为蒙逊所亲重，汝宜归之。"看来，乞伏炽磐对儿子的要求真不怎么高。

乞伏暮末还是听话的，他很快把先前俘虏的沮渠成都还给了北凉沮渠蒙逊，试图与之搞好关系。沮渠蒙逊答应了，不仅撤军而还，还遣使去西秦吊唁。

不过，依着沮渠蒙逊狐疑的性格，他总觉得其中有诈，便在扪天岭设下了伏兵。折腾一番后，还是假意言和。

乞伏暮末继位后，改元永弘，并任命百官：侍中、录尚书事乞伏元基，骠骑大将军乞伏谦屯，辅国大将军、御史大夫段晖，镇北将军、凉州牧乞伏千年，尚书令、车骑大将军乞伏木奕干，尚书仆射乞伏吉毗……

统治初期，乞伏暮末就遭到了沮渠蒙逊的攻击。老滑头本来要攻打西平，但在听了太守的话之后，转而将目标对准了乐都。对方说了什么呢？"殿下您要是先打下了乐都，咱们马上就投降。否则，我们即便是投降了，您也看不起我们吧？"

沮渠蒙逊心说，有道理啊，扭头就去攻打乐都了。

乞伏元基赶紧领骑兵救援乐都，人数也不多，才三千人。作战中，乐都外城失陷，水源也被截断了，城中人半数死于饥渴，偏偏这个时候出了叛徒。东羌部落酋长乞提本是赶来救援的，此时却暗中与凉军勾结，从城楼上抛了绳索引凉军登城。

这个行为可够恶劣的！百余凉军入城后，又是闹又是跳，还纵火烧城门。所幸，乞伏元基率军力战，才保得乐都不失。

结果，沮渠蒙逊立马回军去攻打西平了。到了第二年（429），援军还未赶来，西平便已为沮渠蒙逊所得。

当年五月，沮渠蒙逊又来了。乞伏暮末迅速做出了部署：乞伏元基留守都城枹罕，自己退保定连。这一次，还算长了志气，乞伏暮末在治城击退凉军，并俘虏其世子沮渠兴国，还把凉军追击至谭郊。

除了这场胜仗之外，乞伏暮末还派出段晖等人，成功阻击了北凉和吐谷浑的联军。

要不回世子，沮渠蒙逊心急如焚。之前的世子沮渠政德就战死了，要是这个孩子再出什么意外，叫他怎么活？念及此，沮渠蒙逊不禁老泪纵横。

七月间，沮渠蒙逊主动遣使，说尽好话，还想用三十万斛谷子来赎回世子。岂知遭到了乞伏暮末的拒绝。沮渠蒙逊只得另立世子。

在沮渠蒙逊看来，这个儿子已经跟死人没两样了，他却没想到，乞伏暮末让沮渠兴国做了散骑常侍，还做了驸马，而且，据说他和平昌公主的关系还不错。

行吧，"留得青山在，不怕没柴烧"，活着就好。

也是沮渠兴国命途多舛，他这个驸马爷不过才当了两三年（429—431），就没影了。这是因为西秦亡国了。

西秦末年，内忧外患不断。

在内，乞伏暮末之弟乞伏轲殊罗跟亡父的小妾"暗度陈仓"，乞伏暮末大为光火，对方便与叔父乞伏什夤预谋弑君。走漏风声后，乞伏暮末平定了酝酿之中的内乱，按说，此事最好是大事化小，但乞伏暮末却因受了乞伏什夤的刺激，而残忍地杀了他。其同母弟乞伏白养、乞伏去列也为此满口怨言。一不做二不休，乞伏暮末便把他们也都杀了。

解恨是解恨，可是也挫伤了人心啊！乞伏暮末不管这些，他在国内的声望，可以说是持续走低。

至于说在外，乞伏暮末长期遭受北凉等国的军事威胁，已经心力交瘁。

在内忧外患之中，乞伏暮末开始向北魏拓跋焘寻求帮助。拓跋焘给出了答复：我把胡夏国手中的平凉郡、安定郡给你。

此时，赫连昌已为拓跋焘所擒，赫连定这一支残余势力，尚且苟延残喘。（详见第七章）

拓跋焘这一招很妙，相当于给自己找了打手。而乞伏暮末就像打了鸡血似的，开始跟赫连定杠上了。倒霉的是，乞伏暮末离开都城后，一方面遭遇了赫连定的抵抗，不得不暂守于南安；另一方面其故土被吐谷浑汗国所占。

乞伏暮末很郁闷。更郁闷的是，他打不过赫连定。赫连定在公元431年屡破秦军，南安城内又爆发了饥荒。眼见众多高官都降了赫连定，乞伏暮末绝望透顶，几日后载棺而出，也投降了。

重生后的西秦就此灭亡，这一次，享祚二十二年。加上之前十五年的建国史，共计三十七年。

同年六月，赫连定屠杀乞伏暮末及其宗族，五百余人顿成刀下亡魂。至于驸马爷沮渠兴国的遭遇，第七章中自有所述。

第七章

统一北方，光照千秋

与后燕不同，北魏的每一代领导人，都是极为优秀的皇帝。拓跋珪过世之后，拓跋嗣、拓跋焘青出于蓝，各有禀赋，北魏在政治文化方面，取得了长足的进步。

更为斐然的成绩，是拓跋焘的武功。论胸怀，拓跋焘心存"廓定四表，混一戎华"之志，远非一般的少数民族君主可比；论战力，拓跋焘骁勇善谋，连敌国刘宋也称之为"英图武略，事驾前古"。

继位之后，拓跋焘不仅屡挫柔然、降服西域诸国、夺取河南重镇，还消灭了胡夏、北燕、北凉政权，统一了中国北方。自此，中国历史完全进入了南北朝时期。从这个层面来说，拓跋焘既是十六国（304—439）的终结者，也是新时代的开创者之一。

——引言

第一节 拓跋嗣奠定统一之基

逢枭镜之祸，权以济事

在《魏书》中，对北魏第二位皇帝拓跋嗣评价道："明元抱纯孝之心，逢枭镜之祸，权以济事，危而获安，隆基固本，内和外辑。以德见宗，良无愧也。"（早在宋朝时，就有人指出，《魏书·明元帝纪》并非出自魏收之手，而是用的隋朝魏澹写的明元帝纪补录，下文不再赘述）

这个评价道出了这样几点信息：仁厚，但碰到非常之事仍能当机立断；他虽为北魏太子，却并非直接登位称帝的；在位期间，于内于外都大有贡献。

一言以概之：德。

让我们回到拓跋珪的晚年，来了解拓跋嗣对北魏历史的贡献。

对于半生坎坷流离的拓跋珪来说，拓跋嗣这个孩子来得不算早。因为拓跋珪成家极早，又只活了三十九岁，而拓跋嗣却生于登国七年（392），是他二十一岁时所得的。其后，拓跋珪又有了拓跋绍、拓跋熙、拓跋曜、拓跋脩、拓跋处文、拓跋连、拓跋黎、拓跋浑、拓跋聪这几个儿子。

拓跋嗣是刘贵人的孩子，刘贵人后被追为宣穆皇后，生前她从未享受过皇后的待遇，倒是因拓跋珪所持的"子贵母死"制度，而成为政治的牺牲品。

事情的缘起是这样的，按史家的分析，拓跋珪鉴于代魏旧事，一心解除鲜卑贵族对拓跋皇室的挟制，遂采用离散部落、分土定居、编户齐民等方式。这种政治手段确实较为高明，起到了很大的作用。出于同样的目的，拓跋珪绝不能容许外戚干政现象的出现——代国曾被称作"女国"，于是他借鉴汉武帝时钩弋夫人被赐死的案例，做出了十分残酷的决定。

拓跋珪对太子拓跋嗣说："昔汉武帝将立其子而杀其母，不令妇人后与国政，使外家为乱。汝当继统，故吾远同汉武，为长久之计。"从此以后，"子贵母死"制度似成了北魏的祖宗家法——凡是登基为帝的太子，其母亲必须立刻赐死。后来更为冯太后所利用，用以消灭妨碍她独揽大权的李贵人。

撇开"子贵母死"制度的客观效果不谈——实际上滋生了"保母干政"的现象，拓跋珪的良苦用心，不能为拓跋嗣所接受。在他的眼里心里，不需要什么长远打算，只需要他自小依恋的那个母亲。因此，一贯"明睿宽毅，非礼不动"的拓跋嗣，忍不住哀哭连连，惹得拓跋珪肝火大动。

可能是想"修理"这个不成器的儿子吧，拓跋珪诏令拓跋嗣入宫见他。拓跋嗣本来要去，但他的心腹却说："现在你父亲正在盛怒之下，最好不要见他，不如出去避一下风头。"

拓跋嗣仔细想了一下，赶紧逃之夭夭。

这可把拓跋珪气惨了。

常言道，"父子没有隔夜仇"。为何心腹们却说出这样的话来呢？原来，拓跋珪晚年喜怒无常，猜忌心非常强烈，并且还吸食五食散（类似于毒品），性格变得非常残暴，被他杀死的大臣、功勋、宗室不计其数，这种暴行搞得朝廷人人自危。

所以为求自保，拓跋嗣还是跑路的好。有这么个暴戾的父亲，换谁都会害怕，这也不能完全怪拓跋嗣。

那么，拓跋嗣跑到哪儿去了呢？

从他登基之后封赏的名单看来，当时跟他一起的应该包括叔孙俊、拓跋磨浑等人，而随他一起潜逃的心腹，则有王洛儿、车路头等。

失去了宝贝儿子，拓跋珪的心情更糟了。北魏天赐六年（409）十月，拓跋珪把他的贺夫人囚禁起来，准备将其杀死，恰巧天黑了，才没下定决心。人总是有求生的欲望，贺夫人也不例外，她偷偷派人告诉自己的儿子清河王拓跋绍，希望拓跋绍能来救她。

一个是母亲，一个是父亲，怎么选择？或许换成其他人，会是一个两难的抉择，但拓跋绍不同，他毫不犹豫地站在了母亲这一边。当天夜里，他弑杀了自己的父亲拓跋珪。

第二天，宫门直到中午还没打开，拓跋绍谎称奉诏书，把文武百官召集起来，说了一句非常"耐人寻味"的话："我有叔父，亦有兄，公卿欲从谁？"（《资治通鉴》）换成大白话，即你们是服从我的叔父，还是服从我的兄弟？

大家这才知道拓跋珪的死讯，但却不清楚原因，当然不敢随便站队。只有长孙嵩说服从拓跋绍。见此情状，拓跋烈直接当众大哭，转身离去。

为什么说拓跋绍的话"耐人寻味"呢？《魏书》《北史》中记载了另一个版本："我有父，亦有兄，公卿欲从谁？"少了一个"叔"字，或者说把"叔"字削删掉了。

他的父亲已经被他杀了，为何还会说"我有父"？包括周一良在内的许多学者都质疑此处的记载，并更加认同《资治通鉴》说的"我有叔父"的记载。

从代国以来，"兄终弟及"的继承方式屡见不鲜。基于这点考虑，拓跋珪的弟弟也有着当皇帝的资格，拓跋绍对群臣说"我有叔父"也显得比较合理。

但问题是，拓跋珪不是遗腹子吗？哪来的兄弟？笔者在第五章已经讲到过，魏书为了隐瞒他母亲下嫁给他爷爷，并生下孩子的事实，对材料进行了大范围的削删，但仍然存有一些蛛丝马迹。

算算看，拓跋绍的叔父拓跋仪先前就被拓跋珪杀死，拓跋觚被慕容详杀死，那么拓跋绍说的"叔父"是谁呢？很明显，就是大哭而去的拓跋烈！

一时间，政权为拓跋绍所把持，但他显然不能服众。

在臣子们的帮助下，拓跋嗣得以入宫诛杀逆子拓跋绍，平息了这场叛乱。等到十月十七，拓跋嗣即位称帝，大赦天下，改元为永兴，紧接着就追封了亡母刘贵人。拓跋嗣即位后，拔贤任能，内迁民众，整顿流民，抚恤百姓，使北魏国政再度步入正轨。

值得称道的何止是拓跋嗣平叛的速度，还在于他仁厚的本性。祸首拓跋绍、其母贺夫人，以及直接参与弑君之事的随从、宦官当然要处死，但其他人等都被拓跋嗣赦免了。

很显然，他不想过于深究此事。虽然称帝之路有曲折，但如今还是回归正轨，也算不幸之中的大幸。但我们要知道一点，现在摆在拓跋嗣跟前的外敌，主要有柔然、后秦、东晋、北凉、北燕等国，这个十七岁的年轻人，能不能像他的父亲一样，成为武功卓著的皇帝呢？

武功：北击柔然，南讨刘宋

从武功方面来说，拓跋嗣在位不过十五年，便已为拓跋焘的统一大业做出了必要的铺垫。他打击柔然，承袭拓跋珪加强边防的措置；又攻袭刘宋，夺得了黄河南岸。

根据当前的形势，拓跋嗣先对柔然发起了攻势。

北魏永兴二年（410）正月初一，拓跋嗣遣南平公长孙嵩等讨伐柔然。仲夏时节，长孙嵩等自大漠而返，被柔然追击并围困于牛川。形势一度危急，拓跋嗣决定御驾亲征，北伐柔然。柔然闻风而逃，魏军转败为胜。

神瑞元年（414）岁末，柔然侵犯魏境。拓跋嗣在一旬之内做出部署，再次御驾亲征。

这是拓跋嗣亲征柔然的两次记录。在第二次亲征事件发生前的4个月里，拓跋嗣还派使者悦力延去安抚柔然，很显然，拓跋嗣不愿主动与柔然作战。事实上，在这个阶段里，北魏对柔然的军事行动，是以防御为主的。

尽管，拓跋嗣北伐柔然从未失手，永兴二年（411）年底，拓跋嗣还得到了柔然斛律宗党吐牷于等人的归附，但这不代表北魏能对柔然展开真正有效的打击。

其实原因也不复杂：柔然迁徙无常，没有定居之所，你打他吧，他跑；你撤了吧，他又回来了，真是令人摸不着头脑。当然，这也是很多游牧民族的共性。

那么，不能对其展开有效的打击，又该怎么加强边防呢？聪明的祖先们早就给出了一个办法：修长城。

北魏初期，即在阴山以北一带修筑了一条长城。长城为东西走向，起于赤城（今河北赤城），止于五原（今内蒙古乌拉特前旗境内），长逾千里。

除此以外，大约在拓跋珪时期，就在长城以北地带开始修筑带有军事防御目的的堡垒，名之为军镇。广阳王元深说"昔皇始（指道武帝）以移防为重，盛简亲贤，拥麾作镇"，这里面说的"镇"便是指的军镇，由于其地理位置的原因，被统称为北镇。

军镇是十六国和北魏时期特殊的地方军事镇戍机构，有些北镇没有固定的治所，后来才逐步完善起来。

相对于柔然而言，拓跋嗣对刘宋政权的攻势就猛得多了，甚至可以说是倾尽全力。这里有个背景。拓跋嗣即位之时，后秦的势力便已然颓败。泰常二年（417）间，刘裕消灭后秦，得到了黄河以南的地区，这令拓跋嗣十分眼馋。

怎能不眼馋呢？现在北魏的势力范围已经抵至黄河，和东晋接壤了，如果得到黄河以南之地，必利于进据中原。为此，拓跋嗣精心准备数年。

泰常七年（422）秋，刘宋代晋已过去了两年。此时刘裕已死，其子刘义符即位后，常常和奸佞小人厮混，不理朝政。拓跋嗣认为机会已到，开始筹划进攻刘宋。群臣之中，只有崔浩不同意，但拓跋嗣心意已决，拒不接受崔浩的看法。

是先攻城，还是先略地呢？

奚斤等人想先攻城，但崔浩却说："南人擅长守城，大军困于小城之下，无法攻克，万一敌方的援军到来，我们就危险了。不如分兵掠地，南下淮河。一旦阻断援军，届时河南地区的守军必然弃城而去。"

崔浩言之有理，奈何公孙表等人却仍然坚持先行攻城，拓跋嗣最终同意先攻城的策略。

刘宋沿河的四个据点从东到西依次是碻磝（今山东茌平西南）、滑台、虎牢和洛阳。

奚斤渡过黄河后，开始进攻滑台。此时此刻，北魏不擅长攻城的弱点再次暴露。奚斤始终无法攻克滑台，只好红着脸向拓跋嗣申请增援。

拓跋嗣听闻奚斤久攻滑台不克，为之震怒，他决定御驾亲征，率领五万人，增援奚斤。一个月后，奚斤终于攻克滑台，刘宋东郡太守王景度弃城而逃，拓跋嗣随即命成皋侯元苟儿担任兖州刺史，负责镇守滑台。

为魏军威势所骇，同样弃城而逃的，还有刘宋兖州刺史徐琰。十二月间，拓跋嗣命寿光侯叔孙建等"自平原东渡，徇下青、兖诸郡"，而后急渡黄河，进攻碻磝。徐琰心知自己无力相抗，这才一走了事。就此，叔孙建很轻松地占据了兖州。

战事延至泰常八年（423），奚斤在平定了滑台之后，又回头去围攻虎牢关。负责防守的主将是刘宋猛将毛德祖。一时之间，北魏军未能攻陷虎牢，双方"距守不下"。

接下来，北魏迎来了相对轻松的一仗。刘宋守军薄弱，北魏于栗䃅轻松通过刘宋的黄河防线，再往南一打，刘宋守将王涓之弃城而逃，北魏迅速占领了洛阳。

刚一入夏，拓跋嗣亲自到成皋城，察看虎牢关。当他看到城内人悬绳吊桶，自黄河取水的一幕，他就知道，机会来了。方法很简单——断绝水源。

具体的操作方法很有创意，既在舰船上放攻城车以断其取水之道，又命人穿凿地道去破坏对方城中为数不多的水井。彻底断绝水源之后，城中人渐渐挨不住了，等到这月下旬，虎牢关终于为魏军所陷。北魏总共围困虎牢关二百多天，没有一日不在攻城，刘宋的守军日夜不睡眠，眼睛都长了疮，连精锐都死伤殆尽，毛德祖、翟广、窦霸、姚勇错等人皆受俘。

不过魏军的状况也不好，因为瘟疫横行，军士也死了十之二三。

就此，刘宋在黄河以南的四个军事重镇——洛阳、滑台、虎牢、碻磝，都成为北魏的属地。

文治：促进北魏社会封建化进程

有史家认为，北魏的国祚能持续一百四十九年（不算东魏、西魏），且总体上较南朝宋齐梁陈四朝为强，有一个重要原因是，北魏的皇帝基本上是以"一文一武"的顺序交替的。如此一来，既可开疆辟壤，又能保境安民、休养生息。

这个说法有一定的道理。相对来说，拓跋珪、拓跋焘是以"武"的面貌呈现的，而排在祖孙俩后面的拓跋嗣和拓跋濬，则是以"文"而名世的。

道武帝拓跋珪晚年时，性情暴躁，朝中多有冤死、废黜之臣。为了稳定人心、巩固统治，拓跋嗣登位之后，全力为死者沉冤昭雪，对废黜者予以复职。效果十分显著。

接下来，拓跋嗣开始整饬政治，完善官制。其在位时期，官制的设置，大概经过了这几个阶段：于永兴元年（409），设麒麟官宿值殿省；于神瑞元年（414），设八大人官，下又设三属官，八大人官总理万机，时人称之为"八公"；于泰常二年（417）夏，设六部（天、地、东、西、南、北）大人官，皆以诸公充任。

八公之下，还有大量的官员，拓跋嗣着意于整顿吏治。他坚持"选贤任能""察守宰不法"的原则，极力吸引汉族士人参政，以希望能借助他们较为成熟的文化知识、政治经验来帮自己建设国家。

这里说到的八公，对于北魏政治的建设，自然更为重要，他们是长孙嵩、崔宏、安同、拓跋屈、叔孙建、奚斤、王建，与其他官员一样，他们当中既有鲜卑人又有汉人。

唐·陈闳《八公图》，现存六人，此画现藏于美国纳尔逊·艾京斯美术馆

八公各有其专任，也各司其职，比如说，南平公长孙嵩、北新侯安同一起负责民间诉讼案件的审理，在法制建设还不够成熟的情况下，由高官来操持这

类事务，无疑能体现皇帝对百姓的抚恤之心。

要抚恤百姓，仅凭此举还是不够的。解决百姓的生计问题，更是重中之重。当时，北魏百姓上罹天灾，下逢人祸——官吏、豪强的搜刮，时常陷入饥寒之中。其实，平城地寒，不宜于种植农作物，有时连皇宫中的供应都不足敷用。拓跋嗣一直试图解决这种问题，对于天灾，他采取徙民就食、赈济灾民、减免租赋等措施；至于人祸，则以劝课农桑的方式加以鼓励，打击豪强等措置来加以化解。

总的来说，拓跋嗣在文治、武功之上，都有所建树，北魏的综合国力明显上了一个台阶。有了这样的铺垫，等到十六岁的太子拓跋焘继位的时候，他所面临的已不是一个需要在内政上费心的局面。这为他统一北方的大业，扫除了许多障碍。

泰常八年（423），拓跋嗣由于长期在河南征战，操劳过度，身体每况愈下，十一月初六，英年早逝，享年不过三十二岁。先前，他在亲征之时便已患病，而后旧病复炽，无以挽回。两天后，拓跋焘为大行皇帝上谥号，曰"明元"，庙号为太宗，归葬于云中金陵。

李延寿在《北史》中，对明元帝拓跋嗣评价很高，称："明元承运之初，属廓定之始，于时狼顾鸱峙，犹有窥觎。已加以天赐之末，内难尤甚。帝孝心睿略，权正兼运，纂业固基，内和外抚，终能周、郑款服，声教南被，祖功宗德，其义良已远矣！"

尤为值得一说的是，在崔宏之子崔浩的建议下，拓跋嗣很早之前就实施了"太子监国"制度，令拓跋焘在东宫时期坐镇后方治理国家，因此北魏政权得以平稳过渡，没有出现内部争斗。

拓跋焘成为北魏历史上第一个直接由太子升级为皇帝的幸运儿。

幸运只是一方面的，就像权力和责任从来就不可分割一般，拓跋焘既然得到了父亲的政治遗产，必然也须承王冠之重，为他的国家和这个时代做出更多的贡献。

这贡献，首先就是统一北方，结束十六国以来的纷乱局面。幸而，他做到了。

以下三个小节，笔者将换个视角，从被拓跋焘消灭的三个政权的角度，来讲述北魏统一北方、终结十六国的历史故事。

第二节　所灭第一国：胡夏

既为世仇，岂言和解？

与其他被灭的国家不同，胡夏和北魏是世仇，即便不为统一北方，拓跋焘与赫连勃勃、赫连昌也没有和解的可能。

要想知道仇由何来，咱们必须从第二卷中提过的一个人物刘虎说起。

简要回顾一下前情。

早在拓跋猗卢时期，由于处在相邻的地理位置里，代国和匈奴铁弗部之间便产生了激烈的矛盾，彼此之间无法共荣互存。作为匈奴右贤王去卑的后代，刘虎也不是省油的灯。可惜，他遇上了拓跋猗卢。接受晋朝并州刺史刘琨的邀请，拓跋郁律帮他把刘虎狠狠地揍了一顿。

梁子，就这么结下了。刘虎赶紧西渡黄河，暂据朔方，抱住了前赵刘聪的大腿，被封了楼烦公。其后，刘虎一直骚扰代国，但屡战屡败，满心遗憾地离开了这个尘世。

其子刘务桓虽与代国交好，但好景不长，他的弟弟刘阏头、儿子刘卫辰都是一枚暴躁青年。本着"只要作不死，就往死里作"的精神，刘卫辰以超烂的军事水平和超强的心理承受能力，反复地在前秦苻坚和拓跋什翼犍的跟前上蹿下跳，一点都不消停。

出于统一北方的考虑，拓跋什翼犍在位期间，在军事行动方面，主要针对高车、前燕和匈奴铁弗部。苻坚在刘卫辰的帮助下，成功灭掉了代国，刘卫辰终于为先祖报了仇。拓跋珪随母贺兰氏先后寄居于匈奴独孤部首领刘库仁处和母族贺兰部，历险无数。

在这之后，刘卫辰入居塞内，苻坚让他做西单于，帮他管理黄河以西各族，屯驻于代来城。代来城，位于其故地朔方。

前秦分裂之时，刘卫辰的实力也很雄厚了，他坐拥朔方之地，兵众多达三万人。后燕、后秦都不同程度地拉拢过刘卫辰。在此期间，重新建立北魏的拓跋珪也乘势而起了。

北魏登国元年（386），拓跋珪重建代国，并改国号为魏。想起刘卫辰在苻坚灭代时"所做的贡献"，拓跋珪心中愤恨不已。四年后，刘卫辰的实力仍在膨胀，但北魏的军事力量也很强大。刘卫辰的儿子直力鞮进攻原属拓跋联盟中的贺兰部。贺兰讷赶紧向北魏请降。拓跋珪也很给力，火速击败了直力鞮。

第二年（391），直力鞮率领八万余众进攻北魏南部，情况十分凶险，但拓跋珪沉着迎敌，最终击败对手，得其牛羊二十余万头，更乘胜追击，直接把代来城拿下了。直力鞮和刘氏宗亲被灭得没剩几个活口了。刘卫辰虽单骑而逃，但随后就被部下杀死了。

当初，盛乐被攻破时，拓跋珪有多难过，此时的刘卫辰第三子刘勃勃，便有多伤心。这都可以想象，但隔着十岁年纪的两个人，都选择了坚强地活下来。

刘勃勃，便是后来建立胡夏政权的赫连勃勃。

很帅，很酷，但也很残忍

侥幸不死，刘勃勃辗转逃到了薛干部。

部帅名为太悉伏，本依附于刘卫辰，迫于拓跋珪灭刘的压力，太悉伏不得不归附北魏，但他对于旧主的儿子，却不忍拒绝。不仅不忍拒绝，还为此付出了生命的代价。

一日，拓跋珪察知了刘勃勃的行踪，遂来向太悉伏讨人。太悉伏没有同意（《晋书》中载，是其部下叱干阿利阻止了太悉伏交人的行为，随后送他到前秦骠骑将军没奕于处），便招来了屠城之祸，他自己倒是逃奔了姚兴，但其子为拓跋珪所获。

由于没奕于降了后秦，刘勃勃也随之来到了后秦生活。来到一个新的环境，这个"身长八尺五寸，腰带十围，性辩慧，美风仪"的男孩子，很快得到了姚兴的欢心。姚兴封刘勃勃做了骁骑将军，又加任奉车都尉，还允准他参议军国大事。

可以说，姚兴对刘勃勃几乎不设防，这引起了姚兴之弟姚邕的担心。姚邕说："刘勃勃天性不仁，难以亲近。陛下对他也太好了，这让我看不懂。"姚兴不以为意，认为他得到了一个可用之材。

后来，姚兴还想对其予以重任，但在姚邕的劝谏下，暂时打消了这个念头。

"勃勃奉上慢，御众残，贪暴无亲，轻为去就，宠之逾分，终为边害"，听听这番话，搁谁谁不心里发怵？

然而，到了后秦弘始四年（402），姚兴终于还是冒着风险，任命刘勃勃为持节、安北将军、五原公，还给了他一个多达两万余落的配置——三交（今陕西横山区西）五部鲜卑及杂族，让他帮自己镇守朔方。

两万余落是什么概念？接近二十万人。姚兴可真大方！我们常说"以史为鉴"，苻坚曾让刘卫辰帮他镇守黄河以西，结果呢？他也没对苻坚投桃报李吧！

姚兴就不怕刘卫辰的儿子也效法其父，搞独立？

其实，姚兴此举也实属无奈，一方面，他的精力十分有限，对朔方之地，是鞭长莫及；另一方面，刘勃勃与北魏有不共戴天之仇，姚兴需要利用他来牵制拓跋氏。至于说，这人是否会一直效忠于他，这倒不是问题。

应该说，姚兴的想法也没有多大问题，只不过他主观上肯定不愿见到刘勃勃崛起，建立自己的王国。只是，脱离了姚兴掌控的人，还能像以前一样听话吗？

不仅不够听话，在五年后（407）抢了河西鲜卑杜崘进献给姚兴的八千匹马；还杀了他自己的老丈人，兼并了对方的部落；又在当年六月，自称为大夏天王（他认为匈奴是夏启的后代）、大单于，建大夏国，改元为龙升。为区别于历史上的其他夏政权，史上习惯将这个夏称为胡夏或者大夏。

彼时，姚兴的心里，怕是很不好受吧。而最不好受的，应该是那个可怜的岳父。他正是当初收留刘勃勃的没奕于。原来，没奕于觉得这孩子长得又帅，人又是个有本事的，便把自己女儿许配给了他。

没奕于哪知道，自己养了一只白眼狼呢？

定都统万城，颇费思量

有一说一，为姚兴所信赖的后生，之所以背叛他，是因为和姚兴的一个做法有关。

后秦弘始九年（407），姚兴遣使北魏，愿以重金赎回在柴壁之战（详见第六章）中被掳走的臣民，同时归还被他扣留的北魏使臣贺狄干。拓跋珪心说，这是离间姚兴与刘勃勃的绝好机会，不仅答应了对方的请求，还与之往来密切。

这让刘勃勃心里很不爽，抢马的行为，从某个程度上来说，有着报复的意味。

建国之后，刘勃勃大赦境内，仿照汉制设置和任用百官，比如，由长兄右地代担任丞相、次兄力俟提担任大将军、叱干阿利担任御史大夫……

要说啊，刘勃勃既如此设置百官，是不是也将按汉人王朝一样，实施定都、编户齐民的统治方式呢？并没有。学界里主要的看法，都倾向于是胡夏的主要经济方式还是游牧经济，刘勃勃并没有真正意义上的固定疆土。全民皆兵的胡夏百姓，在刘勃勃的带领下，以不断蚕食后秦的疆土为目标。

如前所述，经历柴壁之战后，后秦国势迅速滑坡，在其他国家不好惹（北有柔然，西有西秦、南凉），自己又与北魏隔着黄河天堑的情况下，胡夏若是不攻打后秦，又怎么开疆拓土呢？

刘勃勃的臣子们也有不太理解的，遂上书言事，称："陛下想要经营一番大事业，夺取长安，最好先稳固根基，让人心里有所依托，然后才可成就大业。现在高平险固，可以当作都城。"

刘勃勃并不认可，解释道："你们只知其一，不知其二。我现在刚开始创业，部队不多。姚兴也是一时豪杰，关中之地还不是我们能够得到的。况且他的诸多军镇并无二心。我如果专门建设一个城，他们一定会同时打我，我的部队不如他们多，等待我的只能是灭亡。如果我用骑兵骚扰，出其不意，他救前面我攻击他后面，他救后面我攻击他前面，使他疲于奔命，不出十年，岭北、河东之地都会成为我的。等到姚兴死后，再慢慢夺取长安。姚泓才能平凡，擒他的方法，我已经计划好了。以前轩辕氏也是迁居无常二十余年，又不是只有我才这样！"

《晋书》中载录下了这段话，将刘勃勃所持的游击战术阐述得很到位。简言之，一不能成为众矢之的；二不能和姚兴硬碰硬，应该发挥游击战的优点，捞到啥算啥；至于三嘛，等到姚兴死了，大有可图……

长安在刘勃勃的心目中地位并不高："朕岂不知长安历世帝王之都，沃饶险固！然晋人僻远，终不能为吾患。魏与我风俗略同，土壤邻接，自统万距魏境裁百余里，朕在长安，统万必危；若在统万，魏必不敢济河而西。"

这番话是在公元419年那时道出的，此时他已经拿下了长安，但最终还是放弃了在长安定都。他深知，统万才是最适合胡夏的都城。

不过，当年（419）二月，赫连勃勃（已改名）还是在长安设置了南台，以之为南都，又让太子赫连璝镇守长安。

下面，让我们来回溯一下，以统万城为都，是发生在怎样一个背景下的。

原来，刘勃勃的游击战术，令姚兴无计可施，为了防备这个神龙见首不见尾的家伙，后秦甚至一度到了岭北的城门白天都不敢开启的戒严程度。

不用姚邕之言，姚兴肠子都悔青了。

更讽刺的是，刘勃勃对付姚兴的游击战术，简直就是其父姚苌对付苻登的战术翻版！

既然后秦已经坚壁清野，刘勃勃便把掠夺的目标投向了南凉。他找了个很棒的借口：秃发傉檀不允和亲，是在蔑视他！

若论军事水平，秃发傉檀是敌不过刘勃勃的，中间虽有一些波折，但刘勃勃在被射伤的情况下，还能领军逆袭，确实很了不得。最终，刘勃勃斩将十余人，杀伤对手万人，还"以为京观，号'髑髅台'"对其进行羞辱。

狠，他是真的狠。后来刘勃勃大破刘义真，也干了类似的事情，把人家刘义真小朋友吓得够呛。

也是刘勃勃运气好，重创南凉之后不久，他又得到了后秦镇北参军王买德的归附。这个人聪明绝顶、主意颇多，刘勃勃在他的建议下，打了很多胜仗，尤其是将其游击战术和持久战术结合起来使用，一点一点消耗了后秦的残余势力。

经过五年的打拼，胡夏根基已稳，刘勃勃终于打算定都了。413 年，赫连勃勃征发十余万人，在朔方水北、黑水之南（今陕西靖边县红挖界公社白城子附近）修筑坚城，名之为统万城。他自己解释道："朕方统一天下，君临万邦，可以统万为名。"

说统万城是坚城，这真不是虚词。《晋书》中载道："乃蒸土筑城，锥入一寸，即杀作者而并筑之。"看来，总监叱干阿利还真是筑城"有方"啊，为了一城之坚，竟使用如此严苛而血腥的手段。差不多同一时间，刘勃勃又令工匠们打造了很多兵器，著名的"大夏龙雀"或在此间。至于对待工匠的手段，同样是严苛而血腥的。

相信大家都知道"以子之矛攻子之盾"的故事吧，可这只是个带有寓言性质的故事，但在历史现实中，还真发生过有这么个倾向的惨案。据刘勃勃的规定，制造铠甲的、弓箭的工匠，必有一死。具体怎么操作呢？一箭射过去，射甲不入的，做弓箭的工匠就去死吧；反之便杀掉做铠甲的人。这番操作下来，前后计有数千工匠被杀。

呵呵，论严苛、血腥，刘勃勃跟叱干阿利，还真是天生一对啊！

赫连，又拉风又霸气

几乎与统万城的修筑同步的，是城内衙署。刘勃勃把这事和健全国家政治制度的事，交给了王买德。一个国家的发展，仅靠军事行动的胜利、执行有力的政治制度，还远远不够。

刚刚我们说到了刘勃勃、叱干阿利是怎么虐待工匠的，其实，刘勃勃对其他的臣民，也不见得有多仁善。《晋书·赫连勃勃载记》说他"性骄虐，视民如草芥"，常常拿着刀剑，一旦不高兴就杀人。群臣有斜视他的，就凿穿他的眼睛；有敢随便发笑的，就用刀豁开他的嘴唇；有进言劝阻的，先割掉舌头，再斩下头颅。

不妨来对照一下，后赵石勒在被百姓批评之时的做法，这事反映了很大的民族隔阂，他心里也不舒服，但到底还是没难为对方。是的，在十六国当中，我们几乎找不出任何一个国家的开国君主，对自己的臣民有如此残暴的行径。

孟子说："君视民为草芥，民视君为仇寇。"残暴不仁的开国君主，没有什么好头，这就注定了胡夏政权不可能享有久长的国祚。

一方面，统万城的修筑，正如火如荼地展开；另一方面，刘勃勃在胡夏龙升七年（413）三月，还给自己重新取了名姓——赫连勃勃。据他自己所说："朕之皇祖，自北迁幽朔，姓改姒氏，音殊中国，故从母氏为刘。子而从母之姓，非礼也。古人氏族无常，或以因生为氏，或以王父之名。朕将以义易之。帝王者，系天为子，是为徽赫实与天连，今改姓曰赫连氏，庶协皇天之意，永享无疆大庆。"

至此，拉风、霸气的"赫连勃勃"一称，替代了局促、土气的"刘勃勃"，以至于我们今天说起胡夏君主，大多数人都只会想起赫连勃勃来。

紧接着，赫连勃勃又对自己的亲人进行了册封：王后梁氏、太子赫连璝、阳平公刘延、太原公赫连昌、酒泉公赫连伦、平原公赫连定、河南公赫连满、中山公赫连安。

赫连勃勃统治晚期的时候，主要发生了这样几件事。其一，他攻陷了后秦杏城，击杀了姚逵等人；其二，主动与北凉结盟（详见本章第四节）；其三，得到了上邽、阴密、安定，尽占岭北之地；其四，听从王买德的建议，料定刘裕灭秦后匆忙回国，是要去篡夺皇位，其子刘义真守不住长安，长安唾手可得；其五，公元418年，赫连勃勃得到了长安，称帝于灞上，随后又放弃了定都长安的想法。

胡夏真兴二年（420），因统万城宫殿大规模建成，赫连勃勃大赦境内，改年号为真兴，又于都城南刻《统万城铭》歌颂皇帝的功德。这是由秘书监胡义周所撰写的，词曰："……崇台霄峙，秀阙云亭。千榭连隅，万阁接屏。晃若晨曦，昭若列星。离宫既作，别宇云施。爰构崇明，仰准乾仪。悬甍凤阁，飞轩云垂。温室嵯峨，层城参差。楣雕虬兽，节镂龙螭。莹以宝璞，饰以珍奇。称因褒著，名由实扬。伟哉皇室，盛矣厥章！义高灵台，美隆未央。迈轨三五，贻则霸王。永世垂节，亿载弥光。"

这些四字词，太过耀眼。其实，也有稍微平实一点的记叙。

关于统万城的形制，《北史》中称："城高十仞，基厚三十步，上广十步，宫城五仞，其坚可以砺刀斧。台榭高大，飞阁相连，皆雕镂图画，被以绮绣，饰以丹青，穷极文采。"

啧啧，好奢侈啊。后来，吐槽能手拓跋焘灭夏时，便怒道："一个小国家，竟敢这般滥用民力！岂能不亡？"

胡夏真兴二年（420），追求拉风、霸气的赫连勃勃给他的统万城的四个城门取了同样拉风、霸气的名字，分别是招魏、朝宋、服凉、平朔。此处使用了"使动用法"，意思是说，赫连勃勃希望在有生之年里，使北魏、刘宋、西秦、北凉，还有那些北方的少数民族都向他称臣。

想得还真是美。别的且不说，至少，在赫连勃勃有生之年，是看不到这一天了。

大夏石马，真兴六年，出土于赫连璝墓旁，赵培摄于西安碑林博物馆

赫连勃勃晚年的时候，遭遇了一场变故。真兴六年（424），赫连勃勃认为太子赫连璝有异心，便想把他废为秦王，转立酒泉公赫连伦为储。赫连璝为了争权，发动七万兵力讨伐赫连伦，干掉了这个弟弟。随后，太原公赫连昌仅率万余骑兵就袭杀了赫连璝，并收降了他的队伍。

赫连勃勃非常高兴，立刻立了赫连昌为太子。瞧瞧，儿子之间都开始互相攻杀了，赫连勃勃居然还很高兴。

第二年（425）八月，赫连勃勃在永安殿驾崩，卒年四十五岁，谥为武烈皇帝、庙号世祖。

招魏、朝宋、服凉、平朔，终成泡影

赫连勃勃死后，太子赫连昌继位，大赦于境内，改年号为承光。

《十六国春秋》中对赫连昌的外貌描述是"身长八尺，魁岸美姿貌"，这应该是从他父亲那里继承了优良的基因吧。不只是外貌，论打仗，赫连昌虽不如赫连勃勃，但也有那么几把刷子——他能袭杀赫连璝就是一证。否则，勇悍如拓跋焘，早就对其一战而擒之了。

与之前的情况不同，定都于统万的胡夏，不能再采用游击战术，所以他们面对拓跋焘的攻势，只能是打防守战。

承光二年（426）冬，拓跋焘得知胡夏政权不稳、关中大乱的情况，本着"偏要伐丧"的原则，决定西征。这一次，他率领近两万轻骑，急渡黄河，突袭统万城。

刚巧，赫连昌正在大宴臣僚，听闻魏军杀来的消息，蒙了一阵才开始进行部署。这当然有点迟了，直至拓跋焘抵达黑水，离城仅三十余里，赫连昌才拉出人马迎战。

初战不利，赫连昌仓促之间退逃入城。由于城门未及关闭，北魏禁军豆代田率众冲入城门，跑到他的西宫去搞破坏，纵火焚烧了西宫城门；夏军关闭了所有的宫门，豆代田跳出宫墙撤退。

仗着城坚，赫连昌躲得远远的，拓跋焘见好就收，徙民万户而归。

同时，北魏司空奚斤带领部队到达蒲阪。夏国守将赫连乙斗急忙向统万求救，此时统万城已经被北魏围得水泄不通，哪还有力量去救蒲阪？赫连乙斗遂放弃蒲阪，进而放弃长安，奚斤毫无抵抗地夺取了长安城。

双方第二次交战，发生在承光三年（427）。这一头，赫连昌派遣弟弟赫连定与北魏的司空奚斤作战，双方相持于长安。那一头，拓跋焘乘虚而进，领三万轻骑渡过君子津。

臣属们认为，统万城坚固非常，没个十天半个月别想拿下来，所以不带步兵和攻城器械去讨伐，是很难有所作为的，不如等辎重齐备了再去。

对此，拓跋焘回应道："用兵之术，攻城为下，不到万不得已不可如此。但是，我们如果装备齐全，贼军必然惧而坚守，届时我方补给不足，就很危险了。反过来，朕用赢弱之师去诱敌，只要赫连定跟我对战一场，朕必能活捉他。我方兵卒离家两千里之远，又经历黄河之险。他们必存'置之死地而后生'之念。所以，靠着这种念心，决战对于我方极为有利。"

其实，拓跋氏立国已久，汉化程度也在逐步加深，但他们依然和过去一样，长于野战，而不长于攻城。因此，创造合适的战机，就是上上之策。

拓跋焘驻军于黑水，伏兵于深谷，只让少数士兵去统万城下诱敌。

六月间，赫连昌的将领狄子玉降魏，把赫连昌兄弟"先抓奚斤，再内外夹击"的战略透露给了拓跋焘。拓跋焘正式展开诱敌之计。他驻军于城北，派永昌王拓跋健和娥清等人一边故意劫掠百姓，一边散布魏军无粮、只能吃野菜的假消息。

赫连昌信以为真，遂领着三万步骑兵出城作战，他们排成整齐的军阵，看起来训练有素。拓跋焘没有采纳司徒长孙翰等人的建议，认为不必避其锋芒，遂装作不敌而逃，将夏军引出。赫连昌不觉有诈，招呼着将卒驱前追杀，军阵逐渐散作了把翼形。

眼看着就要诱敌成功了，岂知行至五六里时，夏军的军阵又重新合拢了。更麻烦的是，老天似乎是要难为一下拓跋焘，大风突起，把魏军吹得东倒西歪、发型凌乱……

宦官赵倪有点怕，便劝皇帝另择战时，这个馊主意一说出，立刻挨了崔浩一顿批。拓跋焘在关键时候，一般都听崔浩的。他把骑兵一分为二，做成掎角之势。

说时迟那时快，拓跋焘翻身上马，转瞬间杀掉胡夏尚书斛黎等十余人，即便自己手掌中了箭，也要冲在杀敌前线。魏军气势夺人，胡夏军逐渐落于下风，溃散无形。就连赫连昌，也来不及跑进那座坚城，扭头跑上邽去了。

攻下统万城以后，拓跋焘得到了很多战利品，其中包含赫连昌的三个妹妹。

次年（428），北魏平北将军尉眷，发兵攻袭上邽，把赫连昌逼退到了平凉。本来魏军有机会抓住赫连昌，由于主帅奚斤决策失误，导致赫连昌寻机反击，转而困守孤城。对此，奚斤想等待援军，而监军侍御史安颉提议集中将领们的坐骑，带领敢死队击敌，一则可挫对方的锐气；二则可以利用赫连昌急躁好斗、喜欢亲自上阵和大包大揽的特点，突袭他。

所谓"擒贼先擒王"，安颉的说法有些道理，可是奚斤仍然保守不从，安颉便与尉眷自行计划。

风，又是风……

这次胡夏军可没有好运气了。就在赫连昌领队攻击安颉之时，北魏将士顺风而击，对其"群起而攻之"，加上狂风暴起，尘沙蔽日，伸手不见五指。赫连昌实在顶不住，转身就要逃。安颉紧追其后，奈何赫连昌的坐骑不给力，骤然间栽倒地上。

紧接着，赫连昌也跌了个倒栽葱，被安颉生擒了。

至于战俘赫连昌，则于三月间被押入平城。拓跋焘对他还算客气，在西宫为其安排客舍，一应用品不亚于皇帝的规格。随后，拓跋焘又把妹妹始平公主许给他，封他做了会稽公，两年后又进封他为秦王。

可笑的联盟

听闻赫连昌被擒，弟弟赫连定立刻在平凉称帝，继续延续着夏祚。

作为元帅的奚斤，看到偏将立下头功，擒拿赫连昌，很不是滋味。到手的大鱼让它跑掉，奚斤深以为耻，他决定突袭刚刚称帝的赫连定，找回面子。

奚斤发出号令，让军队放弃辎重，每人只带三天口粮，进攻平凉。

对此娥清提出异议，奚斤却坚持走北道以便截击赫连定的退路。赫连定本想逃跑，恰好北魏的一个叛徒道出了奚斤缺水缺粮的实情，于是，赫连定分兵多路，前后夹击，魏军大败。奚斤、娥清、刘拔等人都成了赫连定的俘虏。

留下来守辎重的丘堆，听闻奚斤被擒，立刻放弃辎重逃往长安，又与高凉王拓跋礼一道放弃长安，逃奔蒲阪。长安又被赫连定夺得。

得悉此事，拓跋焘勃然大怒，随即将丘堆斩首。

到了胡夏胜光三年（430），赫连定主动进攻，却被北魏打得鼻青脸肿。恰好此时刘宋开始北伐，夺回了此前丢掉的黄河以南的土地（准确说是北魏自己放弃的）。

敌人的敌人就是朋友，赫连定看到了希望，立刻派人联络刘宋，约定联合起来消灭北魏。并提前瓜分北魏的地盘：约定恒山以东，划归刘宋；恒山以西，划归夏国。

理想很丰满，现实很残酷。

拓跋焘听闻后，打算制裁一下赫连定，群臣皆以为不妥："向西去打赫连定，未必能够攻克，万一刘宋乘虚而入，我们可就被动了。"

这话看起来说的有那么几分道理，拓跋焘自己也开始犹豫起来，只好问问崔浩的意见。崔浩说："刘宋与胡夏的联盟，其实并非同心，胡夏想让刘宋先上，刘宋希望胡夏先上，都不敢主动进攻我们。如果刘宋继续北上打河北，那我们不得不重视；而现在呢，他们东西战线长达两千里，每处不过数千人。依我看来，他们根本不想过河，只想守住河南而已，我们不必去管他们。赫连定残根易摧，拟之必仆。拿下赫连定以后，我们再回头收拾刘宋，夺回河南。希望陛下西行去打赫连定，不要犹豫。"

一切如崔浩所料，拓跋焘此行，不仅把赫连定打残，还占领了整个关中地区，重新夺回长安。至于河南的刘宋守军，根本就撑不到拓跋焘回来。在黄河结冰后，北魏的其他部将击退了宋军。

第二年（431），赫连定消灭了西秦。他本以为自己可以重整旗鼓，消灭北凉沮渠蒙逊，再拿一块地盘当自己的根据地。然而，在渡过黄河的时候，胡夏被吐谷浑的部队"半渡而击之"。生擒赫连定后，吐谷浑王慕璝将其献给了拓跋焘。这标志着胡夏的灭亡。

整个胡夏，满打满算，国祚不过二十五年。

至于赫连昌，则于北魏延和三年（434）春叛走，事败之后被拓跋焘处死，其亲族亦无所幸免。

第三节　所灭第二国：北燕

从高云到冯跋

在前边，咱们说过，北凉的建国者，可以说是段业，也可以说是沮渠蒙逊。实际上，与之类似的国家，在十六国时期还有一个，它就是北燕。

但高云、冯跋这两位北燕创始者，还是跟段业、沮渠蒙逊有所不同，冯跋并没有杀害高云。在刺杀事件中，他更像是一个拨乱反正的臣子。

高云本是高句丽王室的旁支。因前燕慕容皝击败高句丽，其父祖们迁到了青山一带，先后成为前燕、后燕的臣民。

高云这个人大智若愚，当时只有冯跋识得他的优点，并与之深交。慕容宝成为太子之后，高云曾在东宫服侍过他。等到后燕永康二年（397），高云打败了慕容宝的逆子慕容会，因此而得到慕容宝的信任，被收为义子，赐姓慕容，封夕阳公。

于是，高云便成了慕容云，他在后燕过得也算滋润。

下面，我们再来说说冯跋。

冯跋原籍长乐信都，是个地地道道的汉人。永嘉之乱中，冯跋的祖父冯和领着族人迁走。其后，冯跋的父亲冯安被西燕慕容泓任为将军。西燕灭亡后，冯安又带着家族迁到了龙城一带。出于统治需要，慕容宝不得不笼络辽东大家族，对其委以重任，冯跋和弟弟冯素弗等都进入了中枢，一个做了中卫将军，一个做了侍御郎。

慕容熙称帝后，对冯跋兄弟意见很大，动了杀心。兄弟俩赶紧逃匿深山，商量起造反之事。他们和堂兄冯万泥等二十二人一起，趁着慕容熙送葬苻后的机会下手，再推举慕容云为燕王，改元为正始（407）。其后，又捕杀了昏君慕容熙。慕容云改回本姓，复姓高。这个燕，自然不能算是慕容氏的政权，史上将之称为北燕。

高云称王后，自然要封赏冯家人：冯跋做侍中，冯万泥做尚书令，冯素弗做昌黎尹……当然，其他人也得照顾一下，伯、子、男、乡、亭侯，一口气封了五十个。

至于王后，那也是必须封的，发妻李氏便做了天王后，儿子高彭城也被封作了太子。

这种感觉吧，还真是，有点爽……

高云还做了一件很有趣的事。人家慕容熙不是说，以后要跟苻训英葬在一起吗？他一点没打折扣地帮慕容熙实现了这个愿望，把他俩都埋在了徽平陵。

其实吧，称王这种事，一开始高云是拒绝的，他以患病为由拒绝取代慕容熙，可冯跋还是说动了他，或者说是胁迫了他——就跟北凉段业一样。只是，没几天，高云就迷上了一国之主的感觉。

但是，他也知道自己德不配位，为此不免担心有人造他的反——刚称王时就诛杀了造反的慕舆良，于是选拔了不少武艺高超的人作为心腹。其中，最为宠信的就是离班、桃仁，高云让他们掌管禁卫，恩赏无数，其衣食住行跟自己都差不多。

即便如此，离班、桃仁还对高云有所不满，总觉得自己待遇还不够好。想着想着，也不知脑子里哪根筋搭错了，他们竟想杀掉他们的宠主。于是，在北燕正始三年（409）十月十三那天，离班与桃仁趁着高云不备，在东堂杀了他。

变故陡生，冯跋赶紧登上洪光门观察情况。冯跋帐下的张泰、李桑请求出战，他们分别击杀了离班和桃仁，但无论如何，高云都救不活了，冯跋便把他的尸首移至东宫，谥其为惠懿皇帝。

国不可一日无君，既是冯跋的部下平定了叛乱，这北燕王位自也非他们的主上莫属。所谓的众将推举，听听也就是了。倒是冯跋还谦虚了一把，让冯素弗来做天王。冯素弗自然不应，辈次在那儿摆着的呢！

很明显，二人是受到了冯跋的指使，杀害了高云。高云的北燕政权，大权都在冯氏一族。高云感受到了威胁，才会将二人视为心腹。冯跋利用二人对高云的不满，对其进行弑杀。学者刘玉山的《北燕王高云被弑真相探微》，高然的《慕容鲜卑与五燕国史研究》对此都有详尽的分析。

偏安一隅，冯弘篡夺王位

有的史家认为，打从冯跋开始，北燕政权才算是正式建立起来。笔者以为，高氏、冯氏渊源颇深，他们在政治制度上也较为一致，因此还是应该将高云称帝视为政权初建之年。那么，北燕的政治制度是怎样的呢？

简言之，是沿袭了后燕的政治制度，但又从中吸取败亡教训，有所改进。这种袭承，就注定了北燕是一个鲜卑化程度很深的国家（尽管冯氏本身是汉人），大异于汉化倾向明显的南燕。

应该说，冯跋还是有几分作为的，他致力于肃清吏治，十分重视教育，又秉持劝课农桑、省徭薄赋的国策。

在位二十一年，冯跋的高情商也展露无遗。

刚即位时，冯跋便遣使者巡行于郡国，去观察风俗。北燕太平三年（411），冯跋诏令废黜苛政，并让兰台都官对地方官员加以考察。先前，有个叫李训的工匠窃宝而逃，随后向马弗勤行贿，被任命为方略令。冯素弗在宫阙下的碑石上见有人揭露此事，便禀告冯跋，希望他严肃处理此事。冯跋认为官员之所以行贿，是因自己不圣明所致，这次可以原谅他；但李训行贿朝廷命官，须在东市上受刑，方才能起到震慑之效。

冯跋的做法表面上看起来有些"双标"，但仔细想来，他所说的"大业草创，彝伦未叙"也不无道理。毕竟，朝廷的纲纪没有立起来，官吏们又如何遵照执行呢？此其一。此其二，冯跋他很聪明，他知道自己既需要得到朝臣们的支持，又得对他们施加压力，于是，他便从源头——行贿者——的角度来处理这个事件。

您想哪，大家眼见着行贿者的下场这么惨，又有几个人敢去行贿呢？如此一来，官吏们也只能收敛起贪欲来，不去想着那捞快钱的事情了。

果然，此后北燕朝中上下整肃，贿赂之风几乎绝迹。

在外交方面，冯跋和很多君主的做法是一致的，坚持着"远交近攻"的策略。简单说来，就是交好柔然、称藩东晋及刘宋（刘宋称其为黄龙国），而对抗北魏。对抗北魏的政治态度，其实也与北燕继承了后燕的"政治遗产"有关。再者，北魏之所以主动提出与北燕建交，其前提是让他们称藩。这是冯跋所不乐于接受的。

冯跋曾将女儿乐浪公主嫁给柔然可汗郁久闾斛律，接受了他们的聘礼——三千匹马。这种聘礼，是让冯跋十分动容的。因为北燕本身是十分缺马的，它不像北魏那样，一开始就有自己的牧场。

冯跋心里很清楚，北燕毕竟只是偏安一隅的小国家，以他们的地盘和实力，想要与强国争列，实在是奢望。因此，冯跋以"远交近攻"的外交策略，确保内政建设的有效实施，也取得了值得称道的成绩。

冯跋最为信任的两个人，是弟弟冯素弗、冯弘。

先说冯素弗。史称冯素弗"慷慨有大志，姿貌魁伟，雄杰不群"，其兄之所以能称王，与他的倾力相助有莫大关系。因此，史书中甚至还出现了"跋之伪业，素弗所建也"的说法。

不过，由于冯素弗一心辅佐哥哥，并无他想，他和哥哥的关系尤为和谐。其人"初为京兆尹，出镇营丘，封范阳公，百姓歌颂"，之后"拜侍中、车骑大将军、录尚书事，成为宰辅"。

身为宰辅，须行为世范，冯素弗始终保持"谦虚恭慎，非礼不动"的作风，而且特别尊重下人，"虽厮养之贱，皆与之抗礼"。更难能可贵的是，冯素弗十分节俭，以至于百官也不敢铺张浪费、顶风作案。

冯素弗最后被封为大司马，封辽西公。

总的来说，冯素弗对治理北燕有着居功至伟的功劳。

可惜，天不假年，这样一位近乎完美的宰臣竟然英年早逝。此时，冯氏的北燕才刚立了七年。想来，他应该是带着遗憾离世的吧。

冯跋为此悲痛万分，七临灵柩，痛哭不止，完全超出了君王为臣子"三临其丧"的规格。为了表达哀思，冯素弗的丧葬规格极高。

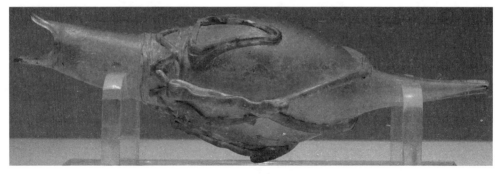

冯素弗墓出土的鸭形玻璃注，赵培摄于辽宁省博物馆

1965 年，考古工作者在辽宁北票西官营子发掘了冯素弗墓，其中有鸭形玻璃注、鎏金铜马镫（全世界最早的马镫实物）等珍贵文物，具有非常特殊甚至是里程碑式的意义。

再来说说冯弘。

在高云在位时，冯弘被封为汲郡公。冯跋即位后，冯弘担任尚书左仆射（《资治通鉴》作右仆射）。第二年（410）底，冯弘被冯跋派出平叛，他摆出先礼后兵的这一套，先派人陈说利害，再做出防备对方偷袭的准备——每个人准备十把草和火种。果然，当夜冯万泥、冯乳陈前来偷袭。冯弘成功平叛。

冯万泥、冯乳陈本是北燕宗室，他们自以为有功但未能入朝担任三公、辅相，因此而怀恨在心，伺机谋反。

张金龙教授曾指出，北燕冯氏以及外戚，在朝中担任高官的比例达到了七成之多。由此看来，冯万泥、冯乳陈确实有些贪心了，其时，整个冯氏已经占据了统治阶层的顶端了，他们还想怎样？

后来，冯跋在任命冯素弗为大司马、改封辽西公时，又以冯弘为骠骑大将军、改封中山公。

此外，冯弘担任的领军一职，一如从前。这也意味着宫廷禁卫仍归他所管，这是冯跋在安排人事上的一大失误。

后来，冯素弗过世了，冯跋权力更大，外揽政事，官至司徒。

太平二十二年（430）八月，冯跋生了重病，宣中书监申秀、侍中阳哲交代政事。下一月，冯跋病情危重，命太子冯翼（次子，长子早逝）主政并统兵，以防不测。

有道是"日防夜防，家贼难防"，冯跋万想不到，妃子宋夫人会因想扶持儿子冯受居上位而生事，阻断了太子和他的联系；更想不到的是，中给事胡福把这事儿告诉了冯弘，冯弘亲率武士闯入后宫行凶，还杀了不少宫女。

冯跋惊怒交集，霎时间气绝身亡。这可称了冯弘的心意，他乘机来到皇堂登位，又派人散播舆论，宣称太子冯翼不在，文武大臣也不来，为了社稷安全，他只能暂摄王位。

他还说，百官若能即时入宫朝见，可晋级二等。

这叫什么事？太露骨了吧！

太子冯翼这才反应过来，但是东宫卫队压根儿打不赢冯弘的军士。开玩笑，人家可是掌管过禁军的人！

随后，冯弘派人逼迫冯翼自尽。

要说这叔叔夺位杀死侄辈的事儿，史上也没少出现，但接下来冯弘所做之事，就真的可以说是刷新下限，挑战人类极限了。他一口气杀掉了哥哥冯跋所有的儿子，人数多达百余人。

是的，您没看错，这冯氏兄弟是一个真能生，一个真敢杀，他俩创下的奇迹，实在超出一般人的认知。笔者所知有限，暂时没找到一个比冯弘还凶残无情的叔父。

亡命高句丽，无异于饮鸩止渴

冯弘自立为天王，次年改元大兴。

大兴元年（431）三月，冯弘将夫人慕容氏册封为皇后；次年正月，再将其子冯王仁立为太子。

在此必须多说几句。冯弘的原配并不是慕容氏，夺位之后，冯弘把原配王氏和她的儿子冯崇都废黜了。随后，冯崇被调出京城，前去镇守肥如。这给冯弘的统治埋下了极大的隐患。

这个隐患还是埋在暗处的，明处的危机则是来自太武帝拓跋焘。打从太平八年（416）起，北燕便不时遭受来自北魏的"关怀"，只不过彼时北魏的主要目标是胡夏，而不是北燕。

北燕大兴二年（432），拓跋焘已经消灭了胡夏，转而将目标对准了北燕。

为了攻打北燕，拓跋焘做了很充足的准备，五月间，他就在平城南郊组织练兵。下一月，拓跋焘在动身同时，还派遣左仆射安原、建宁王拓跋崇等在漠南驻兵，已绝柔然偷袭之心。魏军行速极快，七月时已至濡水（今河北滦河）。

此时，拓跋焘命安东将军奚斤征发幽州、密云之民运送攻城器具，兵出南道，在燕都龙城会师。从辽西往龙城的一路上，北燕有数郡归降，拓跋焘准备对他们"人尽其用"，遂征发三万民众去挖深堑，用以困住龙城。

八月间，魏军气势汹汹地袭来了，冯弘赶紧婴城自守。下一月，北燕境内六郡（营丘、辽东、成周、乐浪、带方、玄菟）尽数向北魏打起了白旗，拓跋焘顺势迁了三万户民到幽州去。

见此情况，北燕尚书郭渊便向冯弘进言，说倘若臣附于北魏，献女为妃，还能保全王位。冯弘却保持着清醒的头脑，说："两国关系早就产生裂痕，结怨已经很深了，降附北魏无异于自取灭亡，还不如固守城池，等待转机。"

原来，早在冯跋时期，两国之间已然处于对立的情况了。那是发生在北燕太平六年（414）的事。当时拓跋嗣的目标是刘宋、柔然，他不想受到东面政权的牵制，便打算与北燕建交。哪知使者于什门目中无人，态度又十分强硬，冯跋一怒之下将其扣押，拒绝与北魏建交。

这可惹火了拓跋嗣。拓跋嗣在两年后找借口教训了冯跋一顿。再过了两年，北魏已占领了幽州，拓跋嗣便在濡源及甘松一带炫示武力，以此对冯跋形成威慑之势。

从前事看来，冯弘认为降附是自取灭亡，固守以待才是上上之策，也算言之有理。这大概也是他亡国时做出某个选择的一个重要原因吧。

说是这么说，冯弘却还是派兵出战了。北燕显然不是北魏的对手，损失了万人之多。这也没办法，北魏昌黎公拓跋丘、河间公拓跋齐都是猛将。

此外，北魏平东将军贺多罗、抚军大将军永昌王拓跋健、骠骑大将军乐平王拓跋丕都有傲人的成绩，带方、建德、冀阳三地均为其所破。

对于冯跋来说，这也许还不是最大的损失，宗室冯朗、冯邈，以及部分地方长官投降北魏，才是动摇国本的事情。但眼下，他的第一任务是保住城池。

顺便插入一句。冯朗、冯邈，是冯崇的同母弟弟，他们对这个老爸和他的皇后又是不满，又是害怕，因此出奔辽西，劝冯崇也来归降北魏。冯崇哪有不允之理？有了冯崇这张王牌，拓跋焘赶紧封他做了辽西王。如此一来，这个流亡政权，成了北魏牵制北燕的一股势力。

说回到冯弘身上，拓跋焘认为短时间内拿不下龙城，便决定见好就收，下一月引兵而西还，并迁徙了来自六郡（营丘、成周、辽东、乐浪、带方、玄菟）的三万户民，用以充实幽州。

此后，北魏对北燕也发动过一次小规模的战争。迫于压力，北燕大兴四年（434），冯弘两度遣使请求和解，第二次派出了尚书高颙，更提出要把小女儿嫁入北魏的请求，并归还一直扣押的北魏使者于什门。于什门被扣押了长达二十一年（《魏书·节义传》说二十四年。于什门实际是在414—434年被扣押，总共21年），拓跋焘给了他很高的待遇。

这一次，拓跋焘应了他，但却又开出了一个条件——太子冯王仁入朝侍奉。

由于冯弘拒不接受，遂有此年六月间拓跋健、长孙道生、古弼等征讨龙城、破坏庄稼、掠夺人口之事。

这是拓跋焘继位后，第三次对北燕采取军事行动了。北燕上下陷入危惧之中。太常阳岷冒着被杀头的风险，再次劝谏冯弘赶紧投降，奈何冯弘不仅不同意，还在筹划着日后归附高句丽一事。

阳岷劝道："北魏以天下之众进攻我们一隅之地，以臣愚见，我一定抵挡不住，势必土崩。高丽夷狄，难以信任，即使互为姻亲也不靠谱。如果不早做打算，后悔可就来不及了。"

从后事看来，阳岷太有远见了，可惜冯弘就是听不进去话。

北魏对北燕展开的第四次军事行动，发生在次年六月。拓跋丕又把龙城附近的六千口人迁走了。从这两次事件上，大家应该不难看出拓跋焘的意图。他正是要用小规模的战争，来掏空冯弘的家底，以为最后的决战做铺垫。

转眼间，决战的时间到了。距离第四次军事行动，才隔了不到10个月。

北燕大兴六年（436）三月，北魏平东将军娥清、安西将军古弼率万余精骑征讨冯弘，另有平州刺史元婴与之会师。冯弘急忙"求助场外观众"，高句丽遂派将领葛卢等人来迎接他。冯弘便带着龙城的成年男女一起逃亡，上演了一出

"流浪北燕"的戏码。

好吧，既然冯弘自己要跑，魏军还客气个啥，二话不说赶紧进据龙城！

不管抓没抓到冯弘，反正都城陷落就标志着政权结束了，将士们就可以喝庆功酒了。

然而，这事儿到了拓跋焘这里，还没算完。拓跋焘传话于高句丽，管他们要人。高句丽也没扛几天就从了，直接在北丰杀掉了冯弘和他的儿孙们。

究其原因，高句丽惹不起拓跋焘是一方面；另一方面，冯弘明明是个流浪皇帝，却偏偏要在高句丽这里摆谱，人家哪能忍他？在拓跋焘要人之前，他们就已经夺走了冯弘的侍从，把冯王仁扣下当人质了。

冯弘啊冯弘，你可知：道路千万条，投降第一条，跑路不规范，亲人两行泪。

早知如此，还不如把太子殿下抵给拓跋焘呢！

说到为冯弘流下眼泪的亲人，不得不又为他感到一丝幸运。由于冯弘的生育能力也不错，他还有那么几个儿子逃出生天，有的归顺了北魏，有的投奔了刘宋，此生再不相见。

北燕国祚，存续约三十年。

第四节　所灭第三国：北凉

迁都姑臧，统一河西地区

在第四章中，咱们说到过，北凉的创始人，可以说是段业，也可以说是沮渠蒙逊。

为了把北魏和北凉置于横向的联系之中，现在，咱们来梳理一下，两国在同一个时间点上都发生过哪些大事。

公元401年，即北魏道武帝天兴四年、北凉天玺三年。拓跋珪向后秦求婚遭拒，两国之间矛盾愈深；而沮渠蒙逊被推为主，又大赦境内，改元永安，令沮渠伏奴担任张掖太守、和平侯，沮渠挐担任建忠将军、都谷侯……其后，沮渠牧犍与后秦通好。

公元403年，即北魏天兴六年、北凉永安三年。拓跋珪下令制作冠服，但因"时事未暇，多失古礼"，有些不伦不类；沮渠蒙逊被后秦姚兴拜为西海侯，南凉秃发傉檀被封为广武公，沮渠蒙逊与秃发傉檀一起进攻后凉，不久后与后秦一起灭掉了后凉。

公元407年，即北魏天赐四年、北凉永安七年。

拓跋珪因服寒食散，越发残暴，冤杀了不少朝臣；沮渠蒙逊屯兵于西郡，领三万步兵、骑兵攻打秃发傉檀，秃发傉檀虽有反攻，但沮渠蒙逊积极应战，乘胜追至姑臧，秃发傉檀迫不得已，主动请和，沮渠蒙逊这才回去。

这一年，沮渠蒙逊还将通晓经史的敦煌人张穆，越级提拔为中书侍郎，掌管机要。

公元 410 年，即北魏永兴二年、北凉永安十年，拓跋嗣在位已经两年了，北魏攻伐柔然，拓跋嗣御驾亲征，魏军小胜；沮渠蒙逊击溃五万南凉骑兵，徙民而还。

公元 411 年，即北魏永兴三年、北凉永安十一年。拓跋嗣得到柔然斛律党羽吐牸于的归附；沮渠蒙逊则打败焦朗，占据了姑臧。

得到姑臧，不只意味着沮渠蒙逊已将河西地区半数以上的领土收入囊中，更重要的是，沮渠蒙逊在东面已无掣肘之患，他能腾出手来对付西凉，进而统一河西地区。当务之急，当然是要充分利用姑臧的文化、经济、政治上的优势，来为自己的政权服务。

下一年（412）秋，沮渠蒙逊正式迁都姑臧，随后即河西王位，改元玄始，参照吕光为三河王的旧例来设置百僚，又把沮渠政德立为储君，值得注意的是，沮渠政德还被加上了录尚书事的职衔。这个职衔，位同宰相。

安顿下来之后，沮渠蒙逊面对的压力也更大了，他与南凉、西凉、西秦不断厮斗，情况复杂。比如说，在北凉玄始二年（413），秃发傉檀攻打沮渠蒙逊，为其所败。不久，沮渠蒙逊将降将秃发文支（秃发傉檀的弟弟），封为广武太守，又颁诏晓谕远近，赞美秃发文支"追项伯归汉之义"，顺便吐槽"守死乐都"的秃发傉檀，是一只穷兽，如今"四支既落，命岂久全"。

沮渠蒙逊的判断无疑是准确的，咱们在第四章中已经讲过，公元 414 年，南凉亡国了，只不过灭亡南凉的，不是北凉，而是西秦。

现下，南凉已经退出了战圈，暂时来说，北凉最大的敌人，就是西秦了。

公元 415 年，即北魏神瑞二年、北凉玄始四年，拓跋嗣继续整饬内政，以为将来的南征之战做准备；沮渠蒙逊与西秦乞伏炽磐在湟河一带交战，互有胜负。

公元 420—423 年之间，即北魏泰常末年、北凉玄始末年，拓跋嗣南征刘宋，牺牲虽不小，但却换得了黄河以南的要地以及山东青兖等地，对刘宋构成威胁；沮渠蒙逊大败西凉军，杀掉西凉末主李歆，消灭西凉。

至此，沮渠蒙逊又得到了酒泉、敦煌，加上之前所据的武威、张掖、西海、金城、西平、乐都诸郡，北凉就此步入了全盛时期。一时之间，西域诸国纷纷称臣纳贡，沮渠蒙逊功成名就。无论是拓跋嗣还是沮渠蒙逊，都抓住了发展的黄金期，使得北魏、北凉的国力蒸蒸日上。

连失世子，沮渠蒙逊垂垂老矣

拓跋嗣在泰常八年（423）就去世了，而沮渠蒙逊也是一个五十五岁的老人了，他的进取心正在一点一点地消失。这是一件很麻烦的事，因为他的对手，是比拓跋嗣更年轻也更有冲劲的一代雄主——拓跋焘。

当然，沮渠蒙逊执政初期，他除了在战场上屡有斩获，也在内政建设上颇有成效。

史书说沮渠蒙逊虽是少数民族，却有着较高的汉文化水平。这个问题我们前文已经分析，不再赘述。消灭西凉后，沮渠蒙逊对待其国臣十分客气，史称"凉之旧臣有才望者，咸礼而用之"。就拿刘昞来说吧，对于这样一位杰出的学者，沮渠蒙逊对他"拜以三老之礼，起陆沉观于东苑以处之"。

重视学者之人，必重视封建文化教育。沮渠蒙逊曾在内苑中立游林堂，其中陈列历代圣贤画像，还在此间谈经论典。这些经典，一部分是从本地搜求而来的——前述凉州儒学极为发达，一部分则是与宋文帝交换来的。

北凉承玄二年（429），沮渠蒙逊遣使入宋，求取《周易》等书籍。有道是"来而不往非礼也"，在其子沮渠牧犍在位时期，北凉也向刘宋朝廷赠送了百余卷汉文典籍，同时又求取若干杂书。

正是因为沮渠蒙逊父子对汉文化极为重视，所以他们为河西文化的发展做出了很大的贡献，进而随着凉士入魏的渠道，将河西文化输送到南方乃至全国各地。

这真是一种奇妙的循环。

刚刚，咱们提到了北凉和刘宋建交的事情，实则，北凉的外交策略也"远交近攻"。哪些是"近"的呢？西凉、南凉、西秦、夏国。哪些是"远"的呢？北魏、柔然、刘宋。因此，与北燕拒绝臣服于魏的态度截然相反，沮渠蒙逊在刚迁都姑臧之时，就十分识相地向拓跋嗣朝贡。到了拓跋焘继位之后，沮渠蒙逊、沮渠牧犍不仅如往常一般朝贡，还乖乖地将世子送去魏都平城。

这里说到的世子有两个，一个是沮渠蒙逊的世子沮渠安周；另一个是沮渠牧犍的世子沮渠封坛。前者在史载中的戏份较多。在北凉灭亡后，沮渠安周还逃到了吐谷浑，与他的哥哥沮渠无讳等人会合。北魏太平真君三年（442），沮渠无讳建立高昌政权。两年后，沮渠安周继位，接受刘宋的册封。这个政权倒也持续了较长的一段时间，直到北魏和平元年（460），才被柔然灭掉。

有一个问题还得拎出来说一说。关于北凉太子。沮渠蒙逊共有十个儿子，分别是政德、兴国、牧犍、奚念、无讳、安周、菩提、宜得、秉、董来。

起初，沮渠蒙逊所立的是沮渠政德，这位时常出门打仗的太子，就是一只勤劳的小蜜蜂。打仗打得多了，成绩倒也突出，但危险系数也很大，他战死于北凉玄始十二年（423）秋。下刀子的，正是柔然。

沮渠蒙逊的心情可想而知，那悲痛，那无奈……

按照轮次，沮渠蒙逊又把二子沮渠兴国立为世子。然而，沮渠兴国在北凉义和元年（431）也死了。关于他的死，可就有些奇特了。

沮渠兴国也跟他的大哥一样，必须得在战场上立功。不过，他可没他哥那么能打。北凉承玄二年（429），沮渠兴国被他老爸派去打西秦，已经势衰的西秦。可惜，小伙子被生擒了。沮渠蒙逊本打算以谷换子，没承想，乞伏暮末却干净利落地拒绝了他，转而把他招为妹婿。

这做法已经令人震惊了，然而后面的故事更让人觉得离谱。

由于西秦没几年就被胡夏灭了，沮渠兴国便随着大舅子一起降了胡夏。赫连定把乞伏暮末等都杀了，唯独留下沮渠兴国的命，押着他去打他老爸。

沮渠蒙逊还是重感情的，此时虽已立沮渠菩提为世子，但他还是看重这个儿子的。为了儿子，沮渠蒙逊只能在战场上退让几分。岂知，戏剧性的事件再次发生了。

赫连定遭到吐谷浑王慕璝的袭击，胡夏也灭亡了。就在这场战争中，沮渠兴国负伤了，虽然他回到了父亲的身边，但最终因伤势过重而撒手人寰。

咱们来捋一捋啊，在沮渠兴国被迫当"主角"的短短几年里，西秦灭了，胡夏也灭了，自己的命也丢了。从世子到驸马到降臣再到人质，沮渠兴国的人生经历也太丰富了。

回说到太子问题，沮渠蒙逊本来已经立了沮渠菩提为世子，但考虑到菩提年龄尚幼，遂在临死前却改变了决定，改立成熟稳健的沮渠牧犍为世子，并加授中外都督、大将军、录尚书事等职。时在义和三年（433）。

沮渠蒙逊卒年六十六岁，庙号太祖，谥号为武宣王。

政治婚姻，也该好好经营

沮渠牧犍是沮渠蒙逊的第三子。

史称，沮渠牧犍"聪颖好学，和雅有度"，他曾担任过敦煌太守。沮渠牧犍继位之后，改元永和，以儿子沮渠封坛为世子，又遣使赴魏，请求任命。

对于北凉这个名义上的藩属国，拓跋焘要想灭掉它，还得找一个充足的借口。要知道，胡夏与北魏本是死敌，北燕跟北魏也不对付，所以拓跋焘不愁没有发兵的理由。但是北凉却一直向北魏称藩。

怎么消灭北凉呢？还须从长计议。

沮渠蒙逊死前，本要将女儿嫁给拓跋焘。现在，沮渠牧犍正好以送嫁为名，命左丞宋繇，护送兴平公主入魏。拓跋焘封她做了右昭仪。

沮渠牧犍态度这般积极，自然也有所图谋，对于沮渠牧犍请求的任命，拓跋焘并未允准，只封他做了凉州刺史、河西王等。

沮渠牧犍倒也狡猾，几乎在同一时间遣使朝宋，得到了刘义隆的册封。这册封与拓跋焘所给的大体上一致。

为了笼络沮渠牧犍，拓跋焘在北魏太延三年（437）把妹妹武威公主嫁给了沮渠牧犍。沮渠牧犍为此还休掉了原配李敬爱（西凉主李暠的女儿）。这年年底，拓跋焘诏令沮渠牧犍的世子沮渠封坛入侍平城。

婚后，武威公主和沮渠牧犍生下了两个女儿。不过他俩都心知肚明，处于政治婚姻之下，彼此之间又有几分真心呢？或许是出于释放压力的需要，沮渠牧犍竟与寡嫂李氏勾搭上了。更辣眼睛的是，不只是沮渠牧犍，他的两个弟弟也跟这位女子好上了。

此事很快就传到了武威公主的耳中，她不禁为之震怒。爱情什么的就不求了，脸面还是得给吧！是可忍，孰不可忍！

事态的发展渐渐有些失控。不知李氏是不是故意坑沮渠牧犍，她竟与沮渠牧犍的姐姐一起下毒谋害武威公主。此事为拓跋焘所悉后，赶紧派出李盖等人前往救治，方才保得性命无虞。

同时，拓跋焘令沮渠牧犍把李氏交出来，但沮渠牧犍铁了心要为自己心爱的女人撑起一片天，只给她备足财帛，让她搬到酒泉去住。这当然是为她的小命着想。

估计这时拓跋焘的心情一定很复杂，既为妹妹担忧，又难免有几分窃喜——攻打北凉的借口终于有了。

六月十一，魏军自平城而出，开始西征，发兵数万人。

随后，拓跋焘又下诏公卿，历数河西王沮渠牧犍之十二罪状，命其献城投降。

"王外从正朔，内不舍僭，罪一也。民籍地图不登公府，任土作贡不入农司，罪二也。既荷王爵又授伪官，取两端之荣，邀不二之宠，罪三也。知朝廷志在怀远，固违圣略，切税商胡，以断行旅，罪四也。扬言西戎，高自骄大，罪五也。坐自封殖，不欲入朝，罪六也。北托叛虏，南引仇池，凭援谷军，提挈为奸，罪七也。承敕过限，辄假征、镇，罪八也。欣敌之全，幸我之败，侮慢王人，供不以礼，罪九也。既婚帝室，宠逾功旧，方恣欲情，蒸淫其嫂，罪十也。既违伉俪之体，不笃婚姻之义，公行鸩毒，规害公主，罪十一也。备防王人，候守关要，有如寇仇，罪十二也。为臣如是，其可恕乎！先令后诛，王者之典也。若亲率群臣，委贽郊迎，谒拜马首，上策也；六军既临，面缚舆榇，又其次也。如其守迷穷城，不时悛悟，身死族灭，为世大戮。宜思厥中，自求多福也。”

看看这份罪状，跟"罄竹难书"也没差了。

八月初，沮渠牧犍得知魏军已渡过黄河，赶紧向柔然搬救兵，同时又派他的弟弟沮渠董来于城南迎战魏军，但区区万余人哪里挡得住浩浩荡荡的魏军呢？

不久，沮渠牧犍的侄儿沮渠祖、沮渠万年相继投降，柔然的救兵也没有赶来，沮渠牧犍绝望不已，终于决定请罪投降。北凉就此灭亡，国祚存续四十三年。

公元439年北魏灭北凉，宣告十六国时代正式结束，中国进入南北朝时期。

北魏总共接收姑臧城内的居民二十余万户，仓库中的珍奇异宝不可胜数。

降魏之后，拓跋焘依然视沮渠牧犍为妹夫，保留他的河西王称号。当其母孟氏过世之后，还用王太妃的礼仪，为其母举行葬礼。然而，在太平真君八年（447），沮渠牧犍因谋反罪被杀。

后来，拓跋焘为了补偿武威公主，令其另择夫婿。武威公主选择了当初领人救治她的李盖，他们也生了一个儿子，叫作李惠。李盖袭父爵为中山王，与武襄城王韩颓之女生了一双女儿。长女便是后来的献文思皇后。

北凉灭亡后，沮渠牧犍的弟弟沮渠无讳先据酒泉自保，后与其弟沮渠安周占领西域鄯善、高昌等地，建立高昌国，接受刘宋政权的册封。这个偏安政权可被视作北凉政权的余脉，但大多数史书中未将其算作北凉历史的一部分。

沮渠无讳死后，沮渠安周继位。公元460年，柔然攻灭高昌，沮渠安周被杀，高昌亡国。

第五节　廓定四表，混一戎华

元嘉之治与第一次北伐

在消灭北凉后，北魏彻底结束了十六国时代，但中国距离全国统一，还有很长的一段路要走。

刘宋第三任皇帝宋文帝刘义隆于公元 424 年登基为帝，在位三十年。在他的统治下，刘宋国力蒸蒸日上，社会稳定，经济繁荣，百姓富庶，史称"元嘉之治"。而宋文帝并不满足于此，他是一个有理想有抱负的帝王，他也想像他父亲刘裕那样进行北伐，从而建功立业，扬名后世。

宋文帝先后发动了三次北伐战争。

第一次战争，发生在元嘉七年（430），我们在前文略有提及，此时北魏太武帝拓跋焘正忙着收拾赫连定，宋文帝刘义隆趁机北伐。

北魏战略性放弃了黄河以南的土地，旋即被宋军占领。赫连定得知消息后，立刻派人与刘宋结盟，约定北魏恒山以西归胡夏，恒山以东归刘宋。

但正如崔浩所料，刘宋和胡夏谁都不敢主动进攻，拓跋焘也无视刘宋，直接去打了赫连定，不仅重新收复了长安，还拿下了整个关中地区。刘宋却并没有趁机扩大战果。

因为宋文帝刘义隆此次北伐的目标很明确：就是要夺回河南，与北魏划河而治。但接下来，宋文帝的部署就有问题了：如果北魏军队动员南下，那么宋军就立即过河交战，如果敌方不动，那我们也不动。

这是明显的不自信，你是主动打别人的，还要看别人脸色行事？最合理的解释是，宋文帝希望北魏把矛头对准别的政权，他可以坐收渔翁之利。

还有一点也可证明宋文帝的不自信，他在北伐之前居然派人"通知"拓跋焘：河南是我国的旧土，现在我要抢回来，不打河北。

这算是暴露了战略意图了吗？也不全是。正所谓"兵者，诡道也"，北魏也会怀疑刘宋是不是在麻痹自己。当然，我们现在站在上帝视角可知，实际上宋文帝说的是实情，他明显底气不足，不想把事情惹大。

拓跋焘的答复很有意思："我生下来头发还没干，黄河以南就是我国领土，你们岂能打它的主意？"

旋后，拓跋焘安排足智多谋的安颉防守（擒获赫连昌的名将），而宋文帝安排的主帅并不是北府名将檀道济，而是自己的嫡系到彦之。

到彦之可从来没上过战场，虽然他比殷浩之流强很多，但是现在面对的对手是处在上升期的北魏，不知道宋文帝为何敢这么去安排。

十月初二，安颉渡过黄河，攻打洛阳西北角的金墉城，宋将姚耸夫弃城而走，魏军乘胜攻打洛阳，仅仅一日就攻陷洛阳，宋军阵亡五千余人。

北魏黄河以北的其他军队在七女津会师。到彦之担心魏军要渡过黄河南下进攻，就派副将王蟠龙逆流而上，劫夺敌人的战船，结果王蟠龙兵败被杀。随后，安颉又与顺利过河的陆俟合兵进攻虎牢。及至二十八日，魏军攻克虎牢关。

短短的六天之内，连续丢失洛阳和虎牢，宋文帝坐不住了。他急忙任命檀道济为都督征讨诸军事，统领部队北上支援。檀道济早年曾经跟随刘裕征战桓玄，北伐后秦，作战经验非常丰富，是为数不多的刘裕时代遗留下来的老将。

但此时是农历十一月了，泗水水量变小，无论是漕运还是走陆路，都会变得非常缓慢。

同时慌了神的还有宋军主帅到彦之。

在丢失洛阳和虎牢之后。他萌生了撤退的想法，尽管其他将军劝说他滑台尚可坚守，但到彦之已无心恋战。他率军从清口驶进济水，又南下抵达历城，焚毁战舟，抛弃铠甲，步行撤回彭城。

安颉不想和刘宋客气，他率领众多军队围攻滑台。滑台守将朱修之抵抗了三个月，城中所有的粮食吃光了，士卒们只得用烟熏出老鼠，烤熟吃掉。次年二月，滑台陷落，朱修之与万余守军尽数受俘。

檀道济的援军开进济水后，在二十多天的时间里，先后与魏军交战三十余次，宋军胜多败少。北魏叔孙建看到正面无法击败檀道济，就转变思路，充分发挥骑兵高机动性的优势，不停地出现在檀道济的身周，搞得宋军心神不宁。趁此机会，魏军又把檀道济的粮食烧了。

这下子，檀道济无法继续北上了；而安颉等人则有充分的时间与精力进攻滑台。

虽说檀道济最后用唱筹量沙之计得以顺利返回，但仍然掩盖不住刘宋全面失败的事实。

封狼居胥，平生之志

二十年后，即刘宋元嘉二十七年（450），宋文帝好了伤疤忘了疼，再次组织北伐。

第一次北伐失败后，宋文帝专心发展经济，刘宋国内仍然一片祥和富庶。国家强盛的局面，令刘义隆再次生出了北伐的念头。

王玄谟等许多大臣看出了宋文帝的意图，天天在他耳旁鼓吹北伐的好处，以此来迎合圣意。几次三番，就连宋文帝也不得不承认王玄谟的口才，对侍从说："听王玄谟的话，令人产生封狼居胥的豪情。"

他要像霍去病那样封狼居胥。御史中丞袁淑趁机进言说："陛下您现在应该席卷赵魏旧土，去泰山祭祀。而我呢，正赶上这千载难逢的机会，愿意向您奉上封禅书。"刘义隆听后非常高兴。

此时北魏已经消灭北凉、统一北方十一年之久，这期间虽然发生了盖吴之乱、"太武灭佛"（三武一宗灭佛之一）以及"国史之狱"等事件，但国内整体趋势还是很稳定。公元450年二月，太武帝拓跋焘以打猎为名，突然袭击刘宋，由于刘宋侦察有问题，导致各个州郡准备不足，南顿太守郑琨、颍川太守郑道隐都弃城逃跑。拓跋焘顺利围住了不到千人守军的悬瓠。

尽管魏军成功打退了刘宋的援军，可是却拿悬瓠城毫无办法。魏军攻城死伤数以万计，尸体堆得和城墙一样高。在狂攻四十二天后，拓跋焘下令撤军。

面对突如其来的胜利，刘义隆非常兴奋，其北伐的决心也越发坚定。朝中徐湛之、江湛、王玄谟等人都支持北伐，为此刘义隆将官员的俸禄减少了三分之一，用于军费开支。

当然，朝中也有反对的声音。

太子步兵校尉沈庆之进谏说："我们是步兵，他们是骑兵，在攻势上我们打不过他们，檀道济两次用兵都没赢，到彦之也是失利而回，现在，王玄谟等人的能力也不会超过前两位将领，我只怕到时候我们会自取其辱。"

宋文帝并不认同，但沈庆之仍然苦苦劝谏，宋文帝就让徐湛之、江湛同他辩论。沈庆之是个武人，动嘴皮子哪里说得过这两个文人？说着说着，沈庆之感觉自己的智商受到了侮辱，怒道："治国如同治家，耕地的事要问农夫，织布要问婢女，现在陛下北伐，却和白面书生商议，怎么可能会成功？"

刘义隆不以为意，哈哈大笑。

这场战争，刘义隆可说是举国动员，上起王公、王妃、公主及朝廷官员、牧守，下到富有的民众，每人都要捐献出金银、玉帛及其他物品来援助国家的用度。

他又征召了青州、冀州、徐州、豫州、北兖、南兖六个州郡的青壮年，采取"三丁抽一、五丁抽二"的方式来补充兵力。扬州、南徐州、南兖州、江州四州，凡是富足人家家产超过五十万钱的，僧侣尼姑的积蓄有满二十万钱的，都要借出四分之一来供军队急用，战事结束即归还。

这应该是中国历史上首次政府大规模向民间借债的事例（非强行征税）。

刘宋分兵三路：东路出青州（今山东地区），扫通黄河沿岸；中路经华中，克成洛阳，以为北防根据；西路过南阳，袭扰关中。

七月中旬，申元吉攻克碻磝，北魏济州刺史王买德弃城而逃。右路军的统帅萧斌分派崔猛进攻乐安，王玄谟进攻滑台。同一时间，胡盛之兵出汝南，会合从上蔡出兵的梁坦，进攻长社。

由于北魏刺史鲁爽弃城而逃，中路军梁坦、刘康祖等便顺势向洛阳东门户虎牢进军；南阳方向，柳元景等部往弘农方向进发，一路上响应他们的民众非常多。

刘宋三军并进，形势一片大好。

但是王玄谟是个贪婪的主，他围住滑台后，并不着急进攻。彼时，滑台城里有很多茅草房，众士卒请求用火箭把这些茅草房烧毁。王玄谟说："那些茅草房是我们的财产，为什么马上烧了它们？"

当是时，黄河、洛水沿岸的百姓都争先恐后地给宋军送粮，并且每天都有数以千计的人拿着武器来投奔，但王玄谟不按这些人的原来组织进行收编，而把他们配备给和自己关系好的人。他发放给每户一匹布，却又命他们交出八百个大梨。这做法，跟前燕慕容评卖水一般，都令人无语。

失去百姓的支持，滑台打了好几个月也没打下来。

十月，拓跋焘亲自带领部队渡过黄河，号称百万。他们的目标，是要救援滑台。王玄谟吓得不敢抵抗，赶紧向后撤退。拓跋焘一路追杀，杀敌万余人，刘宋丢失的辎重堆积如山。

王玄谟这一败，造成了很恶劣的连锁反应：东路军萧斌只能回撤，不敢与拓跋焘争锋；西路军本来一路高歌猛进，如今却不敢孤军深入，只好撤退。

就这样，刘义隆的第二次北伐又以失败告终，但是，这场噩梦远未结束。

只可惜，赢得仓皇北顾

拓跋焘并不甘休，他决定趁热打铁，全面反攻刘宋，以报年初在悬瓠失败的一箭之仇。

刘宋的灾劫来了！

拓跋焘命令各位大将率兵分道一起进击：永昌王拓跋仁从洛阳向寿阳挺进，尚书长孙真直逼马头，楚王拓跋建直取钟离，高凉王拓跋那从青州直取下邳，拓跋焘自己率军从东平直入邹山。

在野外，无论是军队数量还是战斗力，刘宋根本不是北魏的对手，刘康祖奉命撤退，于半路与魏军厮杀，招致身死军灭的结局。臧质所率领的援军驻扎在三地防守，都为魏军所克……

但是北魏仍然不擅长攻城，拓跋焘亲自攻打彭城，也没带出什么主角光环。思虑一番，他决定不在城下浪费时间，继续南下直扑淮河。一路上，拓跋焘根本没有遇到多少抵抗，就顺利渡过了淮河。

此时，淮河沿岸的盱眙城内储存了不少粮食，但拓跋焘一时之间也没能拿下盱眙（第二卷中讲到，前秦彭超、俱难仅仅用了一个月就攻克了盱眙，这哥儿俩的能力不容小觑），因此他只能下令继续南下。

从中不难看出，拓跋焘此次南征，并不以攻城为目标。他追求大范围的战略纵深，利用骑兵的机动性，快速突破刘宋的各个防线，使刘宋守军准备严重不足，进而获取胜利。

宋文帝刘义隆就严重低估了魏军的机动性。当他还在盘算着魏军的行速，以为他们还盘桓在淮河附近时，突然得到报告：北魏军队已杀到了长江北岸，眼下正与建康城隔江相望，魏主拓跋焘伫立于瓜步渡口，扬言不日过江……

突如其来的消息犹如晴天霹雳，刘宋朝野震荡、举国哀号。老百姓纷纷荷担而立，随时准备着挑着财物逃走。

公元450年十二月，建康全城戒严，丹扬境内所有的壮丁以及王公以下的子弟，全都服役从军。封锁长江，构建六百里防线。太子刘劭率领军队镇守石头，全权指挥水军。

宋文帝也亲自登上石头城，面露忧色。

比很多皇帝——例如宋高宗赵构——要好的是，刘义隆还是有些担当的，至此关键时刻，他既不逃跑，也不甩锅，对此前一直怂恿他北伐的江湛说："如今将士、百姓劳顿怨苦，我们不能不感到惭愧。我为大家带来了灾难，这是我的过失。"他又说，"如果檀道济还在，岂能让敌人跑到这里来？"

七百多年后，仍然是在南方，且国号为"宋"的政权，爱国词人辛弃疾写下了"元嘉草草，封狼居胥，赢得仓皇北顾"的词句。此三句，便将宋文帝钉在了耻辱柱上，留下了幻想封狼居胥的千古笑柄。

拓跋焘真的想渡江吗？非也。一来北魏没有粮食，能撑到现在都是路上抢的；二来北魏没有船只，只靠木筏无异于送死。于是，在向刘宋求婚遭拒后，拓跋焘只能下令撤军。

这是北魏第一次，也是唯一的一次饮马长江。

在回撤的时候，魏军路过盱眙，拓跋焘被盱眙守将臧质侮辱。拓跋焘为之大怒，下令攻城，声称无论付出多大代价也要活捉臧质。魏军围攻三十多天，尸体又一次堆得跟城墙一样高，可还是攻不下城池。

在北魏死伤万计的同时，军中开始流行瘟疫。拓跋焘憋了一肚子火，无奈撤退。

在返回的路上，魏军为了发泄情绪，烧杀抢掠无恶不作，"魏人凡破南兖、徐、兖、豫、青、冀六州，杀伤不可胜计，丁壮者即加斩截，婴儿贯于槊上，盘舞以为戏。所过郡县，赤地无余"。到了春天，因为当时房屋都被烧毁了，燕子只能去树林里筑巢。

此次战争，刘宋可以说是彻彻底底的失败，从主动进攻河南，到被反攻回长江，所损失的人力、物力、财力无法统计。司马光评价道："自是邑里萧条，元嘉之政衰矣。"元嘉之治的老本损失殆尽，城市也开始出现萧条的景象，刘宋人民的信心降到了冰点。

至于宋文帝战前向全民借的国债是否归还，现存的史料没有任何提及，大概率是不了了之了。而北魏此战也损失惨重，不仅没有得到任何领土上的扩张，反倒是"士马死伤亦过半，国人皆尤之"。

因此说，这场战争没有胜利者，双方两败俱伤，谁都没有吃下对手的实力，中国的统一仍然遥遥无期。

这也是南北朝期间，南北对抗最为激烈的一场战争。

一年后（452），拓跋焘为宗爱所弑杀，宋文帝趁机发动第三次北伐，这也是他最后一次北伐。可是，无论是军力、装备，以及士气，都大大不如前两次，失败也在情理之中。

又过了一年（453），刘宋发生宫廷政变，刘义隆为太子刘劭所弑，刘宋无可挽回地走向衰败。仅仅二十多年后，即公元479年，刘宋政权就被埋入历史的烟尘了，取代它的，是南齐政权。这是南朝的第二个国家。

而北魏呢，在经历了宗爱之乱后，文成帝拓跋濬顺利登基，在他十多年的统治期间，北魏逐步恢复经济，鲜有战事，北朝与南朝进入了一个相对短暂的和平期。

但这仍然无法让北魏的政治体制发生质变，直到孝文帝元宏的三长制、均田制的出台，以及从平城迁都到洛阳的措置，北魏的面貌才焕然一新，重新得到生机。潜在的问题也是有的，但从当下看来，北魏若不经历这些变革，国祚恐难久矣。

笔者以为，南北朝迟迟无法统一，其主因还在于民族之间的隔阂。

在第二卷，咱们说过，前秦苻坚所面临的民族问题十分复杂，他曾努力去改变民族之间的关系，但却招致彻彻底底的失败。由此为参照，北魏的发展也面临着同样的难题。其主体部分虽已进入中原开始躬耕，与汉人逐渐融合，但那种"混一戎华"的目标，几无可能一蹴而就。

是的，民族融合的过程，就像是一坛陈年老窖，要想发酵成功，须得长久的酝酿与等待。

当孝文帝、宇文泰颁布了加速汉化的政策时，南北朝的统一方才渐行渐近。至此，南北之间的民族隔阂才日趋淡化，民族对抗的性质才逐渐消失。

正如学者田余庆所言："隋朝灭陈的统一战争的成功，主要不是决定于隋朝统治者杨氏个人及其族属，而是决定于北方各民族融合水平的提高和南北政权民族界限的泯灭。"这无疑是切中肯綮之言。

在历史的长河中，每个人都有他自己的使命。有些人，纵然有雄才大略，志在一匡天下，到头来还是给他人做了嫁衣；而有些人，虽资质平平，不被他人看好，却偶然间达成了许多人一辈子都无法达成的夙愿。

历史的吊诡之处，在此显露无遗。

把一帧帧镜头回放过去，我们可以看见，丞相高欢在人生的尽头，流着泪，与众将士一起高歌"天苍苍，野茫茫，风吹草低见牛羊"；我们可以看见，慕容翰悲慨地道出"吾不自量，欲为国家荡一区夏，此志不遂，没有遗憾，命矣夫"；我们可以看见，诸葛武侯心力交瘁，病逝于北伐的军营前……

不甘心，真的不甘心，"混一戎华"的理想，绝非一人一代可以实现。

但，不甘又如何？王谢风流、兰亭集会，终免不了曲终人散；长风破浪、金戈铁马，终挥不去新愁旧憾。

俱往矣。无论多么眼花缭乱的时代，终究会有它的终结者，每个人都生活在自己的坐标上，或悲或喜，或迷或悟。而过去的时代，也在他们的悲悲喜喜、迷迷悟悟之中，一页一页地翻过。

天下大势，分久必合，合久必分，如是而已。

附章

十六国后期的少数民族政权

在十六国后期，柔然、吐谷浑、后仇池也是十分活跃的几个少数民族政权。

柔然，是一个游牧民族，曾建立起强大的草原帝国，它与北魏的关系十分复杂。吐谷浑，本为慕容鲜卑的一个分支，在十六国时期生活在青海、甘肃一带。后仇池，可被视为前仇池的延续，是在前秦崩溃的局面下，得以复立的政权，但与很多割据政权不同的是，其前期的统治者杨定，是支持前秦政权的。

几个政权，形成时期不一，消亡时期也不一样，也不位列于十六国之中，但它们对十六国的发展，也做出了应有的历史贡献，展现出了自己的个性魅力。

——引言

第一节　柔然简史

柔然与北魏的"不解情缘"

这是一个部落的幸运。

《南齐书》载："芮芮虏，塞外杂胡也。"这是说，芮芮（柔然）乃是血统混杂的北方少数民族（也有源自东胡、鲜卑、匈奴的说法）。早前，一位不明来历的勇士，曾为拓跋鲜卑所掳，名之为"木骨闾"，是"髡首人"（奴隶）的意思。

因为表现好，木骨闾后被赦为骑卒。不过，时值拓跋猗卢当政，法令甚严，木骨闾被判了斩刑。出于保命之需，他"亡匿广漠溪谷间"，又纠集其他的逃亡者，暂时依附于纥突邻部。他们在阴山北意辛山一带游牧。

因为"木骨闾"的发音和"郁久闾"相近，木骨闾的子孙就把后者作为他们的姓氏。

数十年过去了，到了木骨闾之子车鹿会担任部帅之时，这个部落已经成了些气候了，车鹿会便将自己的部落称为"柔然"（较多的人认为是"聪明、贤明"之意），这便是族名的缘起。

在北朝的碑志中，柔然有时被叫作鬼方、猃狁、北虏，与匈奴相混；但在史载里，它又被称作芮芮、茹茹、蠕蠕。蠕蠕这个称法很值得一说。这是太武帝拓跋焘给柔然取的外号。什么意思呢？智商低的虫子。他还专门下了诏书，让全国上下都叫人家蠕蠕。

这真可以叫作"我的地盘我做主"了。

事实上，也不只柔然得到了这种"待遇"，拓跋焘还因刘宋不擅骑兵，笑话对方是水中龟鳖，又说刘义隆是"龟鳖小竖"。

到了北魏后期，柔然人更喜欢自称为茹茹。这是后话了。

眼下，过着"夏则散众放畜，秋肥乃聚，背寒向温，南来寇抄"（崔浩语）生活的柔然，虽然已经拥有一定的规模，但依然为拓跋鲜卑所奴役，"岁贡马畜貂豽皮"。他们对拓跋这个老大当然有意见，只是一时间还不能摆脱他们的控制。

车鹿会死后，其子吐奴傀继位，再经跋地、地粟袁两位首领，柔然一分为二：地粟袁之子匹候跋占着河套东北、阴山以北；而缊纥提则据有河套以西。这期间，柔然与拓跋鲜卑仍有断续往来。

双方关系的重大变化，是因代国被符坚所灭。在这之后，柔然依附于代国的死对头——铁弗匈奴部，与刘卫辰关系极为密切。

这相当于是对拓跋鲜卑的背叛。

这笔账，拓跋氏是记在心里的。等到拓跋珪复国（391）之后，他便寻机对柔然发动战争，匹候跋和缊纥提实在敌不过，只能率众臣服。

但是，在北魏建国之初，拓跋珪志在逐鹿中原，他哪有心思成天盯着柔然？于是，眼瞅着拓跋珪跟一大堆秦、燕、凉纠缠在一起，柔然人的心思也活络起来。

某一年，缊纥提的儿子社仑杀死了另一部柔然首领匹候跋，又吞并了他的部落，随后将五原以西诸郡劫掠一番，满载而跑？跑哪儿去了呢？漠北。

目的，自然是远离北魏。

得到自由发展空间的社仑，开始大展拳脚，他先打败了高车诸部、匈奴余部拔也稽，后基本统一了漠北，"尽有匈奴故庭，威服西域"，具体说来，其领地"西则焉耆之地，东则朝鲜之地，北则渡沙漠，穷瀚海，南则临大碛"。

北魏天兴五年（402），社仑自号丘豆伐可汗，并建立其可汗王庭、整顿军队。这之后，柔然骑兵更为猛悍，"风驰鸟赴，倏来忽往"的作战风格，真是又拉风又富有杀伤力。

社仑的措置，无疑将柔然的社会形态转为早期奴隶制阶段。后人称之为的"柔然汗国"，即因此而来。

部落既和，士马稍盛

打从社仑称汗开始，柔然的发展总体上呈上升趋势，一度成为北魏的劲敌，其间，虽数次遭受重创，但由于其国家体制的特点，很快又死灰复燃。

为了对付北魏，柔然首领大致采取远交近攻的外交策略，与后秦、北燕、北凉互动频繁。比如说，拓跋珪天赐四年（407），社仑之弟斛律献马于北燕冯跋求娶乐浪公主；大檀在位之时，既向北燕献马羊，又给刘宋朝贡……

同时，柔然又因物资匮乏等，时常骚扰北魏北境，抄掠无度。这简直就是在太岁爷头上动土！是可忍，孰不可忍！当然要打回去，甚至要主动攻击。

况且，北魏想要逐鹿中原，哪能容得有人在身后搞破坏！

截至北魏迁都之前，北魏与柔然交战二十余次，平均每四年就要"亲密接触"一下。当然，拓跋们都希望能毕其功于一役，只是柔然确实不好对付啊。

刘宋升明二年（478），刘宋便和柔然约定共伐北魏。迫至南齐立国，柔然又遣使朝贡，撺掇萧道成联合伐魏，惜其未成，没几年双方又发生了矛盾，一度交恶。至于说南梁，尚未见柔然与其合作伐魏之事，但柔然遣使朝贡之事倒是明明白白地写在史书里。

除此以外，柔然和嚈哒、乌孙、悦般等西域诸国，还有位处东北的乌洛侯、库莫奚、契丹等国也有过一些往来。顺便说一句，对于契丹，很多人对于它的印象要从北宋年间开始，其实起源于东胡的契丹，与室韦、库莫奚等民族是同族异种，在十六国时期也已崭露头角。

总的来说，柔然真不好对付，如前所述，为了解除北边威胁，压制甚至消灭柔然，拓跋焘设置了边防六镇。拓跋焘与柔然的作战次数尤多。

北魏正光元年（520），在位的皇帝已是孝明帝元诩了，他是北魏的第九位皇帝，其母就是"赫赫有名"的宣武灵皇后胡氏。

对北魏后期历史稍有了解的朋友们都知道，此时的北魏政治混乱，面临崩溃之境；而柔然内部也很不稳定，在公元520年前，就发生过内讧。

就在这一年，丑奴为其母和臣下所杀。他的弟弟阿那瓌即位还不到二旬，便被族兄示发撵走了。他将逃到哪里去呢？

《杂曲歌辞》中唱道："闻有匈奴主，杂骑起尘埃。列观长平坂，驱马渭桥来。"这里边，形象地写出了阿那瓌在都城洛阳出行的景象。

没错，彼时阿那瓌跑到北魏来寻求政治避难了。出于政治需要，元诩对他予以优待，册封他为朔方郡公、蠕蠕王。

不知是不是因羡慕阿那瓌的待遇，后来婆罗门（阿那瓌从兄）在击溃示发之后，也率领十万骑兵投奔北魏。实际上，婆罗门原本自号为"偶可社句可汗"，但他却遭到了高车的重击，权衡之下才做了趋利避害的选择。

俗话说，"瘦死的骆驼比马大"，此时北魏的国力虽不如从前，但还有能力应对柔然、高车等族。只是，得用巧办法：以分散柔然部落来牵制高车。具体做法是，将阿那瓌安置在怀朔镇北的吐若奚泉，婆罗门安置在居延海临近的故西海郡。

两地相隔倒有些距离，但二人似是约好了，北魏正光三年（522）及次年，婆罗门、阿那瓌都跟北魏闹翻了。前者劫掠凉州，欲投姐夫（也有可能是妹夫）嚈哒，但为北魏所擒，两年后处死于燕然馆中。后者聚兵于柔玄、怀荒二镇——足有三十万人之多，并扣留魏使，掳掠一番后才退还漠北。

从结果上来说，阿那瓌赢了。不过，凭良心说，阿那瓌有些不厚道，自他投魏以来，北魏还真没亏待他。北魏的统治者十分气愤，但此时他们已为国内的变故缠身，无暇跟阿那瓌算账。不仅不能算，还得利用他，哪怕承担引狼入室的风险。

原来，就在阿那瓌叛魏的那一年，北魏六镇爆发了大规模的起义，许多边将都参与其中，着实令北魏统治者头疼。北魏孝昌元年（525），阿那瓌应邀而来，帮北魏政府灭火。这一次，阿那瓌"热情"得不得了，立刻派出了十万大军。大军在武川镇、沃野镇一带纵横驰骋，一边暴揍破六韩拔陵所部，一边借机劫掠财富、抢占地盘——长城以北漠南地区。

待到"部落既和，士马稍盛"之时，阿那瓌自号敕连头兵豆伐可汗，又抓住机会大挫高车。此时的高车，已因内乱而急剧衰弱，再也不是柔然的对手了。

二魏争正统，柔然谋复兴

属于阿那瓌的好日子，是一天比一天红火。最大的喜事，莫过于永熙三年（534）北魏分裂一事。由于东魏、西魏的实权人物高欢、宇文泰都想寻求外援，故此阿那瓌竟成了炙手可热的人物。

要搞好关系，通婚是一大法门。

比如说，阿那瓌把长女嫁给西魏文帝元宝炬，元宝炬其实并不乐意，奈何宇文泰一再坚持，元宝炬也只能狠心废除原配夫人乙弗氏（后迫于压力杀之），但郁久闾氏也生活得很糟心，因难产而死。

再比如说，高欢把乐安公主嫁给了阿那瓌的儿子庵罗辰，高欢娶阿那瓌之女为妻，原配娄昭君也主动让位——她一再牺牲奉献的态度令人为之不值。

相对来说，东魏和阿那瓌的关系更好，因此等到高洋（高欢次子）代魏建齐之时，"亦岁时往来不绝"。

除了周旋于二魏之外，阿那瓌也与南朝有所往来，这大概是因为他想深度吸收汉族文化和学习中原地区先进的生产技术吧。阿那瓌复位之后，创立年号、改革官制、修筑城郭（木末城）、发展农业……在本民族史上，他是值得被纪念的民族领袖。而柔然也是历史上唯一效法中原王朝建立年号制度的漠北游牧帝国。

如果柔然一直这样发展下去，成就定然很大。但好景不长，不久后，柔然内部的反奴役之战爆发了。再然后，逐渐势盛的突厥首领土门以阿那瓌拒绝联姻为由，联合高车向柔然发起攻势，时在北齐天保三年（552）。阿那瓌兵败如山倒，绝望自杀。

柔然王室庵罗辰等人逃亡北齐，淹留于漠北的柔然残部，则分裂成了以铁伐、邓叔子为代表的东、西二部。而后，被突厥击败的东部柔然则归降北齐，居于马邑川。

且说，庵罗辰不甘屈居人下，寻机返回漠北。可能他也想像阿那瓌一样，重新经营自己的事业吧。然而，在北齐追兵的打击下，东部柔然尽数溃散，而庵罗辰本人也失了踪迹，令人唏嘘。

北齐天保六年（555），西部柔然为突厥首领俟斤所败，西魏先收容了邓叔子等人，但在突厥的强迫下，又将其交给突厥使者。西部柔然王室，至此绝嗣。此时的突厥豪横得不得了，数十年后更是强悍，曾把隋炀帝杨广围困在雁门关，吓得他嘤嘤嘤地哭起来。

柔然最终的命运，还是和很多少数民族政权一样，有的辗转往徙，有的滞留原地，汇入民族交融的洪流之中。

第二节　吐谷浑简史

吐谷浑的起源

在第一卷中，咱们提过老大哥慕容吐谷浑，被弟弟慕容廆逼走之事。一首《阿干之歌》，饱含着多少令人追悔的情思。

那么，吐谷浑在这之后，带领着部族走上了一条怎样的发展之路呢？

先告诉大家一个答案，这个政权若从吐谷浑之孙叶延算起，截至唐朝龙朔三年（663），一共存在了三百余年。很厉害了吧，五燕加起来的统治时间，也没这么长呢。

它的国名也很有意思，就叫"吐谷浑"，是因第一位首领之名而得名。这种做法，在历史上也不是独一份的，只不过，由于吐谷浑的存祚时间太长，给人的印象比较深刻。顺便说一下读音，据学者考论，这个"谷"应该念作"yù"。

不过，吐谷浑还有别称，除了"吐谷浑"（唐中期后）之外，还有"阿柴""河南国"等称法，前者是邻族给取的，带有贱称意味，并与匈奴等族的别称相混；后者是南朝国家因其地理位置所给的称法。

当初，慕容涉归只给了吐谷浑这个庶长子一千七百户民，这个数字并不大，所以吐谷浑要往哪里迁徙，怎样经营他的事业，才有可能壮大这支部落呢？

首先，要选择一个适合的迁徙路线。查阅史籍及相关论著，我们可以大致勾勒出吐谷浑族前期的迁徙路线：西附阴山（曾居匈奴、拓跋部鲜卑）→南迁行经上陇（永嘉年间）→西行至枹罕（时属前凉）→向枹罕南、西发展，"至于枹罕暨甘松，南界昂成（又作昂城，今四川阿坝）、龙涸（今四川松潘），从洮水西南极白兰（今青海巴隆河流域布兰山一带）数千里中"……

吐谷浑过世后（约在公元 317 年），长子吐延继位，此人"雄姿魁杰，羌俘虏惮之，号曰项羽"，在位十三年，将统治范围拓展到昂成至白兰之间，很有一番作为。只可惜，也许是羌人对吐延的意见很大，公元 329 年，吐延被羌酋姜聪所伤。临死前，吐延嘱咐儿子叶延保卫白兰，以此来巩固统治。

叶延不负父望，不仅镇压了羌人的反抗，保住了政权；又在沙州建立起政治中心，"其官置长史、司马、将军，颇识文字"；还以祖名为族名、国号，建立起一个真正意义上的国家。不过，由于吐谷浑与前秦、西秦、南凉、北凉等国接壤，因此在你来我往的争夺战中，其疆界也不是一直固定不变的。

有一个很有意思的数字，值得拿出来看看。史家认为，叶延死的时候才三十三岁，在位二十三年，推算过去，叶延从父亲那里接过重任的时候，不过才十岁。这个数字很惊人，想来叶延也是天纵英才，不可以寻常论之。

《通典·西戎》中就提到过："至其孙叶延，遂为强国。"如此，可见叶延的勇悍英睿。

国之中兴，路曼曼其修远兮

从叶延死后，到伏允即位，这段时期可被视为吐谷浑的中兴时期。这个时期是很长的，上起东晋十六国，下至隋朝，也就是说，吐谷浑与整个南北朝相伴始终。

持续时间这么长，国主的数量自然也不少：碎奚、视连、视罴、乌纥提、树洛干、阿豺、慕璝、慕利延、拾寅、度易侯、伏连筹、呵罗真、佛辅、可沓振、夸吕、世伏、伏允。

咱们只挑一些重要的节点来侃一侃吧。

碎奚在位之时，前燕、后仇池皆为苻坚所灭，由于后仇池与吐谷浑交界，碎奚觉得压力山大，赶紧遣使送马奉银。苻坚便拜碎奚为安远将军、㵼川侯。比起一些吐谷浑首领来，碎奚性格较为仁厚，没有威断之力，因此为羌族长史钟恶地等人所挟制。这种羌豪与吐谷浑王族争权的现象，直至碎奚之孙视罴上位，才得以扭转。

碎奚死后，儿子视连继位。刚继位那年，前秦又灭了前凉，七年后苻坚遭遇淝水之败，北方又为后燕、后秦、后凉等政权所瓜分。这一切变故，不可能对吐谷浑不产生影响。与吐谷浑接壤的西秦、后凉，都曾侵夺过吐谷浑的国土。

不仅如此，视连还不得不向西秦国主乞伏乾归称臣。乞伏乾归拜视连为沙州牧、白兰王。到了视罴在位之时，这个"性英果，有雄略"并存有逐鹿之志的国主，压制了朝中羌人的势力，还重用汉族儒士建设国家。

由于国力增强，视罴不愿再臣服于西秦，放出了一些狠话，这种态度惹恼了乞伏乾归，但碍于吐谷浑的强大国势，乞伏乾归暂时抑住了火气，好些年（398）后才实施报复行动。视罴逃亡白兰山，遣使谢罪，又纳贡送质，方才令乞伏乾归消了火气。对方也以宗女许之，对视罴加以慰抚。

这之后，视罴之弟乌纥提趁西秦灭国，掠夺其故地，岂知乞伏乾归复国成功，不仅回来了，还出兵重击吐谷浑，逼得乌纥提跑去南凉避难。视罴之子树洛干继而袭位。树洛干和他的父亲极为相似，十分英武，他从西秦手中收复了失地，又跟南凉主秃发傉檀相抗，最终占据了浇河。

乞伏乾归不愿让树洛干发展壮大，遂在赤水击败了他。树洛干投降之后，被封为平狄将军、赤水都护。

总的来说，在北邻南凉、东接西秦的情况下，吐谷浑的发展也受到了很大的限制。最后，树洛干也因多次被乞伏炽磐所创，而惭愤至死。

特别值得一说的，还有阿豺（树洛干弟）及其弟慕璝，他们生活在与拓跋焘相当的时期。阿豺"兼并羌、氐，地方数千里，号为强国"，又排除万难通贡于刘宋，希望能得到他们的支持。刘宋打算册封阿豺为沙州刺史、浇河公。也是阿豺时运不济，就在关键时刻，他突然生了一场重病。临死前，阿豺对二十多个儿子好生教育了一番，先让他们各折一箭，再让弟弟慕利延取十九支箭来试试。慕利延没敢动。

"单者易折，众则难催，戮力一心，然后社稷可固"，这是阿豺留给子弟们的最后一番话。说得多有道理，和一首歌中说的"一根筷子轻轻被折断，十双筷子牢牢抱成团"的意思差不多。

慕璝继位后，刚好赶上刘宋的任命，被封为陇西公、陇西王。此时西秦已经势衰，不足为惧，慕璝赶上了一个好时机，其势力逐渐深入西秦的腹心。北魏神䴥四年（431），北魏攻袭胡夏赫连定。赫连定仓促而逃，机缘巧合之下，竟然杀了乞伏暮末，灭了西秦。不过赫连定没有想到，他最终为慕璝所擒，慕璝把他交给北魏做了人情，得来了西秦王这样的册封。

赫连定的死亡，标志着胡夏政权的完全终结。

此时的西秦王慕璝在原来领地之外，又据有金城、陇西等郡，十分风光。但在刘宋和北魏之间，慕璝明显与前者往来密切，这引发了拓跋焘的强烈不满，吐谷浑在北魏的攻势下险些灭国，但由于吐谷浑疆域辽阔，且以游牧经济为主，复生的难度并不大。北魏延兴四年（474），拾寅被北魏封为西平王，并献贡纳质，两国的和平关系，基本上维持到了北魏灭国之时。

等到夸吕继位，居住在伏俟城，北周武帝宇文邕称之为可汗。后来两位国主，都娶了隋朝公主，做了杨家人的女婿。

末代国主，是老熟人吗？

吐谷浑和隋朝的关系很密切，但这不代表二者没有矛盾。

隋朝大业四年（608），隋炀帝杨广向吐谷浑发兵，步萨钵可汗伏允兵败，随后，杨广在所得之地设置了西海、河源等郡，但其管制力度很有限，除东边的河源郡之外，诸郡都算不得是隋朝的有效统治范围。为此，杨广派伏顺去管理吐谷浑余众，但一行人行至西平，就无法再深入了，遂返回国内。

数年后，伏允尽收失地，还进袭了隋朝统治范围内的河右地区，好好地炫示了一把武力。

必须说明的是，伏允娶的是隋朝光化公主，其在位时间约有三十三年（597—630）之久。他是吐谷浑世伏的弟弟，但对他准确的称法，却是慕容伏允。史载，伏允恢复本姓"慕容"，此后历代吐谷浑国主都没再改回去。

更需说明的是，咱们顺着世系往下看，会发现一件有意思的事。慕容伏允之后，吐谷浑的国主依次是慕容融、慕容顺、慕容诺曷钵、慕容忠、慕容宣超、慕容曦光、慕容兆、慕容曦轮、慕容政、慕容复。

熟读金庸老先生的小说，一定能发现一个"熟人"的名字——慕容复。当然，此慕容复非彼慕容复，他也不会什么"斗转星移""以彼之道、还施彼身"，反而还很衰，一不留神就成了吐谷浑（广义上的）的末代君主。

这就有点意思了，小说中的慕容复心心念念的就是复国，他还被吐蕃国师鸠摩智抓过；历史上的慕容复，他的国家吐谷浑——更准确地说是叫"青海国"——在他即位前一百三十五年前被吐蕃给灭了。

金庸老先生，还真是有点冷幽默啊！

咱们来说说发生在唐朝龙朔三年（663）的那件事。当时吐蕃大举进攻吐谷浑，吐谷浑在位的国主是慕容诺曷钵，号为乌地野拔勤豆可汗。他是慕容融的儿子，娶了唐朝弘化公主。那些年里，连军力强盛的唐朝都曾为吐蕃头疼，吐谷浑也没好到哪里去，完全不是正在上升期的吐蕃的对手。

战败之后，吐蕃完全占领了吐谷浑的国土，诺曷钵急奔凉州，率众附唐。唐高宗特意为此置安乐州，令诺曷钵担任安乐州刺史，他的子孙世袭青海地号，直至乌地野拔勤豆可汗慕容复。此时的唐朝也感受到了吐蕃的威胁，为此派出薛仁贵等人进攻吐蕃，欲要为吐谷浑复国。由于唐军将帅失和，加上寡不敌众，最后全军覆没。

唐朝此次战争的失败，标志着吐谷浑复国的希望彻底破灭，从此吐谷浑作为一个部族依附于唐朝。

慕容复之所以成为吐谷浑的最后一位国主，说起来也令人啼笑皆非，并不是因为战败等原因。《新唐书》载："贞元十四年，以朔方节度副使、左金吾卫大将军慕容复为长乐都督、青海国王，袭可汗号。复死，停袭。吐谷浑自晋永嘉时有国，至龙朔三年吐蕃取其地，凡三百五十年，及此封嗣绝矣。"

"停袭"的原因，笔者没有查到，或许是因唐王朝不想在国境内置青海国了，但也有可能是因为慕容复没有后人。

吐谷浑王室遂绝嗣，但其部民还在，他们有的停留于凉州，有的移居河东。无论是身处何地，直到五代宋元时期，还有其活动踪迹。

第三节　后仇池简史

宣告独立，争衡于西秦

在第一卷中，我们提过前仇池。因统治集团的内讧，其国势力衰退，于公元371年为前秦所灭，存祚约七十五年。苻坚将氐人迁至关中一带。

讲后仇池，得先从杨佛奴说起，他是前仇池左贤王杨难敌之孙，公元355年杨佛奴的父亲死于内乱之中，他本人则逃亡前秦，担任苻坚的右将军。也算是结局不错了。所谓"父贵子荣"，其子杨定也因父亲受宠，而被苻坚招为驸马，位至尚书、领军将军。

这个杨定，便是后仇池的创立者。

与慕容垂的半截仁义、姚苌的不仁不义相比，杨定算是忠厚仁义的臣属和至亲了。当苻坚落败之后，杨定也继续追随着苻坚。到了太元十年（385）三月，杨定曾率领两千兵将重挫慕容冲，并俘斩万人，极大地鼓励了己方士气。以致慕容冲提起杨定，就有些发怵。

这年五月，杨定战败，为西燕所俘。发生了这样的变故，苻坚大为恐慌，遂有出走五将山之举。后来的事大家都知道了，苻坚为姚苌所弑。

杨定本来还在西燕军中，前途未料，刚好赶上当年十月西燕被后秦击败这个契机。杨定趁乱而逃，杨定先逃到陇右，再前往历城（今甘肃西和），组织了一批汉人、氐人，自称为平羌校尉、仇池公。此地自不是过去的仇池山，杨定的这个举动，显然是想重树氐族杨氏过去的辉煌。

应该说，杨定对苻坚是尽了全忠的，何况，杨定一直与前秦的国主有所往来，甚至因帮助苻崇对付西秦主乞伏乾归而死。这件事发生在公元394年，距离杨定建国已经过去了九年。

在这期间，杨定与前秦往来密切，数次与之合作攻击后秦，姚硕德、姚常、姚详等都挨过杨定的打，姚常还被杨定给杀了。前秦太元十四年（389），杨定被苻登授为左丞相、上大将军、都督中外诸军事。

为了谋求发展，杨定同时也遣使向东晋称藩。东晋倒很大方，直接承认了杨定自称的那些头衔——龙骧将军、仇池公、秦州牧、陇西王。陇西王这个称法很值得一说，其因为杨定曾短暂性地得到了秦州。

后来，苻登为姚兴所杀，苻崇艰难地维持着政权。公元394年十月，苻崇被乞伏乾归所逐，首先想到的就是去杨定那里避难。杨定爽快地答应了，随后率领两万兵将帮苻崇报仇。结局已见前述（第二章），杨定和苻崇双双被杀。

与前秦亡国的命运不同，杨定这边还后继有人。他虽然没有子嗣，但他的堂弟杨盛，却做了他的接班人。杨盛谥杨定为武王，开始了自己长达二十九年的统治。

强敌环伺，百般周旋

除了杨佛奴之外，杨难敌还有杨佛狗等儿子。而杨佛狗，正是杨盛的父亲。

顺便插入一个常识。初听杨佛狗这个名，或许很多人都会觉得好笑，但将杨佛奴放在一起看，便能明白，这是他们老爸给取的贱名呢。在十六国南北朝时期，人们的确很喜欢取这类人名。鼎鼎大名的刘寄奴，也是一例。

杨盛生于公元364年，担任后仇池国主之时正好三十二岁。他之所以没在堂兄死的当年就登位，是因为杨盛一边代理仇池的国务，一边在等东晋的册封。东晋隆安三年（396），杨盛受封为仇池公。

本来，杨盛是秉持着附晋之念的，但他也在后秦、北魏、东晋甚至在桓玄（桓玄曾中断晋祚）之间不断周旋。这有点"人尽可臣"的感觉，但他也没办法。处在诸国的夹缝中，杨盛还曾占据过汉中，殊为不易。东晋义熙九年（413），杨盛将汉中让给了东晋（另一个史载是，公元414年，东晋刘裕征蜀，收复汉中，仇池守军一溃千里，撤离梁州，后仇池国献上降表，向刘裕称臣，归附东晋）。

公元405年，杨盛被后秦击败，不得已将儿子杨难当送给后秦当人质。请记住这个名字，当质子，只不过是杨难当精彩人生的开篇罢了。

后来，寻到时机之后，杨盛与姚兴重新对立，直至后秦灭亡之时，他也没放弃争斗。这里头，尤其是杨盛趁着姚兴新死，在竹岭大破后秦一战尤为精彩。

公元416年以后，杨盛和胡夏、刘宋政权都有过往来。当然，这"往来"是截然不同的，与前者是相争，与后者却是相附。

公元420年刘宋政权取代东晋，杨盛也被册封为车骑大将军、武都王。5年后，杨盛病亡，享年62岁，算是寿终正寝了。其谥为惠文王。

值得注意的是，杨盛虽然被刘宋改封成了武都王（422），但他一直沿用"义熙"这个东晋年号。

杨难当、杨保宗的矛盾纠葛

在整个刘宋初年时期，后仇池的国主都是杨玄。杨盛在临死前，曾对儿子杨玄叮嘱道："吾年已老，当终为晋臣，汝善事宋帝。"这是为继承人找了一个最好的依靠。我们也可以从中看出，他不愿改年号的原因。

杨玄深感其意，称武都王，以刘宋为正朔。看到北魏在与刘宋的争斗中渐渐占了上风，杨玄的态度就有些变化了，尤其是在北魏得到长安之后，杨玄随即向其示好。这表明，他要走的外交路线将是两头讨好。

此人在位时间不长，仅有四年。公元429年，杨保宗继立为王。他是杨玄的儿子，也是指定的接班人。岂知，杨玄的弟弟杨难当不日后废黜了杨保宗，随后向刘宋称藩。

这事说来也有些戏剧性，《魏书》中说："初，玄临终，谓弟难当曰：'今境候未宁，方须抚慰，保宗冲昧，吾授卿国事，其无坠先勋。'难当固辞，请立保宗以辅之。保宗即立，难当妻姚氏谓难当曰：'国险宜立长君，反事孺子，非久计.'难当从之，废保宗而自立。"

说是姚氏的意见，但笔者怀疑此中有史家美化之笔，杨难当从来就不想当什么"周公"。因为这事过去没多久，杨保宗准备谋刺杨难当，事泄后被关了起来。

要说，杨难当待他也不错，毕竟还让他担任镇南将军，镇守石昌（同时命次子杨顺担任镇东将军、秦州刺史，负责上邽的事务）。

再说，杨保宗既有本事搞刺杀这一套把戏，年龄也不会太小。如此，何来"请立保宗以辅之"后又"废保宗而自立"之事呢？

况说，从杨难当的本事来看，他从来就不是很有主见的人，要真想辅佐杨保宗，只怕他花花绿绿的妻妾全来劝他，也未必能说动他。

只有这么理解，才能理解杨保宗为何会这般怨恨他的叔叔。

不管真实的情况是怎样的，总之，杨难当决定准备搞点事情了。

第一件事，就是趁着宋文帝派萧思话去代替梁州刺史甄法护的空当期，率众突袭梁州，得到了汉中地区。萧承之（历史上真正玩过空城计的名将之一）等人随后又击败了杨难当，杨难当选择再次附从。

第二件事，是因杨保宗而起。照杨难当的想法，是释放这个侄儿，让他去镇守董亭。哪知，杨保宗一点都不领情，他和哥哥杨保显、一起抱住了北魏的大腿。太武帝拓跋焘本着"看热闹不嫌事大"的心态，封杨保宗做了武都王，还把公主嫁给了他。

没几年，拓跋焘又授杨难当为南秦王，其他爵位比杨保宗还要高一些。后来（436），杨难当就曾受诏代北魏镇守上邽。

就在这年年初，杨难当还做了一件历任仇池主都没做过的事情，定年号。其年号为建义。发妻姚氏、世子杨和理所当然地升级做了王后、太子。旋后他设置百官，模仿中原王朝的仪规。很不凑巧的是，这年的天气很不给力，灾异频现。杨难当有些害怕，便把他定年号时自封的"大秦王"之号取消了，重称作武都王。

五月间，杨难当在上邽设置了军镇，似乎想与北魏抗衡。拓跋焘便派"车骑大将军、乐平王丕等督河西高平诸军取上邽"，又诏令杨难当镇守此地。

在北魏这里，杨难当已经不能再有所图谋了，于是他在刘宋元嘉十七年（440），兴兵南下袭宋，意在益州，刘义隆也不是好惹的，在裴方明等人的攻势下，杨难当被打得落花流水，无奈之下放弃他的国土，率领残部投奔北魏去了。

后仇池就此亡国，但杨难当的人生还在继续。他在北魏一直待了下去，担任高官，迨至文成帝拓跋濬时期，先做了营州刺史，再还京担任外都大官。到了和平元年（460）年底，杨难当才过世，享年不详（出生年份无载），但可以推知，也算是高寿。

杨难当谥号为忠，但他忠心效从的人，绝不是后仇池的杨保宗。

说到杨保宗，他的命运就比杨难当悲惨多了，后仇池亡国之后，杨保宗试图叛魏——估计是想回到旧土自立为王，被河间公拓跋齐擒拿，送到平城处死了。他的宗侄杨文香，为北魏所利用，在阴平（今甘肃文县西南）建立仇池国政权，以与后仇池的残余势力相抗。杨文香的政权既为北魏所扶持，毫无疑问是亲魏的。在历史上，这个政权被称为阴平国。

虽为傀儡政权，但它却成了最后一个存世的清水氏政权，存祚百年之久。比享祚五十七年的后仇池，要长得多。历史的吊诡之处，真是太多了！

附录一　十六国政权简表

国名	民族	国祚	君主	国都	极盛时的疆域	亡于何国何国家
成汉	巴氐	304—347年	李雄、李班、李期、李寿、李势	成都	四川东部、云南局部、贵州局部	东晋
前赵（汉）	匈奴	304—329年	刘渊、刘和、刘聪、刘粲、刘曜	平阳长安	陕西渭水流域、山西、河南、河北、部分甘肃	后赵
后赵	羯	319—351年	石勒、石弘、石虎、石遵、石鉴、石祗	襄国邺城	河北、河南、山西、山东、陕西、江苏局部、安徽局部、甘肃局部、辽宁局部	冉魏
前凉	汉	314—376年	张寔、张茂、张骏、张重华	姑臧	甘肃、宁夏西部、新疆东部	前秦
前燕	鲜卑	337—370年	慕容廆、慕容皝、慕容儁、慕容暐	龙城蓟邺城	河南、河北、山东、山西、甘肃、陕西、安徽、江苏、辽宁	前秦
前秦	氐	351—394年	苻健、苻生、苻坚、苻丕、苻登	长安	河南、河北、山东、山西、陕西、安徽、江苏、四川、贵州、湖北、辽宁、甘肃、宁夏西部、新疆东部	后秦西秦
后燕	鲜卑	384—407年	慕容垂、慕容宝、慕容盛、慕容熙	中山、龙城	河北、山东、山西、河南局部、辽宁局部	北燕
后秦	羌	384—417年	姚苌、姚兴、姚泓	长安	甘肃、陕西、河南、山西、	东晋
西秦	鲜卑	385—400年，409—431年	乞伏国仁、乞伏乾归、乞伏炽磐、乞伏暮末	勇士川金城西城苑川谭郊枹罕	甘肃东部	胡夏
后凉	氐	389—403年	吕光、吕绍、吕纂、吕隆	姑臧	甘肃西部、宁夏局部、青海局部、新疆局部	后秦
南凉	鲜卑	397—414年	秃发乌孤、秃发利鹿孤、秃发傉檀、	姑臧乐都西平	青海、甘肃西部	西秦

国名	民族	国祚	君主	国都	极盛时的疆域	亡于何国何国家
南燕	鲜卑	398—410 年	慕容德、慕容超	广固	山东、河南局部	东晋
西凉	汉	400—421 年	李暠、李恂	敦煌	甘肃西部及新疆局部	北凉
北凉	匈奴	397—439 年	段业、沮渠蒙逊、沮渠牧犍	张掖姑臧	甘肃西部、宁夏局部、新疆局部、青海局部	北魏
胡夏	匈奴	407—431 年	赫连勃勃、赫连昌、赫连定	统万城	陕西、内蒙古局部	北魏吐谷浑
北燕	高句丽汉	407—436 年	高云、冯跋、冯弘	龙城	辽宁、河北	北魏
北魏	鲜卑	386—534 年	拓跋珪、拓跋嗣、拓跋焘	盛乐平城洛阳	河南、河北、山东、山西、辽宁、陕西、甘肃、江苏北部、安徽北部、内蒙古局部、青海局部、宁夏局部	分裂为东魏和西魏

【注】北魏并不是十六国中的一个，但由于它是十六国的终结者，故将其列入表中。

360

附录二　两晋十六国大事记

（注：在每个政权亡国的事件后，标注★）

公元	大事记
265 年	司马昭死后，其子司马炎担任相国、晋王。 司马炎称帝，曹魏亡。★
269 年	秃发树机能举事于凉州，年约十一年。
280 年	西晋王濬等南下灭吴，西晋统一全国。东吴立国五十九年。 西晋撤销州郡之兵。
281 年	司马炎荒废政事，贪图享乐，以东吴宫女充实后宫，据闻后宫人数突破万人大关。 "羊车望幸"的典故也自此而来。
282 年	鲜卑慕容部落首领慕容涉归进攻昌黎，为晋安北将军严询所败。
283 年	荆、扬等六州发大水。 齐王司马攸逝世。
285 年	慕容涉归子慕容廆进攻辽西，为晋幽州军所败。
289 年	慕容廆投降西晋，被授为鲜卑大都督。
290 年	晋武帝崩，太子司马衷继位，由杨骏辅政。 南匈奴左部帅刘渊继为匈奴五部大都督。
291 年	皇后贾南风欲干预朝政，先后铲除了杨骏、汝南王司马亮、太保卫瓘，再诬陷司马玮矫诏。贾后就此得以专政，委任亲党，但选用杨华等为宰辅，尚算妥当。
292 年	囚禁在金墉城的杨太后被贾后饿死。
295 年	是年，灾祸频发：荆、扬、兖、豫、青、徐六州发大水；关中发生饥疫；京师洛阳武库起火，损失了刘邦斩蛇剑、王莽之首及诸多珍宝……
296 年	在秦、雍二州氐羌部落的支持下，齐万年于关中起义称帝。 略阳氐族首领杨茂搜避乱迁民，据保仇池山，号为氐王。★
297 年	秦、雍二州大旱，米价大涨。建威将军周处为齐万年所杀。
298 年	荆、豫、徐、扬、冀五州发大水。 略阳、天水等六郡流民徙至益州，巴氐李特等人崭露头角。
299 年	左积弩将军孟观平定齐万年之乱。 太子洗马江统写成《徙戎论》，未被采用。 贾南风以谋反之名废除太子司马遹，并杀其母谢淑媛。
300 年	贾南风杀太子司马遹。 赵王司马伦以为太子复仇为由，起兵废贾南风，并除掉司空张华、尚书仆射裴頠、侍中贾谧等。旋又将囚于金墉城中的贾后赐死。 益州刺史赵廞据成都而叛。

公元	大事记
301 年	司马伦废司马衷，称帝。 齐王司马冏起兵讨伐司马伦，司马伦败死，惠帝复位。 李特斩杀赵廞，据有成都。
302 年	齐王司马冏得意忘形，擅权祸国，为长沙王司马乂等所杀。
303 年	益州刺史罗尚击杀李特，其弟李流、其子李雄先后成为首领。 成都王司马颖、河间王司马颙起兵攻击司马乂。 司马颖以前将军陆机攻洛阳，兵败，宦官孟玖诬杀陆机，"华亭鹤唳"成语即出于此。司马颙遣张方围逼洛阳。 李雄赶走罗尚，再据成都。
304 年	张方在洛阳烧杀司马乂，掠民而归长安。司马颖担任皇太弟，民心渐失。 司马越在荡阴败于司马颖，侍中嵇绍被杀，司马衷被俘至邺城，司马越逃奔下邳。 王浚攻邺城，司马颖弃逃。 李雄在成都自称成都王。几乎是在同一时间，刘渊在左国城起兵，称汉王。 司马颙令张方挟持司马衷迁都长安，并废皇太弟司马颖，转立司马炽。
305 年	七月，司马越征讨司马颙。 同月，司马颖故将公师藩在河北起兵，之前被贩卖的羯人石勒也投效于他。
306 年	司马颙以张方首级为礼，向司马越求和未遂。 司马越等攻入长安，并奉司马衷还都于洛阳，司马颙先逃奔太白山，又回据长安。 李雄称帝，国号大成，改元晏平。 晋惠帝被司马越毒死，司马炽即位。 司马颙为南阳王司马模所杀。
307 年	琅邪王司马睿镇守于建邺。石勒降汉赵，刘渊以之为辅汉将军。
308 年	王弥进攻洛阳，战败后投奔刘渊。 刘渊迁都蒲子，称帝，立国号为汉，改元永凤。 刘渊首攻洛阳，未胜。
309 年	刘渊自蒲子迁都于平阳。 汉赵石勒、王弥、刘聪，进攻西晋壶关，胜。刘聪再攻洛阳，不克。
310 年	幽、并、司、冀、秦、雍六州遭遇蝗灾。 刘渊崩，太子刘和即位，欲除刘聪等宗王，但为刘聪反杀。刘聪称帝，改元光兴。 司马炽征兵以解洛阳之困，几无响应之人。 司马越弃帝而出屯许昌，洛阳防守更为空虚。
311 年	东海王司马越病死。 石勒追杀晋军主力十万多人于苦县，王衍等西晋权贵同时被杀。 刘曜等人攻陷洛阳，俘晋怀帝。 刘曜进攻长安，杀南阳王司马模。 石勒在席间斩杀王弥，兼并其众。

公元	大事记
312年	刘聪封司马炽为会稽公。 刘聪为贾疋所逼，弃长安，掠民还平阳。贾疋立司马业为皇太子。 刘曜进攻并州，刘琨引代公拓跋猗卢相助，收复治所晋阳。刘琨屯守阳曲。
313年	刘聪辱杀会稽公司马炽。 司马邺即位于长安。 石勒遣侄石虎攻陷邺城并镇守于此。 石勒占据襄国。 琅邪王司马睿拒绝了司马业让他攻打汉赵的命令。司马睿以祖逖为豫州刺史，组织北伐。刘曜攻长安，为西晋索綝所败。
314年	石勒计杀王浚，至此西晋在华北方向，仅余并州一地。 张轨逝世，其子张寔继位。此后张寔开始成为割据政权，史称前凉。 刘曜再攻长安，又为索綝所败。
315年	西晋封拓跋猗卢为代王。 西晋武昌太守陶侃击败杜弢。 汉赵青州刺史曹嶷，拿下西晋青州。
316年	刘曜攻陷长安，晋愍帝投降，西晋灭亡。★ 刘琨撤离并州，奔蓟县投幽州刺史段匹磾。
317年	司马睿在建康称晋王，改元建武，东晋建国。 祖逖进入谯城，谋划北伐。 刘聪辱杀司马邺。
318年	东晋司马睿称帝。 段匹磾杀刘琨。 刘聪逝世，刘粲即位，外戚靳准杀刘粲及宗室，夺权。 刘曜、石勒靖难。 刘曜称帝，改元光初。
319年	刘曜改国号为赵，史称汉赵、前赵。 刘曜与石勒矛盾加剧，石勒叛赵自立，建都襄国，称赵王，史称后赵。
320年	前凉张寔被刘弘的信徒所杀，其弟张茂继位。 汉赵境内，羌羯大叛，游子远为刘曜平之。
321年	后赵石虎攻陷幽州，掳段匹磾。 祖逖逝世，弟祖约继任。
322年	王敦以"清君侧"之名造反，攻入建康，司马睿只能杀掉戴渊、刁协。 司马睿逝世，太子司马绍继位。

公元	大事记
323 年	成汉太傅李骧夺越巂、汉嘉二郡。 王敦兼扬州牧。 后赵石虎攻陷广固，杀曹嶷，青州归于后赵。 刘曜攻打前凉。
324 年	张茂逝世，子张骏继位。 王敦再次起兵攻打建康，不久病逝，其侄王应代之，兵败。王敦之乱遂平。
325 年	汉赵刘曜在与后赵的交战中无故夜惊，速退。 司马绍逝世，太子司马衍即位。因其年幼，由庾太后垂帘听政，司徒王导、中书令庾亮为辅臣。
326 年	苏峻援救东晋豫州刺史祖约，击退石聪。
327 年	东晋庾亮逼反苏峻，爆发苏峻之乱，祖约共叛，兵临建康。
328 年	苏峻攻入建康，庾亮出逃，庾太后逝世，晋成帝被俘。 勤王军以陶侃为军主。 苏峻堕马受戮。 刘曜击败石虎，围攻洛阳。 石勒救援洛阳，擒刘曜。
329 年	汉赵太子刘熙弃都长安而奔上邽。 后赵石虎攻陷上邽，杀刘熙等。 汉赵亡国，后赵尽拥华北之地。★
330 年	石勒斩杀去年投奔过来的祖约。 张骏向石勒称臣进贡。
331 年	东晋桓宣攻后赵，攻陷襄阳。
332 年	石勒称帝。 陶侃去世，庾亮继之，都督江、荆、豫三州。
333 年	成汉李寿攻陷东晋的朱提郡。 后赵请求与东晋修好，遭拒。 慕容廆逝世，子慕容皝继位。 石勒逝世，其子石弘继位，但大权为石虎所掌握，石虎后旋杀刘太后等。
334 年	成汉李雄逝世，太子李班即位。 李期、李越杀李班。李期即皇帝位。 石虎囚杀石弘与其生母程太后，自立。
335 年	后赵自襄国迁都邺城。
336 年	后赵石虎在襄国建太武殿，在邺城建西宫。

公元	大事记
337 年	石虎称大赵天王。 石虎杀太子石邃。 慕容皝建都棘城，称燕王，史称前燕。
338 年	后赵石虎与前燕慕容皝联军攻打段辽，石虎寻机进围棘城。慕容恪出战得利，后赵军惨败，唯冉闵一军无恙。 成汉李寿废黜李期而自立，改国号为汉。
339 年	王导逝世。 东晋收回宁州。 代国迁都盛乐。
340 年	前燕慕容皝攻打后赵，兵至蓟城。
341 年	前燕长史刘翔至建康，东晋册封慕容皝为燕王。
342 年	晋成帝逝世，其兄司马岳即位。 前燕迁都龙城。 慕容皝攻陷高句丽京师丸都，高句丽王高钊逃走，慕容皝遂掳其母为质，又掘其父尸骨以还。
343 年	成汉李寿逝世，太子李势继位。
344 年	前燕攻灭宇文部落，宇文逸豆归兵败走死，其部落一蹶不振。 晋康帝逝世，年仅两岁的太子司马聃继位。褚太后垂帘听政。
345 年	后赵石虎奢侈残暴，修猎场、洛阳宫。
346 年	前凉张骏逝世，子张重华继位。 后赵凉州刺史麻秋攻陷前凉金城。
347 年	桓温攻陷成都，成汉灭亡。★ 后赵军围击前凉枹罕，为谢艾所败。 麻秋再袭姑臧，又为谢艾所败。 石虎为应胡僧所言，征发百姓筑华林苑。
348 年	后赵内乱，太子石宣暗杀石韬，石虎杀石宣，立石世为太子。 燕王慕容皝逝世，其子慕容儁继位。
349 年	后赵梁犊起义。 石虎称帝。 石虎逝世，太子石世即位，石遵杀石世，自立为帝。 冉闵杀石遵，立石鉴为帝。 东晋褚裒北伐失败。

公元	大事记
350 年	冉闵杀石鉴，自立为帝，国号为魏，史称冉魏。 后赵石祇奔襄国称帝，延续后赵国祚。 前燕慕容儁攻陷后赵蓟城，迁都。 氐族酋长苻洪称三秦王，旋为降将麻秋所毒杀，子苻健西进关中。
351 年	苻健自称天王，史称前秦。 前燕悦绾与姚襄、石琨共同救援襄国石祇，大败冉闵。 石祇被刘显所杀，后赵亡国。★
352 年	苻健称帝。 前燕太原王慕容恪生擒冉闵，慕容儁杀冉闵，灭冉魏。冉魏亡国。★ 慕容儁称帝。 东晋殷浩北伐，屯兵寿春。
353 年	东晋殷浩北进洛阳，以降将姚襄为前锋，反为姚襄所击，败归。 前凉张重华逝世，子张曜灵继位，其叔张祚取而代之。
354 年	东晋桓温击前秦，胜于蓝田，败于灞上，还师。
355 年	前秦大旱。 苻健逝世，子苻生继位，凶虐无度。 前凉张祚为赵长所杀，侄张玄靓即位，张邕把持朝政。
356 年	前燕慕容恪攻广固，收降段龛。 东晋桓温攻败姚襄，得洛阳，后奏请还都于此，未获准。 王猛为苻坚所用。
357 年	姚襄为前秦苻黄眉所斩，其弟姚苌降于前秦。 前秦苻生更为凶虐，东海王苻坚除之，自称天王。 前燕迁都邺城。
358 年	前燕挺进中原。
359 年	前燕慕容儁逝世，子慕容暐继位，慕容恪为宰辅。
360 年	东晋司马聃逝世，司马丕嗣位。 前凉张天锡杀张邕，夺权。
361 年	前燕派降将吕护攻洛阳，吕护阵亡。
362 年	前凉张天锡杀侄张玄靓而自立。
363 年	前燕先攻陷东晋许昌，再攻洛阳，沈劲困守孤城。
364 年	东晋司马丕逝世，弟司马奕继位。 前燕攻陷洛阳，擒杀沈劲。 东晋司马勋叛晋，自称成都王。

公元	大事记
365 年	前燕攻夺东晋洛阳。 东晋司马奕即位。
366 年	东晋朱序擒杀司马勋。
367 年	前燕太原王慕容恪病逝，慕容㬌未听从其建议，排挤慕容垂。 前秦苻柳、苻双、苻瘦、苻武等发动叛乱。
368 年	前秦苻廋降前燕，请求接应，但前燕太傅慕容评未应。 前秦终平四叛。
369 年	东晋桓温攻前燕，慕容㬌、慕容评临时起用吴王慕容垂，大挫晋军。 慕容评忌惮慕容垂，与可足浑太后谋害之，导致慕容垂携子侄投奔前秦。
370 年	前燕慕容评统军拒敌，前秦王猛势如破竹，入邺生擒前燕慕容㬌，前燕亡国。★
371 年	东晋桓温诬称司马奕无生育能力，废其为海西公，另立会稽王司马昱。 前凉向前秦称臣，苻坚封张天锡为西平公。
372 年	东晋司马昱逝世，子司马曜继位。
373 年	东晋桓温逝世，子桓玄袭爵为南郡公。 前秦先后攻陷东晋梁州、益州。
374 年	代王拓跋什翼犍击败匈奴铁弗部。
375 年	前秦丞相王猛病逝。
376 年	前秦遣使征前凉张天锡入朝，为之射杀，苻坚怒而攻凉，张天锡出降。前凉亡国。★ 苻坚对代国发动攻势，拓跋什翼犍为子所杀，苻坚借机灭代。代国亡国。★
377 年	是年，高句丽、新罗、百济等政权，皆朝于前秦。
378 年	前秦苻丕进攻东晋襄阳。
379 年	前秦攻陷襄阳，生擒梁州刺史朱序，朱序降之但心向东晋。
380 年	前秦苻洛、苻重发动叛乱，窦冲生擒苻洛，斩杀苻重。
381 年	前秦苻阳、王皮、周虓等人谋反。
382 年	前秦君臣议伐东晋。
383 年	苻坚遣吕光征西域。 苻坚进攻东晋，惨败于淝水之战，还于长安。前秦阳平公苻融等在战中被杀。 战后，以谢安、谢玄为代表的陈郡谢氏声望达到极盛，但也引发了司马曜的猜忌。
384 年	苻坚投奔慕容垂，遣他往河北，慕容垂在荥阳叛燕称王，史称后燕。 慕容泓在华阴起兵称王，史称西燕。不久，慕容泓被杀，慕容冲继立。 苻坚命苻睿、姚苌攻西燕，苻睿被杀。姚苌惧而生叛心，自称秦王，史称后秦。

公元	大事记
385 年	慕容冲兵围长安，城内饥乏，苻坚亲往五将山，为姚苌所击，并缢死于新平。 苻丕继位于晋阳。 西燕慕容冲占领长安。 后燕慕容垂攻陷中山，定都于此。 乞伏国仁脱离前秦，自称单于，都于勇士堡，史称其国为西秦。 谢安逝世。
386 年	拓跋珪在牛川称代王，不久后改称魏王，史称北魏。 慕容垂在中山称帝。 西燕慕容冲不欲东归，为鲜卑人所杀。之后，段随、慕容颛、慕容瑶、慕容忠、慕容永相继为帝，慕容永在长子定都。 前秦苻丕被东晋冯该斩杀。 南安王苻登在南安称帝，延续前秦国祚。 姚苌据长安而称帝。 西秦迁都苑川，乞伏国仁自称为苑川王。 吕光在姑臧为苻坚发丧，自称酒泉公，史称后凉。 氐人杨定收复前仇池国领土，都于历城，自称仇池公，史称后仇池。
387 年	是年，后凉大饥。 后秦姚苌攻陷徐嵩堡，鞭尸苻坚，以荆棘裹葬其体。
388 年	西秦乞伏国仁逝世，弟乞伏乾归继位，自称河南王，旋后，乞伏乾归迁都于金城。 谢玄逝世。
389 年	姚苌因屡败于前秦，遂供奉苻坚木像以祝祷，为自己诡辩。后战不利，又斩木像首。 吕光改称三河王。
390 年	北魏击败刘卫辰。
391 年	北魏拓跋珪不愿贡良马于后燕，遂与慕容垂交恶，使臣拓跋觚也被扣押在燕。 拓跋珪攻陷悦跋城，匈奴酋长刘卫辰出逃，为部下所杀，子刘勃勃辗转投附后秦。
392 年	是年，诸国混战不休，各有胜负。
393 年	后秦姚苌逝世，太子姚兴秘不发丧。
394 年	姚兴继位为帝。 前秦苻登举全国之力攻后秦，战败后奔马毛山，不及西秦援军，便为秦军所杀。 苻登子苻崇在湟中即位，为西秦所驱遣。后仇池杨定助苻崇反攻，俱死。前秦、后仇池皆亡国。★ 后燕慕容垂攻陷长子，擒杀西燕慕容永。西燕亡国。★ 西秦乞伏乾归称秦王。

公元	大事记
395 年	后燕太子慕容宝大败于参合陂，降卒为北魏所坑杀。
396 年	后燕慕容垂亲征北魏，小胜，但军至参合陂，惭愤而病，随即病逝。子慕容宝继位。 北魏拓跋珪趁机攻燕，不久后燕在中原的疆域仅余中山、邺城、信都。 东晋司马曜因戏言而为张贵人所杀，子司马德宗继位。 后凉吕光改称天王。
397 年	北魏攻陷信都，围困中山，慕容宝惧之，先逃奔蓟城，再奔龙城。 东晋会稽王司马道子杀王国宝、王绪，以止王恭之兵。 鲜卑酋长秃发乌孤脱离后凉，自称西平王，史称南凉。 匈奴酋长沮渠蒙逊反后凉，其堂兄沮渠男成相助，推立建康太守段业为建康公，史称北凉。
398 年	后燕慕容德弃邺城而奔滑台，自称燕王，史称南燕。 后燕慕容宝南下攻北魏，引发士卒哗变，慕容宝转而返龙城，再遭军变。慕容宝拟奔慕容德，知其称王，遂还龙城，但为尚书兰汗所杀。其子慕容盛计杀兰汗，延续后燕国祚。 拓跋珪称帝。 拓跋珪迁都于平城。 南凉秃发乌孤改称武威王。 东晋王恭欲攻司马休之，为刘牢之所擒，送至建康问斩。
399 年	北凉段业改称凉王。 南凉秃发乌孤死，弟秃发利鹿孤继位，迁都于西平。 南燕王慕容德夺得广固，定都。 后秦姚兴因灾异屡见，降称天王。 东晋琅邪人孙恩起兵反晋，刘牢之破之，孙恩海遁。 吕光逝世，子吕绍继位。 太原公吕纂杀吕绍自立。 法显往印度求佛经。
400 年	后燕慕容盛改称天王。 西秦乞伏乾归复迁都苑川，主动进攻后秦，为其所败，命众降而自奔南凉，后又奔长安降后秦。西秦亡。北凉敦煌太守李暠据敦煌而自称凉公。史称西凉。★ 慕容德称帝。
401 年	南凉秃发利鹿孤称河西王。 后凉吕纂为番禾太守吕超所杀，吕隆继位。 沮渠蒙逊设计沮渠男成，段业杀之，沮渠蒙逊借机叛杀段业而自立，自称张掖公。 后燕慕容盛为叛将所杀，其叔慕容熙凭丁太后上位。

公元	大事记
402 年	东晋司马元显专权，右将军桓玄讨之，前锋都督刘牢之不能拒，桓玄擒杀司马元显，又杀其父司马道子。 后凉大饥，姑臧城闭，吕隆竟杀戮百姓。 南凉秃发利鹿孤逝世，秃发傉檀继位称凉王，迁都于乐都。 后秦攻北魏，反为北魏所攻，惨败于柴壁。北魏不予和解。
403 年	南凉、北凉皆攻后凉，吕隆无奈之下，降于后秦。后凉亡国。★ 东晋司马德宗"禅让"于桓玄，桓玄定国号为楚，以司马德宗为平固王。
404 年	东晋刘裕起兵击败桓玄，桓玄挟司马德宗而走，为冯迁所杀。桓楚灭亡。★ 南凉王秃发傉檀自去年号，向后秦示弱，并遣使朝贡。
405 年	东晋刘毅铲灭桓玄余党，迎司马德宗还都复位。 东晋谯纵起兵反叛，自称成都王，史称西蜀（谯蜀）。 西凉李暠迁都于酒泉，对北凉形成压力。 南燕慕容德逝世，无子，侄慕容超继位。 后秦姚兴以高僧鸠摩罗什为国师，大力支持译经。
406 年	南凉秃发傉檀取得姚兴信任，得到姑臧，遂迁都于此，此举带来了负面影响——成为众矢之的。
407 年	后秦与北魏和谈，后秦刘勃勃借机闹独立，自称大夏天王，史称胡夏。 后燕慕容熙葬苻皇后，冯跋、冯素弗擒杀之，后燕亡国。★ 冯跋立夕阳公慕容云（高云）为帝，史称北燕。
408 年	南凉秃发傉檀趁后秦势衰，复建年号。 东晋刘敬宣攻西蜀，不克。
409 年	后秦封谯纵为蜀王，西蜀遂用后秦年号。 南燕帝慕容超因宫廷音乐不备，而兴兵伐晋。 东晋刘裕围攻南燕广固。 西秦乞伏乾归摆脱后秦控制，再称秦王，西秦得以复国。 高云为离班所杀，冯跋杀离班，继为皇帝。 北魏拓跋珪为子拓跋绍所弑，拓跋珪长子拓跋嗣拨乱反正，除去拓跋绍，即位称帝。
410 年	东晋军攻陷广固，擒南燕慕容超，送往建康斩首。南燕亡国。刘裕为泄愤，屠南燕王公以下三千人。★ 东晋卢循趁刘裕不在，进攻建康，杀何无忌。刘裕急返，击败卢循，卢循收残兵而还广州。 南凉迁都于乐都。
411 年	卢循不可得广州，转而奔交州，为杜慧度所击杀。 北凉沮渠蒙逊进攻南凉，攻陷姑臧。 西秦乞伏乾归称臣于后秦，被封为河南王。

公元	大事记
412 年	西秦迁都于谭郊，旋后，乞伏乾归为侄儿乞伏公府所杀。 乞伏乾归子炽磐即位，他迁都于枹罕，擒杀乞伏公府。 东晋刘裕攻杀荆州刺史刘毅。 北凉迁都于姑臧，沮渠蒙逊号为河西王。
413 年	胡夏刘勃勃定都于统万城。 刘勃勃改姓为赫连。 东晋刘裕遣朱龄石攻伐谯蜀，谯纵后自缢。谯蜀亡国。★
414 年	西秦乞伏炽磐趁南凉秃发傉檀平乱，攻陷乐都，秃发傉檀降西秦，后被毒死。南凉亡国。★ 西秦乞伏乾归改称秦王。 法显自爪哇返国，历十六年。
415 年	东晋刘裕攻司马休之，司马休之败走后秦。
416 年	后秦姚兴逝世，子姚泓即位称帝。 东晋刘裕攻击后秦，连夺许昌、荥阳、洛阳三地。 胡夏袭击后秦北疆，但后秦陷入内乱之中，无力相抗。
417 年	西凉李暠逝世，子李歆继位。 东晋夺后秦潼关，在灞上打败姚泓。姚泓降后，被送至建康问斩。后秦亡国。★ 刘裕心腹刘穆之死，刘裕担心朝中有变，急归建康，命次子刘义真等镇守刚刚攻占的长安。
418 年	东晋封刘裕为宋公。 东晋留镇长安的将领陷入内斗中，刘义真无法管理，胡夏赫连勃勃乘势夺得长安，刘义真幸免于难。至此，关中之地，几入胡夏之手。 赫连勃勃称帝，但他放弃定都长安。 东晋刘裕因谶言杀晋安帝司马德宗，立其弟司马德文为傀儡皇帝。
419 年	东晋封刘裕为宋王，刘裕更积极着手于改朝换代之事。
420 年	东晋司马德文"禅让"于刘裕，东晋亡国。★ 刘裕称帝，史称刘宋（南朝宋）。 北凉沮渠蒙逊扬言攻打西秦，实为声东击西之计。西凉李歆以为可以乘虚而入，遂攻打北凉，败死。酒泉为北凉所得。李歆之弟李恂在敦煌即位。
421 年	北凉军攻下敦煌，李恂自杀。西凉亡国。★
422 年	刘裕逝世，刘义符继位。 北魏拓跋嗣伐宋。
423 年	北魏攻陷刘宋虎牢，得豫州。 拓跋嗣逝世，太子拓跋焘继位。

公元	大事记
424 年	柔然攻陷北魏云中，拓跋焘御驾亲征。 刘宋刘义符嬉游无度，被辅臣徐羡之、傅亮、谢晦、檀道济废杀，而后迎立宜都王刘义隆即位。
425 年	胡夏赫连勃勃逝世，太子赫连昌继位。
426 年	刘义隆追究徐、傅、谢三人的弑君之罪，谢晦起兵反叛，刘义隆遣檀道济袭击谢晦，谢晦被送回建康斩首。 北魏拓跋焘进攻胡夏都城统万，不克。
427 年	北魏拓跋焘攻陷统万，赫连昌逃奔上邽。
428 年	北魏进攻上邽，赫连昌出战受擒。 赫连昌弟赫连定在平凉即位，延续胡夏国祚。 西秦乞伏炽磐逝世，子乞伏暮末继位。
429 年	西秦迁都于定连。 北魏大破柔然，柔然纥升盖可汗仓皇北奔。
430 年	刘义隆遣到彦之等伐北魏，先取洛阳、虎牢、滑台、碻磝，复失。 北燕冯跋惊死，冯弘即位，杀尽冯跋之子。 拓跋焘攻陷平凉，赫连定奔往上邽。 西秦乞伏暮末附从北魏，兵至南安。
431 年	赫连定攻南安，乞伏暮末投降被杀，西秦第二次亡国。★ 拓跋焘封沮渠蒙逊为凉王。 吐谷浑王慕容慕璝擒赫连定献北魏。胡夏亡国。★
432 年	北凉沮渠蒙逊逝世，子沮渠牧犍继位。 刘宋谢灵运（山水诗鼻祖），出游甚众，惊扰百姓。后被贬往广州，不久后受斩。
433 年	北燕冯弘求和于北魏，为之所拒。 拓跋焘同意和谈，开出征北燕太子入侍的条件。冯弘不应，失去和谈机会，北魏随后再攻北燕。
434 年	刘宋收复汉中地。
435 年	北燕遣使赴建康，称臣于刘宋。刘宋封冯弘为燕王，江南称其国为黄龙国。
436 年	刘宋刘义隆斩檀道济（实乃刘义康所为）。闻檀道济冤死，魏人大喜。 北魏进攻北燕，冯弘奔走高句丽。北燕亡国。★
437 年	北魏拓跋焘将妹武威公主嫁于北凉沮渠牧犍。
438 年	迫于北魏施加的压力，冯弘及其子嗣为高句丽所杀。
439 年	北魏拓跋焘征北凉，沮渠牧犍向柔然搬救兵，不及，沮渠牧犍出降，北凉亡国。★ 其残余势力建立高昌政权。至此，十六国时代（304—439）终结，共计一百三十六年。中国历史进入了南北朝时期。

附录三　史家妙论

人所共知，当时高踞于政权上层的是门阀贵族，西晋政治权利结构是以皇室司马氏为首的门阀贵族联合统治，皇室作为一个家族驾于其他家族之上，皇帝是这个第一家族的代表以君临天下，因为其家族成员有资格也有必要取得更大的权势以保持其优越地位。

——唐长儒《魏晋南北朝史论拾遗》

直到灭亡之际，这一政权（成汉）始终没有摆脱作为豪族反叛集团或位于益州的一个流寓政权的性质。在政治结构方面，成汉引入了包括设置丞相以下的百官、采用郡县制等汉族的统治体制。

——［日］三崎良章《五胡十六国》

这个政权（汉赵）在政治、经济和文化等各方面都承袭了汉魏以来汉族政权的传统，又兼其旧俗；在某些方面还有所发展、创造，对以后的封建王朝有一定的影响。此外，在当时中原地区经济遭到严重破坏的情况下，汉赵统治者还采取了一些有利于生产恢复和发展的措施，修建城镇，人口激增又使其京都平阳、长安地区的经济有所恢复和发展。

——周伟洲《汉赵国史》

慕容氏与汉人的融合远未完成，"华裔有别、正朔相承"的观点仍对慕容氏有深刻的影响，由此形成了昌黎政权的"侨旧政策"，并促使慕容氏在称帝过程中与中原侨族的矛盾不断激化，都充分地说明了这一点。

——李海叶《慕容鲜卑的汉化与五燕政权》

张轨以尊奖西晋王室为基本政治原则和举措，这适应西晋末年政治总体形势发展的要求。因为当民族矛盾上升为社会主要矛盾时，垂危中的西晋政府便成了"晋民"所能寄托社会凝聚力的唯一偶像，即所谓的"正朔所在"。

——赵向群《五凉史》

尤其是前秦，这个在十六国时期唯一统一了北方的政权，它前期的几个统治主，特别是苻坚，更是其中的佼佼者。苻坚统治前期，"政理称举，学校渐兴。关陇清晏，百姓丰乐，自长安至于诸州皆夹路树槐柳，二十里一亭，四十里一驿，旅行者取给于途，工商贸贩于道"。

——蒋福亚《前秦史》

姚兴执政后秦的短短二十几年，是大乘佛教在中国乃至亚洲地区发展的最具关键的一段时间。其奉鸠摩罗什为国师，翻译大乘佛教经典，建立完备的僧官制度，对中国佛教的发展带来重大影响。

——俄琼卓玛《后秦史》

这正如李聚宝所说："敦煌豪族对吕氏后凉政权的态度远不及对待前凉那样热情和忠心"，这应该跟后凉实行极端的民族本位政策有关。终吕光之世，敦煌大族一直积极地参与造反，试图推翻后凉王国的统治。这样的起义主要有两次，都是先在河西东部发起（指张大豫、郭䴙），西边的敦煌大族起而响应。

——冯培红《敦煌学与五凉史论稿》

南凉在河湟地区建国的时间虽很短（十八年），但秃发部鲜卑再次生活的时间却很长（约一百四十多年），因此，他们对于河湟地区的开发和建设是有贡献的。南凉所领十三郡中，除属凉州的五郡之外，余皆为河湟之地……这里成为河陇整个地区最为繁荣的地方。

——周伟洲《南凉与西秦》

后燕后期以及北燕之所以出现单于制的死灰复燃，是因为他们退回到辽西一带，汉族人口较少而少数民族人口较多的地区，这个地区的少数民族甚至还保留着部落形式，当然也保留着部落兵，而单于制是统领少数民族部落和部落兵的有效制度。但是，单于制只是国家政治制度的一种补充，其作用已经很有限了。

——陈琳国《中古北方民族史探》

西燕主慕容永和后燕主慕容垂，都以复兴燕国相标榜。他们虽然同样的是"国之枝叶"，却有亲疏远近的区别。慕容垂是慕容廆的裔孙，决然容不得作为宗室疏属的慕容永"僭举位号，惑民视听"，正如他自己所说的："终不复留此贼以累子孙也。"所以他在消灭翟魏之后的第二年便出兵兼并西燕了。

——王仲荦《魏晋南北朝史》

南燕的河北士族不仅在政治上占有重要的地位，在经济上慕容氏亦给予不用服役的特权，培植了一大批青齐豪族。南燕灭亡后，这些由河北大族转化而成的青齐豪族并没有因此湮灭，继续保持着强大的势力，成为刘宋、北魏依恃统治青齐的重要力量。

——李海叶《慕容鲜卑的汉化与五燕政权》

夏国建立后，除保留了匈奴族原有的部落制以外，对那些新征服的少数民族也同样允许其保留部落组织。……正是由于十六国时期各国多保留了部落组织，因此其军事制度只能在这个基础上形成，其兵员的组织形式和服兵役便具有两个明显的特点，即终身性与世袭性。

——吴洪琳《铁弗匈奴与夏国史研究》

北魏结束了十六国的混乱局面，遏制了割据势力前冲的态势，将中国历史的发展方向重新扭转到统一的轨道上来，推动中国历史向着隋唐大统一的方向前进，这是北魏王朝对中国历史发展做出的一个重大贡献。

——杜士铎《北魏史》

附录四 部分参考书目

古籍史料

［1］陈寿．三国志［M］．北京：中华书局，1982.

［2］范晔．后汉书［M］．北京：中华书局，1965.

［3］刘义庆．世说新语［M］．北京：中华书局，2011.

［4］郦道元．水经注［M］．上海：上海古籍出版社，1990.

［5］常璩．华阳国志［M］．北京：商务印书馆，1958.

［6］沈约．宋书［M］．北京：中华书局，2019.

［7］魏收．魏书［M］．北京：中华书局，2016.

［8］房玄龄等．晋书［M］．北京：中华书局，2015.

［9］李延寿．北史［M］．北京：中华书局，2013.

［10］魏徵等．隋书［M］．北京：中华书局，2020.

［11］刘昫等．旧唐书［M］．北京：中华书局，1975.

［12］司马光等．资治通鉴［M］．上海：上海古籍出版社，1980.

［13］欧阳修、宋祁．新唐书［M］．北京：中华书局，1975.

［14］李昉．太平御览［M］．北京：中华书局，2013.

［15］崔鸿、汤球．十六国春秋辑补［M］．北京：中华书局，2020.

［16］顾炎武、黄汝成、栾保群．日知录集释［M］．北京：中华书局，2020.

学术著作

［1］王仲荦．魏晋南北朝史［M］．上海：上海人民出版社，2016.

［2］唐长孺．魏晋南北朝史论拾遗［M］．北京：中华书局，2011.

［3］唐长孺．魏晋南北朝史论丛［M］．北京：商务印书馆，2010.

［4］唐长孺．魏晋南北朝隋唐史三论［M］．北京：中华书局，2011.

［5］阎步克．波峰与波谷［M］．北京：北京大学出版社，2017.

［6］田余庆．东晋门阀政治［M］．北京：北京大学出版社，2012.

［7］田余庆．秦汉魏晋史探微［M］．北京：中华书局，2011.

［8］田余庆．拓跋史探［M］．北京：生活·读书·新知三联书店，2019.

［9］仇鹿鸣．魏晋之际的政治权力与家族网络［M］．上海：上海古籍出版社，2015.

［10］仇鹿鸣.长安与河北之间［M］.北京：北京师范大学出版社，2018.

［11］曹文柱.魏晋南北朝史论合集［C］.北京：商务印书馆，2008.

［12］王蕊.魏晋十六国青徐兖地域政局研究［M］.济南：齐鲁书社，2008.

［13］李硕.南北战争三百年［M］.上海：上海人民出版社，2018.

［14］李文才.南北朝时期益梁政区研究［M］.北京：商务印书馆，2002.

［15］李海叶.慕容鲜卑的汉化与五燕政权［M］.北京：中国社会科学出版社，2015.

［16］李凭.北魏平城时代［M］.上海：上海古籍出版社，2014.

［17］李凭.北朝论稿［M］.北京：北京师范大学出版社，2018.

［18］楼劲.北魏开国史探［M］.北京：中国社会科学出版社，2017.

［19］蒋福亚.前秦史［M］.北京：社会科学文献出版社，2020.

［20］俄琼卓玛.后秦史［M］.上海：上海古籍出版社，2018.

［21］马长寿.氐与羌［M］.南宁：广西师范大学出版社，2006.

［22］马长寿.乌桓与鲜卑［M］.南宁：广西师范大学出版社，2006.

［23］李祖桓.仇池国志［M］.北京：书目文献出版社，1986.

［24］胡鸿.能夏则大与渐慕华风［M］.北京：北京师范大学出版社，2017.

［25］高然.慕容鲜卑与五燕国史研究［M］.北京：北京大学出版社，2016.

［26］高然、范双双.成汉国史［M］.北京：社会科学文献出版社，2020.

［27］冯培红.敦煌学与五凉史论稿［M］.杭州：浙江大学出版社，2017.

［28］张金龙.治乱兴亡［M］.北京：商务印书馆，2016.

［29］张金龙.北魏政治史（第一部到第四部）［M］.兰州：甘肃教育出版社，2008.

［30］张金龙.宋武帝传［M］.北京：人民出版社，2020.

［31］杜士铎.北魏史［M］.太原：北岳文艺出版社，2017.

［32］魏俊杰、毋有江、牟发松.中国行政区划通史·十六国北朝卷［M］.上海：复旦大学出版社，2017.

［33］祝总斌.两汉魏晋南北朝宰相制度研究［M］.北京：北京大学出版社，2017.

［34］万绳楠整理.陈寅恪魏晋南北朝史讲演录［M］.天津：天津人民出版社，2018.

［35］陈寅恪.隋唐制度渊源略论稿［M］.北京：商务印书馆，2012.

［36］陈寅恪.金明馆丛稿初编［M］.上海：生活书店出版有限公司，2015.

［37］陈勇．汉赵史论稿［M］．北京：商务印书馆，2009．

［38］严耕望．中国政治制度史纲［M］．上海：上海古籍出版社，2017．

［39］严耕望．治史三书［M］．上海：上海古籍出版社，2016．

［40］周一良．魏晋南北朝史札记［M］．北京：中华书局，2015．

［41］周伟洲．汉赵国史［M］．北京：社会科学文献出版社，2019．

［42］周伟洲．南凉与西秦［M］．北京：社会科学文献出版社，2021．

［43］周伟洲．吐谷浑史［M］．北京：商务印书馆，2021．

［44］赵向群、贾小军．五凉史［M］．北京：社会科学文献出版社，2019．

［45］吴洪琳．铁弗匈奴与夏国史研究［M］．北京：中国社会科学出版社，2011．

［46］胡阿祥．吾国与吾名［M］．南京：江苏人民出版社，2018．

［47］罗新．王化与山险［M］．北京：北京大学出版社，2019．

［48］［日］三崎良章作，刘可维译．五胡十六国［M］．北京：商务印书馆，2019．

［49］［日］川本芳昭作，余晓潮译．中华的崩溃与扩大［M］．南宁：广西师范大学出版社，2014．

［50］［日］谷川道雄作，李济沧译．隋唐帝国形成史论［M］．上海：上海古籍出版社，2016．

［51］［日］福原启郎作，陆帅译．晋武帝司马炎［M］．南京：江苏人民出版社，2020．

［52］［美］熊存瑞作，毛蕾、黄维玮译．隋炀帝生平时代与遗产［M］．厦门：厦门大学出版社，2018．